本书出版由中南民族大学中央高校基本科研业务费专项资金资助

（项目编号 CSY22042）

梁启超

传播思想疏证

阎春来 著

中国社会科学出版社

图书在版编目（CIP）数据

梁启超传播思想疏证 / 阎春来著. -- 北京：中国
社会科学出版社，2025. 4. -- ISBN 978-7-5227-4989-1

Ⅰ. B259. 15；G206

中国国家版本馆 CIP 数据核字第 2025CZ1022 号

出 版 人	赵剑英
责任编辑	杨　康
责任校对	张彦彬
责任印制	戴　宽

出　　版	中国社会科学出版社
社　　址	北京鼓楼西大街甲 158 号
邮　　编	100720
网　　址	http://www.csspw.cn
发 行 部	010-84083685
门 市 部	010-84029450
经　　销	新华书店及其他书店

印　　刷	北京明恒达印务有限公司
装　　订	廊坊市广阳区广增装订厂
版　　次	2025 年 4 月第 1 版
印　　次	2025 年 4 月第 1 次印刷

开　　本	710×1000　1/16
印　　张	17. 25
字　　数	285 千字
定　　价	96. 00 元

目　录

绪　论

中国近代传播事业滥觞于外国传教士之报刊活动。

诇诸史乘，资本外溢扩张侵越剽攘，辄由宗教、文化抚揉于前。西方列强固视中国为膏腴之地，眈眈逐逐，将厌其欲，抑亦将中国比作西教待拓之瓯脱，狡焉思启。1807 年，伦敦布道会（London Missionary Society）遣马礼逊（Robert Morrison，1782—1834）诣中国传教。时海禁方殷，外国人綦履之所之，亦多所限制。先有康雍两朝以罗马教皇敕中国教徒不得与于祀祖祭拜仪式而明令禁教，继有乾隆帝于广州一口通商之外俞允防范外夷五条规，谓："一、禁止夷商在广州过冬；二、夷人到粤，宜令寓居行商管束稽查；三、借领外夷资本，及雇请汉人役使，并应查禁；四、外夷雇人传递信息之积弊，宜请求除；五、夷船收泊处所，应请酌拨营员弹压稽查。"① 迄于 1805 年，清廷更严申禁令，乃至峻告外国人不可濡迹澳门。马礼逊虽托庇于东印度公司，饰以译员名衔，窜游华南，然果无所获，恒颓唐侘傺，谓友人云：此为一非常可厌之处，令人常在孤寂与恐慌之中，唯冀神之臂膀向所呵护者，一仍其旧，不辍保佑。其报伦敦布道会书云："鉴于在中国境内从事翻译印刷等等工作之困难，以及居无定所之事实，因而设中国差会本部于附近之基督教国家的领土内，以作将来中国开放之后加倍努力之准备，实系必要，而最适当之点，无过于马六甲。"② 未几，马礼逊援另一传教士米怜（William Milne，1785—1822）之助，创《察世俗每月统纪传》于马六甲。

《察世俗每月统纪传》为月刊，木版雕印，每期五页，马、米迭相执楮

---

① 胡太春：《中国近代新闻思想史》（增订本）（上卷），东方出版社 2015 年版，第 29 页。

② 方汉奇：《中国近代报刊史》（上集），山西人民出版社 1981 年版，第 11 页。

墨，而米怜自述其办报旨趣："首在灌输知识，阐扬宗教，砥砺道德，而国家大事之足以唤醒吾人之迷惘，激发吾人之志气者，亦兼收而并蓄焉。"[1] 该刊初印五百册，后续增至一千册，部分赍发南洋华侨，部分寄诸旅帆，分送于粤省县府乡试考棚。

马礼逊传教活动虽日有起色，顾禁教之扃镭未破，检摄行旅之缄滕未绝，郁郁然忧，常形于辞色："予来此已届十年，但愿觅致一得能享受自由滋味及有宗教团契之地域。予长期感压迫者威胁之恐怖。不特此也，协助予工作之本地华人，长在通缉之列，或不免身陷缧绁。"[2] 势单力孤，顾影自怜，抑亦使其力请美国教会派传教士来华，期必于壮大声威。美国海外传教会果应之，于 1829 年遣裨治文（Elijah Coleman Bridgman，1801—1861）东渡。1832 年，裨治文得广州基督教联合会与美商奥立芬鼎助，创《中国丛报》月刊于广州，其中所纪，多为当时英美商旅，而报道研究中国文字、华人社会、官场动态殊为详密。翌年，《东西洋考每月统纪传》于广州创刊，时乃中国境内第一份中文近代化报刊，凡四卷，雕版正楷印刷，内容率皆宗教、政治、科学、商业与杂俎等，既而由普鲁士传教士郭实腊主之，迁至新加坡。

其时，凭借报刊传教而知名者，尚有马礼逊助手麦都思（Walter Henry Medhurst，《特选撮要每月统纪传》《天下新闻》编辑）、马礼逊之子约翰·马礼逊（John Robert Morrison，英文《香港公报》《中国之友报》主笔）、奚礼尔（C. B. Hillier）、理雅各（James Legge，与奚礼尔均为《各国消息》编辑）、派驾（P. Parker）、卫三畏（S. Wells Williams，与派驾均为《中国丛报》编辑）等人。渠辈所为固为笺笺者也，讵知风起于清萍之末，会当浸淫于溪谷。爰有继起者若《蜜蜂华报》（1822 年创刊，葡文，澳门）、《广东纪录》（1827 年创刊，英文，广州、澳门、香港）、《依泾杂说》（创刊于 1828 年，中文，澳门）、《华人差报与广州钞报》（创刊于 1831 年，英文，广州）、《广东杂志》（创刊于 1831 年，英文，广州）、《澳门钞报》（1834 年创刊，葡文，澳门）、《广东报》（创刊于 1835 年，英文，广州、澳门）、《帝国澳门人》（创刊于 1836 年，葡文，澳门）、《大西洋国》（创刊于 1836 年，葡文，澳

---

[1]　转引自林语堂《中国新闻舆论史 一部关于民意与专制斗争的历史》，刘小磊译，冯克利校，世纪出版集团上海人民出版社 2008 年版，第 85 页。

[2]　赖光临：《中国近代报人与报业》（上集），台湾商务印书馆 1980 年版，第 5 页。

门）、《真爱国者》（创刊于 1838 年，葡文，澳门）、《澳门政府公报》（创刊于 1839 年，葡文，澳门）、《香港钞报》（创刊于 1841 年，英文，香港）、《中国之友》（创刊于 1842 年，英文，香港）等。之十数报者，差可谓外人办报之大观者也，而其尤者，《蜜蜂华报》为中国境内出版之第一份外文报纸，《广东纪录》为中国境内出版之第一份英文报纸。

鸦片一役，清师熸，中外交涉形势丕变。1842 年，中英签订《南京条约》及续约，要求清廷弛天主教禁，并对西方各教一视同仁，且凡有传习学者，须一体保护，中国官吏决不能苛待禁阻。1844 年中法《黄埔条约》云，凡奉教之人，各地方官务必厚待保护，凡中国人愿信崇天主教者，率当获免惩治。1858 年中美《天津条约》第二十九款亦多回护强勒之语：耶稣基督圣教，又名天主教，原为劝人行善，凡欲人施诸己者亦如是施于人，嗣后所有安分传习教之人，当一体矜恤保护，不可欺侮凌虐，凡有遵照教规安分传习者，他人毋得骚扰。自兹以降，西方传教士相率入于中土者，日增月盛，1858 年仅 81 人，至 1890 年，竟以 1295 计数，教徒更由 1869 年 6000 弱，增至 1890 年之 58000 人。尔来彼等创会设报传教，嚣嚣然放游于赤县神州，为士夫蚩氓所侧目，其所办报纸腾传于通都大邑，而荦荦大者殆为《遐迩贯珍》（1853—1856，月刊，香港）、《六合丛谈》（1857—1858，月刊，上海）、《中外新报》（1854—1861，半月刊改月刊，宁波）、《香港新闻》（1861—？，香港）、《中外杂志》（1862，月刊，上海）、《中外新闻七日录》（1865—？，周刊，广州，先后出 152 期）、《中国教会新报》（1868—1907，周刊、月刊，上海）、《中国读者》（1868—？，月刊，福州，后迁上海）、《中西闻见录》（1872—1890，月刊，北京，后迁上海）、《益闻录》（1879—1936，半月刊、周刊、周二刊，上海，后改名《格致益闻汇报》《圣教杂志》）、《圣心报》（1887—？，上海）、《学塾月报》（1897—1932，月刊，上海）、《新学月报》（1897—？，月刊，北京）、《通问报》（1902—？，周刊，上海）等。察其偃蹇崔巍者，《万国公报》是也。

《万国公报》创刊于 1868 年（同治七年），由美籍教士林乐知执笔主编，初名《中国教会新报》，以论内容，"与较早期教会报章无何差别，唯第四年所刊赫德（Robert Hart）之'局外旁观论'与威妥玛（Thomas F. Wade）之'新议论略'，于中国之内政、外事，均有所论列评述，为外人对华发表意见之滥觞"①。阅六年，易名《万国公报》，自命"阅是编者，不出户庭而周知中外之事变，得以筹划于机先，弥缝于事后"②。而察其褒然突出者，实为开辟论说。甲午战后，国人痛愤，《万国公报》大量刊发评骘时局鼓吹变法之文，深契社会心理，一纸所之，如风靡草，如汤沃雪，以至于"多年以来在高级官员之间广为流传，从未遭到过反对"③。中国早期改良主义思想家王韬亦不禁赞誉：之报也，"务欲牖我之聪明，祛我之鄙惑，增我之识见，其有益我中国非浅鲜矣"④。而坊间风候，容可得见于阃臣张之洞之辨愚民："三年以来，外强中弱之形大著，海滨人士稍稍阅《万国公报》，读沪局译书，接西国教士，渐有悟华民之智不若西民……"⑤

西方传教士乃至商贾所办报纸，虽云裨助于中国者良多，抑其阴图之心阳谋之意，其与中国社会、风俗、文化之扦格，亦昭昭然，尔乃道路抵制士夫讥评，固其宜也。王韬《上方照轩军门书》云："迩来西人在中土通商口岸，创设日报馆，其资皆出自西人。其为主笔者，类皆久居中土，稔悉内地情形。且其所言论，往往抑中而扬外，甚至黑白混淆，是非倒置。泰西之人，只识洋文，信其所言为确实，遇中外交涉之事，则有先入之言为主，而中国自难与之争矣。"⑥郑观应《盛世危言》云："中国通商各口，如上海、天津、汉口、香港等处，开设报馆，主之者皆西人，每遇中外交涉，间有诋毁当轴，蛊惑民心者。近通商日久，华人主笔，议论持平。广州复有广报、中西日报之属，大抵皆西人为主，而华人之主笔者，亦几几乎摈诸四夷矣。"⑦不宁唯是，"中国士大夫于固有文化自信颇深，于西方教义不屑一顾；而西士传教专为中下阶层说法，文求浅显，辞不雅驯，尤为士大夫所鄙薄。故教会报章辄被视为糊窗覆瓿之物"⑧。然则，教会之报果其为虱为蛊哉？恶！是何言！教会报纸除煽扬基督教义外，其绍介声光化电天文地理之学，不可谓非得浚我

① 赖光临：《中国近代报人与报业》，台湾商务印书馆1980年版，第20页。
② 沈毓桂：《兴复〈万国公报〉序》，光绪十五年（1889）正月《万国公报》第一册。
③ ［英］李提摩太：《亲历晚清四十五年》，李宪堂、侯林莉译，人民出版社2011年版，第238页。
④ 王韬：《中东战纪本末序》，1896年6月《万国公报》第89册。
⑤ （清）张之洞：《劝学篇》，冯天瑜、肖川评注，湖北人民出版社2002年版，第130页。
⑥ 戈公振：《中国报学史》，岳麓书社2011年版，第89页。
⑦ 郑观应：《日报》，载张之华主编《中国新闻事业史文选（公元724年—1995年）》，中国人民大学出版社1999年版，第9页。
⑧ 赖光临：《中国近代报人与报业》，台湾商务印书馆1980年版，第1页。

聪明之效；其论列兴利除弊裕国便民之事，不啻对当道者政治上之鞭策；其记述贸迁输入新说，亦堪促蚩蚩抱布者商业思想之觉醒。

西报弊窦既如彼，利薮又如此，仁人志士合应抟扶摇而起，衣褴褛，启山林，备自当躬。时有舆论之声若布谷之唤春，如陈炽之呼于庙堂，曰：报馆之明效既大验，然"中国于己民则禁之，于他国则听之，偶肇兵端，难免不曲直混淆，荧惑视听，甚非所以尊国体而绝乱原也。似宜晓谕民间，准其自设资本，不足官助其成，偶值开衅之时，必派专员稽察。主笔者公明谅直，三年无过，地方官吏据实保荐，予以出身，其或颠倒事非，不知自爱，亦宜檄令易人。一切均仿泰西报馆章程办理"①。如王韬之倡于草野，曰："今圣朝崇奖直谏，察纳雅言，台司诸臣得以风闻言事，又置各道监察御史以达民情，诚使添设新报馆，则以其地之人言其地之事，所闻尤近，即间有不实，亦以风闻置之，要无害于兼听则明也。夫泰山不择寸壤以成其高，江海不择细流以成其深。然则，新报则亦何必非寸壤与细流也哉？"②虽有坚冰阒道，彤云蔽日，而海宇熙春，中国近代报刊其兴也必焉。

中国近代传播事业之兴起，殆萌蘗于译报。曩者，林则徐于役鸦片，延狄鞮译外报，视英人动静，洞若观火。时魏源客其幕，亦力倡译报，所著《海国图志》，启牖新知，一时成忧天下者之枕书。林、魏成为国人睁眼看世界先行者，宜其然也。嗣后，有安徽巡抚王笃棠奏请设立译报馆，谓："今中国贫弱至此，危殆至此，臣敢以一言括之，曰不明彼己而已。何也？我所日与争者，地球各国也。然各国人才如何，国势如何，学校如何，我不知也。我之人才，我之国势，我之学校，较各国如何，我亦不知也。各国议论我国人才国势学校如何，我更不知也。若此，岂特不知彼哉？直不知己耳。语云，知彼知己，百战百胜。果不知也，其能胜乎？"③刑部左侍郎李端棻亦具折上奏："今请于京师及各省会，并通商口岸、繁盛镇埠，咸立大报馆，择购西报之尤善者分而译之；译成，除恭缮进呈御览并咨送京外大小衙门外，即广印廉售，布之海内。其各省政俗土宜，亦由各馆派人查验，随时报闻，则识时

---

①　陈炽：《报馆》，载张之华主编《中国新闻事业史文选（公元 724 年—1995 年）》，中国人民大学出版社 1999 年版，第 10 页。

②　王韬：《论各省会城宜设新报馆》，载张之华主编《中国新闻事业史文选（公元 724 年—1995 年）》，中国人民大学出版社 1999 年版，第 15 页。

③　戈公振：《中国报学史》，岳麓书社 2011 年版，第 84 页。

之俊日多，纬国之才日出矣。"① 译报之于中国近代传播事业发轫，或有涓壤之助，即以上海为例："沪上华报所得消息，其始既无本报专电，即路透电亦仅代外人为喉舌；而各外报则均受各该本国政治上之委任，即各方面之消息，亦较灵通。故十数年前华报所得紧要消息，十八九均自外报转译而来。且一经登载，声明由某外报译录，即有错误，本报可不负责任。盖其时报纸为不正当营业之一，偶有误闻，无所谓具函更正之手续，小而起诉，大而封闭，此更办报者之所寒心。故转登外报，既得灵便之消息，又不负法律之责任，其为华报之助力者大矣。"②

唯译报亦仅止于聊备一格，我人对于发皇民族报刊，则有大望耳！

1858 年，伍廷芳创《中外新报》于香港，初版时为两日刊，旋即改为日刊，计有"京报全录"、"羊城新闻"、"中外新闻"及船期、行情等门类，是乃民族报刊初试啼声。嗣有陈霭亭者，亦以香港为之地，于 1864 年创《华字日报》，其规模形制殆与前者同。两报前后相继，若脊令在原，载飞载鸣，声势益壮，香港得享华人报刊发祥地美名，毋亦不遑多让。若夫内地，迄至 1872 年，始有广州《羊城采新实录》创刊，惜其情实略无载籍可查，欲有所传述而无可措手，怅怅耳！越明年，汉口《昭文新报》问世，主编艾小梅，初为日刊，既而改五日刊，以白鹿纸印刷，内容多为风闻艺文之属。又明年，王韬创《循环日报》于香港，留美学生副监督容闳创《汇报》于上海。其后，数家报纸继轨迭出，计有福州出版之《华字新闻纸》（1875）、上海出版之《新报》（1876）、香港出版之《维新日报》（1879）与《粤报》（1885）、广州出版之《述报》（1884）与《广报》（1886）等。

19 世纪 70—80 年代，谓为国人新闻传播实践之发轫权舆期，盖不诬也。顾其不堪经营窘蹙政治威迫，辄志未申而中道夭殂，唯《循环日报》砥柱于横流，历有年所，抑弥见其光彩。

《循环日报》自创刊之日起，即大有独标一格之概，《申报》状其情形谓：该报除礼拜日外，每日刊发一张，分其门类殆为商业行情、船期消息、

---

① 李端棻：《奏请推广学校设立译局报馆折》，载张之华主编《中国新闻事业史文选（公元 724 年—1995 年）》，中国人民大学出版社 1999 年版，第 24—25 页。

② 姚公鹤：《上海报纸小史》，转引自杨光辉、熊尚厚、吕良海、李仲民编《中国近代报刊发展概况》，新华出版社 1986 年版，第 263 页。

新闻评论等，其见闻广大、识见高明、笔墨精雅，端赖王韬及诸贤孜孜矻矻以成弘绩。"时王氏自主笔政，日于报首撰论说一篇，讽清廷以改革，树立近代文人办报论政之创举。（较梁启超汪康年藉时务报鼓吹变法维新早廿三年）专制之下，民议其政者有诛，'士大夫之意见，欲藉笔札以流布于上下远近，匪唯前无此例，抑亦形势不便'。王韬感受时势启发，首倡风气，藉报章以权衡国是，而谋变通。声气所播，其后之维新人士，乃多受其影响，开启光绪中叶以还，康梁诸氏变法维新之运动。"① 以此之故，《循环日报》开中国报刊政论先河，抑且为忧时者提供思想舞台，其善莫大焉！其功厥伟哉！

甲午战争，宣告三十年洋务运动及"中体西用"思想彻底破产，时国人敌忾心盛极，而士夫亦猛醒，谓欲救中国，岂唯师夷长技，抑必且变法维新，庶几有望耳！爰有公车上书，激昂慷慨，其中条议办报云："周官诵方训方，皆考四方之慝；诗之国风小雅，欲知民俗之情。近开报馆，名曰新闻，政俗备存，文学兼述，小之可观物价，琐之可见士风。清议时存，等于乡校；见闻日辟，可通时务。外国农业、商学、天文、地质、教会、政律、格致、武备各有专门，以为新报，尤足以开拓心思，发越聪明，与铁路开通，实相表里。宜纵民开设，并加奖劝，庶裨政教。"② 康、梁率先垂范，初托名广学会《万国公报》以刊行报纸，既而出《中外纪闻》，为北京"强学会"喉舌。自兹以降，维新报刊若沙鸥惊春，翩跹竞起，蔚成清季报刊画廊中一道绮丽风景线，"仅光绪二十三年、二十四年，两年间即新创报刊104种，其中国人报刊占据绝大多数。不但报刊数量猛增，而且播布范围甚广，一方面，办报地区已由沿海城市发展到汉口、重庆、成都、西安、长沙、桂林、太原等内地城市，甚至内地一些中小城市，如湖南衡阳、江西萍乡、安徽芜湖等地也出现了新式报刊；另一方面，报刊销售区域拓宽"③，即以温州所创医学杂志《利济学堂报》为例，除发行浙江各府、县外，一纸所至，其相接迹者计有上海、苏州、扬州、淮安、芜湖、南京、汉口、武昌、九江、福州、南台、广州、镇江、北京、天津、徽州黟县等十六城市，而其声光之灿又及于临近乡曲圜阓。

---

① 赖光临：《中国近代报人与报业》，台湾商务印书馆1980年版，第94页。
② 汤志钧编：《康有为政论集》（上集），中华书局1981年版，第132页。
③ 程丽红：《清代报人研究》，社会科学文献出版社2008年版，第166页。

甲午败绩，民族遭罹唾面之耻，维新志士啼血长哭，激越蹈厉，尔来，孜孜矻矻汲汲以求，凡所设施，皆在于救国保种，其为道者，盖为开学会、兴学校、设报馆，而办报效绩尤彰，乃如《强学报》《国闻报》《时务报》《时务日报》《湘学报》《湘报》《知新报》《实学报》《通学报》《国闻汇编》《求是报》《工商学报》《商务报》《蒙学报》等报中翘楚，纷起迭兴。学者论曰："自甲午一役，泱泱大国，见辱于扶桑三岛。如雷霆旋顶，轰然震撼，士大夫始渐警起。外胁于强敌侵凌，国亡无日，内感于上下壅蔽，人心顽固。至是亟亟于图舍旧谋新，投注其心力于报章。'革新救亡，新报纷起；论政记事，规模渐具。'中国近代新闻事业，与焉揭开新页。"①

白居易书云：文章合为时而著，歌诗合为时而作，毋亦人有合为势而出者？果如此，伊谁是欤？乃严复是也，谭嗣同是也，黄遵宪是也，唐才常是也，麦孟华是也，汪康年是也，徐勤是也，何勤是也，何树龄是也，钟荣光是也，潘衍相是也，章炳麟是也，云云诸子，不俟具述。而诸凡俊乂其尤殊异者，乃梁启超是也，吾敢更申其传播思想如后，并辄以其号称之，以志崇敬。

---

① 赖光临：《中国近代报人与报业》，台湾商务印书馆 1980 年版，第 154 页。

第一章
梁启超报刊实践

总 论

梁启超,字卓如,号任公,同治癸酉年(1873)正月二十六日,生于广东新会熊子乡。少颖异,四岁即日就母膝下受四子书、《诗经》,夜则侍寝王父,辄聆古豪杰贤圣嘉言懿行,尤喜亡宋晚明国难故事。六岁从父教,卒五经。八岁学为文,九岁即能缀千言立就。年十二,应试学院,补博士弟子员,岁在光绪甲申。越明年,入广州学海堂肄业,治戴、段、王之学。迄于光绪己丑年(1889),有齿十七,领乡荐,主试李尚书端棻,诧为奇才,以其女弟许字焉。十八岁,诣京师春闱不第,归即与学海堂英彦陈通甫千秋,偕入南海康有为门墙问学。梁自谓初谒康师情状云:"时余以少年科第,且于时流所推重之训诂词章学,颇有所知,辄沾沾自喜。先生乃以大海潮音,作狮子吼,取其所挟持之数百年无用旧学更端驳诘,悉举而摧陷廓清之,自辰入见,及戌始退,冷水浇背,当头一棒,一旦尽失其故垒,惘惘然不知所从事,且惊且喜,且怨且艾,且疑且惧,与通甫联床,竟夕不能寐。明日再谒,请为学方针。先生乃教以陆、王心学,而并及史学西学之梗概。自是决然舍去旧学,自退出学海堂,而间日请业南海之门,生平知有学自兹始。"[①] 曩者,学界夙以近代启蒙思想家名之,庸知任公之自我启蒙,盖发端于斯时也。己亥年(1899),浮海上,作《汗漫录》,益感

慨："去年九月以国事东渡，居于亚洲创行立宪政体之第一先进国，是为生平游他国之始。今年十一月乃航太平洋，将适全地球创行共和政体之第一先进国，是为生平游他洲之始。于是生二十七年矣，乃于今始学为国人，学为世界人。"① 尔后乃今，读西书，阅西报，于救时之方，覃思穷鞫，其思想之冲荡潰激澎湃洋溢，如丝乎，如纶乎，如綍乎，横于天壤，贯于古今。

唯梁启超启蒙思想之传播，殆由三途，一曰教育，二曰演说，三曰办报。而办报尤为任公几几乎一生所宗尚者也。时特达之士论列报章，在在多有，其旨趣率为报纸之多寡关乎国运之盛衰。梁亦未遑多让，谓若"阅报愈多者，其人愈智；报馆愈多者，其国愈强"②。征诸西土列强，何莫而非报业大国，譬之美国，民之嗜报如食色然，1850 年，全国报馆仅有报 254 种，印报总数 4 亿多部，读报者 75 万余人，至 1902 年有报 11226 种，印报总数则增至 81 亿部有奇，读报者达 1500 余万人。梁启超感喟不能自已："呜呼，吾中国何日始能有此盛况乎，不禁慨叹，然美国五十年中，增率二十五倍有奇，安知中国五十年后，其盛大不有更警人耳目者乎！是在造时势之英雄焉矣。"③ 毋亦梁启超正所谓"造时势之英雄"！自 1895 年刊刻《万国公报》，洎乎 1927 年出版《国学论丛》，前后阅三十三年，主持或协办报刊杂志达 29 种之多，稽之近代报人，实所罕有。

综核梁启超一生所就，时学晚进称其为思想家、教育家、文学家，固其宜也，然则究其职志，乃在于办报。1895 年，京师强学会为言官所劾遭封禁，会中刊物《中外纪闻》遂亦夭殂。梁为该报主笔，服器图书皆籍没，无如何，流浪萧寺数月，益感慨身世，"自审舍言论外未由致力，办报之心益切"④。此为梁启超投身报业最初心迹之表露也。1912 年杪，梁启超去国十四年后，买帆西浮，归父母之邦，其于北京报界欢迎会演讲云："鄙人二十年来，固以

① 梁启超：《汗漫录》（1900），载夏晓虹编《梁启超文选》（上集），中国广播电视出版社 1992 年版，第 384 页。

② 梁启超：《论报馆有益于国事》（1896），《饮冰室合集·文集》之一，第一百零一页，中华书局 2015 年版，第 101 页。

③ 梁启超：《嗜报之国民》（1902），《饮冰室合集·专集》之二，第八十九页，中华书局 2015 年版，第 4855 页。

④ 梁启超：《鄙人对于言论界之过去及将来》（1912），载丁文江、赵丰田编《梁启超年谱长编》，世纪出版集团上海人民出版社 2009 年版，第 28 页。

报馆为生涯，且自今以往，尤愿终身不离报馆之生涯者也。"① 云山苍苍，江水泱泱，焕乎斯志，与山增高，与水流长。1915年，自人才内阁解散后，任公一度觖望于政治，思以社会事业为职志："夫社会之弊极于今日，而欲以手援天下，夫孰不知其难？虽然，举全国聪明才智之士，悉萃集于政界，而社会方面空无人焉，则江河日下，又何足怪！吾虽不敏，窃有志于是。若以言论之力，能有所贡献于万一，则吾所以报国家之恩我者或于是乎在矣！"② 不以社会之固陋而孤赏其芳，不以风俗之浇漓而独善其身，不以政治之秕敚而遁于岩穴，抑亦箪食瓢饮不改其志已耳。袁世凯帝制偾事，惭愤死身，任公亦践行诺言，不居功，不立朝，仍欲勉力于己所习熟者："鄙人最初与国家发生关系，即自经营报事始。其对于他方面，有脱离者，亦有中断者，唯对于报界，始终无脱离或中断之时，今后且将益尽力于是焉。"③ 守死善道，宁有超乎此情者乎！

乃师康有为曾讽梁流质善变，然未始亡有不变者，云何？殆谓数十岁年，殚精竭力困心横虑以致之者，报馆生涯也，且其裂山泽辟新局之功，辄为后学所称道。现代新闻学闻人戈公振先生谓：我国报馆之崛起，一切思潮之发达，皆由先生启其端。④ 斯为不刊之论。

梁启超寄身报刊，阅三十余年，其所躬历之事件固多，若中法交绥、甲午海战、戊戌变法、庚子拳变、辛亥革命、讨袁护国、军阀割据、五四运动、北伐战争等，政治之波谲云诡波澜壮阔，宜也激发思想之变化，进而造成其不同办报时期，划然而可辨者也。

其一谓救亡背景下国家主义之报刊实践，自乙未年（1895）迄于癸卯年（1903）。

赤县神州之民，向无国家思想，厥唯中土原野磅礴，厄塞交通，天下一

---

① 梁启超：《鄙人对于言论界之过去及将来》（1912），载夏晓虹编《梁启超文选》（上集），中国广播电视出版社1992年版，第177页。

② 梁启超：《吾今后所以报国者》（1915），载夏晓虹编《梁启超文选》（上集），中国广播电视出版社1992年版，第187页。

③ 梁启超：《对报界之演说（一月十二日在安庆会馆）》（1917），载夏晓虹辑《饮冰室合集·集外文》（中册），北京大学出版社2005年版，第675页。

④ 戈公振：《新闻学撮要》，转引自胡太春《中国近代新闻思想史》（增订本）（上卷），东方出版社2015年版，第346页。

统。一统之外，或率为蛮夷，或天远地隔，曾不知有他国存焉，更不知己之所托庇者，仅亦一国耳。又唯中国先哲发皇义理，各立标格，然则拆樊篱之隔，燔百家之言，锢方术之士，陶冶一世之旨趋一也，尔乃国家主义至于淹灭弗传。洎乎鸦片一役，清师陨越，士夫或有须些醒悟，国家意识始发蜇权舆。迨甲午丧师，割地赔款，老大帝国，蒙难遭悯，诚旷千古之奇耻，而公车硕儒激于事变，国家主义浮然兴焉。阅三年，又有德据胶州，诱激列强掀瓜分狂潮，民族危急，悬于一线，厥有康南海攘臂疾呼："志士仁人，能佯狂，能饿死，而我四万万同气同种之胄，忍回视其奴隶牛马哉！天地为愁，我将何容，昧昧我思之，唯有合群以求之，唯有激耻以振之，唯有厉愤气以张之，我四万万人知身之不保，移其营私之心，以营一大公。知家之不存，移其保家之心，以保一大国，无富贵之可图，无格式之可循，同舟遭溺，同室遭焚，被发缨冠，奔走呼救，宜亦仁人志士所不弃也耶？"①斯时也，庙堂之高，江湖以远，无不蹈厉振作汲汲欲挽狂澜于既倒，国家思想薄海而扇鬯者也。

"然则国家主义一语，骤视之若不学而知、不虑而能，然实有种种歧见以为之障，中外古今之民族，其于此能真知灼见者，盖亦寡矣"②，苟有之，抑又行之勇，则其国必霸于大地，此实亦近世史所迥别于前史者也。视之吾禹域，古者即有言谓多难兴邦，殷忧启圣。盖事危则志锐，情苦则虑深，得毋天亦以中国阽危之深，转祸为福？梁启超论国家思想之兴，曾四复焉，而尤以第三义所谓对外族而知有国家者，言殊恳切："身与身相并而有我身，家与家相接而有我家，国与国相峙而有我国。人类千万年以前，分孽各地，各自发达，自言语风俗，以至思想法制，形质异，精神异，而有不得不自国其国者焉。循物竞天择之公例，则人与人不能不冲突，国与国不能不冲突，国家之名，立之以应他群者也，故真爱国者，虽有外国之神圣大哲，而必不愿服从于其主权之下，宁使全国之人流血粉身靡有子遗，而必不肯以丝毫之权利让于他族，盖非是则其所以为国之具先亡也。"③知识分子以身许国者，殆以

---

① 康有为：《保国会序》，载汤志钧编《康有为政论集》（上集），中华书局1981年版，第231页。

② 梁启超：《国家主义之发达》（汤志钧、汤仁泽按：此文系未刊稿，未注明写作年月），载汤志钧、汤仁泽编《梁启超全集》第十四集，中国人民大学出版社2018年版，第457页。

③ 梁启超：《论国家思想》（1902），《饮冰室合集·专集》之四，第十七页，中华书局2015年版，第4999页。

言论，故梁氏于役《中外纪闻》《时务报》《清议报》《新民丛报》等报刊，"哀号疾呼，以冀天下之一悟"①。以兹为援手，从师之后，积极提倡变法维新，羌欲"用夷变夏"②。

救亡图存为梁启超国家主义报刊实践之核心要旨，其着手之方乃在于去塞求通、浚牖民智。先贤时俊论列壅塞之为病，缕缕不绝，班班可考，而梁氏所发抒者，亦在在多有，譬若《论报馆有益于国事》开宗明义即曰："觇国之强弱，则于其通塞而已。血脉不通则病，学术不通则陋。道路不通，故秦越之视肥瘠，漠不相关；言语不通，故闽粤之与中原，邈若异域。唯国亦然。上下不通，故无宣德达情之效，而舞文之吏，因缘为奸；内外不通，故无知己知彼之能，而守旧之儒，乃鼓其舌。中国受侮数十年，坐此焉耳。"③ 若夫觉世牖民，自分一切不如译书之为愈，乃联合同志，创大同译书局，其移译出版，"以政学为先，而次以艺学。至旧译希见之本，邦人新著之书，其有精言，悉在采纳。或编为丛刻，以便购读，或分卷单行，以广流传，将以洗空言之诮，增实学之用，助有司之不逮，救燃眉之急难"④。质而言，识中外之故，通上下之情，厉新旧之学，则欲国之不强、侮之不除，乌可得焉耳！此之为鹄的，昧昧思之，萦怀系之，发为倡论，揭为大纛，鹤立企伫之心，日月可鉴。若夫办报，则以为，有一学即有一报，又可大办季报、月报、半月报、旬报、七日报、五日报、三日报、两日报、日报、半日报等。洵如斯，将朝登一纸，夕布万方，国民之竞进，国势之蒸蒸，其望于诸先进国之颈项也庶几矣！

其二为立宪背景下辉张党义之报刊实践，自癸卯年（1903）迄于辛亥年（1911）。

梁启超一生行止，系于会、党，戊戌变法前后，可称之为维新党人，预备立宪前后，则可称立宪党人，有清屋社之后，则又寄身共和党、进步党、

---

① 梁启超：《蒙学报演义报合叙》（1897），《饮冰室合集·文集》之二，第五十七页，中华书局 2015 年版，第 189 页。

② 郑匡民：《梁启超启蒙思想的东学背景》，世纪出版集团上海书店出版社 2003 年版，第 270 页。

③ 梁启超：《论报馆有益于国事》（1896），《饮冰室合集·文集》之一，第一百页，中华书局 2015 年版，第 100 页。

④ 梁启超：《大同译书局叙例》（1897），《饮冰室合集·文集》之二，第五十八页，中华书局 2015 年版，第 190 页。

研究系云云。

既终生为党人，奚独谓癸卯至辛亥为辉张党义之报刊实践？

校之任公党人涯略，其政治理想藉曰政党政治，盖不诬也，第以时移事异，其政党色彩、活动烈度、旨趋之明、意志之坚及付诸报刊实践多寡，则迥然有别。初，梁启超从康师之后，致力于变法维新，而数星磊落，众宿北拱，纷纷籍籍，哄腾喧繁，势若有"吾党"之出焉。然则依其说"身相并家相接国相峙"而缫演之，党无相持，则亦无党可知耳，所谓维新党称者，盖以便宜行事云尔。或谓，若根本否认康、梁之为党，似亦有失公允，毕竟，其时尚有兴中会，鸠聚党人，行役于边裔瀛海，逋命于英伦诸邦。当戊戌溅血，康、梁亡命扶桑，孙中山以同属逋客，欲联合共谋国事，康有为以明良协契自命，訑訑而距："今上圣明，必有复辟之一日。余受恩深重，无论如何不能忘记，唯有鞠躬尽瘁，力谋起兵勤王，脱其禁锢瀛台之厄，其他非余所知，只知冬裘夏葛而已。"① 要之，革命思想尚未深入人心，而维新势盛，康"以帝师自居，目革命党为大逆不道，深恐为所牵累"②，用是两党并无交集。之后，如梁启超所缓颊云，先宜各向自党运动，以待时机，实则康、梁保皇，自行其是，谋求圣君政治，虽一势独大，其与现代政党邈如山河。而皮之不存，毛将焉附，报刊活动，止于民瘼国难之呼。

癸卯年（1903）情势丕变，"该年革命思想以其来势之猛、锋芒之露、变化之快、影响之大，在整个辛亥时期格外引人注目"③。留日学生纷纷创办刊物，若《湖北学生界》《江苏》《浙江潮》等，激扬文字，揭橥革命要义。国内则有《苏报》之属，放言流血牺牲，若《军解》一文大倡军国民教育："凡陶铸一大民族，占世界优美特色之文明点者，未有其全国军人不流国民之血、堕国民之泪而能产出者。"④ 辛亥志士张难先描述时事人心变化云："自庚子以还，形形色色，奔凑咸来。外而东西留学生，内而军学两界，其倾向革命之热情，如雨后春笋，暴发于满山之间。各机关纷纷设立，前仆后继，

① 冯自由：《革命逸史》（上），新星出版社2009年版，第47页。
② 冯自由：《中华民国开国前革命史》，广西师范大学出版社2011年版，第27页。
③ 严昌洪、许小青：《癸卯年万岁——1903年的革命思潮与革命运动》，华中师范大学出版社2001年版，第48页。
④ 章开沅：《论1903年江浙知识界的新觉醒》，载严昌洪、许小青《癸卯年万岁——1903年的革命思潮与革命运动》，华中师范大学出版社2001年版，第4页。

迨辛亥义旗一举，满清即亡，实早种基于此。"① 乙巳年（1905），由兴中会、华兴会、光复会等革命团体合并统一创中国同盟会，并发刊《民报》。中国同盟会翘然而成近代以降第一个全国性革命政党，是为癸卯年革命思想大火燎原狂涛激岸之必然结果。

同在癸卯年（1903），梁启超游美归来，思想亦为之一变，从畴昔主张破坏、亲近革命，一变而为唱颂君主立宪，甚而开明专制，其自励自警曰："吾之思想退步，不可思议，吾亦不自知其何以锐退如此其疾也。吾自美国来，而梦俄罗斯者也。吾知昔之与吾同友共和者，其将唾余。虽然，若语于实际上预备，则不在多言，顾力行何如耳。若夫理论，则吾生平最惯与舆论挑战，且不惮以今日之我与昔日之我挑战者也。"② 梁所谓十年来所醉梦所歌舞所尸祝之共和，自兹以后，载行载远，东京小子曾唯梁言是瞻，今兹则以刍狗弃之，亦可见君宪、共和、改良、革命，壁垒森严，势同水火。

"因革命、立宪两派的对抗，一般人对政党渐感兴趣，亦渐有所认识。迄于辛亥革命前夕，由于谘议局及资政院相继成立，国人对组党的试验兴趣渐浓，一时舆论颇涉及组党的讨论。"③ 而政党之见既已视为敌国，党报则各抒党义，攻讦辩难，宜其然也。以《新民丛报》《民报》为重镇，立宪党与革命党创设于国内外二十余种报刊对峙交攻，累累积百万言，直称为世纪论战，当无矫夸之嫌。扇扬党见，维护党义，庶几为党人至高宗旨。既乃有梁不惮于《时报》之言。《时报》创于1904年，为立宪党国内重要舆论阵地。适立宪党与革命党交哄，主持者狄楚青，于党事有所趑趄趋避，且语人曰："吾之办此报非为革新舆论，乃欲革新代表舆论之报界耳。"④ 梁启超直斥曰："吾党费十余万金以办此报，今欲扩张党势于内地，而此报至不能为我机关，则要来何用。"⑤ 张皇党义，执念之深，亦可窥一斑。若夫《政论》、《国风》乃至《新小说》，何莫非为立宪鼓与呼欤哉！

---

① 张难先：《张难先文集》，华中师范大学出版社2005年版，第30页。

② 梁启超：《政治学大家伯伦知理之学说》（1903），《饮冰室合集·文集》之十三，第八十六页，中华书局2015年版，第1204页。

③ 张玉法：《清季的立宪团体》，北京大学出版社2011年版，第52页。

④ 戈公振：《中国报学史》，岳麓书社2011年版，第122页。

⑤ 梁启超：《与夫子大人书》（1907），载丁文江、赵丰田编《梁启超年谱长编》，世纪出版集团上海人民出版社2009年版，第282页。

其三为共和背景下世界主义之报刊实践，自壬子年（1912）迄于丁卯年（1927）。

《清议报》时期，梁启超既展其世界主义胸怀："既生于此国，义固不可不为国人；既生于世界，义固不可不为世界人。夫宁可逃耶？宁可避耶？又岂唯无可逃无可避而已，既有责任，则当知之；既知责任，则当行之。"①更进而具体以言曰："今日之世界与昔异，轮船、铁路、电线大通，异洲之国犹比邻而居，异国之人犹比肩而立，故一国有事，其影响未有不及于他国者也。故今日有志之士，不唯当视国事如家事，又当视世界之事如国事。"② 方其为《清议报》一百册寄语时则云："今以何祝之？曰，祝其全脱离一党报之范围，而进入于一国报之范围，且更努力渐进以达于世界报之范围。乃为祝曰：报兮报兮！君之生涯亘两周兮，君之声尘遍五洲兮，君之责任重且遒兮，君其自爱罔俾羞兮。"③ 世界报思想蚤萌蘗于斯时，虽辄所中辍，然终缉熙于光明，其有日焉矣。

辛亥年，清帝逊位，民国肇造，乃者君主立宪争竞于民主共和，互不相下，积不相能，既而国体定，梁揆情度势，抑亦旋即转帆，拥护共和，渠其自解云："夫谓共和不能行于中国，则完全之君主立宪，其与共和相去一间耳。其基础同托于国民，其运用同系乎政党，若我国民而终不能行共和政治也，则亦终不能行君主立宪政治。"④ 究极之论，梁所争者不在于国体，而根本属意乃政体之良莠而已，而政体之良莠与否，唯系于政党之健全发达与否。要之，梁与民国政治，着墨最多者，可谓联络旧官僚、组织政党派系，借此厕身权力中心。然则政治理想一入实际辄黄粱梦碎，人才内阁不崇朝而陨越，总长财政不旋踵而辞绂，政党云者，不过为当轴整肃异己之工具，而兔死狗烹，鸟尽弓藏，屡征而可验之，谓若进步党、研究系之兴勃亡忽，无不如斯。梁嗒然气沮，常有不远而复之想。

---

① 梁启超：《汗漫录》（1900），载夏晓虹编《梁启超文选》（上集），中国广播电视出版社1992年版，第383页。

② 梁启超：《清议报一百册祝辞并论报馆之责任及本馆之经历》（1901），《饮冰室合集·文集》之六，第五十七页，中华书局2015年版，第517页。

③ 梁启超：《清议报一百册祝辞并论报馆之责任及本馆之经历》（1901），载张品兴主编《梁启超全集》第二册，北京出版社1999年版，第480页。

④ 梁启超：《中国立国大方针》（1912），《饮冰室合集·文集》之二十八，第七十七页，中华书局2015年版，第2891页。

梁启超于民国政治，虽不惮揉恩，亹亹尽瘁，然其假手旧官僚势力驰骤于政治场域，却昭昭然，若夫夙习之报刊舆论，则仅致意焉耳。而政途屡屡跌蹶，益复使其避政治谈如蛇虺，一旦息影汶上，重拾报章，则另有志焉。综观辛亥以来，梁所操持之报刊，盖以揄扬世界主义为旨趋，政党互峙交攻所见诸报刊者几希，政党理想刊之于报章所能觅迹者，眇乎仅矣。梁一生与政治若即若离，必谓梁氏怨望政治，退而独标神明，似亦不无道理，然则民主共和蹉跎以行，而寰宇民族主义走向帝国主义，之兹情势，梁氏揭橥世界主义，毋亦为民国思想界放一大光芒？

世界主义与大同思想何若？谓其讲求公理公义则同，谓其眼界大小则异，大同云者，只知有天下，曾不知有国家，更不知有世界，洎乎罗盘针引致地理大发现，火药轰开城防，遂有圆颅方趾目不加明而可察万方，声不加疾而可传鞮译，含生负气再无秦越之隔，无犷族岛夷之辨，"世界""天下"一其樊篱，"大同""公理"齐其意蕴也。以云大同，会当首颂礼运，谓"大道之行也，天下为公。选贤与能，讲信修睦，故人不独亲其亲，不独子其子，使老有所终，壮有所用，少有所长，鳏寡孤独废疾者，皆有所养。男有分，女有归。货恶其弃于地也，不必藏于己；力恶其不出于身也，不必为己。是故谋闭而不兴，盗窃乱贼而不作，故外户而不闭，是谓大同。"①

大同之义，虽曒曒若日月，而梁之初受大同思想公羊三世说影响，则又不可不溯及立雪康门，时在光绪十七年（1891），"先生时方著《公理通》、《大同书》等书，每与通甫商榷，辨析入微，余辄侍末席，有听受，无问难，盖知其美而不能通其故也"②。梁固谦抑，顾大同思想，若种子然，抑亦深植心田，乃师之言亦常萦于脑际："国者，在乱世为不得已而自保之术，在平世为最争杀大害之道也。而古今人恒言皆曰天下国家，若人道不可少者，此大谬也。今将欲救民生之残祸，致太平之乐利，求大同之公益，其必先自破国界去国义始矣，此仁人君子所当日夜焦心弊舌以图之者也，除破国界外，更无救民之义矣。"③

会甲午丧师，宗社震惊，神州悲戚，民族主义国家主义倡扬，向为种子

---

① 钱玄等注译：《礼记》，岳麓书社 2001 年版，第 296 页。
② 丁文江、赵丰田编：《梁启超年谱长编》，世纪出版集团上海人民出版社 2009 年版，第 17 页。
③ 康有为：《大同书》，中国人民大学出版社 2010 年版，第 219—220 页。

者既而淹滞蛰藏，迨辛亥义旗一举，共和奠基，大同思想沃春风以萌蘖，甚且蛹化而至于世界主义。逮欧战喋血漂杵，滋使梁躬省民族主义国家主义孤行己意之弊，"人生在此，一面为构造国家之一分子，一面又为世界人类之一个人，世间文明幸福事业因有非国家之力不能办到者，亦有非国家之力所能至者"①，又更具体而言之："自文艺复兴以后，极端言国家主义，绞百姓血汗之金钱，以供杀人之用，竭才士之聪明智力，日日研究杀人之术，各各发达其本能，膨胀其势力，而冲突生焉，故往往不数十年，又有流血之祸。吾以为，今度欧战战事结束之后，各国见所收之结果，不过尔尔，甚或得不偿失，当必有翻然自悔其初心，极端国家主义之势焰纵不能全被摧残，亦必稍为敛抑。"② 欧人固未尝有所悔悟，而梁启超开世界主义药方以瘳厥疾，其言亦凿凿然："国家意志，并不是绝对无限，还须受外部多大节制，质而言之，国家与国家相互之间，从此加一层密度了，我们是要在这现状之下，建设一种'世界主义的国家'。怎么叫做'世界主义的国家'？国是要爱的，不能拿顽固褊狭的旧思想，当是爱国，因为今世国家，不是这样能够发达出来。我们的爱国，一面不能知有国家不知有个人，一面不能知有国家不知有世界，我们是要托庇在这国家底下，将国内各个人的天赋能力，尽量发挥，向世界人类全体文明大大的有所贡献。"③ 更进而言："一个人不是把自己的国家弄到富强便了，却是要叫自己国家有功于人类全体。不然，那国家便算白设了。明白这道理，自然知道我们的国家，有个绝大责任横在前途。什么责任呢？是拿西洋的文明，来扩充我的文明，又拿我的文明去补助西洋的文明，叫他化合起来成一种新文明。"④ 夫建设世界主义国家，乃亘千百年士庶"并耕而食""小国寡民""大同世界"社会理想一脉相承，且缉熙于光明之必然结果，虽不可遽断，然则，梁启超以共和为之地，借世界主义思想指导报刊实践，其眼界之超迈卓异，其成果之累然粲然，固可多之矣。

---

① 梁启超：《欧战后思想变迁之大势》（1914），载夏晓虹辑《饮冰室合集·集外文》（中册），北京大学出版社 2005 年版，第 605 页。

② 梁启超：《欧战后思想变迁之大势》（1914），载夏晓虹辑《饮冰室合集·集外文》（中册），北京大学出版社 2005 年版，第 604—605 页。

③ 梁启超：《欧游心影录节录》下篇之《中国人之自觉》（1919），《饮冰室合集·专集》之二十三，第二十一页，中华书局 2015 年版，第 5707 页。

④ 梁启超：《欧游心影录》（1919），商务印书馆 2014 年版，第 49 页。

国家主义、政党思想、世界情怀，任公之精神河汉，其灌注于报刊，腾传于阛阓，犹神女搤江猿鸣绝巘生穷峡之幽怨，犹楚子行吟武穆放歌越江汉之潮音。曾梁之有言云："有一人之报，有一党之报，有一国之报，有世界之报。以一人或一公司之利益为目的者，一人之报也；以一党之利益为目的者，一党之报也；以国民之利益为目的者，一国之报也；以全世界人类之利益为目的者，世界之报也。"① 梁启超报刊实践，其徐流激进，其曲屈迁变，庶几亦有迹可循耶！

第一节 救亡背景下国家主义之报刊实践（一）

自乙未年（1895）公车上书至癸卯年（1903）美洲归来，梁启超以《中外纪闻》《时务报》《清议报》《新民丛报》等报刊，或传播救亡思想，或提倡破坏主义，不数年而声名籍籍。何致功之速为？为其察西国富强之原深切著明也，为其痛中土巨厦将摧杜鹃哀绝也。维云救亡，无论是作忠臣烈士之危言献可，还是怀萑苻异志之激扬革命，要在斧柯桔槔，无时不以国家为念，"唯兹国家，吾侪父母兮。无父何怙，无母何恃兮。茕茕凄凄，谁怜取兮。时运一去，吾其已兮。思之思之兮，及今其犹未沫兮"②。梁启超通命以来，循诵日译西著，若行山阴道上，应接不暇，其中，伯伦知理《国家论》入脑最深。伯氏之国家学说主张裁抑君权、增益民权、国权至上，梁甚服膺，以为，欲抟沙为城，以今日吾华族有部民而无国民之情状，非由此道，则不足以建立有机统一与有秩序之国家，亦必将无以与 20 世纪民族帝国主义竞争于天演界。斯为微旨，征诸日本社会形形色色之国家主义思想，殆亦略可窥见蕞尔小国日迈月征而进于富强之轨辙。抑宣鬯国家主义思想，形成国民之一大事业，比诸任何事业，皆倍极艰辛。③ 虽然，任公以办报为救焚之突梯拯溺之辀

① 梁启超：《清议报一百册祝辞并论报馆之责任及本馆之经历》（1901），《饮冰室合集·文集》之六，第五十七页，中华书局 2015 年版，第 517 页。

② 梁启超：《新民说》之《论国家思想》（1902），《饮冰室合集·专集》之四，第二十三页，中华书局 2015 年版，第 5005 页。

③ 梁启超：《历史上中华国民事业之成败及今后革进之机运》（1921），载汤志钧、汤仁泽编《梁启超全集》第十一集，中国人民大学出版社 2018 年版，第 220 页。

铲，呕哑啁哳瘏口哓音经年不止者。民国肇建，任公尝反省云："梁启超居东，渐染欧日俗论，乃倡褊狭的国家主义，惭其死友矣。"① 此虽悖诸往论，抑亦见其畴昔之执念耳。

一　《中外纪闻》

《中外纪闻》乃《万国公报》继作者，旋起旋改，今合并述之。

公车上书后，士子情绪激越，康有为觇势气可用，既而欲筹建学会，扩大影响，期必于推动维新变法，"时北方由文廷式之主倡，亦有强学会之组织，已而改为强学会书局，其目的亦在改良政治。其会员有黄绍箕、汪康年、黄遵宪、岑春煊、陈宝琛、陈三立等，而工部尚书孙家鼐、湖广总督张之洞胥其有力之后援者"②。康闻之，亦加入斯会，强学会势益振。梁启超忆述云："乙未夏秋间，诸先辈乃发起一政社名强学会者……彼时同人固不知各国有所谓政党，但知欲改良国政，不可无此种团体耳。"③ 然则维新派与顽固势力之比实以一与千为率，绝大部分官僚士夫，既震悚于甲午丧师割地赔款，抑又却步于求新求变振敝起衰，唯泥守祖宗之制拱默而已，而士夫戒于明世社会之禁，不敢相聚讲求，以故维新组织之侈张，戛戛其难乎！奈何，康有为亢毅其志，决欲行其事，而着手之方，为办报馆与图书馆。维报馆之开，"非自京师始、非自王公大臣始不可"④。斯时也，乃有袁世凯首捐五百金，加之各处筹集，得千余金，遂于北京后孙公园设立会所，自上海购译书数十种，办报事则委诸梁启超，而英人李提摩太亦参与之。

康、梁师徒视报刊之于维新宣传，翘然而执牛耳者，康撼户部郎中陈炽言云："办事有先后，当以报先通其耳目，而后可举会"⑤，梁亦谓"各国民智之开者，皆由报馆，故维新之始，注意于是也"⑥。乙未年（1895）五六月

---

① 梁启超：《清代学术概论》（1920），转引自郑匡民《梁启超启蒙思想的东学背景》，世纪出版集团上海书店出版社 2003 年版，第 283 页。

② 戈公振：《中国报学史》，岳麓书社 2011 年版，第 105 页。

③ 梁启超：《鄙人对于言论界之过去及将来》（1912），载夏晓虹编《梁启超文选》（上集），中国广播电视出版社 1992 年版，第 178 页。

④ 康有为：《康南海自编年谱》（外二种），中华书局 1992 年版，第 28 页。

⑤ 康有为：《康南海自编年谱》，载梁启超《康有为传》，团结出版社 2004 年版，第 122 页。

⑥ 梁启超：《戊戌政变记》（1898），广西师范大学出版社 2010 年版，第 55 页。

间，梁致书朋友，屡述办报情形，其书夏曾佑云："顷欲在都开设报馆，已略有端绪，此举有成，其于重心力量颇大也。"① 其致汪康年书谓："顷拟在都设一新闻馆略有端绪，度其情形可有成也。……此间亦欲开学会，颇有应者，然其数甚微。度欲开会，非有报馆不可，报馆之议论，既浸渍于人心，则风气之成不远矣。"② 是年六月二十七日（1895 年 8 月 17 日）《万国公报》创刊。

此《万国公报》与上海广学会之《万国公报》有渊源焉，殆沪上《万国公报》经营有年，影响深广，谓若仕宦中人，亦多耽尚，康、梁乃袭人之美，自报名至内容率皆移录，以利推广。唯所不同者，上海用金属字印刷，北京用木雕印刷，类乎《京报》。民间文化人名"高逸"者于其所藏五十号《万国公报》红色报头处批注云："此为四十年前新闻纸之滥觞，凡论时务者无不购阅之。当时铅印机尚未发达，仅沪上有之。此为木刻活字排印《京报》房之专业，其古拙之趣，颇近北宋刊本。惜墨太恶劣耳。后文化叟及版籍者不可不知也。"③《万国公报》作为新式报刊之初试啼声，阅者当时莫知报之由来，有以为出自德国者，有以为出自总理衙门者，迨知其出自南海会馆，逆料为康、梁等人所兴作，既阅三数月矣。

《万国公报》日出一册，约 4500 字，由梁启超与麦孟华分任其事，内容有"上谕""外电""译报""各报选录""评论"等栏目，评论及编者按语，由梁、麦搦管摛藻，重要文章若《美国四百年大会纪略》《西洋炮车尺量诸法考》《论水师四录时事新论》《地球万国说》《地球万国兵制》《通商情形考》《万国矿务考》《万国邮局章程价值考》《各国学校考》《学校说》《铁路情形考》《铁路通商说》《铁路改漕说》《铁路备荒说》《铁路便行旅说》《铁路兴屯垦说》《铁路工程说略》《佃渔养民说》《农学略论》《农器说略》《铸银说》《西国兵制考》《印俄工艺兴新富国说》《报馆考略》云云。"这些文章，着重宣传'富国'、'养民'、'教民'之法，对开矿、铸银、制机器、造轮

① 梁启超：《与穗卿足下书》（1895），载丁文江、赵丰田编《梁启超年谱长编》，世纪出版集团上海人民出版社 2009 年版，第 28 页。
② 梁启超：《与穰卿足下书》（1895），载丁文江、赵丰田编《梁启超年谱长编》，世纪出版集团上海人民出版社 2009 年版，第 28 页。
③ 《万国公报》封面批注，转引自胡太春《中国近代新闻思想史》（增订本）（上卷），东方出版社 2015 年版，第 306 页。

舟、筑铁路、办邮政、立学堂、设报馆，以至务农、劝工、惠商、恤穷等都有论列。"① 梁于民国元年北京报界欢迎会上忆述云："鄙人则日日执笔为一数百字之短文，其言之肤浅无用，由今思之，只有汗颜。当时安敢望有人购阅者，乃托售京报人随公门钞分送诸官宅，酬以薪金，乃肯代送。办理月余，居然每日发出三千张内外。然谣诼已蜂起，送至各家门者，辄怒以目，驯至送报人惧祸及，悬重赏亦不肯代送矣。"② 顾报纸既腾传于市朝，鼓荡人心，尔乃士宦识议一变，渐知新法之益。

北京强学会正式开办于九月间，适逢《万国公报》出版四十五册，李提摩太以其便宜行事，卒不得谓"体面"，"他劝说诸公更改刊名，结果刊名改为《中外纪闻》"③。十一月初一日，《中外纪闻》作为强学会机关报，正式出版，梁启超、汪大燮主其笔政。

《中外纪闻》为双日刊，木雕活字竹纸印刷，每册注明出版年月，无编号，约十页，每页十行，每行二十二字，其凡例云：

　　一、本局新印《中外纪闻》，册首恭录阁抄，次全录英国露透电报，次选择外国各报，如《泰晤士报》《水陆军报》等类，次择录各省新报，如《直报》《沪报》《申报》《新闻报》《汉报》《循环报》《华字报》《维新报》《岭南报》《中西报》等类，次译印西国格致有用诸书，次附论说。

　　二、《纪闻》两日一次，每月十五次，月底取回，装订成册。中西近事，略具其中。拟仿《西国近事汇编》之例，不录琐闻，不登告白，不收私函，不刊杂著。

　　三、此册所录近事，皆采各国各省日报，标明来历，务期语有根据；至其论说，亦采各书各报，间加删润；或有集采众书成篇者，不标来历，以省繁重。

　　四、购阅《纪闻》者，每月收京足银三钱，票钱从便，照时价加算。

　　①　汤志钧：《戊戌变法史》（修订版），上海社会科学院出版社2015年版，第103页。
　　②　梁启超：《莅报界欢迎会演说辞》（1912），载丁文江、赵丰田编《梁启超年谱长编》，世纪出版集团上海人民出版社2009年版，第28页。
　　③　［美］白瑞华：《中国近代报刊史（1800—1912）》，苏世军译，中央编译出版社2013年版，第112页。

京外购者，按路程远近，酌加寄费。嗣后推广各省会、各城镇商埠，再设分局。

五、创办自十一月初一日为起，十日以内，报费由本局致送，嗣后愿购者，始行送阅。按费按月先付，如不及月，亦按册收费，免致亏折。

本局在京都宣武门外后孙公园，愿购书者，请至局中挂号，并由各京报房分售。

《中外纪闻》甫成，康有为作《京师强学会序》，不啻强学之政治宣言，亦庶几揭橥办报宗旨矣："海水沸腾，耳中梦中，炮声隆隆，凡百君子。岂能无沦胥非类之悲乎？图避谤乎？闭户之士哉！有能来言尊攘乎？岂唯圣清，二帝、三王、孔子之教，四万万之人将有托耶！"① 此文述邦之杌隉、羡日之维新、吁士君子辐辏讲习瓦全故国，字字沥血惊心，振聋发聩。

《中外纪闻》颇具特色者，乃其"附论"与"论说"，前者多于译印西国格致书后附有简论，谓如《英国幅员考》末加简论谓："盖边防之强弱，唯内治之兴替是视。孟子曰：'国家闲暇，及是时，明其政刑，虽大国必畏之矣。'又曰：'国家闲暇，及是时，般乐怠傲，是自求祸也。'万国强弱之原，无外此二途者，谋国者宜何择焉？"② 后者论列时事国政，独出心裁，谓如《论垦荒广种屯田为农务之本》一文曰："中国边地空虚，实边善策，莫过于屯田。……或仿古时移民实边之法，或即招募土著为之。……诚能耕牧兼资，则十年以后，各省边地之荒废者，皆可变而为人烟稠密、户口殷实之区，此秉国钧者所宜未雨绸缪而及早图之者也。当轴者，其急当留意哉，勿谓仿行之已晚也。"③ 皇皇其言，问政意味，若岫云之出焉。

时《中外纪闻》大行，然其"昌言变法，久为守旧者所媢嫉，谤议纷纭"④。而会中同人携嫌者复煽惑之，属李鸿章愿输金二千入会，或谓其签《马关条约》速耻，摒绝之，李衔恨，乃有李之亲家御史杨崇伊以"聚党"参劾之衅，上谕旋下，云：强学书院"专门贩卖西学书籍，并钞录各馆新闻

① 汤志钧编：《康有为政论集》（上集），中华书局1981年版，第166页。
② 《中外纪闻》，光绪二十一年十一月十一日。
③ 《中外纪闻》，光绪二十一年十一月二十九日。
④ 梁有为：《请定中国报律折》，载汤志钧编《康有为政论集》（上集），中华书局1981年版，第334页。

报，刊印《中外纪闻》，按户销售，犹复借口公费，函索外省大员，以毁誉为要挟，请饬严禁，着都察院查明封禁。"①

厥其《中外纪闻》问世一月又五日，即停版。

方事之发也，馆臣震恐，泣下者有之，欲伏杨门乞见者有之，欲向李鸿章献好者有之，余则纷纷遁迹，"当诸人之匿，卓如（梁启超）、伯唐（汪大燮）相号于人曰：'若属不言，听此渐灭，吾二人具呈，将悉言诸君所为，诸君不得阻我也。'于是诸人衔之甚，遂倡用京官之说，而置伯唐于报馆，屏卓如焉。"② 梁启超流浪萧寺中者数月，服器书册亦皆籍没。

《中外纪闻》固停刊矣，然则"梁氏文字受人赏识自此始"③，梁亦自审舍言论外未由致力者也。

二 《时务报》

北京强学会及机关报《中外纪闻》遭封禁，上海强学会亦未能幸免，梁启超益感慨时局，乃致书汪康年："南北两局，一坏于小人，一坏于君子。举未数月，已成前尘。此自中国气运，复何言哉！此间虽已复开，然麇入无赖，贤者羞之，腥膻之地，不复可以居也。兄在沪，能创报馆甚善，此吾兄数年之志，而中国一线之路，特天之所废，恐未必能有成也。若能成之，弟当唯命所适。"④

时黄遵宪适在沪，愤学会之停散，谋再振之，即以报馆为倡始，谋议于汪康年，又商请函邀梁启超参与。丙申年（1896）三月，梁氏去京师至上海，与黄、汪日夜筹划办报事，洎乎七月初一日（8月9日），乃创《时务报》，冀能广译五洲近事、详录各省新政、博搜交涉要案、广罗政艺要书等。

《时务报》设上海福州路口，其开办经费来自上海强学会余款及黄遵宪、邹凌翰、张之洞等人捐款，汪康年任经理，梁启超任总撰述，康门弟子麦孟

---

① 转引自王晓秋主编《戊戌维新与近代中国的改革——戊戌维新一百周年国际学术讨论会论文集》，社会科学文献出版社 2000 年版，第 270 页。

② 吴樵：《致汪康年书》，载丁文江、赵丰田编《梁启超年谱长编》，世纪出版集团上海人民出版社 2009 年版，第 32 页。

③ 赖光临：《梁启超与近代报业》，台湾商务印书馆 1968 年版，第 25 页。

④ 梁启超：《与穰卿我兄同年书》（1896），载丁文江、赵丰田编《梁启超年谱长编》，世纪出版集团上海人民出版社 2009 年版，第 36 页。

华、徐勤、欧榘甲亦于役笔政，而赢译鞮事务者，英文张坤德、李维格、曾广铨，法文郭家骥、潘彦，日文古城贞吉，俄文刘崇惠、李家鏊，章炳麟一度任编辑，王国维为书记员。报纸每十日出版一册，每册约二十页，以石版连史纸印刷，三万字左右，设论说、谕折、京外近事、域外报译等栏目，从第二期起，域外报译又分为西文报译与路透电音栏目，约占整册二分之一篇幅，"国人自办报刊重视国际新闻，以时务报为首倡"①。余则另附各地学规、章程等。

筹创报馆，能否久持，汪康年悊然忧之。时汪氏犹列名张之洞幕府，或住沪或留鄂，不能自决，乃屡商之于梁启超，梁亦偻指为之箸筹，谓若报能销四千份，即可支持，因固留之。不意，《时务报》一旦问世，即风行一时，数月间，代售处开至一百零九所，遍布全国七十县市，销数竟达一万两千份，为中国报兴以来所未曾有，可谓举国趋之，如饮狂泉。时人褒美《时务报》"中外毕备、巨细兼收，辟四万万人之心思，通欧亚美澳之风气"②，报之所之，"草野为之歕动"，"虽天下至愚之人，亦当为之蹶然奋兴，横涕集慨而不能自禁"③。

忆及彼时劬力报务唯恐底滞之情景，梁殊有所感："当时总办之勤劳，固云至矣。然即如启超者，忝任报中文字，每期报中论说四千余言，归其撰述，东西文各报二万余言，归其润色；一切奏牍、告白等项，归其编排；全本报章归其覆校。十日一册，每册三万字，经启超自撰及删改者几万字，其余亦字字经目经心。六月酷暑，洋蜡皆变流质，独居一小楼上，挥汗执笔，日不遑食，夜不遑息。计当时一人所任之事，自去年以来，分七八人始乃任之。"④时人争阅"时务"，适以偿其劳瘁耳。

梁启超自《时务报》创刊至赴任湖南时务学堂总教习，凡十数月，笔耕不辍，得文字六十篇，而《变法通议》盖可宗风，谓如《论不变法之害》一文云："今有巨厦，更历千岁，瓦墁毁坏，榱栋崩折，非不枵然大也，风雨猝

① 朱虚白：《梁启超的报业生涯》，"中华学术与现代文化丛书"之《新闻学论集》，（台北）华冈出版有限公司 1976 年版，第 506 页。
② 《王鹏飞致汪康年函》，《汪康年师友书札》（四），上海古籍出版社 1986 年版，第 3533 页。
③ 方汉奇：《中国近代报刊史》（上），山西人民出版社 1981 年版，第 83 页。
④ 梁启超：《创办〈时务报〉源委》，原载《知新报》1898 年 9 月 26 日第 66 册，载夏晓虹辑《饮冰室合集·集外文》（上册），北京大学出版社 2005 年版，第 46—47 页。

集，则倾圮必矣。而室中之人，犹然酣嬉鼾卧，漠然无所闻见。或则睹其危险，唯知痛哭，束手待毙，不思拯救。又其上者，补苴罅漏，弥缝蚁穴，苟安时日，以觊有功。此三人者用心不同，漂摇一至，同归死亡。善居室者，去其废坏，廓清而更张之，鸠工庀材，以新厥构。图始虽艰，及其成也，轮焉奂焉，高枕无忧也。唯国亦然。"① 其语言刻厉隽快，其意旨深切博明，如冲风之摧枯朽，如风雨之遇宵明，视之从前贤望，校之并世学者，得未曾有。

梁氏文章每出，其"崇论宏议，倾海翻江"②，新学士子评章古今商略人物，感其妙论，争礼下之，以至通都大邑僻壤穷陬，无不知有新会梁氏者。而大府奖许亦甚殷。湖广总督张之洞札饬湖北全省谓："上海新设时务报馆，每一旬出报一本，本部堂披阅之下，具见该报识见正大，议论切要，足以增广见闻，激发志气。凡所采录，皆系有关宏旨，无取琐闻；所录外洋各报，皆系就本文译出，不比坊间各报讹传臆造；且系中国绅宦主持，不假外人，实为中国创始第一种有益之报。"③ 并另订二百八十八份，分送湖北文武大小衙门、各局各书院各学堂。湖南巡抚陈宝箴札饬湘省谓："上年以来，上海设有时务报馆，议论极为明通，其激发志意，有益于诸生者，诚非浅鲜。湘省人才蔚兴，当使不愧通才，周知四国，自应广为流布，以开风气而广见闻。"④ 浙江巡抚廖寿丰购《时务报》分发各府县，并札饬曰："兹查有上海新出时务报，议论切要，采择谨严，于一切舟车制造之源流，兵农工商政要，旁搜博记，尤足以广见闻而资治理。"⑤ 若夫其他督抚学政府县官宪绎效之者，则不能一一，"自是谈变法自强者，成为风气"⑥。

《时务报》销路日广，梁启超声名日重，然则粗率之作亦间出，虚骄之态亦偶露，此为时贤所讥者殆有之。梁报严幼陵先生书即瞿然语云："数月以来，耳目所接无非谀词，贡高之气，日渐增长。非有先生之言，则启超堕落之期益近矣。……当《时务报》初出之第一二次也，心犹矜持，而笔不欲妄

---

① 梁启超：《变法通议》，何光宇评注，华夏出版社2002年版，第5页。
② 《高培兰致汪康年函》，《汪康年师友书札》（二），上海古籍出版社1986年版，第1580页。
③ 张之洞：《咨行全省官销时务报札》，《时务报》第六册，光绪二十二年八月二十一日出版。
④ 《时务报》1897年第25册。
⑤ 《时务报》1897年第18册。
⑥ 超观：《记梁任公先生轶事》，载夏晓虹编《追忆梁启超》，中国广播电视出版社1997年版，第51页。

下。数月以后，誉者渐多，而渐忘其本来。又日困于宾客，每为一文，则必匆迫草率，稿尚未脱，已付钞胥，非直无悉心审定之时，并且无再三经目之事，非不自知其不可，而潦草塞责亦几不免。"① 顾梁亦自解："凡任天下事者，宜自求为陈胜、吴广，无自求为汉高，则百事可办。故创此报之意，亦不过为椎轮，为土阶，为天下驱除难，以俟继起者之发挥光大之。故以为天下古今之人之失言者多矣，吾言虽过当，亦不过居无量数失言之人之一，故每妄发而不自择也。"② 文人赓唱，或攻瑕指失，或自暴一售，虽关乎存养，却未涉道旨。唯梁以狂飙突进式语言，吹响时代最强音，而终不见容于世。时梁与汪龃龉既久，权、利之纷夺，新旧之龈争，人事之代替，俾其心生退意。

丁酉年八月十二日、十三日（1897 年 9 月 8 日、9 日），湖南按察使黄遵宪及江标、熊希龄、邹代钧等湘省维新人士连函汪康年，商拟敦聘梁启超任湖南时务学堂总教习，梁亦自分彼地新政粗有端绪，就之，一则免兄弟阋墙，二则可展其所学。乃偕康门同学韩文举、叶觉迈于冬月间抵湘。自此以往，梁海自行束修以上，几与《时务报》无与焉，而五十五册之后，更无文章见诸报端。戊戌政变，《时务报》亦云渐灭，终卷六十九册。

第二节　救亡背景下国家主义之报刊实践（二）

三　《清议报》

戊戌政变，一时风声鹤唳，光绪幽囚，康、梁逋逃，六君子溅血，《时务报》亦以"无裨治体，徒惑人心"③ 而遭裁撤。未几，上谕继下："前经降旨，将官报时务报一律停止。近闻天津、上海、汉口各处，仍复报馆林立，肆口逞说，捏造谣言，惑世诬民，罔知顾忌，亟应设法禁止。着各该督抚，饬属认真查禁；其馆中主笔之人，皆斯文败类，不顾廉耻，即饬地方官严行

---

① 丁文江、赵丰田编：《梁启超年谱长编》，世纪出版集团上海人民出版社 2009 年版，第 50 页。
② 丁文江、赵丰田编：《梁启超年谱长编》，世纪出版集团上海人民出版社 2009 年版，第 50 页。
③ 《德宗景皇帝实录》，转引自汤志钧《戊戌变法史》（修订版），上海社会科学院出版社 2015 年版，第 405 页。

访拿，从重惩治，以息邪说而靖人心。"① 尔后报刊凋零，维新言论舌拆而不能出。梁启超记述兹事云："新政隳堕，内地报馆封禁无存。天津、上海、澳门为权奸势力所不能及，巍然存者，仅二三焉。"② 虽然，康、梁党人孤忠未泯，不敢忘漆室之忧葵，圣德难酬，矢欲效老人之结草，乃以海外为之地，嗣述维新变法思想。而《清议报》不啻重镇者也。

梁启超亡命日本，戊戌十月即与横滨商界诸同志谋创《清议报》，其资金来源有两说，一如冯自由《任公先生事略》谓，办报经费由旅日华商冯镜如、冯紫珊、林北泉等募集；一如王照《复江翊云兼谢丁文江书》谓，梁因妻兄李端棻赆仪二百金开办。《清议报》设址横滨居留地五十三番馆，光绪二十四年十二月十一日（1898 年 12 月 23 日）正式出刊，冯镜如以英国人名义任发行兼编辑人，梁启超主持撰述，麦孟华、欧榘甲等佐之，每旬一册，每册四十页，三万余字，发行约四千份，传布日本及海外各地，部分通过日本侨民、租界洋行输入内地。所开栏目为论说、名家著述、新书译丛、文苑、外论汇译、纪事、群报撷华等。

《清议报》前后阅三年，而宗旨有变。其初版，梁启超撰《清议报叙例》云：维持支那之清议，激发国民之正气；增长支那人之学识；交通支那日本两国之声气，联其情谊；发明东亚学术以保存亚粹。而终刊所载《清议报一百册祝辞并论报馆之责任及本馆之经历》则云，《清议报》职志倡民权、衍哲理、明朝局、厉国耻，此四者一言以蔽之，曰广民智、振民气而已。两相比较，前者主衔恩感德。时日本大隈内阁及民间友人臂助甚殷，梁启超点滴在心，抑且昧昧思之，脱能保救大清、光绪，唯日本可期，于以致书当道，不惜作秦庭哭："今日为日本计，支那安则日本安，支那危则日本危，支那亡则日本亦不可问矣。然支那之自立与否，全系乎皇上位权之安危，然则我皇上位权之安危，与日本全国之相关，其切近也如此，仆深愿贵政府之熟察此机轴也。"③ 梁启超所谓保存亚粹、交通声气，殆为通款曲以悦情者耶。若夫后

---

① 《德宗景皇帝实录》，转引自汤志钧《戊戌变法史》（修订版），上海社会科学院出版社 2015 年版，第 406 页。

② 梁启超：《中国各报存佚表》（时间待考），转引自胡太春《中国近代新闻思想史》（增订本）（下卷），东方出版社 2015 年版，第 375 页。

③ ［日］狭间直树：《初到日本的梁启超》，载广东康梁研究会编《戊戌后康梁维新派研究论集》，广东人民出版社 1994 年版，第 222 页。

者，则主阐扬民权。梁氏"自居东以来，广搜日本书而读之，若行山阴道上，应接不暇。脑质为之改易，思想言论与前者若出两人。"① 脑质改易最著者乃民权思想之强化，不惜与乃师断断以争亦所不辞。

而另须究论者，乃光绪二十五年（1899）三月十一日《清议报》改定章程告白。时日本为清政府照会，劝说并馈赆康有为离境他投。梁与康虽戒于如山师义，然梁骋思驰想蹀躞纵逸，其旨趣与乃师究有以异也，会康去东瀛赴北美，梁亦少释缚，乃重整《清议报》而振刷之："本报宗旨，专以主持清议，开发民智为主义，今更加改良，特取中西之各书报中言政治学、理财学者，撷其精华，每期登录数叶。因政治等学为立国之本，原中国向来言西学者，仅言艺术及事迹之粗迹，而于此等实用宏大之学，绝无所知，风气不开，实由于此。本馆既延请通人多译政治理财学之书，今复先按期登录，以供众览。"② 校之既往所黾勉劼力者，兹定新章程，固欲彰国是之当亟务、国政之持重者，盖以梁察知，"要创造近代国家，必须理解'立国之本原'，即'政治学、理财学'"③，乃有《国家论》《各国宪法异同论》《霍布士学案》《斯宾挪莎学案》《卢梭学案》等，沦胥以刊布，其政治学谈，相摩荡、相推移，愈厉而弥光，其新锐思想，瀺勃焉，郁积焉，日出而不穷。

梁启超主笔《清议报》期间，除两度远游，一为光绪二十五年（1899）十一月诣檀香山办理保皇事宜，居九阅月，一为庚子偾事，疾赴澳洲募款，羁身过半年，余则竭蹶于报事，以哀时客、任公、饮冰子、饮冰室主人、少年中国之少年、定远等笔名，撰论说《尊皇论》《国家思想变迁异同论》《少年中国说》等三十一篇，为专著《戊戌政变记》《中国近十年史论》等，另有《饮冰室自由书》《汗漫录》等专栏作品，及大量诗词韵文。曾赋诗自励云："献身甘作万矢的，著论求为百世师。誓起民权移旧俗，更研哲理牖新知。十年以后当思我，举国犹狂欲语谁？世界无穷愿无尽，海天寥廓立多时。"④ 梁以

---

① 梁启超：《夏威夷游记》（旧题《汗漫录》，又名《半九十录》）（1899），载丁文江、赵丰田编《梁启超年谱长编》，世纪出版集团上海人民出版社 2009 年版，第 123 页。

② 梁启超：《本报改定章程告白》（1899），转引自汤志钧《戊戌变法史》（修订版），上海社会科学院出版社 2015 版，第 407 页。

③ 清华大学国学研究院主编：《东亚近代文明史上的梁启超》，［日］狭间直树主讲，张勇评议，上海人民出版社 2016 年版，第 52 页。

④ 梁启超《自励二首》之一（1901），载汪松涛编注，梁鉴江审订《梁启超诗词全注》，广东高等教育出版社 1998 年版，第 91 页。

文字立功，陈宇内之大事，唤东方之顽梦，讽太后之玩权，斥奸佞之殃民，十年以后民国肇建，如谶言之得征。

黄遵宪《致饮冰主人书》云，《清议报》胜《时务报》远矣，爱屋之言，容亦不可尽信，然则，梁文每出，一时纸贵，得谓盛哉可也。如《清议报》第二十册告白云："叠接各地来函，至谓代派处将报价抬高，于零售尤甚，本馆初不甚信，唯言之者众，似事非无因，其碍本馆销路事小，而阻国民进步事大，乞代派诸君深谅此意，勿仍前弊，本馆不胜企祷之至。"[1] 而不以为然者亦有之，或曰，《清议报》"除歌颂光绪圣德及攻击西太后、荣禄、袁世凯诸人外，几无文字"[2]。吁，不啻义气用语耶！顾梁氏明目张胆攻击政府，于时为烈，洵不诬也，而西后疾甚，厥涣大号："前因康有为、梁启超罪大恶极，叠经谕令海疆各督抚悬赏购缉，严密缉拿，迄今尚未弋获。该逆等狼子野心，仍在沿海一带煽诱华民，并开设报馆，肆行簧鼓，种种悖逆情形，殊堪发指。着南北洋、闽、浙、广东各督抚，仍行明白晓谕，不论何项人等，如有能将康有为、梁启超缉获送官，验明实系该逆犯正身，立即赏银十万两。……至该逆犯等开设报馆，发卖报章，必在华界，但使购阅无人，该逆等自无所施其伎俩，并著该督抚逐处严查，如有购阅前项报章者，一体严拿惩办。此外如尚有该逆等从前所著各逆书，并着严查销毁，以伸国法，而靖人心。"[3] 寒霜之摧微茎，何其极矣！而贻笑后世其亦必矣："明明知道康梁俱已流亡日本，仍有报馆'必在华界'之语，中国公文之病，于此可见一斑。至于'但使购阅无人……'等语，尤见清廷之无可奈何。"[4] 是时，湖广总督张之洞丑诋《清议报》，亦汲汲是务——《清议报》"谤议中国时政，变乱是非，捏造诬罔，信口狂吠……种种悖逆，令人发指"[5]，抑且建议外务部吁请日本驱逐康、梁。是亦足资证明《清议报》如火之燎堂水之渤潏，欲遏之而不能。

---

① 转引自赖光临《梁启超与近代报业》，台湾商务印书馆1968年版，第37页。

② 冯自由：《革命逸史》（上），新星出版社2009年版，第56页。

③ 《缉拿康梁上谕》，载丁文江、赵丰田编《梁启超年谱长编》，世纪出版集团上海人民出版社2009年版，第128页。

④ 林语堂：《中国新闻舆论史 一部关于民意与专制斗争的历史》，刘小磊译，冯克利校，世纪出版集团上海人民出版社2008年版，第103—104页。

⑤ 转引自徐松荣《维新派与近代报刊》，山西古籍出版社1998年版，第240页。

光绪二十七年（1901）十一月十一日，《清议报》出第一百期，梁启超特撰文纪念："中国向无所谓祝典也。中国以保守主义闻于天下，虽然，其于前人之事业也，有赞叹而无继述，有率循而无扩充，有考据而无纪念，以故历史的思想甚薄弱，而爱国、爱团体、爱事业之感情，亦因以不生。夫西人以好事而强，中国以无动而弱。斯事虽小，亦可喻大矣。《清议报》，事业之至小者也，其责任止在于文字，其目的仅注于一国，其位置僻处于海外，加以其组织未完备，其体例未精详，其言论思想未能有所大补助于国民。况当今日，天子蒙尘，宗国岌岌之顷，有何可祝？更何忍祝？虽然，葑菲不弃，敝帚自珍，哓舌瘏口亦已三年，言念前劳，不欲泯没。且以中国向来无此风气，从而导之，请自隗始。故于今印行第一百册之际，援各国大报馆通例，加增页数，荟萃精华，从而祝之。"① 旋即罹祝融之灾，一应设备尽毁无遗，因保险单误书姓名，西人保险公司不允赔偿，遂致《清议报》停刊。

四　《新民丛报》早期

《新民丛报》创刊于光绪二十八年正月初一日（1902 年 2 月 8 日），馆横滨，其开办费 5000 元，乃从保皇会译书局借支而来，初议将丛报附译书局，厥后梁启超将若许股本分为六份，并书致乃师说明情况："《新民丛报》今年必可以全还清借款，明年以后若能坚持，可为吾党一生力军（指款项言）。……紫珊、为之等公议此报，股份分之为六，以二归弟子，而紫珊、为之、荫南、倪笙（即陈国镛）各占其一。盖紫珊、为之为吾党公事赔垫不少，现在译局报局经彼主持，皆未受一文薪水。荫南每月仅支四十元，实亦不足用，且彼为此事亦极尽瘁，广智代派报，亦不除二成，不可无以酬之。倪笙在清议数年，备极劳苦，此报无倪笙，犹之无弟子也，而其薪水尤薄，故共议如此办法，亦颇为合情理。但此数人皆如骨肉之交，他日若报款有赢，可以为调剂公费之一道。故初议以此报附译局，今改为此议也。"②

丛报间以半月，逢朔望日出版，每册五万至六万字，栏目纷纭，每年殊

① 梁启超：《清议报一百册祝辞并论报馆之责任及本馆之经历》（1901），载丁文江、赵丰田编《梁启超年谱长编》，世纪出版集团上海人民出版社 2009 年版，第 173 页。

② 梁启超：《与夫子大人书》（1902），载丁文江、赵丰田编《梁启超年谱长编》，世纪出版集团上海人民出版社 2009 年版，第 180 页。

异，大体以图画、论说、学说、学术、政治、生计、法律、教育、宗教、文艺、译述、杂评等为主。曾为该报撰稿者，计有蒋智由、马君武、黄与之、康有为、章炳麟、蒋方震、冯邦干、麦孟华、徐勤、狄楚卿、罗惇曧、韩文举、欧榘甲、汤濬、梁启勋、杨度、徐佛苏、黄国康、熊知白、刘冕执等，梁启超为总撰述，用力最多，每日属文俱以五千言为率。该报以梁启超新大陆游归，政治思想发生重大变化，而使丛报先后观瞻殊异。兹述其先者耳。

创办伊始，梁即为丛报摹其状："一、本报全册皆经同人意匠经营，精心结撰，无一语不用心，无一字属闲笔，非敢自夸，却堪自信。二、本报议论其取材虽大半原本于西籍，然一一皆镕铸之以适于中国人之用，盖他邦之论著，无论若何精深透辟，而其程度能适合于吾国民之脑筋而使之感动，使之受用者殆希也，故本报从无直译之文。三、吾国民最乏普通知识，常有他邦一小学生徒所能知之事理，而吾士大夫犹瞢然者，故本报多设门类，间册论载，但能阅本报一年者，即他种书一部不读亦可以知政治学术之崖略矣。四、求学者最苦于不得门径，读本报则能知各学之端倪，可以自择自进。五、人不可因事而废学，而事务繁忙之人，实无日力读书，则莫如读本报，既有学理以助思想之进步，复知时局以为治事之应用。六、本报所载中国外国近事，择精语详，可省则省，应有尽有，又设舆论一斑一门，凡中国各报之名论，皆择载其大要。苟无日力多读他报者，即专阅本报所得已多矣。七、本报每类皆各自为叶，各自为次，阅满全年后，分析而装潢之，可能类十种绝妙佳书。八、本报于新出各书，皆加以评骘，如书目解题之例，学者可因以知所别择，无迷厥途。九、本报每卷必有名人画像，地球名胜数种，读者可得尚友卧游之乐。十、本报之杂俎小说文苑等门，皆趣味浓深，怡魂悦目，茶前酒后，调冰围炉，能使读者生气盎然，非若寻常丛报满纸胪载生涩之语，令人如耽古乐唯恐卧也。"① 梁擘画如斯，唯劳者勉力躬行并歌其事焉耳。

时，光绪皇帝废立问题，内由诸大臣掣肘阴沮，外经维新党发奸擿伏，驯致无疾而终，梁启超亦从"逆后贼臣"等攻伐用语，渐欲戢其锋锷，厥有丛报发刊平和之告白："本报取《大学》新民之义，以为欲维新吾国，当先维新吾民。中国所以不振，由于国民公德缺乏，智慧不开，故本报专对此病而

---

① 转引自赖光临《梁启超与近代报业》，台湾商务印书馆 1968 年版，第 39—40 页。

药治之，务采合中西道德以为德育之方针，广罗政学理论，以为智育之原本。本报以教育为主脑，以政论为附从。但今日世界所趋重在国家主义之教育，故于政治亦不得不详。唯所论务在养吾人国家思想，故于目前政府一二事之得失，不暇沾沾词费也。本报为吾国前途起见，一以国民公利公益为目的。持论务极公平，不偏于一党派；不为灌夫骂座之语，以败坏中国者，咎非专在一人也。不为危险激烈之言，以导中国进步当以渐也。"①梁固欲以国家主义教育为重，不为灌夫骂座之语，然则未几，其掊击当道之厉，视之既往，则倍蓰焉。梁何转变之速为？其自述殆可释惑："辛丑之冬，别办《新民丛报》，稍从灌输常识入手，而受社会之欢迎，乃出意外。当时承团匪之后，政府创痍既复，故态旋萌，耳目所接，皆增愤慨，故报中论调，日趋激烈。"②任公与乃师书谓："唤起民族精神者，势不得不攻满洲。日本以讨幕为最适宜之主义，中国以讨满为最适宜之主义。弟子所见，谓无以易此矣。满廷之无可望久矣，今日日望归政，望复辟，夫何可得？即得矣，满朝皆仇敌，百事腐败已久，虽召吾党归用之，而亦决不能行其志也。"③试征之其论进步一说，梁认为中国要进步，必药以"破坏"之方，"中国如能为无血之破坏乎，吾馨香而祝之；中国如不得不为有血之破坏乎，吾衰绖而哀之。虽然，哀哉哀矣，然欲使吾于此二者之外，而别求一可以救国之途，吾苦无以为对也"④。再征之《释革》一文，梁则持铁券以言曰："Revolution 之事业，为今日救中国独一无二之法门。不由此道而欲以图存、欲以图强，是磨砖作镜、炊沙为饭之类也。"⑤"讨满""破坏""革命"等词，此间梁揭之尤勤重，必谓《新民丛报》为革命报刊，盖亦不诬也。革命党人胡汉民曾于《近年中国革命报之发达》一文中誉之："平心论之，梁氏壬寅岁首之新民丛报……所持主

①　《新民丛报》1902 年第 1 号，转引自张朋园《梁启超与清季革命》，吉林出版集团有限责任公司 2007 年版，第 192 页。

②　梁启超：《鄙人对于言论界之过去及将来》（1912），《饮冰室合集·文集》之二十九，第三页，中华书局 2015 年版，第 2895 页。

③　梁启超：《与夫子大人书》（1902），载丁文江、赵丰田编《梁启超年谱长编》，世纪出版集团上海人民出版社 2009 年版，第 189 页。

④　梁启超《新民说》之《论进步》（1902），载夏晓虹编《梁启超文选》（上集），中国广播电视出版社 1992 年版，第 148 页。

⑤　梁启超：《释革》（1902），载夏晓虹编《梁启超文选》（上集），中国广播电视出版社 1992 年版，第 173 页。

义，则固由黑暗而进于光明，其位置可次于浙江潮、江苏杂志之下……以谓新民丛报初期曾为革命报之一，则梁所不能辩也。"① 另有革命党人陈少白亦曾评价云："实在说来，梁启超个人对于革命向来甚少反对，而不少赞成。"②

梁启超极富煽动性的文字，如风加之草，几几乎所向披靡，无远弗届，读者竞喜读之，"清廷虽严禁，不能遏，每一册出，内地翻刻本辄十数"③。丛报自创刊始，发行数字一路攀升，及于万数千份，而其势不知伊于胡底，发行范围国内外共计四十九县市，代售达九十七处。梁不遑谦退，且自矜曰："本报自壬寅年开办以来，于兹两载，其条例精密，议论崭新，为国民之警钟，作文明之木铎，且开我国丛报界之先河，居我国丛报界之魁首。"④ 师友亦多激赞，黄遵宪云："今之《新民丛报》又胜《清议报》百倍矣。惊心动魄，一字千金，人人笔下所无，却为人人意中所有，虽铁石人亦应感动，从古至今文字之力之大，无过于此者矣。罗浮山洞中一猴，一出而遏妖作怪，东游而后，又变为《西游记》之孙行者，七十二变，愈出愈奇。吾辈猪八戒，安所容置喙乎，唯有合掌膜拜而已。"⑤ 严复亦心为之戚戚："新民执事：承赠寄所刊丛报三期，首尾循诵，风生潮涨，为亚洲 20 世纪文明运会之先声。而辞意恳恻，于祖国，若孝子事亲，不忘几谏，尤征游学以来进德之猛，曙曦东望，延跂何穷？"⑥ 即若胡汉民亦不得不忍一时党见之偏，谓丛报"开手几期本来有些意思"⑦。是可略见丛报见重于知识分子者何若耳。

任公劬劳于丛报，每期过半文字，必亲执楮翰，一应事务，周旋于股掌之间，犹有余裕，迄于癸卯年，则事机转掾，有出于想象者也。是年正月，梁启

---

① 原载新加坡《中兴日报》1909 年 1 月 19 日，见《中华民国开国五十年文献》第一编第十二册，（台北）正中书局 1964 年版，第 727—728 页。

② 陈少白：《兴中会革命史要》，载中国史学会主编《中国近代史资料丛刊·辛亥革命》（一）上海人民出版社 1957 年版，第 64 页。

③ 梁启超：《清代学术概论》，朱维铮导读，上海古籍出版社 1998 年版，第 85 页。

④ 《甲辰年之新民丛报广告》，《新民丛报》1903 年第 26 号。

⑤ 黄遵宪：《致饮冰主人书》（1902），载丁文江、赵丰田编《梁启超年谱长编》，世纪出版集团上海人民出版社 2009 年版，第 181 页。

⑥ 严复：《与新民丛报论所译原富书（壬寅三月）》，《新民丛报》1902 年第 7 号。

⑦ 《记戊戌庚子死事诸人纪念会中广东某君之演说》，《民报》1905 年第 1 号。

超应美洲保皇会之邀，买帆长行，达十月之久，丛报暂由蒋观云智由代理编辑。梁以考察华族在海外之情状、实勘北美之政俗为鹄的，汲汲皇皇，未能顷刻自安，唯丛报出版事恒萦于心，无已，两度函恳蒋观云。二月二十五日致书云："客中既无寸暇，《丛报》文竟不成一字，此局看看将倒塌，望公必垂怜，有以拯之，无任感盼。"① 不期月，复飞翰云："别几两月矣。在外无寸晷暇，一字之文不能作，《丛报》指日立毙。他无足惜，唯此报现在颇有势力于社会，听其若此，深可悲耳。弟决须闰五月杪乃能遄返，若能支此三月，则弟归来可无虑矣。先生为大局计，想见怜耶。若承不弃，望与孺博、孝高、伯勋、百里（望代哀衮甫诸公）诸君熟商，（即麦孺博、罗孝高、周伯勋、蒋百里、汪衮甫——原稿批注。）勉筹济此三个月之法，其应若何乞稿之处，一唯先生命。"② 而后乃今，丛报待米下锅、迁延出报庶几乎成为常态，乃其癸卯年《新民丛报》，迄于甲辰五月末旬方且出毕，读者怨望之心渐滋生焉。

五 《新小说》

光绪二十八年（1902）十月十五日，《新小说》报创刊，为中国最早登载近代新体小说之刊物，而其为《新民丛报》姊妹报，一者以木铎自任，哓舌瘏口，熏陶民德，以期成新民之效，一者酿文学之旨酒，俾能浸渍民众，化育新民之俗。黄遵宪知梁启超欲出《新小说》，既深所推服："彼中国唯一之文学之新小说报从何而来哉？东游之孙行者拔一毫毛千变万态，吾固信之。此新小说，此新题目，遽陈于吾前，实非吾思议之所能及，未见其书，既使人目摇而神骇矣。"③ 任公文名、创行，歆动时人，即此亦可见豹斑。

《新小说》月出一册，多用白话创作，内容有论说、政治小说、历史小说、科学小说、哲理小说、传奇小说、冒险小说、侦探小说，有地方戏本，有札记体小说，有世界名人逸事，亦不少小说译作，如《毒药案》《毒蛇圈》《失女案》《双公使》《神女再世奇缘》等，均为侦探小说一类。所载作品，似说部，

① 梁启超：《致蒋观云先生书》（1903），载丁文江、赵丰田编《梁启超年谱长编》，世纪出版集团上海人民出版社 2009 年版，第 204 页。
② 梁启超：《致蒋观云先生书》（1903），载丁文江、赵丰田编《梁启超年谱长编》，世纪出版集团上海人民出版社 2009 年版，第 204—205 页。
③ 黄遵宪：《致饮冰主人书》，载清华大学国学研究院、中华书局编辑部编《梁任公先生年谱长编稿本》第五册，中华书局 2015 年版，第 2427 页。

非说部，似稗史，非稗史，似论著，非论著，于体例之开创云者，厥有功焉。

时，保皇党人以帝后还銮北京，清廷竟无变法诚意与决心，乃愤而纷纷主张"革命""自立"。梁启超致书乃师谓："先生惧破坏，弟子亦未始不惧，然以为破坏终不可得免，愈迟则愈惨，毋宁早耳。且我不言，他人亦言之，岂能禁乎?"① 乃有《新小说》之出，"专欲鼓吹革命"，而其"感情之昂，以彼时为最矣"。② 具言之，《新小说》得以问世，与梁著小说《新中国未来记》有莫大关系："余欲著此书五年于兹矣，顾卒不能成一字，况年来身兼数役，日无寸暇，更安能以余力及此? 顾确信此类之书，于中国前途，大有裨助，夙夜志此不衰。既念欲俟全书卒业，始公诸世，恐更阅数年，杀青无日，不如限以报章，用自鞭策，得寸得尺，聊胜于无。《新小说》之出，其发愿专为此编也。"③

任公倡率于前，从者宗风于后，读者甘之若饴。黄遵宪曾致书梁启超赞云："《新小说报》初八日已见之，竟越《新民报》而上之矣。仆所最贵者，为公之关系群治论及世界末日记，读至'爱之花尚开'一语，如闻海上琴声，叹先生之移我情也。《新中国未来记》表明政见，与我同者十之六七，他日再细评之与公往复。……《东欧女豪杰》笔墨极为优胜，于体裁最合。总之，努力为之，空前绝构之评，必受之无愧色。"④《新小说》于彼时新人耳目刺激脑质，殆如此之甚耶。

《新小说》主要作品有论说《论小说与群治之关系》（任公）、《论文学上小说之位置》（楚卿）、《论写情小说于新社会之关系》（杉岑）、《小说丛话》，有历史小说《洪水祸演义》（雨尘子，五回，未完）、《东欧女豪杰》（宇曾女士，谈虎客批，五回未完）、《痛史》（吴趼人，二十三回，未完），有政治小说《新中国未来记》（任公，五回，未完）、《回天绮谈》（玉琴斋主人，十四回，未完）、《二十年目睹之怪现状》（吴趼人，四十五回，完），有

---

① 梁启超：《与夫子大人书》（1902），载丁文江、赵丰田编《梁启超年谱长编》，世纪出版集团上海人民出版社 2009 年版，第 189 页。

② 梁启超：《鄙人对于言论界之过去及将来》（1912），载夏晓虹编《梁启超文选》（上集），中国广播电视出版社 1992 年版，第 179 页。

③ 梁启超：《新中国未来记绪言》（1902），《饮冰室合集·专集》之八十九，第一页，中华书局 2015 年版，第 9671 页。

④ 黄公度：《与饮冰室主人书》（1902），载丁文江、赵丰田编《梁启超年谱长编》，世纪出版集团上海人民出版社 2009 年版，第 197—198 页。

哲理小说《世界末日记》（任公译，完），有冒险小说《二勇少年》（浣白子译，十八回，完），有写情小说《电术奇谈》（吴趼人译，二十四回，完），有传奇小说《警黄钟》（祈黄楼主，十出，完）、《侠情记》（任公，一出，完）、《爱国魂》（小波山人，八出，完），有戏本《黄萧养回头》（新广东武生）、《班定远平西域》（曼殊室主人），等等。

唯《新小说》自第四号以后，愆期无时，辄间以两或三阅月乃出，久之，读者渐滋厌倦，迄于光绪三十一年九月第十号出后，该报改由广智书局发行，第无起色，未几即停刊。

第三节　立宪背景下辉张党义之报刊实践

梁启超日倡革命、排满之论，其师深不为然，屡致书切责并婉劝之，两年间函札累数万言。梁笃重师义，亦耽爱真理，所谓"流质"，则或舍己以从，又或不远而复，唯真理是瞻而已矣。试征之新大陆一游，则亦未始不诧然惊其持论之稍变："自由云，立宪云，共和云，如冬之葛，如夏之裘，美非不美，其如于我不适何。吾今其毋眩空华，吾今其勿圆好梦。"① 其有感于时局之梦，甚而断言："中国之亡，不亡于顽固，而亡于新党。"② 北美归来，梁启超连续发表《政治学大家伯伦知理之学说》《论私德》《论俄罗斯虚无党》《敬告我国民》《答和事人》《中国历史上革命之研究》等文章，谓："吾心醉共和政体也有年，国中爱国踸踔之士之一部分，其与吾相印契而心醉共和政体者亦既有年，吾今读伯、波两博士之所论③，不禁冷水浇背，一旦尽失其所据，皇皇然不知何途之从而可也！"④ 梁启超固为欲扬先抑之笔调，然其所宗尚，一如乃师所扇鬯者。"是年，南海先生发表了《与南北美洲诸华商书》，宣扬中国只能实行君主立宪，不能革命。"⑤ 任公发挥斯说，并以此为

① 梁启超：《新大陆游记》（1904），商务印书馆 2014 年版，第 146 页。
② 梁启超：《致蒋观云先生书》（1903），载丁文江、赵丰田编《梁启超年谱长编》，世纪出版集团上海人民出版社 2009 年版，第 215 页。
③ 德国学者伯伦知理、波伦哈克其代表作分别为《一般国家法》《国家论》等。
④ 梁启超：《政治学大家伯伦知理之学说》（1903），《饮冰室合集·文集》之十三，第八十五页，中华书局 2015 年版，第 1203 页。
⑤ 丁文江、赵丰田编：《梁启超年谱长编》，世纪出版集团上海人民出版社 2009 年版，第 220 页。

防限，鸠聚同志，"死战"革命党，楮墨所遗，烂然成史，稽之从前查之以后，得未尝有。

一 《新民丛报》后期

戊戌政变乃至庚子事变之后，仁人志士放言高论于民间，思所以救中国之道。时有上海积山乔记书局所出之《新大学丛书》，内有宪法通义、宪法溯源、宪法论、各国宪法论略、日本宪法创始述、英国宪法沿革考、德意志宪法沿革考、法兰西宪法沿革考等，使以此为管，窥社会思潮之趋，殆亦不爽累黍。而梁启超躬赴北美，实地考察共和政治，欲贾普罗米修斯盗火之余勇，不意却窥破中国人弱点，所谓中国人有民族资格而无市民资格、有村落思想而无国家思想、只能专制不能享自由、无高尚之目的等，共和云者，吾人唯望其项背，从此拱北立宪，人或闻之舌挢而不能噜。属日俄战事起，俄师燌，舆论翕然推服立宪，谓是乃君主立宪战胜君主专制之铁证，"著名革命宣传家陈天华在1905年1月也计划从东京至北京，'向清廷请愿实行立宪政治'，因黄兴、宋教仁极力劝阻才未成行"①。是时，立宪之声，洋洋遍全国焉。

然自唐才常诸君子汉口受戮以降，济济多士亦恍然自觉，"知满清之不足与言改革"②，乃毅然走上革命道路。革命、保皇、君宪、共和，两厢之大防，犁然辨，洞然析，若冰火不可冶于一炉。革命党人甚乃"认列强为第三敌，认满洲政府为第二敌，认民间异己之党派为第一敌"③。而梁亦有示强之语："今者我党与政府死战，犹是第二义；与革党死战，乃是第一义。有彼则无我，有我则无彼。"④ 党义抵牾，亦云至矣。其时，立宪党人以梁启超所主之《新民丛报》为重镇，革命党人以张继、章炳麟所主之《民报》为大纛，重以国内外各20余种报刊投入其中，双方交攻，忽忽三数载，积百余万言，堪称世纪论战。

孙中山《民报》发刊词云："今者中国以千年专制之毒而不解，异族残

① 章开沅、严昌洪主编：《辛亥革命与中国政治发展》，华中师范大学出版社2005年版，第57页。
② 戈公振：《中国报学史》，岳麓书社2011年版，第145页。
③ 梁启超：《答和事人》（1902），《饮冰室合集·文集》之六，第四十七页，中华书局2015年版，第1021页。
④ 梁启超：《与夫子大人书》（1906），载丁文江、赵丰田编《梁启超年谱长编》，世纪出版集团上海人民出版社2009年版，第245页。

之，外邦逼之，民族主义、民权主义殆不可以须臾缓。"① 斯说奠论战之基，且使论题主于之三者也，"一是要不要革命，要不要推翻清政府；二是要不要建立资产阶级共和国；三是要不要'平均地权'，解决土地问题。"② 一言蔽之，即民族、民权与民生问题。

若夫革命问题，《民报》第六号发表汪精卫《驳革命可以召瓜分说》，梁启超旋撰《暴动与外国干涉》诘难之："兵燹之后，人民生计憔悴，加以乱机已动，人人以好乱为第二之天性，自然的暴动陆续起，而政府所有有限之军队，不能遍镇压此无垠之广土。于是秩序一破，不可回复，而外国之干涉乃起，其干涉之次第奈何？其始必有一二焉，欲利用此机会，而独占非常之利益者。他国嫉之，谋所以相牵相掣之结果。……则试问于中国前途，果为利为害，而言革命者，亦何乐乎此也！"③ 革命者，唯宜以要求而勿以暴动。

以言扑满问题，则《民报》"论种族革命有二原因：一为社会上之原因，即复仇是已，一为政治上之原因，即民族与政治互相关系是已"④。梁激辞以辩："今之少年，饮排满共和之狂泉而失其本性，恶夫持君主立宪论者之与己异也而并仇之。于是革命二字，与立宪成为对待之名词，此真天下所未闻也。有与言现今政治得失宜兴宜革者，彼辄掉头曰：'吾誓不为满洲政府上条陈'。叩以公欲何为，则曰：'待吾放逐满人后，吾自能为之。今岂屑与彼喋喋也。'呜呼，此言误矣！"⑤ 要之，梁非以满汉为政治樊篱也。

于政体问题，《民报》昌言民主共和，梁主君主立宪，甚而退议开明专制："彼持极端破坏论者，乃谓于干戈俇傯血肉狼藉神魂骇丧之余，不数年而可以跻于完全优美之共和，一何不思之甚！呜呼！我青年之眩于空华困于噩梦者，其醒耶未耶！而附和君主立宪者，亦一若于数条宪法正文之外，更无余事，其可怜而可笑，亦正与彼破坏论者相类。"⑥ 梁申言，今日中国，

---

① 广东省社会科学院历史研究所等合编：《孙中山全集》第一卷（1890—1911），中华书局1981年版，第288页。

② 李喜所、元青：《梁启超传》，人民出版社2010年版，第187页。

③ 梁启超：《饮冰室合集·文集》之十九，中华书局2015年版，第1763—1764页。

④ 汪精卫：《再驳新民丛报之政治革命论》，《民报》1906年第6号。

⑤ 梁启超：《申论种族革命与政治革命之得失》（1905），《饮冰室合集·文集》之十九，第四十一页，中华书局2015年版，第1747页。

⑥ 梁启超：《开明专制论》（1905），《饮冰室合集·文集》之十七，第八十二页，中华书局2015年版，第1572页。

与其共和，不如君宪，与其君宪，则又不如开明专制，此中国应有之过渡时代也。

谓如民生问题，《民报》"鼓吹把政治革命和社会革命'毕其功于一役'"①，实现地权平均、土地国有。梁启超则视此论为祸国之虱亡国之蛊，且匕首揕胸而犹誓曰："呜呼，岂憔悴之未极，宁灭亡之不亟，其忍更以此至剧烈至危险之药以毒之而速其死也。故吾于他端可以让步焉，若此一端则寸毫不能让也。"②任公谓革命党此举断将摇动社会经济组织之基础，不啻掠夺民人之勤劳果实。

回溯此番论战，《民报》方面集革命党之精英，如胡汉民（衍鸿）、宋教仁（渔父）、汪精卫（兆铭）、朱执信（大符）、陈天华、汪东、冯自由、章太炎、黄侃、刘师培等，其气如长风振厉，其势如秋火燎原。而丛报方面，梁启超向不惮以言论辩难，一骑独勇，然则其始也，勇鸷峻厉，其继也，亦时或气沮词惭，洎光绪三十二年（1906）春，其致徐佛苏书，可略窥彼时之情状："今专有恳者，《民报》第四号想已见，强辩如彼，势亦不能不为应敌之师，欲一叩我公意见有以助我。其全篇似皆无甚根据，唯内有就国民心理上论约法之可行一段，尚未得所以驳之之道，请公必为我一下思索，并速见复为盼。"③ 之所托也，亦见其智识或有所不及而愁窘者也。

毕竟一柱难擎巨厦，梁启超疲于应战，曾示意徐佛苏应奎，倡议《民报》《新民丛报》息争。是年第十一期丛报发表徐氏《劝告停止驳论意见书》，谓"与某报之论战已逸出常规，加上人身攻击，造成感情上的分裂，政见无调和之余地，宜停止驳论，待异日以求共同"④。梁并恳托徐佛苏转请章太炎、宋教仁代为疏解。《宋渔父日记》十一月二十六日记云："四时，至徐应奎寓，坐良久。谈及梁卓如。应奎言：'梁卓如于《民报》上见君文，欲一见君，且向与《民报》辩驳之事，亦出于不得已。苟可以调和，则愿不如是也。《民报》动则斥其保皇，实则卓如已改变方针，其保皇会已改为国民宪政会矣。

---

① 章开沅、严昌洪主编：《辛亥革命与中国政治发展》，华中师范大学出版社 2005 年版，第 63 页。

② 梁启超：《开明专制论》（1905），《饮冰室合集·文集》之十七，第五十七页，中华书局 2015 年版，第 1547 页。

③ 丁文江、赵丰田编：《梁启超年谱长编》，世纪出版集团上海人民出版社 2009 年版，第 238—239 页。

④ 徐松荣：《维新派与近代报刊》，山西古籍出版社 1998 年版，第 275 页。

君可与民报社相商，以后和平发言，不互相攻击可也。'余答以将与民报社诸人商之，改日将有复也。……余遂至孙逸仙寓，与逸仙及胡展堂言之，则皆不以为然，余遂已。"① 不获得已，两厢交攻之文，仍时或出之，然革命派已显居上风，革命思想如洪流之赴隰原，欲遏抑而不能，即如立宪派亦公开哀叹："数年以来，革命论盛行于中国，今则得法理论、政治论以为羽翼，其旗帜益鲜明，其壁垒益森严，其势力益磅礴而郁积。下至贩夫走卒，莫不口谈革命，而身行破坏。……革命党指政府为集权，詈立宪为卖国，而人士之怀疑不决者，不敢党与立宪，遂至革命党者，公然为事实上之进行；立宪党者，不过为名义上之鼓吹，气为所慑而口为所钳。"② 而东京小子更丑诋《新民丛报》"柔声缓语，形同妇妾，梦绕大清，心恋小醜，烈祖之文谟武烈，称讼不遑，圣主之厚泽深仁，感戴无已"③。

论战结果大出梁启超所逆料者，重以万里投荒，物色凄凉，梁赋诗云："泪眼看云又一年，倚楼何事不凄然。独无兄弟将谁怼，长负君亲只自怜。天远一身成老大，酒醒满目是山川。伤离念远何时已，捧土区区塞逝川。"④ 必谓梁不输于言论之老成，而输于思想之渐不合于时事者，则梁言恻恻，毋亦有英雄迟暮之感，一何哀哉！

唯事机恒有不绝人者。光绪三十二年（1906）七月十三日，清廷下诏预备立宪，康、梁党人备受鼓舞，自兹以后，梁所竭蹶从事者乃组党与实际之立宪活动，《新民丛报》遂于光绪三十三年（1907）冬终刊，得九十六期。

二　《政论报》

立宪诏颁，梁启超旋倡组织全国性政党之主张，一则固欲监督政府赞助当道，二则更将张结党势以与革党争荣悴，其忧惕焦灼之情状形于辞色："今日局面，革命党鸱张蔓延，殆遍全国，我今日必须竭全力与之争，大举以谋进取；不然，将无吾党立足之地。故拟在上海开设本部后，即派员到各省州县

---

① 陈旭麓主编：《宋教仁集》（下册），中华书局 1981 年版，第 706 页。
② 与之：《论中国现在之党派及将来之政党》，《新民丛报》1907 年第 92 号，第 23—24 页。
③ 《江苏》1903 年第 6 期"内国时评"中语，转引自方汉奇《中国近代报刊史》（上），山西人民出版社 1981 年版，第 196 页。
④ 诗题为《腊不尽二日感怀》（1909）。参见汪松涛编注、梁鉴江审订《梁启超诗词全注》，广东高等教育出版社 1998 年版，第 176 页。

演说开会，占得一县，即有一县之势力，占得一府，即有一府之势力；不然者，我先荆天棘地矣。"① 第以立宪党人阋墙而偾事。

光绪三十二年（1906）冬月初一日，张謇、汤寿潜、郑孝胥等人于上海创预备立宪公会，一时成立宪党人组织社团之嚆矢，梁启超汲汲于此道，岂敢后人，乃修书商诸好友徐佛苏："我辈速设一机关，以吸收人才，诚为要著。弟欲出一报，名曰《政论》，其社即名政论社。（此名或可用或不用，请斟酌之，所重者实，不在名也。）但此社非如新民社之为出版物营业团体之名称，而为政治上结合团体之名称，现在所联结者，即先以纳诸政论社中，将来就此基础结为政党。"② 梁启超结社之方，即先办报，且逆料其为功者："新报之文弟即当预备……弟所欲作之文，一为《世界大势与中国前途》，一为《宪政之运用》，一为《货币政策》（此皆大意，如此命题或尚有斟酌），颇欲对于政府举措，常为批评训导，如此乃尽我辈之责任。如彼现在有定币制之议，我即发表我党对此事之意见，以后或自提出问题，促政府反省施行，或对于彼所施行者为之纠正，大率每期中为抽象的论文一二篇，为具体的论文一二篇，专论一事者也。如此则庶切实而有效力。"③ 按梁所筹划，将来会成，以会为主体，以报为附属，自无待言，要之不可依违踯躅，需将偾事。

光绪三十三年九月十一日（1907 年 10 月 17 日），政闻社开成立大会于东京神田区锦辉馆，既而，《政论》报出版，为月刊，梁启超主持社务，蒋观云担任编务，每册六十余页，内容分演讲、论著、记载、社说等栏目，共出七期，第一期于日本东京印行，嗣后，随政闻社迁至上海发行。

第一期《政论》发表梁启超《政闻社社约》，揭橥政闻之宗旨：一谓确定立宪政治，使国人皆有参与国政之权；二谓对于内政外交，指陈其利害得失，以尽国民对于国家之责任心；三谓唤起国人政治之热心，及增长其政治上之智识与道德。其所施行之办法，则"常以秩序的行动，为正当之要求。

---

① 梁启超：《与夫子大人书》（1905），载丁文江、赵丰田编《梁启超年谱长编》，世纪出版集团上海人民出版社 2009 年版，第 244 页。

② 梁启超：《与佛公书》（1907），载丁文江、赵丰田编《梁启超年谱长编》，世纪出版集团上海人民出版社 2009 年版，第 259 页。

③ 梁启超：《致蒋观云徐佛苏黄与之三公书》（1907），载丁文江、赵丰田编《梁启超年谱长编》，世纪出版集团上海人民出版社 2009 年版，第 269 页。

其对于皇室，绝无干犯尊严之心；其对于国家，绝无扰紊治安之举"①。立宪政治既可废专制又能得和平，梁誓言铿铿然，必洞胸绝胪，将亦不悔者也。

此间，梁启超见于《政论》文字者，有《政闻社宣言书》（第一号）、《政治与人民》（第一号）、《世界大势及中国前途》（第一号）、《中国国会制度私议》（第五号）等文，仅矣哉，究其因，盖梁氏劬精于立宪实际活动，不遑暇楮墨之辨言故也。时，国内立宪团体蔚起，自丙午年（1906）至戊申年（1908），计有五十一个，其中影响较大者乃张謇等所成立之预备立宪公会，梁启超、蒋观云、徐佛苏、熊希龄等所成立之政闻社。梁致书康有为："现在局面既开，百事无一不取决于弟子，何从得此闲暇，言念及此，负疚何似。"②是亦见其忙碌之一斑。

政闻社成立后，大批社员诣国内各地活动，立宪党势大张。

时，革命派一欲以流血手段夺取政权，对政党制度视之蔑如也，尤重以立宪派揭厉政党之义，革命派殊为反感，或谓："政党者，摇唇鼓舌以政见上闻于朝，此其政闻社之由来欤！"③而清廷衔忿益甚，宁能容此，乃于戊申六七月间，以政闻社社员、法部主事陈景仁电奏请速开国会，并攻击考察宪政大臣于式枚案，谕令查禁政闻社，其令约如：政闻社内多悖逆要犯，广敛资财，纠结党类，托名研究时务，阴图煽乱，扰害治安，各地督抚官宪，即行严拿惩办，勿稍疏纵，致酿巨患云云。所谓悖逆要犯，实指逋命十年之康、梁等人。

政闻云亡，皮之不存，毛无以附，《政论》遂亦无疾而终。

三　《国风报》

政闻颠越，社员则多比附于国内其他立宪团体以彰其余绪。时，帝、后相继升遐，立宪运动转趋激急，各省代表接踵赴京请开国会，梁启超岂甘为悬匏坚瓠，必浩浩乎御风以行而后止。友人徐佛苏忆及任公于役其事云："当

① 梁启超：《政闻社宣言书》（1907），《饮冰室合集·文集》之二十，第二十八页，中华书局2015年版，第1840页。
② 梁启超：《与夫子大人书》（1907），载丁文江、赵丰田编《梁启超年谱长编》，世纪出版集团上海人民出版社2009年版，第282页。
③ 揆搦：《哀政闻社员》，原载《民报》1908年第23号，转引自张玉法《清季的立宪团体》，北京大学出版社2011年版，第38页。

时梁先生常寄函上海，嘱余注意联络资政院、谘议局之各议员，使其一面努力建议发言，一面运动缩短立宪年限。余遵先生之计议，当时向京外素有交谊之议员，条议促进宪政之函牍，日夕发邮，不下数十百通。各省议员对于鄙议，辗转传观，至为信仰，并有多友力劝余赴京主持言论，齐一同志之思想步骤，余即于清宣统元年冬间赴京，启发朝野，共谋立宪救亡。梁先生闻余北上，欣慰无极，指导余进行之手札，约计三日必有一通。"① 遥领之不足，又创《国风报》而号呼之。

《国风报》创刊于宣统二年（1910）正月二十九日，馆上海四马路，旬刊，每逢一日出版，每册一百余页，约八万字，内容共分十四门，计有谕旨、论说、时评、著译、调查、记事、法令、文牍、谈丛、文苑、小说、答问、图画、政学浅说等，每号印三千部，悉数售出，发行范围及于国内外三十七县市六十四处。该报编辑兼发行人为何国桢，梁启超任撰述，以日属五千言为率，殊不以为苦，庶几复见丛报初年写作情形，而汤觉顿、康有为、麦孟华等人亦时或摘锦布绣，烛耀其间。夫其何以称"国风"者，谓云袭诗经之美弘立宪之梦，乃自抒劳者歌，冀备辎轩采是也；其所欲达之目的，谓云政治上纳诲常道，社会上风厉国民是也。

梁氏文章见之于《国风报》者，殆分三类。一为鼓吹宪政，若《立宪九年筹备恭跋》《宪政浅说》《中国国会制度私议》《论政府阻挠国会之非》《读十月初三日上谕感言》《评资政院》等。二为商榷财经，若《地方财政先决问题》《论币制颁定之迟速系国家之存亡》《中国国民生计之危机》《国民破产之噩兆》等。三为评章外交，若《论各国干涉中国之动机》《中国外交方针私议》《中俄交涉与时局之危机》《论对内与对外》等。

初，梁之辞锋，志在温和，不事激烈，"大约以摄政王当国，拟导之走上宪政政治之故"②。继而，见晚清政令日非，刿心怵目，不复能忍受，其发言翻而峻厉。梁启超民国元年归莅报界欢迎会演说云："犹记当举国请愿最烈之时，而政府犹日思延宕，以宣统八年、宣统五年等相搪塞，鄙人感愤既极，则在报中大声疾呼，谓政府现象若仍此不变，则将来世界字典上，决无复以宣统五年、四年字连属成一名词者。此语在《国风报》中凡屡见，今亦成预

① 张玉法：《清季的立宪团体》，北京大学出版社 2011 年版，第 328 页。
② 张朋园：《梁启超与清季革命》，吉林出版集团有限责任公司 2007 年版，第 208 页。

言之谶矣。"①

无论《国风报》倡主文谲谏之风，还是发愤激詈诘之语，其心心念念者，何莫而非诱掖当道行立宪政治，一片冰心，日月可昭。杨度曾上书朝廷，请赦用梁启超，书云："近年海内外谈革命者改言立宪，固由先皇帝预备立宪，与民更始，有以安反侧而靖人心；然天地不以覆载为功，圣人不以成功为烈，则启超言论微劳，不无足录。……十余年中，（启超）宗旨如一，不为异说所摇，复以负咎之身，忍死须臾，悲号奔走，致皇上为立宪之神圣，国人为立宪之臣民。孤孽之心，亦云苦矣。"② 惜奈清廷泥顽何，焚琴煮鹤谁人哀！

彼时也，革命党人武装暴动踵起，俾立宪党人亦速其步武，必为时局主导者而后已。先有国会期成会请愿，得清廷九年之预备立宪画诺；嗣有国会请愿同志会二次请愿，清廷尼之而不果；再有各省谘议局联合会三次请愿，厥有上谕，谓民国二年（1913）开设议院。立宪党人望尺而仅能得寸，曾不克达速开国会之鹄的，加之党禁犹梏，畴昔被大憝之名者，哀哀穷裔，实灰葵藿之心，尔乃任公愤称："我国民不并力以图推翻此恶政府，而改造一良政府，则无论建何政策立何法制，徒以益其弊而自取荼毒。诚能并力以推翻此恶政府而改造一良政府，则一切迎刃而解，有不劳吾民之枝枝节节以用其力者矣。"③ 辛亥年三月二十九日，革命党人黄花岗起义，磊落英多之士慷慨赴难而相枕藉之惨状，梁启超恻怆怛忉，而尤怫怒当轴："抑政府其毋谓今兹之变，瞬息敉平，遂可以高枕为乐也。政府而不自为制造革命党之机器则已，今既若此，则革命党之萌芽畅茂，正未有已时。野火烧不尽，春风吹又生，其不至驱全国人尽化为革命党焉而不止。此其祸之中于国家、中于朝廷，固也，而政府之元恶大憝，其又安能独免？呜呼！语政府以爱国，吾知其词费矣，独不识其曾亦稍一自爱焉否也！"④ 任公于辛亥革命后旋拥共和，其伏墨即于兹焉。

《国风报》固为立宪派舆论重镇，亦曾为康有为所极力称道，然其前后

① 方志钦、刘斯奋编注：《梁启超诗文选》，广东人民出版社1983年版，第244—245页。

② 李喜所、元青：《梁启超传》，人民出版社2010年版，第219页。

③ 梁启超：《中国前途之希望与国民责任》（1911），《饮冰室合集·文集》之二十六，第二十九页，中华书局2015年版，第2689页。

④ 梁启超：《粤乱感言》（1911），载李华兴、吴嘉勋编《梁启超选集》，上海人民出版社1984年版，第586页。

言论变化，无疑悖逆初心，翻为革命风潮效铅刀之一割，收豆瓜之效。而征之于实，济济多士相继易帜投身革命，毋亦大出梁氏之逆料者也。辛亥年八月二十一日，《国风报》于政治觖望经济拮据中终其祀享，共得五十二期。

第四节　共和背景下世界主义之报刊实践（一）

首义枪声震万里之垌，梁启超于时势俶诡纷拏中作《新中国建设问题》，倡虚君共和，为君国政治尽最后之瘁。无如何，清社既墟，任公政治理想失所凭焉，而共和奠基，皇皇兮，赫赫兮，其孰能沮之！当兹变局，梁启超改辙易弦，创民主党，合共和党、统一党成进步党，以襄共和之美。顾政党仅为得鱼之筌襀祝之蹄，党义也，理想也，则复不相涉。或问其志，乃有称赏诸葛孔明之语，云："彼其于群雄扰攘四海鼎沸之顷，泊然置其一身于世界外之世界，而放炯眼以照世界，知自己之为何人，知世界之为何状，己与世界有如何之关系，知己在世界当处如何之位置。……真豪杰，其所养有如此者。"① 得毋谓诸葛自拟也。藉曰不信，可征之于所办报纸者，其"放炯眼以照世界"之胸怀，称之为世界主义者可也。

任公尝谓，我国民大成功之根本理想，在世界主义，吾民所至乐道者，辄为"天下一家""四海兄弟"云云。② 辛亥以降，梁启超躬役报刊事业，救亡之音邈哉远矣，张皇党义亦如辽鹤，唯探赜世间公理若普遍价值，激勉我国民宜常保持"超国界"精神者，乃竭蹶以从，谓如其述先秦政治思想，云，中国人自有文化以来，始终未尝认国家为人类最高团体。斯之为义，乃承其畴昔提耳传钵所诲者，其祖述孔子之教，重在非治一国也；其辨中国夷狄，乃明政俗风尚之化育；其说群发存续之微言，于以揭橥国群天下群之精义。要之，任公谈言，微中于文化之普遍意义，若称其为世界大同思想之新使者，殆亦不爽累黍。

---

① 梁启超：《世界外之世界》（1901），《理想与气力》，内蒙古人民出版社1999年版，第181页。

② 梁启超：《历史上中华国民事业之成败及今后革进之机运》（1921），载汤志钧、汤仁泽编《梁启超全集》第十一集，中国人民大学出版社2018年版，第222页。

一　《庸言》

武昌首义，各省纷起。当举国蝍蟮羹沸之际，梁启超趑趄瀛表，觇窥风候。时，袁世凯急欲收拾人心，尤所冀鸠聚力量，挫革党之锋锷，沮"乱暴"之势焰，乃猥自枉屈，引荐英契，所谓钦迟锋车，迎梁就法律副大臣之职。梁盱衡当世，谓唯袁氏其有大力者，可拯天下饥溺，乃捐前嫌谋联袁以图将来。第以袁拟用梁辅政，期其发挥新箸，而梁则浚发清猷："吾自信，项城若能与我推心握手，天下事大有可为。虽然，今当举国中风狂走之时，急激派之所最忌者，唯吾二人，骤然相合，则是并为一的，以待万矢之集，是所谓以名妨实也。吾自问，对于图治方针，可以献替于项城者不少；然为今日计，则拨乱实为第一义，而图治不过第二义。以拨乱论，项城坐镇于上，理财治兵，此其所长也。鄙人则以言论转移国民心理，使多数人由急激而趋于中立，由中立而趋于温和，此其所长也。分途赴功，交相为用。而鄙人既以此自任，则必与政府断绝关系，庶可冀国民之渐见听纳。若就此虚位，所能补于项城者几何？而鄙人则无复发言之余地矣。"① 梁启超颇自信言论移情，其察国民心理之邃奥，其发蒸黎郁积之愤悱，将举国无人能逮者。

民国元年九月杪，梁启超一整归鞭，由神户启程返国。阔别桑梓十四载，归来第一件事，即着手创办报纸，"他向袁世凯表示，愿意主持舆论，袁氏欣然同意，拨款二十万资助，《庸言》便于十二月一日问世"②。

《庸言》第一卷第一号刊梁所作叙，释"庸言"之由来："庸之义有三：一训常，言其无奇也；一训恒，言其不易也；一训用，言其适应也。振奇之论，未尝不可以骤耸天下之观听，而为道每不可久，且按诸实而多阂焉。天下事物，皆有原理原则。其原理之体常不易，其用之演为原则也，则常以适应于外界为职志。不入乎其轨者，或以为深赜隐曲，而实则布帛菽粟，夫妇之愚可与知能者也。言之庞杂，至今极矣，而其去治理若愈远，毋亦于兹三义者有所未惬焉，则《庸言》报之所为作也。"③ 其重普适原理，其敬普遍人

① 梁启超：《复罗瘿公书》（1911），载丁文江、赵丰田编《梁启超年谱长编》，世纪出版集团上海人民出版社 2009 年版，第 370—371 页。

② 张朋园：《梁启超与民国政治》，吉林出版集团有限责任公司 2007 年版，第 235 页。

③ 夏晓虹辑：《饮冰室合集·集外文》（中册），北京大学出版社 2005 年版，第 586 页。

性，有皋牢百代、卢牟六合之概。

秉持"庸"义，梁又特别撰"启事"六条。一、所撰文章皆署姓名，对文中辞义负全责；二、庸言报所登诸文，皆经其校阅，因而负附带责任；三、对于各种问题，各撰述人自由发表意见，或互有异同，或与梁本人相左，原不为病，以故每号中容有相反之说，或前后号互相辩难，而撰述人将各负言责；四、除庸言报外，梁氏与一切日报丛报皆无直接关系，他报之主义言论与己无关；五、梁氏独立发表意见，虽最敬爱之师友，其言论行事，与己无连带责任；六、梁氏对于国中各团体尚无深切关系，对其言论行事，亦皆不负责任。之六条，无党见之偏枯，无私情之徇顾，无委曲之隐匿，坦然若世界公民矣。《庸言》发行至第二十五期，转由黄远庸主持，既绍续前旨，抑又发表《本报之新生命》，云："吾曹此后将力变其主观的态度为客观"，"吾人造言纪事，决不偏于政治一方。"① 兹论之于"庸"义，重熙而累洽已哉。

《庸言》设址天津日租界，由吴贯因任编辑人，吴德猷任发行人，内容分四门十八类：建言门四类，包括通论、专论、杂论、演讲；译述门三类，翻译西方名著或时论；艺林门五类，为选刊史料、随笔、谈艺、文录、说部等；金载门六类，谓如国闻、外纪、日记、法令、撷言、附录等。嗣后，又依实际之需，增加广告、启事、通告、章程、杂录、新书介绍、来函照登等。揆诸各门类，乃以建言为至重，其骋思摛藻，洋洋乎、斑斑然，蔚成政论风致。夫如《中国立国大方针》，谓政治革命茫乎不知其端倪，绝非乐观者以为种族革命既成，自兹以往，吾事已毕，亦绝非悲观者以为数千年纲维解纽，唯待共和洪水陷吾于陆沉，"夫谓共和不能行于中国，则完全之君主立宪，其与共和相去一间耳，其基础同托于国民，其运用同系乎政党。若我国民而终不能行共和政治也，则亦终不能行君主立宪政治。……既认为可以行君主立宪之国民，自应认为可以行共和之国民。闻诸，眇不忘视，跛不忘履，虽审不能，犹当自勉，而况于我之挟持本非无具者耶。夫今日我国以时势所播荡，共和之局，则既定矣，虽有俊杰，又安能于共和制之外而别得活国之途？若徒痛恨于共和制之不适，袖手观其陆沉，以幸吾言之中，非直放弃责任，抑其心盖不可问焉矣。"② 梁启超顺应

---

① 徐松荣：《维新派与近代报刊》，山西古籍出版社 1998 年版，第 317 页。

② 梁启超：《饮冰室合集·文集》之二十八，第七十七页至第七十八页，中华书局 2015 年版，第 2891—2892 页。

时势而能持平发论，毋亦为后学者钦敬不已乎！

梁于《庸言》所撰之文字计有三十五篇，而为该刊撰文者尚有吴贯因、梁启勋、汤叡、蓝公武、黄远庸、罗敦曧、张东荪、周宏业、严复、林志钧、熊垓等，英彦荟聚，烟霞蔚生，重以梁氏固所声望崇隆，国人景仰，《庸言》甫出，即受社会欢迎，梁氏与长女梁思顺书云："《庸言》第一号印一万份，顷已罄，而续定者尚数千，大约明年二三月间，可望至二万份，果尔，则家计粗足自给矣。"① 民国二年四月，该报销数扶摇直上一万五千份，洵为报界翘楚。虽然，芸芸读者，以为"庸言"之庸，宜其有之，一位名燕侠者云："读《庸言》第一号，仍觉浮言多而真识少……至中国前途究应取何方针，该报立言抱何宗旨，则毫未提及，论说中如'国情篇'，及'政策与政治机关'诸作，大率多旁观之讥评，乏真实之政见，于内政外交诸大问题，更未尝为根本之研究。"② 此殆一人袁氏觳中，政治上顿失锋锐之效故也。

然则，梁氏万里投荒，一日归来，其志终在从政，乃奔走党事，纵横揮掇，试欲逐鹿国会，左右奥枢。奈何，民国二年国会初选，国民党大胜，共和党惨败，梁梦遽成黄粱；复以刺宋案骤发，彼党将梁启超列为二号报复对象，俾梁若坠冰谷："吾心绪恶极，仍不能不作报中文字，为苦乃不可状。执笔两小时乃不成一字，顷天将曙，兀兀枯坐而已。"③ 袁世凯解散国民党后，梁加入熊希龄人才内阁，因政务烦剧，而渐荒疏于"庸言"。民国三年三月，《庸言》停刊，共出三十期。

二　《大中华》

民初，梁启超厕身政途，幻想导袁于正轨，以挽邦之杌陧。未曾料，袁世凯消灭敌党，威迫国会，又弃梁所领导之进步党如敝屣，其背离共和，渐滋专制独裁，亦曒然明矣。梁氏幻灭，乃愤而卸司法总长一职，既而辞币制局总裁之任。或问其致仕悬车，尔后乃今，夫谓报国者，其道何由？梁应之

---

① 梁启超：《与娴儿书》（1912 年 12 月 18 日），载穆卓编《宝贝，你们好吗？：梁启超爱的教育·给孩子们的 400 余封家书》，山西人民出版社 2012 年版，第 42 页。

② 《顺天时报》1912 年 12 月 6 日，转引自张朋园《梁启超与民国政治》，吉林出版集团有限责任公司 2007 年版，第 237 页。

③ 梁启超：《与娴儿书》（1913 年 4 月 18 日），载穆卓编《宝贝，你们好吗？：梁启超爱的教育·给孩子们的 400 余封家书》，山西人民出版社 2012 年版，第 106—107 页。

曰:"夫社会以分劳相济为宜,而能力以用其所长为贵。吾立于政治当局,吾自审虽夙作夜思,鞠躬尽瘁,吾所能自效于国家者有几? 夫一年来之效既可睹矣;吾以此日力、以此心力转而用诸他方面,安见其所自效于国家者,不有以加于今日? 然则还我初服,仍为理论的政谭家耶? 以平昔好作政谭之人,而欲绝口不谭政治,在势固必不能自克;且对于时政得失而有所献替,亦言论家之通责,吾岂忍有所讳避? 虽然,吾以二十年来几度之阅历,吾深觉政治之基础恒在社会,欲应用健全之政论,则于论政以前更当有事焉。"① 梁矢志以报刊为之地,自兹以往效绵薄于社会教育事业。

民国四年(1915)正月,中华书局开局,并于二十日出版《大中华》月刊,总经理陆费逵,与梁启超签约,且述其事谓:"梁任公先生学术文章海内自有定评。窃谓吾国中上流人稍有常识,固先生之功居多,而青年学子作应用文字其得力于先生者尤众。吾《大中华》杂志与先生订三年契约,主持撰述。"② 陆并邀约诸贤达名士,谓如王宠惠、吴贯因、蓝公武、梁启勋、袁希涛、谢无量、张君劢、蒋方震、周宏业、杨维新、欧阳溥存、熊希龄、张相、林纾、汤觉顿、马寅初、刘则蕰、马君武、陈霆锐、叶景莘、包笑天、陈棍然等,人才之辐辏,一时称盛。

陆费逵为《大中华》揭橥宗旨云:"养成世界知识;增进国民人格;研究事理真相,以为朝野上下之南针。"③ 以云实行方法,则为,不拘成见,不限私言,即有言论相互抵牾,亦并存之。与斯旨桴鼓相应者,乃梁氏所作发刊辞,曰:"我国民乎,当知吾侪所栖托之社会,孕乎其间者不知几许大事业,横乎其前者不知几许大希望,及中国一息未亡之顷,其容我回旋之地不知凡几,吾侪但毋偷毋倦,毋躁毋骛,随处皆可以安身立命,而国家已利赖之。"④

《大中华》创刊之际,适国内尊孔复辟毒焰灼天,一次世界大战犹酣,梁启超虽固欲身渐远于政局,口渐稀于政谭,然势所不能得也。梁氏文章见之

---

① 梁启超:《吾今后所以报国者》,原载《大中华》1915 年 1 月 20 日第 1 卷第 1 期,载夏晓虹编《梁启超文选》(上集),中国广播电视出版社 1992 年版,第 186 页。

② 陆费逵:《大中华宣言书》,原载《大中华》1915 年 1 月 20 日第 1 卷第 1 期,载丁文江、赵丰田编《梁启超年谱长编》,世纪出版集团上海人民出版社 2009 年版,第 455 页。

③ 陆费逵:《大中华宣言书》,原载《大中华》1915 年 1 月 20 日第 1 卷第 1 期,转引自徐松荣《维新派与近代报刊》,山西古籍出版社 1998 年版,第 333 页。

④ 梁启超:《饮冰室合集·文集》之三十三,第九十页,中华书局 2015 年版,第 3354 页。

于《大中华》者，计有三十四篇，而分门别类，仍以政治性文字居多，其最著名者，当首屈《异哉所谓国体问题者》。

时，袁世凯帝制自为，渐由隐讳转趋公开化，"八月十日，总统政治顾问、美国人古德诺撰《共和与君主论》，称中国民智低下，不适于共和。既而又有总统法律顾问、日本人有贺长雄作《共和宪法持久策》，大造君宪舆论。袁世凯欣欣然籍而宝之，特购英国《曼彻斯特卫报》版面刊载，又敕令移译，交上海《亚细亚报》发表以售其旨。阅四日，杨度祗领上意，鸠孙毓筠、严复、李燮和、胡瑛、刘师培等人，组筹安会，公开为皇统休祚煽扬其事，谓开日月之明、运独断之虑、奠邦国之基者，良于一人而已。帝制活动一时甚嚣尘上"①。梁启超实不忍坐视此鬼蜮横行，乃愤而作《异哉所谓国体问题者》，辩诘、指斥复辟不稍贷："我国共和之日虽曰尚浅乎，然酝酿之则既十余年，实行之亦既四年。当其酝酿也，革命家丑诋君主，比诸恶魔，务以减杀人民之信仰，其尊严渐亵。然后革命之功乃克集也；而当国体骤变之际与既变之后，官府之文告，政党之宣言，报章之言论，街巷之谈说，道及君主，恒必以恶语冠之随之，盖尊神而入溷牏之日久矣。今微论规复之不易也，强为规复，欲求畴昔尊严之效，岂可更得？"②进而更儆世曰："以中国今日当元气凋敝，汲汲顾影之时，竭力栽之，犹惧不培，并日理之，犹惧不给，岂可复将人才日力耗诸无用之地，日扰扰于无足轻重之国体，而阻滞政体改革之进行？徒阻滞进行，犹可言也，乃使举国人心皇皇，共疑骇于此种翻云覆雨之局，不知何时焉而始能税驾，则其无形中之斫丧所损失，云何能量！"③

梁启超属此雄文，未几即为袁世凯诇知。以梁氏椽华，唱导舆论扭转风色，其为力也绝不可小觑，袁乃速遣人赍二十万金，阴请梁勿印行，遭婉拒。转而，梁将该文交《大中华》，于八月二十二日发表，京、津各报争相转载。《大中华》后期刊发诸多护国战争电文，洵成国人了解时局动向之重镇。而袁氏帝制时期，既未用洪宪载祀，亦未以民国纪年，少有首阳蕨薇之意。

《大中华》每期约十万字，自创刊至民国五年九月二十日停刊，共出版两卷、二十一期，凡有中华书局分局处，民皆可得而阅之。

---

① 阎春来：《梁启超诗传》，中国社会科学出版社 2018 年版，第 235—236 页。
② 李华兴、吴嘉勋编：《梁启超选集》，上海人民出版社 1984 年版，第 675 页。
③ 李华兴、吴嘉勋编：《梁启超选集》，上海人民出版社 1984 年版，第 678—679 页。

第五节　共和背景下世界主义之报刊实践（二）

三　《晨报》

民国五年六月，袁世凯愁病暴毙，威权统治亦随之倾颓，袁记《报纸条例》与《出版法》，其扃镭亦少弛，报刊活动乃苏其生机，若邵飘萍创办之《京报》、林白水主编之《公言日报》《新社会报》等应时而出，一批新编辑、主笔、记者如徐凌霄、徐宝璜、戈公振、刘少少、张季鸾、张蕴斋、朱少屏、夏奇峰、王一元、李昭实等人揩裳连襟，若雨后春笋，崭露头角，而蔡元培发起成立新闻研究会，实开中国新闻研究团体之先河。新闻事业之发展蒸蒸然蔚为大观。

此间，为多士所寓目而颇具声光者，乃为《晨钟报》。

曩者，梁启超栖迟津门，与学生蔡锷共谋反袁护国，曾相约云："今兹之役，若败则吾侪死之，决不亡命；幸而胜则吾侪退隐，决不立朝。盖以近年来国中竞争权利之风太盛，吾侪任事者宜以身作则以矫正之，且吾以为中国今后之大患在学问不昌，道德沦坏，非从社会教育痛下功夫，国势将不可救。故吾愿献身于此……且愿常为文字以与天下相见，若能有补国家于万一，则吾愿遂矣。"① 洪宪渐灭，任公践约，栖身草野，厥与汤化龙、蒲殿俊等进步党人创《晨钟报》。

《晨钟报》为日刊，民国五年八月十五日正式出版，其内容有政论、译丛、电讯、要闻、时评、文苑、小说、广告、启事等，要闻则又分国内、国外、地方、本京四个专栏。为该报撰文者，除梁、汤、蒲外，还有李大钊、胡适、蒋梦麟、丁文江、张申府、吴贯因、蒋方震、林长民、蓝公武、蔡元培、潘力山、张君劢、陈独秀、鲁迅、徐宝璜、王若愚、周作人、郭绍虞、顾颉刚、陶履恭、黄炎培、罗家伦、谢冰心、钱玄同、瞿秋白、俞颂华、李仲武等，多采用笔名与化名，谓如疑魂、惺公、悲魂、醉翁、秋水、象山等。

---

① 梁启超：《国体战争躬历谈》（1916），《饮冰室合集·专集》之三十三，第一百四十七页，中华书局 2015 年版，第 6755 页。

梁、汤、蒲创办《晨钟报》，其目的"在于高撞报晓警世之晨钟，唤起国民觉悟，创造一个青春之中国"①，亦固如《晨钟报》发刊词所号呼："今者，白发之中华垂亡，青春之中华未孕，旧稊之黄昏已去，新稊之黎明将来。际兹方死方生、方毁方成、方破坏方建设、方废落方开敷之会，吾侪振此'晨钟'，期与我慷慨悲壮之青年，活泼泼地之青年，日日迎黎明之朝气，尽二十稊黎明中当尽之努力。"② 李大钊初受知于汤化龙，承乏总编辑，且撰写大量政论与时评，如《新生命诞孕之努力》《治本》《权》《政谭演说之必要》等，其文风之狷急冲荡，其立场之激进笃烈，适与汤相去迥然，未几，即解聘离职。

方当梁启超以《晨钟报》为地，营兹菟裘，作乐只君子，讵料复辟事发，"段氏（指段祺瑞）在马厂誓师时，梁启超已入段氏幕府；汤化龙则和张国淦、叶公绰、张志潭附随段氏，同段入京"③。既而梁、汤分任段内阁财政与内务总长。或谓梁氏前述胜不立朝，其口沫未尝干，今兹政途气象则如日中天，毋亦其食言知味乎！噫吁嚱，梁氏夙负政治理想，亦尝侈言非国务大臣不做，今既有负暄献芹之会，将如何拒而不受。意者《晨钟报》将托庇而发皇，亦未可知！

然则段氏当国，视梁为弁髦，仅四阅月，梁即怅然请辞，抑且从拥段走向反段，《晨钟报》遂以抨击段祺瑞卖国独裁而遭查封。时在民国七年（1918）九月。洎乎同年十二月一日，梁启超等人将《晨钟报》改名《晨报》，并作发刊词，继续出版。梁谓，以今日政象模糊、权要纵横之局面，职事新闻，时乃至极无聊，虽然，国危于眉睫，《晨报》将"知其危而垂涕以道，虽不幸至于批鳞犯忌，犹冀其一寤以共全"④。

《晨报》既出，无何，梁启超即出游欧洲年余，通过"游欧通讯"专栏，介绍欧洲各国文物制度及追溯世界大战情实。若时，梁撰写大量专电、通讯与评论，及时告知国民巴黎和会外交危机之险兆。《外交上之大失败》一文，即梁所传电讯，由林长民撰述发表，从而激起国人愤怒与警觉，引发"五四"爱

---

① 徐松荣：《维新派与近代报刊》，山西古籍出版社 1998 年版，第 356 页。
② 守常（李大钊）：《〈晨钟〉之使命：青春中华之创造》，载张之华主编《中国新闻事业史文选（公元 724 年—1995 年）》，中国人民大学出版社 1999 年版，第 351 页。
③ 李剑农：《中国近百年政治史》，商务印书馆 2011 年版，第 472 页。
④ 梁启超：《〈晨报〉发刊词》（1918），载张之华主编《中国新闻事业史文选（公元 724 年—1995 年）》，中国人民大学出版社 1999 年版，第 357 页。

国运动。

《晨报》之尤须关注者，乃其副刊。民国八年二月，《晨报》第七版副刊改组，聘请李大钊等人主持，以宣传新文化为主旨，揭举新修养、新智识、新思想，"其'自由论坛'及'译丛'两个专栏影响青年一代思想甚大"①。民国八年至民国十年，李大钊主持副刊期间，倡言马克思主义，曾与胡适展开问题与主义之辩。迄于梁启超游欧归来，风色斯趋温和。

民国十年（1921）十月十二日，副刊改为四开四版单张出版，时乃名闻遐迩之"晨报副镌"，由孙伏园主持。"晨报副镌"自由包容、兼收并蓄，实验主义、新实证论、基尔特社会主义等思想若方法，杜威、罗素、高尔基、托尔斯泰、莎士比亚、歌德等人物，连翩而出、雁行以至，《阿Q正传》即刊行于斯时。之副镌，苟谓其为"五四"新文化运动之重镇，雅不诬也，而时称四大名副刊之一，② 亦归实之誉耳。

孙伏园主持副镌三年余，不意因刊出鲁迅"我的失恋"一诗，深为总编辑刘勉己所不满，民国十三年底即遭解聘，而徐志摩瓜代之后，副镌政治气味日淡，学术、文学色彩渐滋浓厚。

梁启超文字见于副镌者，略为《佛教东来之史地研究》《评胡适之中国哲学史大纲》《先秦政治思想史》《史学与统计学》《屈原研究》《国学入门书目举要及其读法》《清初五大师学术梗概》《清代政治之影响于学术者》《印度与中国文化之亲属的关系》《清学开山祖师顾亭林》《东原著述纂校书目考》《东原哲学》《欧游心影录》《情圣杜甫》《美术与生活》《敬业与乐业》《为学与做人》等，兹可鉴任公告别政治后，兴味之所在。

民国十七年六月五日，《晨报》终刊。时，梁氏便血病时好时坏，已是衰病之身。

四　《改造》及其他

民国六年十一月杪，梁启超请辞财长，"国务大臣"梦碎，曾愁愤谓云，革命成功以降，所希望者件件落空，而中华民国仅也招牌而已，乃从此告别政坛，期以他途报国家社会者。未几，即与张君劢、蒋百里、张东荪等约二

---

① 张朋园：《梁启超与民国政治》，吉林出版集团有限责任公司2007年版，第242页。
② 另三个副刊为《时事新报》之"学灯"、《民国日报》之"觉悟"和《京报》之"小京报"。

十人发起成立北平新学会，谋从学术思想上作根本改造，以为将来新中国之基。民国八年九月，创《解放与改造》杂志，为学会机关刊物，其宗旨略谓："今天的世界虽不是以前的世界，然而以前世界的'残余'（Residuum）尚在那里支配现在的世界。今天的自我虽不是以前的自我，然而以前的自我的'残余'尚在那里蒙蔽现在的自我。所以我们当首先从事于解放，就是使现在的自我从以前的自我解放出来，同时使现在的世界也从以前的世界完全解放了出来。……但解放不是单纯的脱除，乃是替补（Complement）。替补就是改造，所以一方面是不断的解放，他方面是不断的改造。综合两方面来看，就是不断的革新。"①

《解放与改造》，半月刊，由上海时事新报社发行，共出两卷二十四期，主编张东荪、俞颂华，参与编辑、撰稿、翻译工作者有张君劢、郭虞裳、吴南陔、周佛海、沈雁冰、胡适、陈友琴、赵紫宸、潘公展、吴品今、白华、寿凡、渊泉、郭绍虞、舒新城、明权、瞿秋白、李大钊、恽代英等。唯梁启超诸人游欧，未于役其事。

民国九年春，梁启超自巴黎归，感于杂志名称冗赘，爰有改名之议，经再三商酌，乃于九月间更名为《改造》，由三十二开本改为十六开本，每月一刊，内容计为论著、译述、记述、文艺、余载五门，梁亲任主编，编辑与撰稿新列名者有蒋方震、蓝公武、彭一湖、费觉天、徐志摩、吴天放、丁文江、谢楚桢、张志公、陈廷锐、郑振铎等，共出两卷二十二期。

《改造》虽云改刊，抑其根本精神，则犹前志，即解放精神物质两方面一切不自然、不合理状态，同时介绍世界新潮，以为改造地步。其宣言之十一条至十四条云："同人确信思想统一，为文明停顿之征兆，故对于世界有力之学说，无论是否为同人所信服，皆采无限制输入主义待国人别择；同人确信浅薄笼统的文化输入，实国民进步之障，故对于所注重之学说，当为忠实深刻的研究，以此自厉并厉国人；同人确信中国文明，实全人类极可宝贵之一部分遗产，故我国人对于先民，有整顿发扬之责任，对于世界，有参加贡献之责任；同人确信国家非人类最高团体，故无论何国人，皆当自觉为全人类一分子而负责任，故褊狭偏颇的旧爱国主义，不敢苟同。"② 之四条，实任公

① 转引自李喜所、元青《梁启超传》，人民出版社2010年版，第380页。
② 梁启超：《饮冰室合集·文集》之三十五，第二十一页，中华书局2015年版，第3407页。

世界主义眼光所烛照者也。

时，马克思主义之传播，社会主义之研究，已然如春汛之横溢无涯涘，"报章杂志上面，东也是研究马克思主义，西也是讨论鲍尔希维主义；这里是阐明社会主义的理论，那里是叙述劳动运动的历史，蓬蓬勃勃，一唱百和，社会主义在今日的中国，仿佛有'雄鸡一鸣天下晓'的情景"①。《改造》弄潮，宜其褒然而出者也。梁启超系较早引介马克思主义者，顾其仅止于学理而已，其《复张东荪书论社会主义运动》谓："吾以为社会主义所以不能实现于今日之中国者，其总原因在于无劳动阶级。而闻者或谓不然，谓：'中国他物或缺乏，何至并劳动阶级而缺乏，除却少数穿长衣服坐车子的人，此外皆劳动阶级也，吾辈言社会主义者，但求与穿短衣服跑腿的人共事，则盈天下皆是，何至缺乏？'此其言虽近似，然细按之则大戾于名实也。劳动阶级者，非游民阶级之谓，劳动阶级者，以多数有职业之人形成之，此项有职业之人，结合团体，拥护其因操业所得之正当利益，毋俾人掠夺，此在道德上为至当，在事势上为至顺。若夫无业游民，则与此异。彼本来并无所谓因操业所得之正当利益，则更何拥护之可言。故劳动阶级可以责人掠夺其剩余，可以向人索还其所掠夺，游民阶级则不能有此权利。游民而分有业者之利益，其事还同于掠夺。"② 梁启超认为，社会运动必赖劳动阶级为主体，而劳动阶级之发生萌达，势将扩大生产事业，即发展资本主义，其为社会主义运动不可逾越之阶段。任公此说盖可为《改造》关于社会主义论说之总纲。

梁启超见于《改造》之文字别有《政治运动之意义及价值》《历史上中华国民事业之成败及今后革进之机运》《前清一代中国思想界之蜕变》《墨子讲义摘要》《佛教之初输入》《中国文化史纲》《过去之中国史学界》《自由讲座制之教育》《中国韵文里头所表现的情感》等，咸宗学理，趋尚研究。

民国十一年（1922）九月，《改造》停刊。蒋方震致梁书谓："《改造杂志》姑以本年即第五卷十二号出完后再定办法。盖现在作文诸人生活不定，

---

① 潘公展：《近代社会主义及其批评》，原载《东方杂志》1921 年第 18 卷第 4 期，转引自章开沅、严昌洪主编《辛亥革命与中国政治发展》，华中师范大学出版社 2005 年版，第 525—526 页。

② 发表于《改造》1921 年第 3 卷第 6 号，《饮冰室合集·文集》之三十六，第六至七页，中华书局 2015 年版，第 3436—3437 页。

再积压下去，将愈出愈迟，于销路名声，均不大好，不如暂以本卷为止，俟此半年内各方面之部署既定，再商进行。"① 斯言不诬。《改造》撰稿人固不少，然常执笔者唯梁启超、张东荪、张君劢、蒋方震诸人，而若辈或分力于他事，或逸兴于新畴，殊不能专精于杂志文字。谓如任公，其致张东荪书谓："百里索《改造》稿，无以应，无已只有取三年前讲稿未印者《孔子学案》聊以塞责。"② 然则更深究之，《改造》停刊，梁及影从者，批判马克思主义，提倡温和社会主义，既而为时代所扬弃，是为《改造》元气斫丧之枢耳。

《改造》卷旐，尔后乃今，梁启超潜心教育若学术，报刊事业几如黄鹤。

梁启超一生矻矻焉于新闻传播，除上述所详者，另有《知新报》《时报》《时事新报》《国学论丛》等，与梁关系甚密。

光绪二十二年（1896）冬，梁启超归粤省亲，时澳门方有报事之举，且力邀梁赴澳与商，梁启超书告汪康年谓："澳报已成，集股万元，而股商必欲得弟为之主笔。弟言到沪后，常寄文来，而诸商欲弟到澳一行，是以来此。此间人皆欲依附《时务报》以自立，顷为取名曰《广时务报》。中含二义：一、推广之意；一、谓广东之《时务报》也。其广之之法，约有数端：一、多译格致各书、各报，以续格致汇编。二、多载京师各省近事，为《时务报》所不敢言者。三、报末附译本年之列国岁计政要，其格式，一依《时务报》。"③ 汪以报主维新不取复沓为由而沮之，爰用"知新报"名之。梁启超见诸《知新报》文字有《知新报叙例》《西学丛书序》《说群自序》《新学伪经考叙》《保国会演说》等十八篇。

以云《时报》之筹办，罗孝高《任公轶事》曾详述之："甲辰春，任公自澳洲返（此表述有所异同），至沪时尚在名捕中，未便露头角，乃改名姓，匿居虹口日本旅馆'虎之家'三楼上。时罗孝高、狄楚青方奉南海先生命在上海筹办时报馆，任公实亦暗中主持，乃日夕集商，其命名曰《时报》及发刊词与体例，皆任公所撰定。旋即赴东。而《时报》初办时所登论说，亦多

---

① 1922 年 5 月 21 日蒋方震《致任公先生书》，载丁文江、赵丰田编《梁启超年谱长编》，世纪出版集团上海人民出版社 2009 年版，第 615 页。

② 梁启超：《致东荪足下书》（1922），载丁文江、赵丰田编《梁启超年谱长编》，世纪出版集团上海人民出版社 2009 年版，第 620 页。

③ 上海图书馆编：《汪康年师友书札》，上海书店出版社 2017 年版，第 1676—1677 页。

系任公从横滨寄稿来者。"① 梁曾摘笔撰《上海时报缘起》，揭橥其宗旨谓，凡关于本国及世界所起之大问题若政治学术者，必以公平之论，研究其是非利害，及匡救应对之方策。

若夫《时事新报》，为进步党、研究系机关报，径为梁启超所指挥，所谓"为吾党唯一之言论机关"②，任公讲学、演讲诸多文字均刊发于该报副刊《学灯》。第以常绌于资金，同人辄惶迫无已时，梁尝与张东荪函议增资改组："报馆一窘至此，决非办法。衡以欧西报纸，竟是笑话，须集大款至少三十万，求大发展，或改股份公司性质，开放一部分资本家，或借社会后援，公诸一部分社会同志，另组董事部，为报馆最高管理事机关。此事曾与君劢细谭，似以开放于一部资本家较有把握，如张季直等当可求其帮助。改组新局，务为中国唯一大报，此事祈与溯初（黄群）先生等平情细想，或能设法开一新路。"③ 任公参与该报之深，殆可斑见。

迄于民国十六年，梁启超续任清华学校研究院导师，同时兼任出版该院学术刊物，即《国学论丛》，梁启超、赵元任、陈寅恪、王静安、裴学海、吴其昌、姚名远、刘盼遂、黄淬伯、颜虚心等为主要撰稿人。《国学论丛》第三号封面《王静安先生纪念号》，梁启超署检，斯为任公报刊生涯最后之墨迹，距其道山之行约两祀。至矣哉，庶几乎丝尽蜡绝！

---

① 转引自赖光临《中国近代报人与报业》，台湾商务印书馆 1980 年版，第 207 页。
② 转引自徐松荣《维新派与近代报刊》，山西古籍出版社 1998 年版，第 309 页。
③ 转引自张朋园《梁启超与民国政治》，吉林出版集团有限责任公司 2007 年版，第 246 页。

第二章

梁启超传播思想考述

小　引

原诸梁启超传播思想之形成，殆有三焉，一曰康、谭之学发其轫，二曰西学活水沃其根，三曰欧战考察得其鉴。

梁启超从康师于长兴学堂，所谓一生学问之得力者，咸集于此，其尤所服膺者乃春秋公羊三世之说。康有为作"春秋董氏学"，述"孔子改制考"，驳"新学伪经"，冀一扫《春秋》两千年来之覆尘。其言谓曰："天既哀大地生人之多艰，黑帝乃降精而救民患，为神明，为圣王，为万世作师，为万民作保，为大地教主。生于乱世，乃据乱而立三世之法，而垂精太平，乃因其所生之国而立三界之义，而注意于大地远近大小若一之大一统。"① 而《春秋》三传，唯《公羊》得其正解，曰："'三世'为孔子之非常大义，托之《春秋》以明之。所传闻世为'据乱'，所闻世托'升平'，所见世托'太平'。……此为《春秋》第一大义。"② 康崇公羊之传《春秋》，唯在改制，梁承师说，职志维新，其毕生尽瘁报事、趋跄仕路，殆句萌于兹时也。

夏曾佑尝谓梁受《仁学》影响亦至深。诚哉斯言！光绪二十二年（1896），

---

① 康有为：《〈孔子改制考〉序》，载谢遐龄编选《变法以致升平——康有为文选》，上海远东出版社1997年版，第165页。

② 康有为：《春秋董氏学》，转引自胡太春《中国近代新闻思想史》（增订本）（上卷），东方出版社2015年版，第348—349页。

梁启超羁游海上，专任《时务报》撰述，"时谭复生宦隐金陵，间月至上海，相过从，连舆接席。复生著《仁学》，每成一篇，辄相商榷"①。《仁学》赫然称君主为独夫民贼，愤然斥清帝贱类异种，此项议论瞠乎当时，亦深中于任公灵府，厥有激烈扑满思想发蛰权舆。时，时务学堂"所言皆当时一派之民权论，又多言清代故实，胪举失政，盛倡革命"②；《清议报》诋击那拉及诸权臣不稍贷，又屡接革命党人，势有颠覆满祚之志趋。

梁与乃师及同侪摩荡思想，发抒胸臆，抑进而形成具有维新色彩之传播观念，《论报馆有益于国事》殊为代表作云耳。

洎乎逋东，"梁在日本一面作报，一面习日文读新书，思想言论渐渐地脱离康的羁绊，要立起异来了；丢了公羊、孟子不讲，而讲卢梭、孟德斯鸠、伯伦知理……了；不谈保教尊孔，而'论保教非所以尊孔'"③。民权、自由、进化、国家等学说，代嬗相出，激疾不止，先则宗卢、孟之说，倡言革命、破坏，后则崇伯氏之学，唱诵君主立宪，"但就他在中国政治社会上所发生的影响说，却是在《清议报》和壬寅、癸卯间的《新民丛报》时代。这时代的梁启超可算是言论界的骄子"④。《清议报》及壬寅年、癸卯年间，任公思想狂飙突进，其传播实践与传播理念亦与之俱进。唯兹时也，梁启超"每日阅日本报纸，于日本政界学界之事相习相忘，几于如己国然"⑤。松本君平《新闻学》甫出，是为日本历史上第一本新闻学著作，梁甘之如饴，其曾称引该书云："日本松本君平氏著《新闻学》一书，其颂报馆之功德也，曰：'彼如豫言者，讴国民之运命；彼如裁判官，断国民之疑狱；彼如大立法家，制定律令；彼如大哲学家，教育国民；彼如大圣贤，弹劾国民之罪恶；彼如救世主，察国民之无告苦痛而与以救济之途。'谅哉言乎。"⑥ 承东瀛报业发展之激劝，被日人新闻理论之沾渥，任公新闻传播思想亦绰然有姿，其

---

① 梁启超：《三十自述》（1902），载夏晓虹编《梁启超文选》（上集），中国广播电视出版社1992年版，第366页。

② 梁启超：《清代学术概论》，上海古籍出版社1998年版，第85页。

③ 李剑农：《中国近百年政治史》，商务印书馆2011年版，第208页。

④ 李剑农：《中国近百年政治史》，商务印书馆2011年版，第208页。

⑤ 梁启超：《夏威夷游记》（1900），《饮冰室合集·专集》之二十二，第一八六页，中华书局2015年版，第5664页。

⑥ 梁启超：《清议报一百册祝辞并论报馆之责任及本馆之经历》（1901），《饮冰室合集·文集》之六，第四十九页，中华书局2015年版，第509页。

代表作当为《清议报一百册祝辞并论报馆之责任及本馆之经历》及《敬告我同业诸君》等。

而民国肇建，国体息争，梁启超易帜拥护共和，虽或为时人讥，然其固不崇重于国体，而志恒在政体之改造，用是初归旧邦，即倡"庸言"，其容有暂观风候之意，抑亦立平和发言之旨。乃忽为袁内阁司法总长，又忽为段政府财政总长；今则汗马间关勇赴戎机，明则义入马厂传檄边徼，其挽共和之欲坠，大哉厥功，而究极不能遂其志，跌蹶政途，为己羞者也。虽然，政治上之缘延洄洑，翻使梁张炯眼关注于社会、垂精于文化、倾力于教育，其缉熙"庸言"之精神，追求公理之微义，盱衡世界之眼光，咸进陟于新阶。其尤者，欧战结束，梁启超躬赴凭吊，灵魂不啻遭受重击，畴昔所梦梦者，大有俄然觉蘧蘧然周之概。欧战之惨剧，适为欧人思想所致，谓如"进化论"方张其血口，抑"科学"亦非万能药者，而"因中国今日种种事物受西方之影响极大，今后亦不可不讲求应受之方"①。"应受之方"谓何？曰，一者于国际关系中"期以促成国际大同盟理想之实现，加入其间，托于大国家团体之下，保其地位，图其发达，以求效用于人类社会也"②。一者于文化救赎上"拿西洋的文明，来扩充我的文明，又拿我的文明去补助西洋的文明，叫他化合起来成一种新文明"③。从歆慕西学，到宝重国学，是为任公民国以降思想转换之彰彰者，其曾矜吾先圣智慧云："近来西洋学者，许多都想输入些东方文明，令他们得些调剂。我仔细想来，我们实在有这个资格。"④ 梁之世界眼光若文化自信，浸淫泽渥其传播观，发为文章，有《吾今后所以报国者》《大中华发刊辞》《解放与改造发刊词》等，时为其传播思想之代表作云耳。

梁启超缵衍先贤办报之理思，博取西哲论世之智慧，汲汲于启蒙传播之路，虽天未尝悔祸，狂孽辄耸人心，而梁之传播思想积久大成，雅有气象也哉！

---

① 梁启超：《欧战思想变迁之大势》（1914），载夏晓虹编《饮冰室合集·集外文》（中册），北京大学出版社 2005 年版，第 604 页。

② 梁启超：《国际大同盟之与中国》（1918），载夏晓虹编《饮冰室合集·集外文》（中册），北京大学出版社 2005 年版，第 728 页。

③ 梁启超：《欧游心影录》（1919），商务印书馆 2014 年版，第 49 页。

④ 梁启超：《欧游心影录》（1919），商务印书馆 2014 年版，第 50 页。

第一节　报馆功能说

自文忠之译鞮"四洲"，睁眼看世界，魏源之辑录"海国"，师夷医瞑眩，吾民始瞿然省己之壅蔽、思人之秀达，而士夫之于新闻纸，始研精义理，取重殊功。

太平天国干王洪仁玕属《资政新篇》，谓："事有常变，理有穷通。故事有今不可行，而可豫定者为后之福。有今可行，而不可永定者为后之祸。其理在于审时度势，与本末强弱耳。然本末之强弱适均，视乎时势之变通为律。"① 何得而能知时与势，则唯上下情通，中无壅塞弄弊者，其道"莫善于准卖新闻篇或设暗柜也"②。

早期维新思想家王韬《上方照轩军门书》云："迩来西人在中土通商口岸，创设日报馆，其资皆出自西人。其为主笔者，类皆久居中土，稔悉内地情形。且其所言论，往往抑中而扬外，甚至黑白混淆，是非倒置。泰西之人，只识洋文，信其所言为确实，遇中外交涉之事，则有先入之言为主，而中国自难与之争矣。今我自为政，备述其颠末，而曲直自见，彼又何从以再逞其鼓簧哉？"③ 叹道路之迢远，竟无一苇而杭之，乃进而论日报行于中土，吁各省会城市设新报馆，以知地方机宜、察讼狱曲直、辅教化之不及。

郑观应征诸故事，以古鉴今，从而著明日报之功："古之时，谤有木，谏有鼓，善有旌，太史采风，行人问俗，所以求通民隐，达民情者，如是其亟亟也。自秦焚书坑儒，以愚黔首，欲笼天下于智取术驭刑驱势迫之中，酷烈薰烁，天下并起而亡之。汉魏而还，人主喜秦法之便于一人也，明诋其非，暗袭其利，陵夷而肇中原陆沉之祸。唐宋代有贤君，乃始设给谏、侍御诸言官，以防壅蔽，而清议始彰。然以云民隐悉通，民情悉达，则犹未也。欲通

---

① 洪仁玕：《资政新篇》，转引自胡太春《中国近代新闻思想史》（增订本）（上卷），东方出版社 2015 年版，第 144 页。

② 洪仁玕：《资政新篇》，转引自胡太春《中国近代新闻思想史》（增订本）（上卷），东方出版社 2015 年版，第 142 页。

③ 王韬：《上方照轩军门书》，转引自戈公振《中国报学史》，岳麓书社 2011 年版，第 89 页。

之达之，则莫如广设日报矣。"① 其应于时事，谓日报堪可裨益救荒，翼助除暴，劝勉学业也。

胡礼垣自序《新政议论》云："人之才识得诸见闻，若闭其见闻，则与塞其灵明无以异。盖见闻不广，则思虑不长，则谋猷必碍。以无思虑之人而与有思虑之人较，则有思虑者胜矣；以思虑短之人而与思虑长之人较，则思虑长者胜矣。而思虑俱从见闻而生，见闻多由日报而出。夫古典虽多，不合当今之务，旧闻莫罄，难为世用之资。则欲长人之见闻，以生人之思虑，而使事则善益加善、物则精益求精者，莫如宏开日报也。"② 胡氏并吁请秉笔之人，以《春秋》之书法褒贬从心，以南董之风骨不惧斧钺，直书己见，其于人心、风俗方有所裨益。

自王韬后，缵衍维新思想论列报章功能者，星汉磊落，若康有为、若严复、若谭嗣同、若陈炽、若汪康年、若陈衍等，而梁启超洵其髦隽者，斯人也，将期刊当作改革武器，有力展现出其引导公众之广阔前景，在中国建立起高举改革大旗之闻事业。③

梁启超躬行传播实践，发微报馆功能，综其前后论言，盖有三说，为耳目喉舌、监督政府、向导国民是也。

一 报馆为耳目喉舌

梁启超劬劬焉勤勤焉躬役报事三十余年，其中，数度提出"耳目喉舌说"，而首张兹说，系《时务报》初创时，其《论报馆有益于国事》谓："今夫万国并立，犹比邻也，齐州以内，犹同室也，比邻之事，而吾不知，甚乃同室所为，不相闻问，则有耳目而无耳目。上有所措置，不能喻之于民，下有所苦患，不能告之君，则有喉舌而无喉舌。其有助耳目喉舌之用，而起天下之废疾者，则报馆之为也。"④ 耳目喉舌之为用，其意固在于去塞求通，"通"之关乎国运民命者莫大焉："觇国之强弱，则于其通塞而已。血脉不通

① 郑观应：《日报》，载张之华主编《中国新闻事业史文选（公元 724 年—1995 年）》，中国人民大学出版社 1999 年版，第 8 页。

② 徐新平：《宏日报以广言路——何启、胡礼垣的新闻思想》，《湖南师范大学社会科学学报》2010 年第 2 期。

③ ［美］白瑞华：《中国近代报刊史（1800—1912）》，苏世军译，中央编译出版社 2013 年版，第 107 页。

④ 梁启超：《饮冰室合集·文集》之一，第一百页，中华书局 2015 年版，第 100 页。

则病,学术不通则陋。道路不通,故秦越之视肥瘠,漠不相关;言语不通,故闽粤之与中原,邈若异域。唯国亦然。上下不通,故无宣德达情之效,而舞文之吏,因缘为奸;内外不通,故无知己知彼之能,而守旧之儒,乃鼓其舌。中国受侮数十年,坐此焉耳。"①

甲午一役,清师熸,举国创痛巨深,士夫尤引以为耻,乃蹈厉奋发,思所以救国之道,或以达中外之故而发语,或以通上下之情而警世,或以合群己之阈而儆时。梁启超绍其绪,诇诸史乘,稽陈诗观风之传统,惩诸夷报,祛贪渎狡獝之痼疾,感乎时弊,绝齐东野语之流俗,乃劬力于复聪国民之耳,复明士庶之目,愈其喑哑之喉舌,而其善道,则报馆导其端也。

梁启超耳目喉舌说揭橥去塞求通之意,虽根本上并未超迈前贤若同侪,然其概括报纸功能,生动形象、精辟准确,之于趋役报业者,不啻时雨润苗。而梁亦躬行无违,总撰"时务",启牖新知,未几而声名腾于薄海,开维新舆论宣传之新局。唯其时,铜山有动,洛钟则鸣,乃有《知新报》远处海隅而颂谓:"报者,天下之枢铃,万民之喉舌也。得之则通,通之则明,明之则勇,勇之则强,强则政举而国立,敬修而民智。"②继有《国闻报》卜居京畿而唱云:"观于一国之事,则足以通上下之情;观于各国之事,则足以通中外之情。上下之情通,而后人不自私其利;中外之情通,而后国不自私其治。人不自私其利,则积一人之智力以为一群之智力,而吾之群强;国不自私其治,则取各国之政教以为一国之政教,而吾之国强。"③倡耳目喉舌之说,存去塞求通之意,为一时之共识。

梁启超踵说耳目喉舌,则在逭命东瀛创《清议报》时,任公感喟有之,冀望有之:"乃者三年以前,维新诸君子,创设时务报于上海,大声疾呼,哀哀长鸣,实为支那革新之萌蘖焉。下封禁报馆之令,揆其事实殆与一千八百十五年至三十年间,欧洲各国之情形,大略相类。呜呼!此正我国民竭忠尽虑,扶持国体之时也。是以联合同志,共兴清议报,为国民之耳目,作维新之喉舌。"④

---

① 梁启超:《饮冰室合集·文集》之一,第一百页,中华书局2015年版,第100页。

② 吴恒炜:《〈知新报〉缘起》,载张之华主编《中国新闻事业史文选(公元724年—1995年)》,中国人民大学出版社1999年版,第89页。

③ 严复:《〈国闻报〉缘起》,载戈公振《中国报学史》,岳麓书社2011年版,第126页。

④ 梁启超:《〈清议报〉叙例》(1898),《饮冰室合集·文集》之三,第三十页,中华书局2015年版,第234页。

藉曰初提"耳目喉舌"，"上循不非大夫之义，下附庶人市谏之条"①，其属意止于求通浚智，其立场块然独立于庙堂江湖之外，而三年后所提之"耳目喉舌"，则既蕴棣重熙累洽之美意，更发皇应时而动、维新变法之政治诉求。

丁酉年（1897），德国强占胶州湾，列强掀瓜分中国之狂潮，时康有为开保国会，啼血号呼救亡图存，虽变法数阅月而败衄，六君子喋血，然恰如谭嗣同所凛然誓者："各国变法，无不从流血而成。今中国未闻有因变法而流血者，此国之所以不昌也。有之，请自嗣同始！"② 而自兹以后，维新思想不唯未尝渐灭，却更如爝火之燎秋原，时雨之益春江，已然蔚成政治力量。报纸作维新喉舌，代言其事，宜其然也。

梁启超以《清议报》为之地，指斥清廷、广译西学、称述皇德，盖无不以变法图强而因应千年未遇之变局为宗旨，其情感之炽烈，其锋锷之峻利，正合于世道人心，乃其每一纸出，洛阳腾贵，忘年知友黄遵宪赞曰："《清议报》胜《时务报》远矣！"③ 当代学人张朋园谓，任公《清议报》言论，援当时世界政治思潮，说国家所以致弱之缘由，以进化论刺激国人爱国心，淬励其躬省己责，积极起而拯救国家于危亡。兹富刺激性文字，当时同样视为"新说"，视为"名著"。④ 质而言，夫所以"远"者、"新"者，殆于任公曾不硁硁乎以灌注国民知识为己志，而取精用博，恢宏耳目喉舌之用，阐扬维新变法之旨是也。

又三年，时次辛丑，际《清议报》一百册，梁启超为祝辞，再次称说耳目喉舌，其语云："报馆者，能纳一切，能吐一切，能生一切，能灭一切。西谚云，报馆者，国家之耳目也，喉舌也，人群之镜也，文坛之王也，将来之灯也，现在之粮也。伟哉报馆之势力，重哉报馆之责任！"⑤ 此间所谓国家者，

①　梁启超：《论报馆有益于国事》（1896），《饮冰室合集·文集》之一，第一百零三页，中华书局 2015 年版，第 103 页。

②　梁启超：《戊戌政变记·谭嗣同传》（1898），转引自阎春来《梁启超诗传》，中国社会科学出版社 2018 年版，第 61 页。

③　黄遵宪：《致饮冰主人书》（光绪二十八年四月），载丁文江、赵丰田编《梁启超年谱长编》，世纪出版集团上海人民出版社 2009 年版，第 181 页。

④　张朋园：《梁启超与清季革命》，吉林出版集团有限责任公司 2007 年版，第 188 页。

⑤　梁启超：《清议报一百册祝辞并论报馆之责任及本馆之经历》（1901），《饮冰室合集·文集》之六，第四十九页，中华书局 2015 年版，第 509 页。

绝非帝王一姓之私产，亦绝非蚩蚩抱布者食毛践土之地，嗟乎，繄何为国欤？乃泰西18、19世纪民族国家是也。

梁启超感孚西谚，所谓报馆者国家之耳目喉舌，矢以建立近代民族国家为鹄的，矢为肇造堪可比数于列强之国而鼓呼。是虽托庇夷言，然匣剑帷灯，其意固所属者亦昭昭然哉！谓之激切，谓之豪情，谓之强霸，胥无不可。唯曩者高举改良之飘飘大旗，却旋即如坠冰谷寒冱不翻，亦曾激扬维新思想若日出东方，乃不旋踵，既尔仓黄。何变化之速为？

自万里投荒，谭君嗣同之溅血常使英雄沾襟；而清廷于庚子国难后故态复萌，到底成粪墙难圬。老大帝国之不可望也如此，排满思想渐滋生焉。其尤者，任公"既旅日本数月，肆日本之文，读日本之书，畴昔所未见之籍，纷触于目，畴昔所未穷之理，腾跃于脑。如幽室见日，枯腹得酒，沾沾自喜"[1]。其时，梁与往还者，概为达尔文、马丁·路德、培根、笛卡尔、亚当·斯密、伏尔泰、卢梭、孟德斯鸠、克伦威尔等西贤，进化、民权、自由、民族、国家思想如春水溢江，沛然而莫可御也。际此，梁笃信："今日欲救中国，无他术焉，亦先建设一民族主义之国家而已，以地球上最大之民族，而能建设适于天演之国家，则天下第一帝国之徽号，谁能篡之。而特不知我民族有此能力焉否也，有之则莫强，无之则竟亡，间不容发，而悉听我辈之自择！"[2] 诚哉然也！"梁启超充分领会了国家主义对于中国的含义。国家主义使人们获得对现实而又令人生畏外国民族的认识，同时也提供了与之战斗的武器。……首先，国家主义要引出这样一种认识：存在着一个国家，而它的利益应该在每个成员的心中；其次，国家主义要唤起一种愿望，即认识和采用为国家繁荣而战的新标准。"[3] 而此"新标准"之建立，抑恰如英人所再再重申者："在民族建立的过程中人为因素的重要性，比方说，激发民族情操的多类宣传与制度设计等。"[4]

---

① 梁启超：《论学日本文之益》（1899），载丁文江、赵丰田编《梁启超年谱长编》，世纪出版集团上海人民出版社2009年版，第115页。

② 梁启超：《论民族竞争之大势》（1902），《饮冰室合集·文集》之十，第三十五页，中华书局2015年版，第893页。

③ ［美］约瑟夫·阿·勒文森：《梁启超与中国近代思想》，刘伟、刘丽、姜铁军译，四川人民出版社1986年版，第152页。

④ ［英］埃里克·霍布斯鲍姆：《民族与民族主义》，李金梅译，世纪出版集团上海人民出版社2000年版，第10页。

欲唤醒民众之国家意识，必借报馆进行"多类宣传"，欲建立近代国家，必颠覆倾圮旧有之制而新一国。梁尝感怀："今日之中国，又积数千年之沉疴，合四百兆之痼疾，盘踞膏肓，命在旦夕者也。非去其病，则一切调摄滋补荣卫之术，皆无所用。故破坏之药，遂成为今日第一要件，遂成为今日第一美德。"①　更进而发抒："我既受数千年之积痼，一切事物，无大无小，无上无下，而无不与时势相反，于此而欲易其不适者以底于适，非从根柢处掀而翻之，廓清而辞辟之，乌乎可哉！乌乎可哉！此所以 Revolution 之事业，为今日救中国独一无二之法门。不由此道而欲以图存、欲以图强，是磨砖作镜、炊沙为饭之类也。"②　辛丑年、壬寅年至癸卯年，梁启超治学属文，使用"排满"、"破坏"、"革命"乃至"暗杀"诸词语最为频密，思想启蒙意义亦最昌懋。

梁启超"耳目喉舌说"，其内涵虽屡变，然其益时裨治之效乃彰彰耳。抑反言之，恰其内涵之屡变，适足以验"耳目喉舌说"含容之度，与其作为报章功能不可谢却之本质属性。

二　报馆须监督政府

梁启超视监督政府为报馆固有之职能，易辞而言，监督政府殆为报馆天命所寄，盖以"政府者受公众之委托，而办理最高团体（今世政学家谓国家为人类最高之团体）之事业者也，非授以全权，则事固不可得举。然权力既如此重且大，苟复无所以限制之，则虽有圣者，其不免于滥用其权，情之常也。故数百年来，政治学者之所讨论，列国国民之所竞争，莫不汲汲焉以确立此监督权为务，若立法司法两权之独立、政党之对峙，皆其监督之最有效者也。犹虑其力之薄弱也，于是必以舆论为之后援"③。西人重自由，而其谚尝谓，言论若出版自由，乃一切自由之保障，苟失坠，则行政权限万不能立，

①　梁启超：《十种德性相反相成义》（1901），载夏晓虹编《梁启超文选》（上集），中国广播电视出版社 1992 年版，第 99 页。

②　梁启超：《释革》（1902），载夏晓虹编《梁启超文选》（上集），中国广播电视出版社 1992 年版，第 173 页。

③　梁启超：《敬告我同业诸君》（1902），《饮冰室合集·文集》之十一，第三十七页，中华书局 2015 年版，第 1011 页。本节内以下引文未加标注者，皆出自梁启超《敬告我同业诸君》，不另注，特此说明。

而国民固有之权利亦将无复能完。基于此，近代报馆兴焉，"而报馆者即据言论出版两自由，以袭行监督政府之天职者也"。

报馆监督政府，其性质何若？梁启超校之于法律、宗教而命之："世非太平，人性固不能尽善，凡庶务之所以克举，群治之所以日进，大率皆藉夫对待者旁观者之监督，然后人人之义务乃稍完。监督之道不一，约而论之，则法律上之监督，宗教上之监督，名誉上之监督是也。法律监督者，以法律强制之力明示其人曰：尔必当如此，尔必不可如彼；苟不尔者，将随之以刑罚。此监督权之最有力者也。宗教监督者，虽不能行刑罚于现在，而曰善不善报于而身后，或曰善不善报于而后身，而使中人以下，咸有所警焉。此亦监督权之次有力者也。名誉监督者，不能如前两者之使人服从使人信仰使人畏惮，然隐然示人曰：尔必当如此，尔必不可如彼；苟不尔者，则尔将不见容于社会，而于尔之乐利有所损。此其监督之实权，亦有不让于彼两途者也。此种监督权谁操之？曰，舆论操之。舆论无形，而发挥之代表之者，莫若报馆，虽谓报馆为人道之总监督可也。"报馆之监督，乃人道之监督也；人其为名誉之动物，则人道之监督，亦不可谓非剧也，而人之执行政务，亦将不可不慎矣哉！

报纸与政府两相对待，欲行报馆对政府监督之天职，必欲明报馆与政府间关系、地位繫何。乃或谓报馆为政府之顾问，可为其拾遗补阙；或谓报馆为政府之臣属，可为其呼喝前后；若夫稍饰矜容者，亦仅谓报馆与政府立于平等地位，各取其是而已。恶，是何言哉！任公则谓："政府受国民之委托，是国民之雇佣也。而报馆则代表国民发公意以为公言者也。故报馆之视政府，当如父兄之视子弟，其不解事也，则教导之，其有过失也，则扑责之，而岂以主文谲谏毕乃事也。"报馆代表公言，绝无自身利益，却绝然承鞭策政府之责。

监督之方有二，其一曰抱持诚心，其二曰拾大舍小。抱持诚心云者，任公谓，报馆厉行监督，"非谓必事事而与政府为难也，教导与扑责，同时并行，而一皆以诚心出之，虽有顽童，终必有所感动，有所忌惮。此乃国家所以赖有报馆，而吾侪所以尽国民义务于万一也。"而拾大舍小云者，任公则谓，报馆之监督，"宜务其大者远者，勿务其小者近者。豺狼当道，安问狐狸；放饭不惩，乃辨齿决，苟非无识，其必有所规避取巧矣。某以为我同业者当纠政府之全局部，而不可挑得失于小吏一二人；当监督政府之大方针，而不必撊献替于小节一二事。苟不尔者，则其视献媚权贵之某报，亦百步与五十步耳"。

藉曰诚心终不足以移人，则又何遑暇问大小一二，乃所谓伐兵攻城之策宜其权也。试察任公之言有谓：以政府之隳堕敦坏不堪闻问者，"则无论何种良政策，皆不可向彼开口，一开口则弊余于利。故吾之意，谓国中凡有言责者，唯当剪除闲言，单刀直指，一味攻击恶政府而已。不此之致力，而日日言某事当办某事当办，皆所谓不知务也。所言当办之事而又偏于一隅，尤其不知务者也"①。此言之出，方在宣统二年（1910），时国会请愿屡挫，激进立宪党人痛国人万斛之血泪虚掷，乃转而谋革命。报馆攻击恶政府，亦此种情绪之映照，抑亦为报馆监督功能之极致也。

业报者未有监督政府之志意，是为旷废天职。古语云，天与不取，反受其咎，罪在个人，实不足齿数，而祸及社会，则其罪毋亦大乎！而业报者"苟认定此天职而实践之，则良政治必于是出焉"，诚如斯，而厥功其著，又孰与比哉！报馆监督与良政治之形成，关系至密，放之泰西诸国为然，揆诸中土其尤然者也。任公认为，"彼时中国百事未举，唯恃报馆为独一无二之政治监督，故政治之或进化，或堕落，其功罪尤专属诸报馆。用是恳恳然劝勉同业，矍然于一己地位如此其居要，责任如此其重大，切戒以文字为儿戏"②。

三 报馆应向导国民

壬寅年（1902），梁启超词锋所向，辄集于"新民"，日本学者狭间直树甚乃谓，"《新民丛报》也可以说是为了发表《新民说》而创办"③。

诚矣哉！"新民"一词固多见于《新民丛报》，然之于梁启超，毕其一生，无论之前，无论嗣后，其汲汲于国民性改造、国人之近代化，曾不馁志辍行。其于《论报馆有益于国事》中，既有俊识："阅报愈多者其人愈智；报馆愈多者其国愈强。"④ 其于《国风报叙例》中谓，国风之善恶，则攸系国运

---

① 梁启超：《与上海某某等报馆主笔书》（1911），《饮冰室合集·文集》之二十七，第五十二至五十三页，中华书局 2015 年版，第 2786—2787 页。
② 赖光临：《中国近代报人与报业》，台湾商务印书馆 1980 年版，第 220—221 页。
③ 清华大学国学研究院主编：《东亚近代文明史上的梁启超》，[日] 狭间直树主讲，张勇评议，上海人民出版社 2016 年版，第 74 页。
④ 梁启超：《论报馆有益于国事》（1896），载张之华主编《中国新闻事业史文选（公元 724 年—1995 年）》，中国人民大学出版社 1999 年版，第 19 页。

民命者甚大，以故"立言之宗旨，则仍在浚牖民智，薰陶民德，发扬民力，务使养成共和法制国国民之资格"①。其于《大中华发刊辞》则明其志："窃愿尽力所能逮，日有所贡献，以赞助吾国民从事个人事业社会事业者于万一。"②又于《大中华》所发表之《吾今后所以报国者》谓，"吾何以报国者？吾思之，吾重思之，吾犹有一莫大之天职焉。夫吾固人也，吾将讲求人之所以为人者而与吾人商榷之；吾固中国国民也，吾将讲求国民之所以为国民者而与吾国民商榷之"③。

新民之道不一端，繄报馆向导国民与有力焉，其涵养普罗大众，非学校之教育所能比，其救一时明一义，亦非藏山之作所能相埒。然则欲致此功，业报者必欲有"主观之所怀抱"，谓何？曰新民也，曰国民性改造也，曰国人之近代化也。梁所谓向导者，得亦在此。

时人论国事，每太息痛恨至于垂涕，唾骂诋斥官吏至于冲冠。任公宁有怨哉，然其别有新解："吾以为官吏之可责者固甚深，而吾国民之可责者亦复不浅。何也？彼官吏者，亦不过自民间来，而非别有一种族，与我国民渺不相属者也。故官吏由民间而生，犹果实从根干而出。树之甘者其果恒甘，树之苦者其果恒苦。使我国民而为良国民也，则任于其中签掣一人为官吏，其数必赢于良；我国民而为劣国民也，则任于其中慎择一人为官吏，其数必倚于劣。此事有必至，理有固然者也。久矣夫聚群盲不能成一离娄，聚群聋不能成一师旷，聚群怯不能成一乌获。以今日中国如此之人心风俗，即使日日购船炮，日日筑铁路，日日开矿物，日日习洋操，亦不过披绮绣于粪墙，镂龙虫于朽木，非直无成，丑又甚焉。"④ 梁启超又岂僴然矜高，抑或玩世嫉俗，其冀望于国民自省而已矣。

国民当省之病数端，曰奴性，曰愚昧，曰为我，曰好伪，曰怯懦，曰无动，此六者"经历夫数千余年年年之渐渍，莫或使然，若或使然；其传染蔓

① 梁启超：《国风报叙例》（1910），《梁启超全集》第八册，北京出版社1999年版，第2508页。
② 梁启超：《大中华发刊辞》（1915），《饮冰室合集·文集》之三十三，第九十页，中华书局2015年版，第3354页。
③ 梁启超：《吾今后所以报国者》，原刊于《大中华》1915年1月20日第1卷第1期，载夏晓虹编《梁启超文选》（上集），中国广播电视出版社1992年版，第187页。
④ 梁启超：《中国积弱溯源论》（1901），载夏晓虹编《梁启超文选》（上集），中国广播电视出版社1992年版，第70—71页。

延也，盘踞夫四百兆人人人之脑筋，甲也如是，乙也如是。万方一概，杜少陵所以悲吟；长此安穷，贾长沙能无流涕？呜呼！我同胞苟深思焉，猛省焉，必当憬然于前此致弱之故，有不能专科罪于当局诸人，又怵然于此后救弱之法，有不能专责望于当局诸人者"①。报馆欲向导国民者，其先著即在于拍惊堂而使国人憬然悟前此致弱之故。

若夫救弱之法，端在新民，而欲新一国之民，报馆必欲揭其义、明其理、开风气，梁启超不惮词费，呼复以呼："苟有新民，何患无新制度，无新政府，无新国家！非尔者，则虽今日变一法，明日易一人，东涂西抹，学步效颦，吾未见其能济也。"②任公自诘自答谓，中国言新法抑亦数十年，而效不睹者何？乃在于未尝留意新民之道者也。

而后乃今，报馆任事，端在导国民臻于觉醒若进化之途。何所由哉？"一曰，淬厉其所本有而新之；二曰，采补其所本无而新之。"③唯前者，以其独标一格，实能滋养吾民族主义，为立国之根本；唯后者，以其博取众长，俾以渥泽吾国家民人，为永祚之枢管。何所新焉？曰立公德，人人相善其群；曰知权利，天之所赋者绝不可夺；曰争自由，勿作古人、世俗、境遇、情欲之奴隶；曰履义务，其所付必与所得相适均；曰尚进取，顺天演界优胜劣败之律；曰取宏毅，立志高远，守死善道；曰重自尊，知耻而后发奋自强。唯报馆向导国民，绝非一蹴而能成，必也"先自识途至熟，择途至精，然后有以导人。否则若农父告项王以左，左乃陷大泽矣。又必审所导之人现时筋力之所能逮，循渐以进，使积跬步以致千里。否则若屈子梦登天魂，中道而无杭矣"④。故任公良叹，向导者，实乃报馆诸职之干，举之则亦最难。

夫监督政府、向导国民，任公常骈然并举，《敬告我同业诸君》既有具论，嗣后奎壁焕光亦时见颂言，谓如《与上海某某等报馆主笔书》云："全国言论界唯宜合全力以攻击现在之恶政府，使之虽欲恋栈以败坏国事而有所不

　① 梁启超：《中国积弱溯源论》（1901），载夏晓虹编《梁启超文选》（上集），中国广播电视出版社1992年版，第81页。
　② 梁启超：《新民说之论新民为今日中国第一急务》（1902），载摩罗、杨帆编选《太阳的朗照：梁启超国民性研究文选》，杨帆标点，复旦大学出版社2011年版，第183页。
　③ 梁启超：《新民说之释新民之义》（1902），载摩罗、杨帆编选《太阳的朗照：梁启超国民性研究文选》，杨帆标点，复旦大学出版社2011年版，第185页。
　④ 梁启超：《国风报叙例》（1910），《饮冰室合集·文集》之二十五上，第二十一页至第二十二页，中华书局2015年版，第2417—2418页。

能，一方面则以稳健之智识灌输国人，使之有组织善良政府之能力。"① 藉曰征诸报业发展之实，则"莫不曰将以忠告政府而指导社会"② 为目的。

抑耳目喉舌、监督政府、向导国民三者，虽不能掩取报馆功能之完全义蕴，然则偻数其荦荦大者，别择其急时务者，殆不诬也。

第二节 健全舆论之建构

"舆论"者，史乘所载，在在多有。《左传》记晋文公怀忧，乃听舆人之诵；又称子产不毁乡校，师之于舆言；《晋书》谏往讽时，述圣贤闻谤言听舆情之故事；《梁书》弘武帝美德，或素定怀抱或得之舆论。洎乎近代，世事遽变，居庙堂，处江湖，伊谁不以物议为重？王韬谓，夫圣若尧舜，犹且"博采舆论"③，岂直为市好谏之名，苟非如此，将何以措置咸宜；郑观应云，日报者，即古乡校之遗意也，可"明义理以伸公论"④；陈炽曰，秦并六国，变封建而为郡县，舞文法驭臣民，燔诗书愚黔首，偶语者弃市，腹诽者有诛，"后世人主，沿袭余波，虽苛政渐除，而舆情终抑"⑤；陈衍则例举欧美，"总统有演说之条，议院有宣言之例，朝载报纸，夕布四邻，将以验人心之顺逆，觇公论之可否焉"⑥；康有为数上书，称民言之可畏，"夫无事之时，虽勋旧之言不能入；有事之世，虽匹夫之言或可采"⑦。夥颐！如是之论，曷可竟述。

较之昔哲若时贤，梁启超阐绎舆论之说至备。

① 梁启超：《与上海某某等报馆主笔书》（1911），《饮冰室合集·文集》之二十七，第四十八页，中华书局 2015 年版，第 2782 页。

② 梁启超：《京报增刊国文祝辞》（1915），载汤志钧、汤仁泽编《梁启超全集》第九集，中国人民大学出版社 2018 年版，第 301 页。

③ 王韬：《论各省会城宜设新报馆》，载张之华主编《中国新闻事业史文选（公元 724 年—1995年）》，中国人民大学出版社 1999 年版，第 14 页。

④ 郑观应：《日报》下，转引自胡太春《中国近代新闻思想史》（增订本）（上卷），东方出版社 2015 年版，第 276 页。

⑤ 陈炽：《报馆》，载张之华主编《中国新闻事业史文选（公元 724 年—1995 年）》，中国人民大学出版社 1999 年版，第 10 页。

⑥ 陈衍：《论中国宜设洋文报馆》，载张之华主编《中国新闻事业史文选（公元 724 年—1995年）》，中国人民大学出版社 1999 年版，第 12 页。

⑦ 康有为：《上清帝第二书》，载汤志钧编《康有为政论集》，中华书局 1981 年版，第 136 页。

何谓舆论？梁启超畛畍之者有三，其一乃舆论主体，以为"舆论者，寻常人所见及者也"①，其蕃孕醴酵焕蔚而成"无形之势力，存在于国中无量数不知名之人之身中者也"②，向之编氓士夫借能人人而识我之贡献于势力者不可或缺，则人人皆为政治主体，势将矗然而于族民资格蛹化为市民资格，瞠然而于臣民之身转被国民之名。其二乃主体规模，必谓"无量数"，必谓多数人意见，"少数人所表意见，不成为舆论"③。以此之故，任公惩曰："当舆论之未起也，毋曰吾一人之意见，未必足以动天下，姑默尔而息也，举国中人人如此，则舆论永无能起之时矣；当舆论之渐昌也，毋曰和之者已不乏人，不必以吾一人为轻重，姑坐观成败也，举国中人人如此，则舆论永无能成之时矣。"④ 其三乃公表于外，"虽多数人怀抱此意见而不公表之，仍不成为舆论"⑤。梁启超尝举立宪国所谓政治教育，谓其"常务尊重人人独立之意见，而导之使堂堂正正以公表于外"⑥。之三者不可缺一，人"或私尤窃叹，对于二三同志，互吐其胸臆，或于报纸上，以个人之资格，发为言论，谓其非一种之意思表示焉，不得也。然表示之也以个人，不能代舆论而认其价值"⑦。

尔其舆论之形成，自有道本。梁启超曰："凡能成为舆论者，必其论之衷于正理而适于时势者也。"⑧ 芸芸众生，悠悠万事，"苟非正当之事理而适合于时势者，必不能为舆论之所归，虽弄诡辩以鼓吹之，一时风起水涌，不旋

---

① 梁启超：《舆论之母与舆论之仆》，原刊于《新民丛报》1902 年 2 月 8 日第 1 号，载夏晓虹编《梁启超文选》（上集），中国广播电视出版社 1992 年版，第 241 页。
② 梁启超：《读十月初三日上谕感言》（1910），《饮冰室合集·文集》之二十五（上），第一百四十六页，中华书局 2015 年版，第 2542 页。
③ 梁启超：《读十月初三日上谕感言》（1910），《饮冰室合集·文集》之二十五（上），第一百四十六页，中华书局 2015 年版，第 2542 页。
④ 梁启超：《读十月初三日上谕感言》（1910），《饮冰室合集·文集》之二十五（上），第一百四十六页，中华书局 2015 年版，第 2542 页。
⑤ 梁启超：《读十月初三日上谕感言》（1910），《饮冰室合集·文集》之二十五（上），第一百四十六页，中华书局 2015 年版，第 2542 页。
⑥ 梁启超：《读十月初三日上谕感言》（1910），《饮冰室合集·文集》之二十五（上），第一百四十六页，中华书局 2015 年版，第 2542 页。
⑦ 梁启超：《政闻社宣言书》（1907），载张枬、王忍之编《辛亥革命前十年间时论选集》第二卷下册，生活·读书·新知三联书店 1963 年版，第 1058 页。
⑧ 梁启超：《读十月初三日上谕感言》（1910），《饮冰室合集·文集》之二十五（上），第一百四十五页，中华书局 2015 年版，第 2541 页。

踵且将息灭"①。翻言之,若事理至当,合于时势,则虽少数人为之倡,则虽初闻者掩耳噤声,避趋未恐不及,然积以时日,必蔚为大观,即席势怙权者亦莫之敢犯。"故舆论之为物,起乎至微,而终乎不可御者也。"②

舆论其为天地间无形之势力,至大无畴。譬若政治,"必藉舆论之拥护而始能存立,岂唯立宪政体,即专制政体亦有然,所异者,则专制政体之舆论,为消极的服从,立宪政体之舆论,为积极的发动而已"③。积极舆论俾国之进步不俟言,而专制政府,虽欲撄积极舆论之锋,则未或不败绩失据。譬若立宪政治,"质言之则舆论政治而已"④,凡所谓地方或中央自治诸机关,谓如咨议局、资政院、国会等,何莫而非舆论之返照,而在彼时预备立宪政体下,"即政府大臣以至一切官吏……则无论若何强干,若何腐败,终不能显违祖训,而故与舆论相抗",若其欲明拒而阴挠之,亦唯得行于未成舆论时,舆论一成,则虽有雷霆万钧之威,亦敛而莫敢发。

梁启超深谙个中滋味,尝于丙午年(1906)移书徐佛苏谋立宪事,谓若执钧而俊秀者终无可图,"则不如仍从民间,一积势力……若得舆论一途,成一庞大之势力,则上部之动,亦非难耳"⑤。是可谓梁氏躬行舆论在民若舆论功能思想所可征验之者也。民国年间,更以舆论之说诱吴佩孚:"野战炮机关枪之威力,可以量可以测者也,其不可量不可测者,乃在舆论之空气。空气之为物,若至弱而易侮,及其积之厚而扇之急,顺焉者乘之以瞬息千里,逆焉者则木可拔而屋可发,虽有贲获,莫能御也。舆论之性质,正有类于是。"⑥时天下属望于洛阳,而任公端以殷忧相启焉。

① 梁启超:《读十月初三日上谕感言(1910)》,《饮冰室合集·文集》之二十五(上),第一百四十五页,中华书局2015年版,第2541页。

② 梁启超:《读十月初三日上谕感言》(1910),《饮冰室合集·文集》之二十五(上),第一百四十五页,中华书局2015年版,第2541页。

③ 梁启超:《读十月初三日上谕感言》(1910),《饮冰室合集·文集》之二十五(上),第一百四十五页,中华书局2015年版,第2541页。

④ 梁启超:《〈国风报〉叙例》(1910),《饮冰室合集·文集》之二十五(上),第十九页,中华书局2015年版,第2415页。本节内以下引文未加标注者,皆出自梁启超《〈国风报〉叙例》,不另注,特此说明。

⑤ 梁启超:《与佛苏我兄书》(1906),载丁文江、赵丰田编《梁启超年谱长编》,世纪出版集团上海人民出版社2009年版,第238页。

⑥ 梁启超:《致吴子玉书》(1921),《饮冰室合集·文集》之三十六,第七十页,中华书局2015年版,第3500页。

舆论之为重于世事，昭昭然若彼，然绝非徒以戴舆论之名而足贵，"盖以瞽相瞽，无补于颠仆；以狂监狂，只益其号呶。俗论妄论之误人国，中外古今，数见不鲜矣"。德国哲学家黑格尔亦尝云："在公共舆论中真理发现和无穷错误直接混杂在一起。"① 用是，非以舆论而足贵，而贵其健全。"夫健全舆论云者，多数人之意思结合，而有统一性继续性者也。非多数意思结合，不足以名舆论，非统一继续，不足以名健全。"

健全之舆论，无论何种政体，皆所履尚，"而立宪政体相需尤殷者，则以专制时代之舆论，不过立于辅助之地位，虽稍庞杂而不为害，立宪时代之舆论，常立于主动之地位，一有不当而影响直波及于国家耳"。诇往鉴今，斯知构建健全舆论关乎政治进步，莫此为甚。

健全之舆论何若？梁启超以为"当视其舆论之是否正当是否适应"②。欲造成正当适应之舆论，则必且以五者为本。

一曰常识。任公解云："谓普通学识人人所必当知者也。"

梁启超关注国民常识教育久也夫，早自《新民丛报》创刊时，即欲"稍从灌输常识入手"③，既而盛赞英国人"其守纪律、循秩序之念最厚，其常识Common Sense 最富，常不肯为无谋之躁妄举动"④。宣统二年十一月，任公有发起国民常识学会之议，尝致书林献堂述其旨意："弟一年来苦思力索，窃谓为祖国起衰救敝计，舍此莫由。即以台湾诸昆弟论，若能得数百人入此学会，获此常识，则将来一线生机，即于是焉系。鄙人不敏，将并两年之日力，殚精以治之，报国之诚，将专注于此矣。"⑤ 民元返国创《庸言》杂志，其释"庸"字，殊忠于常识之绍介。民九欧游归来，任公疏瀹乃心，澡雪精神，抑犹不忘谆谆教人："做人要有做人的常识，做国民要有做国民的常识。"⑥ 梁启超

---

① ［德］黑格尔：《法哲学原理》，范扬、张企泰译，商务印书馆1996年版，第333页。

② 梁启超：《政治之基础与言论家之指针》（1915），《饮冰室合集·文集》之三十三，第三十三至三十四页，中华书局2015年版，第3297—3298页。

③ 梁启超：《莅报界欢迎会演说辞》（1912），载张嘉森、蓝公武辑《梁任公先生演说集》第一辑，正蒙印书局1912年版，第15页。

④ 梁启超：《就优胜劣败之理以证新民之结果而论及取法之所宜》，《新民丛报》1902年第2号。

⑤ 梁启超：《致林献堂函》（1911），载许俊雅编注《梁启超与林献堂往来书札》，台湾万卷楼图书股份有限公司2007年版，第76—77页。

⑥ 梁启超：《读书法》，《清华周刊》1923年第288期之"书报介绍副镌"。

劝人也急疾，律己也苛严，其曾致书万木同学麦孟华云："今之时势与古异，古之管、葛莫不具有时代之常识，欲为今之管、葛，而于今时之常识有一不具得乎？吾辈自问则何如，若至待其时至然后学之，安有此事。"至其所期又在"会通古今中外，而成前古未有之学术"，则任公对于自身"常识"修习悬的之高，于此可见一斑。① 无量数人，若均怀常识，并阻之以发言持论，方造不可胜以待敌之可胜之势，"而不然者，则其质至脆而易破。苟利害之数，本已较然甚明，无复辨难之余地。而欲陈无根之义以自张其军，则人或折以共信之学理，或驳以反对之事例，斯顷刻成齑粉矣。此坐常识之不足也"。构建健全之舆论，常识须臾不可离，信哉！

二曰真诚。任公引传语谓："至诚而不动者未之有也。不诚未有能动者也。"梁启超性笃诚，且积之岁年益恳挚，其动天下之舆论，靡不以兹。

梁氏视严复并于父师。光绪二十三年（1897）二月间，侯官函商《古议院考》，并宛劝曰："毫厘之差，流入众生识田，将成千里之谬。"② 以严氏学问之严谨，恐谬种流传也；又微讽云："苟所学自今以往继续光明，则视今之言必多可悔。"③ 以幼陵之老成持重，恐言无尊信也。梁氏戴公度，自比附于平生风谊。光绪三十年（1904）七月，亦即黄遵宪逝世前一年，梁游美洲归来，政治主张遽变，黄忍死指瑕："公之所唱，未为不善，然往往逞口舌之锋，造极端之论，使一时风靡而不可收拾，此则公聪明太高，才名太盛之误也。"④ 以嘉应阅历之富，恐其出言轻而视事易耳。严氏博学，黄氏锐敏，二贤识人，鞭辟近里，诚矣哉！梁启超常自诵以今日之我难昔日之我，其辞色、风旨与严、黄肯綮之论隐合，固其然也，然则，梁启超亦恒以椎轮土阶之言自恕，辄"不复自束，徒纵其笔端之所至，以求振动已冻之脑官"⑤。虽为自恕，抑亦见其真性情。士者三五辞章，或可奎章振藻，若毕其一生能动人心，毋宁

---

① 参见夏晓虹《梁启超：在政治与学术之间》，东方出版社 2014 年版，第 246 页。

② 梁启超：《与严幼陵先生书》（1897），《饮冰室合集·文集》之一，第一百零七页，中华书局 2015 年版，第 107 页。

③ 梁启超：《与严幼陵先生书》（1897），《饮冰室合集·文集》之一，第一百零七页，中华书局 2015 年版，第 107 页。

④ 黄遵宪：《与饮冰主人书》，载丁文江、赵丰田编《梁启超年谱长编》，世纪出版集团上海人民出版社 2009 年版，第 222 页。

⑤ 梁启超：《与严幼陵先生书》（1897），《饮冰室合集·文集》之一，第一百零八页，中华书局 2015 年版，第 108 页。

曰真诚使然。梁氏推己及人，曾以真诚撼天下，亦以真诚勖兆民："夫舆论者，非能以一二人而成立者也，必赖多人。而多人又非威劫势胁以结集者也，而各凭其良知之所信者而发表之。必多数人诚见其如是，诚欲其如是，然后舆论乃生。故虚伪之舆论，未有能存在者也。"梁之所谓诚者，凡以国家利害为鹄，虽人言言殊，唯言之成理持之有故，则无不可，其与怀挟私计蛊惑人心者，渺不相涉。

三曰直道。梁氏铿然谓，健全舆论必恃众人"有柔亦不茹刚亦不吐不侮鳏寡不畏强御之精神"。

公益、公权与公德亏衄之顷，即为舆论所起之时。国家贵乎有舆论者，贵乎其能致福祉，可捍患害，但"有不利于国民者，则去之当如鹰鹯之逐鸟雀也"。若天下徒然哓哓空论，"未尝示决心以期其实行，此种方式之表示，虽谓其未尝表示焉可也"①。唯人性葸懦，或夙有主张，尝如夏蝉之沸羹，顾秋风倏至，又曾不能一鸣，梁启超哂之为腹诽；或如墙头草木，无俟劲风摧挫，既而卑躬唯唯，其所吐纳，梁启超讥之为妖言。噫！国之有待于强项甚也，而天不丧斯文若勇毅，固使磊落蹭蹬之士为禹域所托命者，岂不幸也哉，岂不幸也哉。

回溯任公履业，其人格殊为彪炳者，怠投身护国战争。方袁世凯拒谏饰非、帝制自为时，任公联袂冯国璋诣新华宫面折之。筹安会起，复辟气焰熏蒸，噍类钳口。梁与蔡锷相对而叹："以吾侪恬淡坦率之性，杂于虎豹蛇蝎中，而日与为缘，虽烂额焦头，于事何济，而痛苦亦至不克任。今大敌未去，大事百未一就，而恶象已见端矣，有时独居深念，几欲决然舍去，还我书呆子生涯。然曾文正有言，以忠义劝人，而以苟且自全，则魂魄犹有余羞。每念斯言，又复汗出如浆耳。"②乃攘袖，属《异哉所谓国体问题者》，发伏摘奸、诋斥顽悖，闾阎复闻偶语之声。袁使人威怵之："君亡命已十余年，此种况味，亦既饱尝，何必更自苦！"③梁则笑答，亡命孰与苟活愈？未几，蔡锷通电，任公间关，仅数阅月，洪宪屋社。袁世凯稔恶自毙，固有貔貅之师，

---

① 梁启超：《政闻社宣言书》（1907），载张枬、王忍之编《辛亥革命前十年间时论选集》第二卷下册，生活·读书·新知三联书店1963年版，第1058页。

② 刘太希：《记梁任公》，载夏晓虹编《追忆梁启超》，中国广播电视出版社1997年版，第334页。

③ 梁启超：《国体战争躬历谈》（1916），《饮冰室合集·专集》之三十三，第一百四十三页，中华书局2015年版，第6751页。

鸣橑前驱以挫敌锐之劳，而舆论启扃镉苏民心，挽共和于阽危之功，恶可比哉！然初无直道如任公者流，反袁护国之舆论，将奚成之，国之危迫又将伊于何底！

四曰公心。梁启超训之谓："凡人类之智德，非能完全者也。虽甚美其中必有恶者存，虽甚恶其中必有美者存。故必无辟于其所好恶，然后天下之真是非乃可见。"

舆论所触及，公是公非，本诸客观，依乎公正。是则须戒两弊，即或挟党派之思，自竖樊篱，引绳批根，凡不合于己者，具深文以排挤；或以国民利益为名号，概与政府相反对，曾不问是非曲直，前因后果，"此皆非以沽名，即以快意，而于舆论之性质，举无当也"。

梁启超尝于《立宪政体与政治道德》一文云，若执政者心目中，本无国家、国民之恤念，其所误国病民之咎，不在措施失宜，而在行谊之负慝。郑观应亦尝于《盛世危言》说吏治，以为公私之防，只在几微念虑之间，一涉瞻徇，即为负国溺职。政治道德其核心要义即在天下为公，而舆论映照政治，若无公心，得可行乎？曩者维新党人势盛，任公倡破坏，虽师友笑为好名，羌无于悔，其执卢梭、孟德斯鸠之为公也。北美归来，忽梦俄罗斯，论者又谓干誉，则略无摇曳其志，其以考察共和之弊为公也。出于公心，不为党派思想所羁，不为过往理念所縻，任公行迹所征、言文所明者也。"吾所谓与舆论挑战者，自今以往，有以主义相辨难者，苟持之有故，言之成理，吾乐相与赏之析之；若夫轧轹嫚骂之言，吾固断不以加诸人，其有加诸我者，亦直受之而已。"①

五曰节制。舆论贵乎多数人意见，然又尚节制，所以然者，任公释云："其所积之分量愈大，则其热狂之度愈增。百犬吠声，聚蚊成雷，其涌起也若潮，其飙散也若雾。而当其热度最高之际，则其所演之幻象噩梦，往往出于提倡者意计之外，甚或与之相反。"

舆论之病征，端在于脱离理性之轨，违逆时势之机，而唯依情感所从事，如疾行之轸，隳突乎南北，号呶乎东西，欲其不覆，恶可得乎。乃如戊戌变法，自诏定国是，露布飞传，喁喁向风者，闻之即喜，鸱得腐鼠者，睨之而

① 梁启超：《答和事人》（1902），载丁文江、赵丰田编《梁启超年谱长编》，世纪出版集团上海人民出版社 2009 年版，第 219 页。

吓，然终以不合于事机，而黄钟毁弃，瓦釜雷鸣，后人唏嘘之而已矣。乃如慈禧、载漪、载勋曹辈，恶光绪已极，不惜以民气可用，煽惑拳团构乱，终致列强思启，乘舆播荡，酿恶而自食。事至于斯，究其责，则实由提倡者阶之。或谓大清之亡，不亡于外侮，不亡于革党，而亡于康、梁，触望于康、梁之情急也；或谓西后之丑类恶物，为立储废帝，庶几陷神州于陆沉，诋斥其祸国之剧烈也。以是梁启超云，舆论"盖不导之以真理，而唯务拨之以感情，迎合佻浅之性，故作偏至之论。作始虽简，将毕乃巨，其发之而不能收，固其所也"。梁氏方为历史之缩影若见证者，是言固为勉人之语，亦自赎者，容不诬也！

常识、真诚、直道、公心、节制，为健全舆论之本，而具论其功效，则又有别焉。前三者乃结合众议之具，苟无之，则失舆论统一、持续、有力之根柢；后二者可谓之总辔，所谓骊牡异力，而六辔如琴，并驾齐驱，而一毂统辐，其疾行未有不健者也。"苟缺后二者，则舆论未始不可以发生也。非唯可以发生，或且一时极盛大焉。然用褊心与恃客气，为道皆不可以持久，故其性质不能继续，不转瞬而灰飞烟灭。而当其盛大之时，则往往破坏秩序，横生枝节，以贻目前或他日之忧。如是则舆论不为国家之福而反为病。"一言以蔽之，"欲舆论发生效力，第一，当求有价值；第二，当求一致"[1]。秉持公心，节制客气，非有直道，庸可底成。然则虽戛戛乎其难，必摩其义，践其行，以促健全舆论之生，此任公作"多数政治试验"[2] 所昧昧思之者。

第三节　舆论主导权

梁启超所著《舆论之母与舆论之仆》，乃其英雄史观视域下，论述舆论主导权之重要文献。

《舆论之母与舆论之仆》开篇设问，所谓豪杰者，迥异于常人，端在于其

---

[1]　梁启超：《关于欧洲和会问题我舆论之商榷》（1918），载夏晓虹辑《饮冰室合集·集外文》（中册），北京大学出版社 2005 年版，第 796 页。

[2]　梁启超：《多数政治之试验》（1913），《饮冰室合集·文集》之三十，第三十六页，中华书局 2015 年版，第 3052 页。

所见及、所践行，超迈不旅，恒与舆论相暌隔。虽然，凡悖舆论而设施，无不败衄，此滔滔者，天下皆是。独豪杰，征诸远古，揆诸现世，其能烂然留名于青史，则何以故？梁启超引赫胥黎、约翰·摩礼论驳格兰斯顿，姑以答之。赫胥黎尝谓，格兰斯顿固为欧洲巨智者，然其不过从国民多数之意见，因舆论以展其智力而已。格兰斯顿第一亲交、英国自由党名士约翰·摩礼深不以为然，"格公者，非舆论之仆，而舆论之母也。格公常言：大政治家不可不洞察时势之真相，唤起应时之舆论，而指导之，以实行我政策。此实格公一生立功成业之不二法门也。盖格公每欲建一策行一事，必先造舆论，其事事假借舆论之力，固不诬也；但其所假借之舆论，即其所创造者而已"①。明矣哉，格兰斯顿既为舆论之仆，亦为舆论之母。

进而，梁启超以格兰斯顿为例，阐绎豪杰处舆论之道："世界愈文明，则豪杰与舆论愈不能相离。然则欲为豪杰者如之何？曰：其始也，当为舆论之敌；其继也，当为舆论之母；其终也，当为舆论之仆。敌舆论者，破坏时代之事业也；母舆论者，过渡时代之事业也；仆舆论者，成立时代之事业也。非大勇不能为敌，非大智不能为母，非大仁不能为仆，具此三德，斯为完人。"②豪杰固须秉大勇大智大仁之德，顾其与舆论之始也之继也之终也，宁改其主导舆论之初心乎？抑唯逞其主导舆论之志，方成其不世之伟业。

梁之英雄史观，冲破"王侯将相"史论窠臼，认为凡能推动文明孟晋、历史演递，鞠为英雄。凡英雄，乌有不兴作舆论、不运用舆论，若鸟之凌风，虎之凭势，酬其志而后已，"殊不知今日世界之竞争，不在国家而在国民，殊不知泰西诸国所以能化畛域、除故习、布新宪、致富强者，其机恒发自下而非发自上，而求其此机之何以能发，则必有一二先觉有大力者，从而导其辕而鼓其锋，风气既成，然后因而用之，未有不能济者也"③。英雄之成功，岂有侥幸耶？

舆论主导权绝非天与，争之则有，不争则无。梁启超以专制政体与立宪

---

① 梁启超：《舆论之母与舆论之仆》（1902），载夏晓虹编《梁启超文选》（上集），中国广播电视出版社 1992 年版，第 241 页。

② 梁启超：《舆论之母与舆论之仆》（1902），载夏晓虹编《梁启超文选》（上集），中国广播电视出版社 1992 年版，第 242 页。

③ 梁启超：《李鸿章传》（1901），海南出版社 2001 年版，第 87 页。

政体递嬗为喻，谓"自古未有舆论不为积极的发动，而能进其国于立宪者"①。任公平生职志者，即于立宪，其所竭蹶从事者，即在争舆论之主导权。若爬梳其事迹，殆有四者可缕述焉。

一为鼓铸国家形象而争舆论主导权。

鸦片一役后，国门洞开，西人纷至沓来，或传教，或经商，所凭借者，即有办报一项，尔来以迄戊戌变法，自我天覆，云之油油，何莫而非西人之报，天听自外报，民视自西人。然则，"外报之目的，为传教与通商而宣传，其为一己谋便利，夫何待言。当时教士与关吏，深入内地，调查风土人情，探刺机密，以供其国人之参考。故彼等之言，足以左右外人舆论与其政府之外交方策，而彼等直接间接与报纸均有关系。初外报对于中国，尚知尊重，不敢妄加评议。及经几度战事，窘象毕露，言论乃肆无忌惮。挑衅饰非，淆乱听闻，无恶不作矣"②。

外报流弊，庸可罄述，识者亦慨乎言之，或且身体力行以矫正之。王韬尝云，日本明治维新，效法西人而倡行西字日报，堪可借镜。乃西人既于中国设报，扑风捉影，诬枉构煽，俾"未到中国之西人从而疑我中国"，吾禹服盍设报馆或通讯社于泰西，纠谬宣威，"以感远人之心，归而向我"③？抑且吾国人之高见远识，可移译而"刊入泰西邮报，庶知我中国人材其谋略固有高出寻常万万者，非亦柔服远人之一道哉"④。若夫国内业报者，"主笔之士虽系华人，而开设新闻馆者仍系西士，其措词命意，未免径庭，即或扬厉铺张，尊行自负，顾往往详于中而略于外，此皆由未能合中外为一手也。欲矫其弊，则莫如由我华人日报始"⑤。厥创《循环日报》，博采群言，兼收并蓄，争舆论之先机。

中国首位留美学生容闳同治十三年（1874）创办《汇报》，其社论鲠言："本局为中华日报，自宜求有益于华之事而言之，故于有裨中国者，无不直

---

① 梁启超：《读十月初三日上谕感言》（1910），《饮冰室合集·文集》之二十五（上），第一百四十五页，中华书局 2015 年版，第 2541 页。

② 戈公振：《中国报学史》，岳麓书社 2011 年版，第 94 页。

③ 王韬：《本馆日报略论》，转引自袁新洁《近现代报刊"文人论政"传统研究》，江西人民出版社 2009 年版，第 36 页。

④ 王韬：《倡设日报小引》，转引自夏良才《王韬的近代舆论意识和〈循环日报〉的创办》，《历史研究》1990 年第 2 期。

⑤ 王韬：《倡设日报小引》，转引自夏良才《王韬的近代舆论意识和〈循环日报〉的创办》，《历史研究》1990 年第 2 期。

陈，而不必为西人讳。"① 郑观应尝沥陈，清廷视办报为禁脔，宁使国人"掩聪塞明，钳口结舌，坐使敌国怀觊觎之志，外人操笔削之权，泰然自安，庞然自大，施施然甘受他人之陵侮也"②。唯国人自办报后，若遇交涉不平，据理与争，方可与天下共评曲直。渠犹建请沿海各省办报，"概用华人秉笔，而西人报馆只准用西字"③，以限制外人办报。陈炽疾呼，西人报馆毋须再出华字报章，否则按月缴捐，且派人查阅，此事固属中国自主之权。且谓浅识者辄以西报鄙夷中国，而痛绝其事，深恶其人，"而不知桀犬吠尧，各为其主，国之利器，不可假人"④。陈衍则谋之曰，今若开设洋文报馆，向之西人欺吾中国者，悉一驳诘，举凡中外时务，广为论说，备筹整顿之法，则"此等报纸，散布五大洲，令西人见之，知中国实有自强之策，我以何著往，彼何著应，必将咋舌色变"⑤。

彼时，中国有识之士，类主自办报纸，尤张创设外文日报，"主要目的，在求'挽回欧洲之人心'。直接作用，则在对错误或别具用心的报道，能'纠其谬而正其讹，然后事理不致于乖错，即可泯猜贰于无形'。并使'公是公非灿然大备于天下'"⑥。

诸贤呼之于前，任公应之于后，其称报纸有益于人国者，"谓其建一议发一策，能使本国为重于世界，四邻咸知吾国论所在而莫敢余侮"⑦，且能"叱咤英俄，鞭笞欧美，振我夏声，昌我华种"⑧ 云云。其于夷人之新闻纸则径斥云："不论理之是非，事之曲直，唯以谩骂为得计。"⑨ 然稽之国人办报，其

---

① 此为 1874 年 8 月 25 日社论《译辩字林报》，转引自方汉奇《中国近代报刊史》（上），山西人民出版社 1981 年版，第 64 页。

② 夏东元编：《郑观应集》（上册），上海人民出版社 1982 年版，第 348 页。

③ 郑观应：《盛世危言》，辽宁人民出版社 1994 年版，第 106 页。

④ 陈炽：《报馆》，载张之华主编《中国新闻事业史文选（公元 724 年—1995 年）》，中国人民大学出版社 1999 年版，第 11 页。

⑤ 陈衍：《论中国宜设洋文报馆》，载张之华主编《中国新闻事业史文选（公元 724 年—1995 年）》，中国人民大学出版社 1999 年版，第 12 页。

⑥ 赖光临：《新闻史》，（台北）允晨文化实业股份有限公司 1984 年版，第 57 页。

⑦ 梁启超：《京报增刊国文祝辞》（1915），《饮冰室合集·文集》之三十三，第七十八至七十九页，中华书局 2015 年版，第 3342—3343 页。

⑧ 梁启超：《论中国之将强》（1897），转引自刘兴豪《报刊舆论与近代中国政治》，中央编译出版社 2011 年版，第 275 页。

⑨ 引文出自《时务报》1897 年第 18 期编者按，转引自方汉奇《中国近代报刊史》（上），山西人民出版社 1981 年版，第 38 页。

效若何，唯唱且叹已耳。唱叹之无以瘳病，又唯自励而已："嗟夫！中国邸报兴于西报未行以前，然历数百年未一推广。商岸肇辟，踵事滋多，劝百讽一，裨补盖寡，横流益急，晦盲依然，喉舌不通，病及心腹。虽蚊虻之力，无取负山，而精禽之心，未忘填海。上循不非大夫之义，下附庶人市谏之条，私怀救火弗趋之愚，迫为大声疾呼之举。"① 乃创《时务报》，通议变法，张扬维新，搅动舆论风潮，于个人则尽漆室葵忧，于邦国则庶几造一线生机。斯情斯景，即英国传教士李提摩太亦颇为震诧："作为改革派的喉舌，报纸一开始就取得了极大成功，在从南到北的整个帝国激起了维新思潮的涟漪。……甚至湖南省，曾因它对基督教的卑鄙下流的诽谤而使帝国蒙羞，也在 1897 年邀请梁启超到长沙担任一所改革派开办的学院的院长。"② 中国士夫关心国事，实亦为老大帝国千年未遇之变局，尧舜遗裔所萌动之维新要求，方形塑若传递新国家形象于薄海瀛寰。

自《时务报》始，国人自办报纸如雨后春笋，"报馆之盛为四千年来未有之事"③，即此外报垄断中国新闻、舆论之固有格局，瓦破矣。

二为推进思想传播而争舆论主导权。

梁启超深味报纸之于社会之精神引领作用，"谓其能指陈利害，先乎多数人所未及察者而警告之也；谓其能矫正偏颇之俗论，而纳诸轨物也"④。夷考任公行迹，其为近代启蒙思想家，殆于磨砺思想锋锷、争夺话语权，初不馁志中辍，而日就月将，渐实其名。任公所争竞者，其一与守旧者争，以促维新思想之播越，其二与激进者争，用扬立宪思想之大纛。

守旧者或为顽固派，或为清流党，会维新思想若春水滋涨冲决旷荡，王先谦、叶德辉等人，即诋訾《时务报》所谓背叛君父，诬及经传，若"狂澜不挽，将有滔天之忧"⑤。而同为《时务报》创办人，梁启超与汪康年本共志趋，奋呼

---

① 梁启超：《论报馆有益于国事》（1896），《饮冰室合集·文集》之一，第一百零三页，中华书局 2015 年版，第 103 页。

② ［英］李提摩太：《亲历晚清四十五年》，李宪堂、侯林莉译，人民出版社 2011 年版，第 245 页。

③ 刘兴豪：《报刊舆论与近代中国政治》，中央编译出版社 2011 年版，第 274 页；原引自 1898 年 9 月 20 日《中外日报》。

④ 梁启超：《京报增刊国文祝辞》（1915），《饮冰室合集·文集》之三十三，第七十八页，中华书局 2015 年版，第 3342 页。

⑤ 《湘省学约》，《翼教丛编》卷五，1898 年武昌重刻本，转引自方汉奇主编《中国新闻事业通史》（第 1 卷），中国人民大学出版社 1992 年版，第 381 页。

变法，顾不期然而相与龃龉，终至分携，究其要，繫舆论主导权之争。

湖广总督张之洞戴清流美名，狃于洋务故辙，初备极推崇《时务报》，迨任公切责倭仁误人家国，攻诘纪昀汉学罪魁，乃意度稍乖，授意亲信致书汪康年："以后文字，真要小心。"① 汪康年尝僚佐张之洞，一旦闻命，乃戢其锋敛其迹，嫉康、梁之心生焉。而张之洞揆度情势，决欲曳梁入其范围，蓄为私人，即纡尊函邀："甚盼卓老中秋前后来鄂一游，有要事奉商。"② 所谓要事，即以辟任鄂事而羁縻之，俾其无缘再染指"时务"。不谓任公固辞，执志撰述事业。然自此之后，汪康年僭越报馆经理职分，或修改、删削梁文，或停发康党言论，任公愤甚："启超之学，实无一字不出于南海。前者变法之议（此虽天下人之公言，然弟之所以得闻此者，实由南海）未能征引（去年之不引者，以报之未销耳），已极不安。日为掠美之事，弟其何以为人？弟之为南海门人，天下所共闻矣。若以为见一康字，则随手丢去也，则见一梁字，其恶之亦当如是矣。"③ 戊戌年二月，梁启超方抱病由长沙回沪，倚装寓书云："弟文虽劣下，而作文亦尚非难事，所以屡怂期无以应命者，窃以为汪氏一人一家所开之生意，每月以百数十元雇我作若干文字，实所不甘耳！既如此，便当早思辞职。"④ 梁、汪枘凿，及至于"私书往还，相呼以贼"⑤。梁启超既见排挤，而后乃今，《时务报》风尚丕变，大不餍人望。之阋墙，"盖自海内闳达，叩胸扼腕，争主维新以来，未有若此事之伤心短气者也"⑥。

《时务报》内讧，绝非梁、汪恃客气而争，亦绝非双方直为权、利而争，乃汪所衔命之守旧主张，与梁所代表之维新思想之争。

若夫乙巳至丁未（1905—1907），《新民丛报》与《民报》之间，立宪派

---

① 梁鼎芬：《致汪康年书》，载上海图书馆编《汪康年师友书札》（2），上海书店出版社 2017 年版，第 1729 页。

② 张之洞：《致穰卿、卓如函》，载上海图书馆编《汪康年师友书札》（2），上海古籍出版社 1986 年版，第 1672 页。

③ 梁启超：《复颂兄书》（1897），载丁文江、赵丰田编《梁启超年谱长编》，世纪出版集团上海人民出版社 2009 年版，第 65 页。

④ 梁启超：《致汪康年书》（1897），载丁文江、赵丰田编《梁启超年谱长编》，世纪出版集团上海人民出版社 2009 年版，第 67 页。

⑤ 严复：《〈时务报〉各告白书后》，《国闻报》1898 年 8 月 26 日，转引自王天根《晚清报刊与维新舆论建构》，合肥工业大学出版社 2008 年版，第 179 页。

⑥ 严复：《〈时务报〉各告白书后》，《国闻报》1898 年 8 月 26 日，转引自王天根《晚清报刊与维新舆论建构》，合肥工业大学出版社 2008 年版，第 179 页。

与同盟会之间，梁启超与汪精卫等革命党人之间，其笔墨交绥，堪称世纪论战。

壬寅年（1902）春，康有为发出《答南北美洲诸华商论中国只可行立宪不可行革命书》《与同学诸子梁启超等论印度亡国由于各省自立书》两封公开信，不啻吹响君宪论号角。岁次癸卯，立宪与革命思想公开且加速分化，梁启超游美归来，"排满""破坏"梦醒，而大有遽遽然周之概，乃极尽鼓吹立宪之能事。洎乎乙巳，同盟会兴，职志驱除鞑虏建立民国。斯之为纲领，给革命党人以前所未有之犀利武器。① 汪精卫命楮，"提倡国民主义，以一民族为一国，鼓吹排满；对康梁之排斥民族主义，暨梁引伯伦知理、波伦哈克二氏学说，谓中国国民无立国资格，均予驳斥"②；陈天华摛笔，"颂扬共和，力言我国民资格，不亚于条顿、大和诸族；欧美可以行民主，中国亦可行民主"③。梁启超则作《开明专制论》力折之，即中国今日万不能行共和立宪；中国今日尚未能行君主立宪；中国今日当以开明专制为立宪制之预备。如此，立宪思想与革命思想更端往复亘数年，咸欲执舆论之牛耳。然则《民报》创刊后，颇受广大读者欢迎，至第四号，即行销至万份，至第七号，又销至一万七千份。激进革命青年蔼蔼然，悉为《民报》所吸引。④ 革命党势力益张，甚至梁启超亦忧其为腹心大患。

此次论争，方当中国由数千年封建专制跨入近代民主政体之际，走何道路，以何速度，所关国运者甚巨，用是论战甫始，双方即见决战姿态，发表文章之多，涉及领域之广，别择畛域之严，相与驳诘之烈，实自中国有舆论以来所未见。尔后，梁启超尝深自躬省："今兹革军之奏奇功，得诸兵力者仅十之三，得之言论鼓吹者乃十之七。"⑤ 其贵舆论之为用，莫此是愈。

梁启超两度争锋舆论，金未犁然当于其心，虽然，其主导舆论推进思想传播之志意，则昭昭然明矣。

三为裨助政治博弈而争舆论主导权。

---

① 汤志钧：《戊戌变法史》（修订版），上海社会科学院出版社 2015 年版，第 462 页。
② 张玉法：《清季的革命团体》，北京大学出版社 2011 年版，第 279—280 页。
③ 张玉法：《清季的革命团体》，北京大学出版社 2011 年版，第 280 页。
④ 董方奎：《梁启超与立宪政治》，华中师范大学出版社 1991 年版，第 183 页。
⑤ 梁启超：《复罗瘿公书》（1911），载丁文江、赵丰田编《梁启超年谱长编》，世纪出版集团上海人民出版社 2009 年版，第 371 页。

梁启超著意转移舆论。方其游檀香山为自立军筹款，行旅倥偬之际，犹与星洲爱国富商邱菽园书云："当创一西字报于香港，发表圣德及帝党之政策，以引动白人之热心者。"① 甚乃谓康师云："既与西人交涉，则我党宜出一西文党报……发表我辈他日政策。"② 其重舆情、市人心，虽百智者，罕有其媲。梁启超于转移舆论亦殊为自信，尝谓"因势利导，转变舆论，鄙人不敏，窃以自任。鄙人无他长处，然察国民心理之微，发言抓着痒处，使人移情于不觉，窃谓举国中无人能逮我者"③。梁启超主导舆论裨助政治者，略窥其与袁世凯曲屈波荡之交，殆可见一斑。

梁、袁起衅于戊戌政变，梁视袁卖主求荣，世人皆可得而诛之，不共戴天之仇，似无解日。然风云倏忽变色，流水亦能移山，其若政治何？

辛亥年，革命军兴，清王朝岌岌可危，袁世凯洹上振衣，脂车北上，以总理大臣贵于当时。袁内阁名册上，梁启超灿然列于其中，为法律副大臣。此固为袁冰释前嫌之意，而梁亦颇欲借一苇以杭之。梁启超积年所以者，端在君主立宪，考斯天下，伊谁之力可与定此乾纲？唯袁世凯。既如此，"鄙人不助项城，更复助谁？"④ 任公深信，袁世凯倘能握手同心，天下事将大有可为，原其理，乃袁世凯坐镇中枢，理财治兵拨乱，其效必彰于上，任公自谓本人以言论转移国民心理，其劳当著于下。分途赴功，交相为用，蒇事可期耳。乃任公坚辞法律副大臣一职，以其所殷忧者，两人骤然明合，则必招万矢之集，事之成毁尚未可知，却已速祸，智者不为也。任公笃望袁世凯能荃察己意。

而朋曹促梁、袁联合亦疾。张君劢于宣统三年（1911）岁杪致书梁启超谓："今后中分天下者，袁、孙二党而已。吾党处此时代，所以待之者有二：超然独立，另标政纲，与天下共见一也；与两党之一相提携，以行吾辈所怀抱二也。……然立宪国中舆论之功，势不能仅恃其主义之纯洁，必也与人争

---

① 梁启超：《与叔子书》（1900），载清华大学国学研究院、中华书局编辑部编《梁任公先生年谱长编稿本》第四册，中华书局 2015 年版，第 1857 页。

② 梁启超：《致康南海先生书》（1900），载清华大学国学研究院、中华书局编辑部编《梁任公先生年谱长编稿本》第四册，中华书局 2015 年版，第 1894 页。

③ 梁启超：《复罗瘿公书》（1911），载丁文江、赵丰田编《梁启超年谱长编》，世纪出版集团上海人民出版社 2009 年版，第 371 页。

④ 梁启超：《复罗瘿公书》（1911），载丁文江、赵丰田编《梁启超年谱长编》，世纪出版集团上海人民出版社 2009 年版，第 370 页。

选举，争议席，如此虽欲长居超然，势必有所不能。……由此言之，目前舍择二派而提携之，别无他法。此二者比较的适于建设之业者，实在北方。故森（即张氏）以为下手之方，在联袁而已。"① 袁虽政术诡谲，然虎皮蒙马，亦可张党势。徐佛苏致函梁启超云：舆情"极钦倚项城，将来之大党，必以项城为中枢，吾辈亦不能不挟引此公以弥补各种之危机"②。直友谅言，梁启超心有戚戚焉！

民初，梁启超盱衡国内势力，略分三派，即旧官僚、旧革命党、旧立宪派。梁自处旧立宪派，面对政治博弈新局，将奚以措诸？《共和党之地位与其态度》则揭其答案。梁文称，共和党一面既须与旧官僚所代表之腐败社会为敌，一面又须与旧革命派所代表之乱暴社会为敌，而此两者各皆有莫大之势力蟠亘国中，若以一党微力与之斗，且同时战胜两敌，实其力所不能逮也。必曰迎战，则先战其一，第二敌可暂时稍为假借。假借云者，即袁世凯。

民元二月二十三日，梁启超修长书于袁，谈财政运划，谈组织大党，颇有接席促膝之概；而论及舆论之为用，更见和氏献璧之诚。书云："政党之论，今腾喧于国中。以今日民智之稚，民德之漓，其果能产出健全之政党与否，此当别论。要之，既以共和为政体，则非有多数舆论之拥护，不能成为有力之政治家，此殆不烦言而解也。善为政者，必暗中为舆论之主，而表面自居舆论之仆，夫是以能有成。今后之中国，非参用开明专制之意，不足以奏整齐严肃之治。夫开明专制与服从舆论，为道若大相反，然在共和国非居服从舆论之名，不能举开明专制之实，以公之明，于此中消息，当已参之极熟，无俟启超词费也。然则欲表面为仆而暗中为主，其道何由？亦曰访集国中有政治常识之人，而好为政治上之活动者礼罗之，以为己党而已。"③ 此番推心之言，不可谓非极竭瞀瞀，虽然，其论列舆论与政治，析理也精策略也明矣哉。

梁启超虽自谦聊贡愚诚，第其售人者以此，而自售者亦以此。适袁世凯与孙中山进行权力交接，梁启超发表《中国立国大方针》一文，申论以内阁

---

① 张君劢：《致任公先生书》，载丁文江、赵丰田编《梁启超年谱长编》，世纪出版集团上海人民出版社 2009 年版，第 389—390 页。

② 张朋园：《梁启超与民国政治》，吉林出版集团有限责任公司 2007 年版，第 57 页。

③ 梁启超：《致袁项城书》（1912），载丁文江、赵丰田编《梁启超年谱长编》，世纪出版集团上海人民出版社 2009 年版，第 401 页。

为首之中央集权，强调政党政治、民主选举，其用意即在限制袁世凯专权，及各省分裂割据。辛亥革命后，梁启超最忧心者即社会动乱与独裁政治，任公此文，大餍天下之望，共和建设讨论会印刷两万册行世，而后《庸言》亦再刊刻之，其所受之欢迎，一仍其旧。嗣后，梁启超与宋教仁等人纷纷极力组织政党，其身影翩跹于长江上下，躧接于大河南北，亹亹不绝者也。唯兹事，宁不曰舆论为功乎？

迨袁世凯帝制自为，梁属《异哉所谓国体问题者》，发人所未敢发，举国矍然侧目；护国之役，九死海上，揭袁氏矫造民意，神州风色始为之转捩。此舆论之效力，不输于千万貔貅之师。

梁、袁相交二十余年，其疏附盟叛、政治博弈之过程，或攘臂怒目，或互通款曲，要之，舆论为所倚重，洵其一大特点也。

四为守护国权民生而争舆论主导权。

国人尝或晓晓以论天下时势，其"言民事者，莫不瞋目切齿怒发曰：彼历代之民贼，束缚驰骤，磨牙吮血，以侵我民自由之权，是可忍孰不可忍！言国事者，莫不瞋目切齿怒发曰：彼欧美之虎狼国，眈眈逐逐，鲸吞蚕食，以侵我国自由之权，是可忍孰不可忍！"[1] 怒哉怒矣，而梁启超则反躬自省，"苟我民不放弃其自由权，民贼孰得而侵之？苟我民不放弃其自由权，则虎狼国孰得而侵之？以人之能侵我，而知我国民自放自弃之罪不可逭矣"[2]。固国权，强民生，繫我国人不自放弃，不自暇逸，张皇舆论而利赖之，其庶几矣。

梁启超最初仿行、撰述《万国公报》，其十八号刊有《报馆考略》一文，云："泰西诸国之新闻报馆，何以能周悉各国近时情事而编诸报章？且语皆征实，初无模糊影响之失？厥故有二：一则各报馆中延有名人，分驻各国之京师及诸大埠，侦探各国之用、行政、通商、懋工一切庶务，分期告之馆中。一则凡在各国海口之西税务司，遵照西例，所有彼处之大小事故，或一礼拜，或一月，或一季，必行开呈报之本国……故近而数千里、远而数万里，他国之事有如目睹。"[3] 盖任公谓新闻舆论为守护国权民生之利器，此论发其轫耳。

---

① 梁启超：《国权与民权》，原刊《清议报》1899 年 10 月 15 日第 30 册，载夏晓虹编《梁启超文选》（上集），中国广播电视出版社 1992 年版，第 214 页。

② 梁启超：《国权与民权》，原刊《清议报》1899 年 10 月 15 日第 30 册，载夏晓虹编《梁启超文选》（上集），中国广播电视出版社 1992 年版，第 214 页。

③ 胡太春：《中国近代新闻思想史》（增订本）（上卷），东方出版社 2015 年版，第 311 页。

《时务报》发刊，梁启超论报馆有益于国事则谓，报章"博搜交涉要案，则阅者知国体不立，受人嫚辱，律法不讲，为人愚弄，可以奋厉新学，思洗前耻矣"①。古者有不教而使割，伤者必多，盖教民而使知尊国权也。

洎乎《清议报》，梁启超骋目"清议"时代之中外历史，云："今日之世界与昔异，轮船、铁路、电线大通，异洲之国犹比邻而居，异国之人犹比肩而立，故一国有事，其影响未有不及于他国者。故今日有志之士，不唯当视国事如家事，又当视世界之事如国事。于是乎报馆之责任愈益重。"② 优胜劣败之世，若犹坐智井而枵然自大，将何以完金瓯而殖货利！

迨国会请愿运动方炽，清廷应资政院、谘议局及各省督抚之请，被迫谕令宣统五年召集国会。梁启超即作杜鹃之号呼，谓"自今以往，吾民所宜自觉者，有一事焉，则舆论之势力是已"③，但使人民挟舆论以与当道柄钧者抗，则何求不得，何欲不成？而彼怠职卸责、罔顾国权民利者，宁能一日尸政府之位？梁儆告国民，"凡彼辈所以得尸其位者，皆由消极的舆论默许之而已"④。唯积极舆论，必于积极发动，振厉民心，且适时势、衷正理，方可底成。

为国权民生而争舆论主导权，稽任公綦迹，辄可征之。

19世纪末，列强掀起瓜分中国狂潮，继相率争夺势力范围之后，又沦胥以劫掠铁路建筑权、矿山开采权，齐州以内哀哀欲绝。彼时有识之士佥谓，铁路矿山为中国命脉，一旦外人扼其枢，则国亡无日矣。而国内民族工商业之发展，俾地主商人羽翼渐丰，其有实力者，投资路矿之意愿空前高涨。收回路矿主权运动，势在必行。适有清廷与美国公司签订粤汉铁路路权协议，因美方延宕工期、暗售底股等违约行为，从而激起鄂湘粤三省人民极大愤慨。光绪三十年（1904）九月，湖南留日学生杨度联络湘、鄂、粤三省留日学生发起成立"鄂湘粤铁路联络会"，开展废约自办活动。时，上海《时报》甫出，梁启超播日而遥领之，乃迅即报道此事。同门罗孝高《任公轶事》记述

---

① 梁启超：《论报馆有益于国事》（1896），载张之华主编《中国新闻事业史文选（公元724年—1995年）》，中国人民大学出版社1999年版，第20页。

② 梁启超：《本馆第一百册祝辞并论报馆之责任及本馆之经历》（1901），载汤志钧、汤仁泽编《梁启超全集》第二集，中国人民大学出版社2018年版，第358页。

③ 梁启超：《读十月初三日上谕感言》（1910），《饮冰室合集·文集》之二十五（上），第一百四十五页，中华书局2015年版，第2541页。

④ 梁启超：《读十月初三日上谕感言》（1910），《饮冰室合集·文集》之二十五（上），第一百四十五页，中华书局2015年版，第2544页。

云："其后争回粤汉铁路一案，全赖《时报》之力，则系由任公向杨皙子度觅得全案电稿，——加以按语，寄由《时报》发表，以促国人之注意。"[1] 尔乃鄂湘粤三省民众集会蜂起，函电纷驰，迫使清廷废约，收回路权。善矣哉，舆论之功！

若夫袁世凯当国，不惜出卖主权而逞帝制自为之私，梁启超义愤不可纪极，接连刊文，抨击亡国灭种的"二十一条"，舆论大哗，终使该条约未能付诸施行；若夫民国八年巴黎和会，梁启超露布羽书，告以青岛危急，从而激发"五四"爱国运动，民气于以鼓铸焉，陆征祥卒不得签字和约；若夫广州护法军政府与北方对峙，任公万里惊魂，披肝胆以相劝喻，冀双方具本交让精神，弭内讧、图外竞，以餍喁喁待治之望，厥有执钧者略戢兵锋。夥颐，任公兴作舆论、驾驭舆论之故事，不遑胜记。古有执干戈以卫社稷，任公之干戈，宁不谓舆论乎？

舆论界纯驳不一，然大略二分，即"为办报而办报"，或为引领风潮指导社会而办报。前者多以嗜利而窥伺读者心理进乃迎合读者，"觇知社会好刺激，乃制造刺激，煊染刺激；虽失之夸大妄诞，有所不恤，谓将有害社会的民族的心理健康，自非所恤。觇知人心不满于现实，则从而鼓噪之，以示呼应；虽入歧途，亦所不顾，谓将导国族于魔劫之陷阱，自非所计。觇知人心倾向于苟安，则从而姑息之，以示同情；虽同麻醉，犹所不省。觇知读者嗜隐秘，即炫隐秘之珍奇，大之透露国防之机微，小之揭扬人间之遗行，但得一纸风行，即可坐收其利；危害邦国之安全，犹在彼所不计，遑论其将影响社会风化与私人信誉"[2]。乃若后者，谓国民意见，常随有卓识之新闻记者为转移，其一抑一扬，足以决彼运命之浮沉，一毁一誉，即可为最后舆论之宣告[3]，易言之，谓"报纸有制造时势之权能"[4]。以故报纸为舆论发皇主阵地，其负责任者往往"站立潮流之前，以知觉之锐敏，发挥领导作用"[5]。梁启超舆论主导权思想嶒峻于后者，自不俟言，其洞知舆论之奥府，且斐然成章以

① 丁文江、赵丰田编：《梁启超年谱长编》，世纪出版集团上海人民出版社 2009 年版，第 221 页。
② 潘公弼：《望平街之回忆》，（台北）《报学》1951 年第 1 期。
③ ［日］松本君平：《新闻学》，载［日］松本君平等《新闻文存》，余家宏、宁树藩、徐培汀、谭启泰编注，中国新闻出版社 1987 年版，第 12 页。
④ 姚公鹤：《上海闲话》，吴德铎标点，上海古籍出版社 1989 年版，第 127 页。
⑤ 潘公弼：《望平街之回忆》，（台北）《报学》1951 年第 1 期。

益于后来者，雅不可量焉矣。

第四节 阐扬"第四种族"

梁启超播越东瀛，始广搜旁涉彼都之诗书，志思精进，时有所感。日人松本君平著《新闻学》，开篇即云"第四种族之发生"，时乃梁所歆慕不已焉者，其言谓："第四种族者，发生于近世纪，而为社会之一大现象，一大革命家。其职任既非如贵族之夸耀人爵，又非如教徒之祈福未来，且非如平民之行尸走血，隶马奴牛。盖彼以明敏之才干，灵秀之神经，握区区一管，以指挥三大种族之趋向，即构成国民之三大阶级，而有天赋与使命之大种族也。其种族为何？即指新闻记者之一种阶级而已。"① 此一大种族，其为重于社会国家者，绝不可轻忽，固其若预言，可征国民运命；若裁判，可断国民疑狱；若立法者，可制定律令；若哲学家，可教育国民；若大圣人，可弹劾蒸民之罪愆；若救世主，可听黎庶无告之苦痛。

第四种族之势力，大哉大焉，然究极而论，兹势力所肇基者，端在其自由之权。

西方近代思想启蒙运动，哲人若云瀚水涌，卢梭说民权，孟德斯鸠言自由，亚当·斯密论国富，达尔文演物竞，笛卡尔尚我思，等等。若辈之学说，相互辉映，其彰显"自由"之义，旷古所未有。若夫约翰·弥尔顿、约翰·穆勒之论言，其裨助于新闻出版者尤多，其灌沃任公思想者甚著。1643 年，为反对英国政府及议会出版物检查制度，弥尔顿发表请愿书，云：真理若悟性，绝不可视如商品，加以垄断，或凭提单、发票进行交易，"试问我们又为什么要制定出一套严格的制度，忤逆上帝和自然的意旨，取消那些考验美德和体现真理的东西呢？而书籍如果允许自由出版，就正是这样的东西"②。约翰·穆勒怒然忧禁言之遗祸綦切："嗟世之人，彼不知虽有至诚之理，不易之言，使不任人之详议常议无所惧而议，其所崇信奉行者，皆将为死陈言，而

---

① ［日］松本君平：《新闻学》，载［日］松本君平等《新闻文存》，余家宏、宁树藩、徐培汀、谭启泰编注，中国新闻出版社 1987 年版，第 9 页。

② ［英］弥尔顿：《论出版自由》，吴之椿译，商务印书馆 1958 年版，第 28 页。

不为活真理。乃若其说，为古先所垂训，为一己之新知，为天下之公言，为一家之私说，顾千得之中，容有一失之所伏，则生民之灾害，治化之退行随之，不待论矣。"① 梁启超推崇约翰·穆勒（John Mill）《论自由》一书至矣，"谓其程度之适合于我祖国，可以为我民族药者，此编为最"②。

时，大清报律局镅人言，如昆冰之寒天下。黄遵宪光绪二十八年（1902）十一月致梁启超书云，满清"二百余年，政略以防弊为主，学术以无用为尚。有明中叶以后，直臣之死谏净，党人之议朝政，最为盛事，逮于国初，余风未沫，矫其弊者极力划削，渐次销除。间有二三骨鲠强项之臣，必再三磨折，其今夕前席明夕下狱，今日西市明日南面者，踵趾相接，务摧抑其可杀不可辱之气，束缚之，驰骤之，鞭笞之，执乾纲独断之说，俾一切士夫习为奴隶，而后心安其文字之祸，诽谤之禁，穷古所未有。由是葸懦成风，以明哲保身为安，以无事自扰为戒，父兄之教子弟，师长之训后进，兢兢然伸明此意，浸淫于民心者至深"③。然则，梁启超遯居日本，诵西哲之书，脑质丕变，其思想磨砺颖锐，实令清廷滋恨，亦使同侪曹辈殷忧。

梁启超于自由之义，承西哲泽渥，抑从而步武西哲，其言"自由"者，在在多有，尝以诗人之激情赞颂，璀璨哉，自由之花，庄严哉，自由之神；亦曾高屋建瓴儆世人，自由者，乃天下公理，人生要具；又如预言家之神明博通，谓民权自由，放诸四海而皆准，俟诸百世而不惑；亦尝恂恂然演其学理，凡人所以为人，必具生命与权利二要件，缺其一，时乃非人，而自由为权利之表征也；更以真理追求者而誓言，吾爱先辈，吾更爱国家，吾爱故人，吾尤爱自由。方其为《饮冰室自由书》作叙，乃谓："西儒弥勒·约翰曰：'人群之进化，莫要于思想自由，言论自由，出版自由。'三大自由，皆备于我焉。"④ 迄于壬寅年，梁氏更复论之，曰："近世泰西各国之文明，日进月迈，观以往数千年，殆如别辟一新天地，究其所以致此者何自乎？或曰是法

① ［英］约翰·穆勒：《论自由（又名《群己权界论》）》，严复译，上海三联书店2009年版，第32—33页。
② 梁启超：《〈自由原理〉序》，载夏晓虹辑《饮冰室合集·集外文》（上册），北京大学出版社2005年版，第142页。
③ 黄遵宪：《致新民师函丈书》，载丁文江、赵丰田编《梁启超年谱长编》，世纪出版集团上海人民出版社2009年版，第198页。
④ 梁启超：《饮冰室自由书·叙言》，原刊于《清议报》1899年8月26日第25册，载夏晓虹编《梁启超文选》（上集），中国广播电视出版社1992年版，第207页。

国大革命之产儿也，而产此大革命者谁乎？或曰中世神权专制政体之反动力也，而唤起此反动力者谁乎？或曰新学新艺勃兴之结果也，而勃兴此新学新艺者谁乎？无他，思想自由，言论自由，出版自由，此三大自由者，实唯一切文明之母，而近世世界种种现象，皆其子孙也。"①

报馆作为第四种族，得享崇名，淘其拜思想自由、言论自由、出版自由之赐耳，而翻然又以其身为三大自由之代表。梁启超业报阅数秩，于此自由之义三致意焉，请申述之。

穆勒尝界说自由者，谓其有三，即意念自由、行己自由、气类自由。"凡其人所独知者，此谓意念自由，所赅最广，由此而有理想自由，情感自由，与其所好恶敬怠之自由。凡此无论所加之物，为形上，为形下，学术德行，政法宗教，其所享自由，完全无缺，不待论已。"② 所谓意念自由殆与思想自由一说等，斯为任公恒耿耿于心者也，其所撰《论学术之势力左右世界》一文，介绍卢梭天赋人权说，以为人生而有平等之权，生而当享自由之福，无贵无贱，天所均与者也。梁启超酷爱自由习已成性，宜其对卢梭学说颔之崇之力行之，未恐不逮其意。

梁启超东徂，创《清议报》，日日颂民权自由，致康师怨望，爰报书云："来示于自由之义，深恶而痛绝之，而弟子始终不欲弃此义。窃以为于天地之公理与中国之时势，皆非发明此义不为功也。弟子之言自由者，非对于压力而言之，对于奴隶性而言之，压力属于施者，奴隶性属于受者。中国数千年之腐败，其祸极于今日，推其大原，皆必自由奴隶性来，不除此性，中国万不能立于世界万国之间。而自由云者，正使人自知其本性，而不受钳制于他人。今日非施此药，万不能愈此病。而先生屡引法国大革命为鉴。法国革命之惨，弟子深知之，日本人忌之恶之尤甚。虽然，此不足援以律中国也。中国与法国民情最相反，法国之民最好动，无一时而能静；中国之民最好静，经千年而不动。故卢梭诸贤之论，施之于法国，诚为取乱之具，而施之于中国，适为兴治之机；如参桂之药，投诸病热者，则增其剧，而投诸体虚者，

---

① 梁启超：《清议报一百册祝辞并论报馆之责任及本馆之经历》(1901)，《饮冰室合集·文集》之六，第四十九页，中华书局2015年版，第509页。

② ［英］约翰·穆勒：《论自由（又名《群己权界论》）》，严复译，上海三联书店2009年版，第9页。

则正起其衰也。而先生日虑及此，弟子窃以为过矣。……要之，言自由者无他，不过使之得全其为人之资格而已。质而论之，即不受三纲之压制而已；不受古人之束缚而已。夫子谓今日'但当言开民智，不当言兴民权'，弟子见此二语，不禁讶其与张之洞之言，甚相类也。夫不兴民权则民智乌可得开哉。其脑质之思想，受数千年古学所束缚，曾不敢有一线之走开，虽尽授以外国学问，一切普通学皆充入其记性之中，终不过如机器切成之人形，毫无发生气象。试观现时世界之奉耶稣新教之国民，皆智而富，奉天主旧教之国民，皆愚而弱，无他，亦自由与不自由之分而已。故今日而知民智之为急，则舍自由无他道矣。"① 时，梁启超羁滞檀岛，为庚子勤王筹款事，寝不安枕，食不甘味，唯犹不忘哓音瘏口以辨"思想自由"，足见其笃念之深。

壬寅年正月，梁启超发表《保教非所以尊孔论》，主张孔教不必保，亦不可保，以其束缚国民思想者是也。"我中国学界之光明，人物之伟大，莫盛于战国，盖思想自由之明效也。及秦始皇焚百家之语，坑方术之士，而思想一窒。及汉武帝表章六艺，罢黜百家，凡不在六艺之科者，绝勿进，而思想又一窒。自汉以来，号称行孔子教二千余年于兹矣，而皆持所谓表章某某，罢黜某某者，以为一贯之精神。……其有稍在此范围外者，非唯不敢言之，抑亦不敢思之，此二千年来保教党所成就之结果也。"② 梁启超反复与其师辩难思想自由之义，且决欲以冲破罗网、造出新思想而自任。

是岁，梁启超思想益趋激进，谓国之能享安富尊荣，舍新民之道末由，而新民云云，未有不破除心奴、自求解放而收功，具言之，梁谓："以身奴隶于人者，他人或触于慈祥焉，或迫于正义焉，犹可以出我水火而苏之也，美国之放黑奴是也；独至心中之奴隶，其成立也，非由他力之所得加；其解脱也，亦非由他力之所得助。如蚕在茧，著著自缚；如膏在釜，日日自煎。若有欲求真自由者，其必自除心中之奴隶始。"③ 其除之之方云何？谓勿做古人之奴隶、勿为世俗之奴隶、勿为境遇之奴隶、勿为情欲之奴隶。质言之，七

---

① 梁启超：《致南海夫子大人书》（1900），载丁文江、赵丰田编《梁启超年谱长编》，世纪出版集团上海人民出版社 2009 年版，第 153—154 页。

② 梁启超：《保教非所以尊孔论》（1902），《饮冰室合集·文集》之九，第五十五页，中华书局 2015 年版，第 805 页。

③ 梁启超：《论自由》，原刊于《新民丛报》1902 年 5 月 8 日至 6 月 6 日第 7 号至第 9 号，载夏晓虹编《梁启超文选》（上集），中国广播电视出版社 1992 年版，第 132 页。

尺之躯，圆颅方趾，其所得为人之资格，莹莹然存于灵府，思想者是也。思想自由，斯有神气灌注，斯有尊严可与言。

以思想自由而得言论自由、著述自由、刊布自由等，穆勒氏尝论之矣。梁启超仰承其说，心有戚戚焉："若夫思想自由，为凡百自由之母。"① 翌年，则更进而张皇其论："西人有恒言，曰：'言论自由、出版自由，为一切自由之保障。'诚以此两自由苟失坠，则行政之权限万不能立，国民之权利万不能完也。"② 姑以言论自由先窥一二。

言论自由云者，维新派思想家多所述之，而谭嗣同独激疾："西人论人与禽兽灵愚之比例，人之所以能喻志兴事以显其灵而万过于禽兽者，以其能言耳。而喑之，而哑之，其去禽兽几何矣。呜呼！'防民之口，甚于防川'，此周之所以亡也；'不毁乡校'，此郑之所以安也；道之使言，谁毁谁誉，此三代之所以直道而行也。"③ 梁启超缵续先进时贤崇论，揭厉言论自由，奏功之巨，得亦无出其右者。

人之所以生，国之所以存者，为有元气澎湃其间。所谓元气，愤悱于心，公表于外，称之为言论自由者可也。惜哉，"俗论动曰：非古人之法言不敢道，非古人之法行不敢行"④，梁启超直谇其为奴隶根性之言，设"我有脑筋，不自用之，而以古人之官体为官体，以古人之脑筋为脑筋，是我不过一有机无灵之土木偶，是不啻世界上无复我之一人也。世界上缺我一人不足惜，然使世界上人人皆如我，人人皆不自有其官体脑筋，而一以附从之于他人，是率全世界之人而为土木偶，是不啻全世界无复一人也"⑤。西哲孟德斯鸠尝谓，君主国人民辄斤斤于官爵名号，甚乃以此为性命相依之事，恂恂焉仰贵人之一颦一笑，如觐天帝鬼神。梁启超固深体孟氏之余悲，更痛惜吾人行谊何止倍蓰于此者，"若夫以有灵觉之人类，以有血性之男子，而其实乃不免为

---

① 梁启超：《十种德性相反相成义》，原刊于《清议报》1901 年 6 月 16 日第 82 册、7 月 6 日第 84 册，载夏晓虹编《梁启超文选》（上集），中国广播电视出版社 1992 年版，第 94 页。

② 梁启超：《敬告我同业诸君》（1902），载汤志钧、汤仁泽编《梁启超全集》第三集，中国人民大学出版社 2018 年版，第 650 页。

③ 转引自徐新平《论维新派新闻自由观》，《新闻与传播研究》2010 年第 5 期。

④ 梁启超：《论独立》（1899），《饮冰室合集·文集》之三，第六十三页，中华书局 2015 年版，第 267 页。

⑤ 梁启超：《论独立》（1899），《饮冰室合集·文集》之三，第六十三页，中华书局 2015 年版，第 267 页。

畜犬游妓之所为，举国如是，犹谓之有人焉，不可得也"①。元气偾张，若春来发蛰，句者出、萌者达；元气闭塞，若长夜沍寒，将何以献岁，何以为人？梁氏饮冰困横者，常在以言责启沃人心，发抒己意，造成言论自由之市场。

梁论学术势力左右世界，条举中世以降魁桀者，著著促人振动脑筋。而学术者何为？宁非人类性灵抒发之最高成果？哥白尼倡日心说，一破世俗狃于天圆地方之幻梦，而宗教家种种欺世之论自兹摧陷，始有宗教改革，势所不能已；畴昔学者尚空论，呶呶然争名目宗派，及培根出，辄言格物，谓一切道理必验诸实践而有征者，乃始信之；而笛卡尔则崇穷理，谓一切学问必当反诸吾心而能自信者，乃始从之，此二人之倡论，横扫数千年学界奴性，开欧洲思想言论自由之新局；若孟德斯鸠之颂万法精理，别择政体，分立三权，尔来各国靡然以从，政界簇然一新。若卢梭者，若富兰克林，若亚当·斯密，若伯伦知理，若达尔文者，何莫而非倾覆陈言、振刷一世之人物。

学术之势力伟哉，唯学人何以卵育，造成学术势力将奚由？曰言论自由是也。俄国启蒙思想家倭儿可士鸠雄文《俄人之自由思想》有言：政府之压制愈烈，而言论亦愈盛，其诗歌、音乐、科学之成就，亦所谓灿然而厚、大有而博，考诸俄乘，罔不如是，盖称此为反抗式言论自由可也。乃若中国则如何？梁启超校诸中国学术思想变迁之大势，谓周末为中国学术思想之全盛时代，稽究之，盖"周既不纲，权力四散，游士学者，各称道其所自得以横行于天下。不容于一国，则去而之他而已"②。以故仲尼周游列国，接淅而行，墨翟踵迹遍于大江南北，荀卿以无立锥之地而王公不能与其争名，"言论之自由，至是而极"③。方其时，周室一统之制倾圮，威权之力渐灭，适如孟子所谓圣王不作，诸侯放恣，处士横议，殆称之为恣睢式言论自由可也。无论俄人之反抗式，抑或中土之恣睢式，其言论自由一也，其蔚成学术之盛一也。

秦汉以后国家一统，偶语弃市、文字贾祸者，比比皆是，以求言论之自由，戛戛其难乎。追乎季清，中国沦为半殖民地，齐州以内，租界相望，此

---

① 梁启超：《论独立》（1899），《饮冰室合集·文集》之三，第六十四页，中华书局 2015 年版，第 268 页。

② 梁启超：《论中国学术思想变迁之大势》（1902），《饮冰室合集·文集》之七，第十三页，中华书局 2015 年版，第 589 页。

③ 梁启超：《论中国学术思想变迁之大势》（1902），《饮冰室合集·文集》之七，第十三页，中华书局 2015 年版，第 589 页。

固吾禹民所深恨者，然就其为言论之尾闾，得毋谓万劫中之一幸，梁启超感此綦切："言论自由出版自由为文明普及不可缺之条件，尽人知之。而在专制国法律之下，跼天蹐地，微词讽刺，辄已得咎。我国数千年来，未必绝无怀抱异想之人，而不能滋长其萌蘖，公表之以贡献于社会者，势使然也。数年以来，交通渐开，以自力求得新知识于外界者，日有其人，而复得此诸地为根据，可以大声疾呼而无所忌惮。故纠弹抨击之言，日腾于报章；恢诡畸异之论，数见于新籍。取数千年来思想界之束缚，以极短之日月而破坏之解放之，其食此诸地之赐者，不可谓不多也。"① 任公忍辱屈己以伸言论自由，拳拳之意，昭昭然可鉴。

以言出版自由，梁启超辄与报馆之独立并论。尝谓"报馆者，非政府之臣属，而与政府立于平等之地位者也"②，又为《京报》增刊国文作祝词云，报之所以有益于人国者，"谓其能独立而不倚也"③。然使报馆独立，其道何由？一曰经济充裕，二曰摆脱势力。第实行之难也。

方《清议报》出一百期，梁启超溯中国报馆沿革小史，痛其发达之迟缓无力、萎靡不振，究其原因之一，即彼者未有预筹相当经费，或无力扩充，或小试辄蹶。然知易行难，任公数十年，汲汲皇皇于鸠资办报，未遑顷刻自安。且以《国风报》为例，少窥一斑。宣统二年（1910）二月，梁启超以偿还银行事急，曾两次致书好友徐佛苏，请代筹千金，书云："弟三四年来，在滨、神两处负债至数千金，皆零碎之项，甲数百，乙数百者，实觉太不好看，至去年乃从正金银行贷五千金悉偿之，定期以今年阳历四月三十日偿正金。弟别无所恃，唯恃《国风报》定阅者稍多，或可了此。"④ 梁遁日本，无生计来源，唯报纸聊以赖之，而清廷诇察缇骑遍国、道路不通传布殊难、风气不开阅者寥落，报纸不夭折横死者几希，又何暇能济人命耶。迄于民国十年（1921），梁启超为《时事新报》撰纪念词，更有锥心之言："吾侪从事报业者，其第一难关，则在

① 梁启超：《治外法权与国民思想能力之关系》，原载《新民丛报》1905 年 3 月第 64 号，载夏晓虹辑《饮冰室合集·集外文》（上册），北京大学出版社 2005 年版，第 252 页。
② 梁启超：《敬告我同业诸君》，原刊于《新民丛报》1902 年 10 月 2 日第 17 号，载夏晓虹编《梁启超文选》（上册），中国广播电视出版社 1992 年版，第 167 页。
③ 梁启超：《京报增刊国文祝辞》（1915），《饮冰室合集·文集》之三十三，第七十八页，中华书局 2015 年版，第 3342 页。
④ 梁启超：《致佛苏先生书》（1910），载丁文江、赵丰田编《梁启超年谱长编》，世纪出版集团上海人民出版社 2009 年版，第 331 页。

经济之不易独立。"① 由此可知，所谓出版自由与经济独立之关系何如也。

而势力者，或为经济之所自出，或为政治之摧戕压迫。若前者，经济固重要，苟以经济摇动办报宗旨，任公不为也。若后者，既有诸如《大清报律》、袁记《报纸条例》《出版法》、段记《新闻营业条例》等为明火，亦有政治黑手，跳踉乎东西，誓欲摧除异己而后快，征之《时事新报》，今日停邮，明日控案，所谓出版自由者，仅止于天边虹霓，可望而不可即。乃梁亦有言："吾侪既致命遂志以与群小宣战，凡此横逆，固早已列入预算表中。"② 执志之坚，莫之过也。

任公向者谓欲觇国之强弱，则视其报章多寡良否而已。唯"中国报馆之兴久矣，虽然求一完全无缺，具报章之资格，足与东西各报相颉颃者，殆无闻焉"③。究其因，欲陶铸报章之资格，必赖思想自由、言论自由、出版自由。唯此三大自由，陆沉既久，如釜底薪绝，釜豆将何期于熟。用是，梁启超慨叹："案既往，考现在，不知吾中国所谓此第四种族者，何时始见其成立也！"④

报章欲完具其资格，养成其第四种族名实，路漫漫其修远兮。虽然，梁启超孜孜矻矻于斯，"其对思想自由、言论自由、出版自由之真知灼见，与力行笃信，在当时报人中，还无出其右者。梁氏自比为'思想界之陈涉'，'以卤莽疏阔手段，烈山泽以辟新局'，于中国报界诚当之无愧"⑤。

第五节　党报意识发莹

赤县神州之有政党，始于近代宪政运动。之前，中国政治亦有分党相争

① 梁启超：《时事新报五千号纪念辞》（1921），《饮冰室合集·文集》之三十六，第六十七页，中华书局 2015 年版，第 3497 页。

② 梁启超：《时事新报五千号纪念辞》（1921），《饮冰室合集·文集》之三十六，第六十八页，中华书局 2015 年版，第 3498 页。

③ 此为梁启超《新民丛报》初版时所作之告白，原刊于该报 1902 年 2 月 8 日第 1 号，载丁文江、赵丰田编《梁启超年谱长编》，世纪出版集团上海人民出版社 2009 年版，第 179 页。

④ 梁启超：《本馆第一百册祝辞并论报馆之责任及本馆之经历》（1901），载张之华主编《中国新闻事业史文选（公元 724 年—1995 年）》，中国人民大学出版社 1999 年版，第 42 页。

⑤ 赖光临：《梁启超与近代报业》，台湾商务印书馆 1968 年版，第 86 页。

事，是之谓朋党，盖以汉唐宋明为盛，而"试一按史乘陈迹，每当一姓之季，何莫非以党争取灭亡者"①。是以时主常悬为厉禁，摧萌拉蘖唯恐不究于极，忧时虑世者亦往往视其为不祥。《尚书·洪范》云："无偏无党，王道荡荡；无党无偏，王道平平。"《论语·述而》云："吾闻君子不党。"《荀子·强国》云："不比周，不朋党。"《韩非子·有度》云："交众与多，外内朋党，虽有大过，其蔽多矣。"《战国策·赵策》云："明王绝疑去谗，屏流言之迹，塞朋党之门。"汉桓宽论盐铁谓："将以建本抑末，离朋党，禁淫侈。"《晋书·郤诜传》云："动则争竞，争竞则朋党，朋党则诬罔，诬罔则臧否失实，真伪相冒，主听用惑，奸之所会也。"如此云云，不可罄举。

梁启超总结朋党五大特征："一曰以人为结合之中心，不以主义为结合之中心；二曰不许敌党存在；三曰以阴险之手段相竞争；四曰党内复有党；五曰其乌合也易，其鸟兽散也易。"② 综核其义，其或以君小争，或以门第争，或以地域争，或以学术争，或以政策争，或以意气争，要以挟私干进，相与济援，其始亦不正，其终亦邪曲，适如任公所谓，朋党非特霾曀政界，亦且离散民德，其祸人国者更仆难数。

近代意义之政党，以其基于公共利益而结为团体，其利人国者亦多乎哉。然则士夫狃于陈说，以结党为大戒，庶几闻一"党"字，则蹙额掩耳如不欲听。是为梁启超所大不以为然者也。梁谓，一国固不欲立宪则已，凡欲立宪，"则将来政府之组织，无论采总统制，采内阁制，而要不能不以政党为政治原动力之一要素"③。质言之，政党，乃立宪政治所托命者，国家前途、国利民福，实与政党运命相须相依。用是，任公营兹，汲汲然，皇皇然，历经年所，曾未中辍。

方《时务报》开，黄遵宪等改良派诸子，即言报纸非个人之事，而学会实兼学校与政党之用。梁启超更著论辨中国党会不兴之原因："学会起于西乎？非也，中国二千年之成法也。易曰君子以朋友讲习，论语曰有朋自远方

---

① 梁启超：《敬告政党及政党员》(1913)，《饮冰室合集·文集》之三十一，第二页，中华书局 2015 年版，第 3114 页。

② 梁启超：《敬告政党及政党员》(1913)，《饮冰室合集·文集》之三十一，第七页，中华书局 2015 年版，第 3119 页。

③ 梁启超：《敬告政党及政党员》(1913)，《饮冰室合集·文集》之三十一，第八页，中华书局 2015 年版，第 3120 页。

来，又曰君子以文会友。……学会之亡起于何也，曰国朝汉学家之罪而纪昀为之魁也。汉学家之言曰：今人但当著书，不当讲学。纪昀之言曰：汉亡于党锢，宋亡于伪学，明亡于东林。……疾党如仇，视会如贼，是以金壬有党，而君子反无党；匪类有会，而正业反无会。"① 《时务报》译介西方政党活动，亦粗有大观。如《美国共和党宣论新政》云："美国统领，定制四年一举。国有两党，一曰合众，一曰共和，各愿举其党人以任斯职。"② 《加拿大自由党当政》云："加拿大保护党人执政权十八年于兹矣，今岁自由党人取而代之。"③ 《日本维新守旧两党论兵备》云："日人向分两党，其积不相能之处，实与英之守旧维新无异。"④ 若夫介绍欧西两党政治之长处，与朋党、革党之分别，亦未尝惜墨焉耳。

戊戌政变后，《清议报》兴于瀛洲，其译介、论说政党之文字，洋洋乎皆是，若七十八号之《政党说》、若七十九号之《论非立大政党不足以救将亡之中国》、若八十七号之《说败》云云。"《清议报》所以着意于政党观念的鼓吹，因为它承袭《时务报》的立场，以维新派的党报自居。"⑤ 及夫《新民丛报》出，宣介西方政党活动若理论尤多，略如《英国政党最近之政况》《记日本一政党领袖之言》《奥匈帝国之变兆》《意大利立宪政治之近况》《法国政界近时之趋势》《俄罗斯之政党》云云。梁启超阐扬政党政治之文字亦在在多有，谓若《新民说》《开明专制论》《申论种族革命与政治革命之得失》，咸窥其樊篱、探其阃奥。即如癸卯年西游，往谒容纯甫（闳），犹以党事立雪奉闻，得金玉之言，乃即表仰敬："先生所以教督之劝勉之者良厚，策国家之将来，示党论之方针，条理秩然，使人钦佩。"⑥ 时美洲保皇势盛，康梁言动，实牵群从者观瞻，非细故也。

光绪三十二年（1906）之前，康梁维新派多以绍介西方政党理论、活动为要，自清廷下诏预备立宪后，党禁稍所摇动，乃政党制度始进入试验阶段。时，"东京中最同志而最有势力者莫如杨晢子度。其人国学极深，研

---

① 梁启超：《变法通议》（1896），何光宇评注，华夏出版社 2002 年版，第 73 页。
② 《时务报》1896 年第 3 册。
③ 《时务报》1896 年第 8 册。
④ 《时务报》1897 年第 49 册。
⑤ 张玉法：《清季的立宪团体》，北京大学出版社 2011 年版，第 40 页。
⑥ 梁启超：《新大陆游记》（1904），商务印书馆 2014 年版，第 55 页。

究佛理，而近世政法之学，亦能确有心得，前为留学生会馆总干事，留学生有学识者莫不归之"①。以是，梁启超即联合杨晢子、蒋观云、徐佛苏、熊秉三诸人组党，然终以领导权问题分携，各行其是，梁与蒋、徐别创政闻社。

政闻社机关刊物《政论》发表梁启超《政闻社宣言》，以问答形式界说"政闻"性质："政闻社其即今世立宪国之所谓政党乎？曰是固所愿望，而今则未敢云也。凡一政党之立，必举国中贤才之同主义者，尽网罗而结合之，夫然后行政党之实，而可以不辱政党之名。今政闻社以区区少数之人，经始以相结集，国中先达之彦，后起之秀，其怀抱政治之热心，而富于政治上之智识与能力者，尚多未与闻，何足以称政党？……日本改进党之兴也，于其先有东洋议政会焉，有嘤鸣社焉，以为之驱除。……夫政闻社在将来中国政党史上，得与日本之东洋议政会、嘤鸣社有同一之位置，同一之价值，则岂特政闻社之荣，抑亦中国之福也。"②

梁启超虽未径谓政闻社为政党，然称其为政党之椎轮土阶则适可，而其借《政论》，网罗人才、引导舆论，诚为要著。方梁与徐佛苏再四讨论党事，梁言："弟欲出一报，名曰《政论》，其社即名政论社。但此社非如新民社之为出版物营业团体之名称，而为政治上结合团体之名称，现在所联结者，即先以纳诸政论社中，将来就此基础结为政党。……报中文字由社员担任……如近日政府有改革货币之议，此等实政论社之一绝好材料也。吾辈可以大表所见，此报办起即专从此等方面著力，于政界前途必生影响也。"③ 《政论》不宁协调组织之具唯是，其为政党喉舌之性质亦殊著。

然政闻社究以忤逆朝廷而遭禁。世道人心感此凉薄，孰不谓，严办政闻，仅借端而已，实欲钳国民之口为阴图，而清祚宁不唯是而终焉矣。

迨共和肇基，济济多士纷纷组织政党，一时风起云涌。梁启超向于政治问题颇自矜负，尝谓弟曰："兄年来于政治问题研究愈多，益信中国前途非我

①　梁启超：《与夫子大人书》（1906），载丁文江、赵丰田编《梁启超年谱长编》，世纪出版集团上海人民出版社 2009 年版，第 243 页。

②　原刊于《政论》1907 年创刊号，转引自张玉法《清季的立宪团体》，北京大学出版社 2011 年版，第 44 页。

③　梁启超：《与佛公书》（光绪三十三年四月五日），载丁文江、赵丰田编《梁启超年谱长编》，世纪出版集团上海人民出版社 2009 年版，第 259—260 页。

归而执政，莫能振救。"① 乃遥领共和党，运筹进步党，"不依附，不迁就，不模棱，常确然示一党所信以质诸天下。对于各种政策，为具体的计划；遇一大问题起，则为公明的主张，务使旗帜鲜明，壁垒森峻"②，其以党为之地，实现政治理想，曾无所讳。奈何政治之波谲、世事之云诡，任公虽亦尝贵为阁臣，宁有效铅刀之一割乎！而怅怅然气沮，至于息影林泉，友于书蠹，做乐只君子已耳。

梁启超最后职党事，乃在民国十七年。时康有为逝世，海外宪政党猝失领袖，故旧交倡，由梁启超出面积极负责，厥有《告海外同志书》云："吾党自南海先生去世，海内外同志以党事相督责，启超自问十余年来，不能致力于党事，又值国家离乱，军阀拥兵，自利暴徒，乘便为奸，国民愚昧，无能力以监督政治，致成今日破碎分崩之局，欲图挽救，愧无良策。然念吾党三十年来爱国之诚，今危难倍急于前，何忍袖手旁观，坐令栋折榱崩，侨将受压？且吾党不负责任，则国中谁复有能负责任者！启超虽无似，亦不能不自奋，随各同志之后，冀挽此危局。"③ 唯梁氏抱恙既久，虽欲力疾负重，究亦无能为力也。

自戊戌维新以降，梁启超念兹在兹立宪政治，其所凭借者端在政治团体之建设，厥其初为维新派，后为保皇派，继为立宪党、共和党、进步党、研究系云云。而为能推动党事，则辄以报纸为之具，张皇党义，求其友声，易言之，报纸集中、鲜明体现党义，为党张目，是其所必至者也。

公车上书为禹域国民运动之嚆矢，其后，康、梁诸人广结同志，蔚成团体，率以变法图存为宗旨，世谓维新派。时，梁启超主笔"时务"，著《变法通议》，沥陈变法之所由，又作《西学书目表》，倡读西书。前者为梁救时之政治主张，后者为梁救时之学术主张，其情感起点、学理逻辑，无不蹈袭与宣示维新党人政治立场，为天下所观风。冯自由述章太炎与梁启超订交，即媒蘗于《时务报》，"章尝叩梁以其师之宗旨，梁以变法维新及创立孔教

---

① 梁启超：《与仲弟书》（宣统元年五月二十五日），载丁文江、赵丰田编《梁启超年谱长编》，世纪出版集团上海人民出版社 2009 年版，第 322 页。

② 梁启超：《共和党之地位与其态度》（1913），《饮冰室合集·文集》之三十，第二十二页，中华书局 2015 年版，第 3038 页。

③ 夏晓虹：《梁启超：在政治与学术之间》，东方出版社 2014 年版，第 92 页。

对。章谓变法维新为当世之急务，唯尊孔设教，有煽动教祸之虞，不能轻于附和"①。二君子虽不能尽契，然《时务报》颂维新变法之旨趋，章氏领之，此正梁所谓吾道不孤者也②。逮于癸卯至辛亥，"立宪""革命"之辀辐椅戾殊烈，坠茵落溷终不可免，厥其维护党誉，激扬党势，则亦必非得已。方京、沪两地革党势焰熏天之际，何天柱致乃师梁启超曰："为今日计，仍以办一日报，以张党势为要义。今日受人唾骂而无一报以自申辩，虽有《国风》以发表政见，而不能普及于国人，此党势之所以不张也。即如沪上日报、六家时报不必论，新闻报则凡涉于开禁之文牍，一字不登，其余《神州》、《民立》、《天铎》、《申报》则日日造谣、日日乱骂而已。沪上商人无知无识，日持此以为谈笑之资，令人愤绝。吾若有报以主持言论，其毒不至如是之甚也。"③ 此议虽卒未成，然任公假《国民公报》推动国会请愿，居功亦巨哉。

梁启超虽役役于党事，并视报馆为党会活动重镇，然明揭党报之义，乃光绪二十六年（1900），岁次庚子。时，梁启超羁留檀香山办理保皇会，与康师鱼雁频往，密商勤王事宜，期成平勃功业，其中一书云："既与西人交涉，则我党宜出一西文党报。文庆既有一报在星，可否改为党报，□□发表我辈他日政策，何如？"④ 既欲发行西文党报，即可想见中文党报则俨然在握。诚哉，《清议报》于戊戌变法失败后，继《时务报》而成为维新派喉舌，其政治色彩益明，竟使清廷眀眀焉疾甚，誓欲除之而后快。

梁启超曾将报纸分为四等，即一人报、一党报、一国报、世界报，"若前之时务报知新报者，殆脱一人报之范围，而进入于一党报之范围也。敢问清议报于此四者中，位置何等乎？曰，在党报与国报之间。今以何祝之？曰，祝其全脱离一党报之范围，而进入于一国报之范围，且更努力渐进以达于世界报之范围"⑤。任公卜居党报，以里仁为美之心，更望于国报世界报范围，

---

① 冯自由：《中华民国开国前革命史》，广西师范大学出版社2011年版，第77页。

② 1897年澳门《知新报》创刊以媵《时务报》，梁启超与汪康年书云："近日报务日兴，吾道不孤，真强人意。"

③ 何天柱：《何天柱致梁启超十四》，载"国立中央"图书馆特藏组编《梁启超知交手札》，（台北）"国立中央"图书馆1995年版，第51页。

④ 1900年2月20日梁启超由檀岛《致康南海先生书》，载丁文江、赵丰田编《梁启超年谱长编》，世纪出版集团上海人民出版社2009年版，第135页。

⑤ 梁启超：《清议报一百册祝辞并论报馆之责任及本馆之经历》（1901），《饮冰室合集·文集》之六，第五十七页，中华书局2015年版，第517页。

是可略窥维新党人之胸怀与理想焉矣耳。

党报阐发党义，时乃天职，抑必由忠党之人，斯可尽此天职。梁启超曾亲自策划筹办《时报》，冀其成为立宪党人一生力军，然主持者狄楚卿持盈保泰之心盛，唯恐党事累及报纸发展，致使报与党邈焉异处，党人愤愤然，甚或指其叛党。梁所深恨者亦在此，故其致书康师："吾党费十余万金以办此报，今欲扩张党势于内地，而此报至不能为我机关，则要来何用。……为今之计，唯有使孺博入为总主笔庶可以从事整顿，而楚卿极力阻挠，故同人益恨之，实则弟子亦有权硬派孺博往，楚卿当无如何。……此事终当必办，拟二月内孺博即内渡，若孺博不往，则孝实资望浅，不能镇压《时报》，唯有日趋腐败而已。……望先生以一书与楚卿，指派孺博为总主笔，则彼更无辞也。"[1] 党人张君劢亦然之："《时报》言论极乏统一，且少精彩，孺博先生万不可不速归加以振顿。"[2] 孺博者，即麦孟华，为康梁党人之中坚。

党报任务随党之中心工作转移而转移。光绪三十三年（1907），方当《新民丛报》与《民报》论战臻于偃旗息鼓之际，梁启超致其师云："革命党之势力，在东京既已销声匿迹，民报社各人互相噬啮，团体全散，至于并报而不能出，全学界人亦无复为彼所蛊惑者。盖自去年《新民丛报》与彼血战，前后殆将百万言，复有《中国新报》（暂子所办）、《大同报》（旗人所办）助我张目，故其势全熄，孙文亦被逐出境，今巢穴已破，吾党全收肃清克复之功，自今已往，决不复能为患矣。吾党今后但以全力对待政府，不必复有后顾之忧，武侯所谓欲为北征而先入南也。"[3] 任公所言，庶几矜夸，抑其工作重心之转移，洵然哉，无论是《政论》《国风》，还是《国民公报》，无不服务于政党活动及请愿国会，而革命党则起而行，走上武装暴动之路。

从宣介政党，到组织政党，到政党宣传，梁启超楮墨所及，"吾党"一词频现，在在可见其政党理想与政治宏愿，而报纸赢粮于后，随党势之隆而盛，随党势之衰而微，诚不以个人私利而干求，抑不以个人好尚而立异，唯与党

① 梁启超：《与夫子大人书》（1907），载丁文江、赵丰田编《梁启超年谱长编》，世纪出版集团上海人民出版社2009年版，第282页。
② 张君劢：《张嘉森致梁启超一》，载"国立中央"图书馆特藏组编《梁启超知交手札》，（台北）"国立中央"图书馆1995年版，第312—313页。
③ 梁启超：《与南海夫子大人书》（1907），载丁文江、赵丰田编《梁启超年谱长编》，世纪出版集团上海人民出版社2009年版，第267—268页。

相须，决其生荣存续，斯之谓党报，不亦宜乎！

第六节　动反相寻论

光绪二十七年（1901）十月三日，梁启超于《清议报》发表《十九世纪之欧洲与二十世纪之中国》一文，时乃基于前此对所谓贼臣逆后攻诘指斥之后，以理性诇察往古来今，爰得社会演进、政治递嬗规律者，名之曰"动反相寻论"。

"动反相寻论"者何谓？梁启超取譬西言云："革新之机，如转巨石于危崖，不动则已，动则其机势不可遏，必赴壑而后止。故最要者莫过于动力。有动力必有反动力，有反动力必有其反动力之反动力，反反相续，动动不已，而大业成焉。"[1] 夷考西史，姑以法国大革命为初动力，之后则有神圣同盟为其反动力也；而后又有七月革命，为神圣同盟之反动力也；再后各国进行镇压，又其对革命烈焰燎原之扑灭者也；二月革命，则又其对镇压政策之反动力也。欧洲社会波谲云诡百数十年，迄于神圣同盟散、奥相梅特涅逃，其危崖滚石之势稍杀焉耳。言夫中国近史，则戊戌改良要求，可谓原动力；而慈禧垂帘，则可谓反动力，恐其不逮，又熠煽义和，至于祸极；迨回銮，新政出，诚为义和团之反动力也。尔来不数年，则动力反动力之往复者阅三数焉。征其动反相寻之效，则欧陆国民主义浡然兴之，而清季革新思想，亦瀹然云生，此正所谓"天下之理，非剥则不复，非激则不行……世界社会，日进文明，有不可抑遏之势，抑之愈甚者，变之愈骤，遏之愈久者，决之愈奇"[2]。

详审历史经验及现实政治，梁启超复将动反相寻之学理，加以抽绎、檃栝："凡力之动也，其抛线之圈，愈扩而愈大。故第一次之反动力，其现象必更剧于原动力；而第二次之反动力，其现象又必更剧于原反动力。以次递进，

---

[1]　梁启超：《十九世纪之欧洲与二十世纪之中国》，原载《清议报》1901 年第 93 册，《理想与气力》，内蒙古人民出版社 1999 年版，第 186 页。

[2]　梁启超：《清议报叙例》（1898），《饮冰室合集·文集》之三，第二十九页，中华书局 2015 年版，第 233 页。

皆循兹轨。"① 动力与反动力相推相夺，互相起伏，卒以小退而大进矣。准此而谈，则有三事可期焉，一曰事所必至，理有固然，匹夫可以奋翮图南。若汉之秒，稍存其腊者，竟为崎岖山谷之诸葛亮，若明之季，差续其朔者，卒凭边鄙薄海之郑成功。举凡能顺势而为者，虽处身穷间厄巷，方其登高一呼，即天下从风，而非必有世名者也。二曰不以名累，不以位卑，以前驱先导自许。维新党人固以戊戌一役而闻天下，梁启超则谓，彼真英雄者绝不可以名求也，维新党人唯尽其责，为将来真英雄出现，甘作铺路石、杭绝苇。人人抱此心意，奚愁英雄不迭出继见者也！三曰固其心志，勿惧勿患，以待反动力之来。事机有出于不得不然者，则吾何惧。吾勇为原动力，则逆料反动力之来必不远矣，吾勇为反动力，则亦意其反反动力之来必且迩矣，虽然，俶诡殊瑰之奇景，辄于动反推夺中出焉。

梁启超一生，率多驰骛于政治场域。人才内阁倒台阅一年，梁曾反躬自省，过去二十年来，己之所好，唯在攘臂扼腕以谈政治。而欧游归来，虽潜心教育学术，耽于断管残沈，然匣剑帷灯，其政治兴味，尝未所忘。综核其经年所役役者，无论其政治思想抑或其政治实践，隐然合于"动反相寻"之轨辙，易言之，动反相寻思想，虽缫演于往史，却脉动于梁启超政治传播全过程，谓其为梁启超政治传播哲学之重要组成部分，殆不诬也。兹申论之。

先之政治论述。

壬寅年（1902），梁启超扬厉新民，吐属如流，每一文之刻，或如春雨，沃人心田，或如黄钟，振聋发聩。彼云云枚藻，各抒机杼，而《论政治能力》褰然而出者也。

《论政治能力》一宣任公心所谓危者：非患今后中国国民无思想，而患其无能力也；无能力之殊者，政治能力是也。国民无政治能力，其于政治革进，或则裹步，或则败绩，国家前途将何有哉。国民无政治能力，致之之由深且重矣，专制政体摧锄之，家族制度掩蔽之，生计问题窘蹙之，丧乱板荡夭亡之。耗矣哀哉，任公所殷忧者端在于斯。其无救乎？恶，是又何言！欲救国者，莫如养国民之能力，欲养国民之能力，必先养既有思想之中等社会之能

---

① 梁启超：《十九世纪之欧洲与二十世纪之中国》，原载《清议报》1901 年第 93 册，《理想与气力》，内蒙古人民出版社 1999 年版，第 186 页。

力。其道有二，即分业不迁、互相协助。

"既有思想之中等社会"云者何谓，稽梁启超论言所指，殆立宪党人、革命党人是也。之两党所同者，俱以消灭专制政体为悬鹄，所不同者，手段已耳。然适以手段不同，两党分途以进，而正中于动反相寻之理。梁启超曰："天下事固有极相反而适相成者，若君主专制与共和革命，两极端也。而共和革命，每成就于君主专制极点之时。专制者种种积威，种种阴谋，皆不啻为革命者作预备之资料，此泰西史上所习闻也。"① 考诸英、法、俄，概莫能外。专制、共和如此，立宪、革命亦其然者。谓如英国一六四六年革命，非借伦敦国会军，则何以能成；美国一七七五年革命，非借费城十三州同盟会，则何以奏凯；法国一七九一年革命，非借巴黎国民议会，则何以致功。以是之故，"知立宪主义进一步，则革命主义必进一步。我而真信革命论之可以救国也，则正宜日夕祷祀，蕲立宪论之发达，以为我助力"②。反是亦然，夫日本之立宪，以革命论盛极而蒇其事，意大利之立宪，以革命论腾传而毕其役，俄之立宪，以革命党飙疾而收其效。以是之故，"知革命主义进一步，则立宪主义必进一步。我而真信立宪论之可以救国也，则正宜日夕祷祀，蕲革命论之发达，以为我助力"③。革命党人、立宪党人固所交争，然非所以为仇雠也，适可相协助焉矣。考诸时论，亦有佐文，宣统二年五月二十七日《时报》所发社论谓："读东西诸邦之立宪历史，未有无宏大坚韧之政党而获成革故鼎新之伟绩者，且未有以单简纯一之政党，而能颠覆旧时专制之政体者。……盖国民之政见绝不能悉出于大同，必有多数之党派以归纳之，因同异而生竞争，因竞争而有进步。"④ 时人于政党政治，参伍钩距，其所发莹者，亦多乎哉！

民国肇造未久，梁启超即发表多篇文章，若《共和党之地位与其态度》《多数政治之试验》《欧洲政治革进之原因》《革命相续之原理及其恶果》云

① 梁启超：《论政治能力》（1904），《饮冰室合集·专集》之四，第一百六十页，中华书局2015年版，第5142页。

② 梁启超：《论政治能力》（1904），《饮冰室合集·专集》之四，第一百六十页，中华书局2015年版，第5142页。

③ 梁启超：《论政治能力》（1904），《饮冰室合集·专集》之四，第一百六十一页，中华书局2015年版，第5143页。

④ 惜诵：《论组织政党为要求国会之本》，转引自张玉法《清季的立宪团体》，北京大学出版社2011年版，第53页。

云，阐述政治力量分庭相抗、相携之重要性。《政治上之对抗力》乃其代表作，使称之为政党政治理论之典训，盖庶几矣。文章伊始即以自然现象设譬，揭橥万千事物相维相嬗之理："电有正负，断其负线，则仅一正线不能以发电也；力有吸拒，日吸地而地拒焉；地吸庶物而庶物拒焉。吸者自吸，拒者自拒，吸与拒交尽其用，而宇宙乃相与维系于不敝。两者有一弛，则乾坤或几乎息矣。机器之转运也，有发动机，有制动机，轮轮相属，而轮各有牙以锲之，非是，则机终不能为用矣。此原则非徒丽于物理也，即人道亦有然。人类之所以能建设政治，政治之所以能由专制进为立宪，皆恃此也。"① 任公取喻，其意所属，固在于政治，斯有言曰："百年以前，各国之政治，未有不出于专制者也，而千回百折，卒乃或归于君主立宪焉，或归于民主立宪焉，皆发动力与对抗力相持之结果也。即在既立宪之国，其间雄才大略之君相，凭权藉势之党派，亦未始不跃跃然常怀专制之思也，然其不能焉者，知他方面对抗力之不可侮也。苟一国中而无强健实在之对抗力以行乎政治之间，则虽有宪法而不为用。"② 史乘历历焉在目，后之人所可镜鉴者，宁不为动反相寻之规律乎？

自晚清迄于民国，梁启超所困心衡虑者，"革命"二字，其所竭蹶从事者，趋避革命已耳。任公谓，凡国民无政治上之对抗力，抑或国民无以明政治上对抗力之作用时，国家必多革命，易言之，"国非专制，则断不至酿成革命，人民稍有政治上之对抗力，则政象断不至流于专制，其间因果关系之迹，既历历易见矣"③。所谓对抗力者，乃与发动力相对而成者也，"故必他方面有一强大之力，与之对待而不为所曲挠，乃得曰对抗。若彼方面之力已就消灭，而此方面之力起而与之易位，则不曰对抗。更申言之，则凡言乎对抗力者，其力必为相对的。而无对抗力者，其力必为绝对的也"④。专制引发革命，革命之后无对抗力，将仍流于专制，是皆不循动反相寻之道致之耳。

然则对抗力奚所生？曰："必国中常有一部分上流人士，唯服从一己所信

---

① 梁启超：《政治上之对抗力》（1913），《饮冰室合集·文集》之三十，第二十八页，中华书局 2015 年版，第 3044 页。

② 梁启超：《政治上之对抗力》（1913），《饮冰室合集·文集》之三十，第二十九页，中华书局 2015 年版，第 3045 页。

③ 梁启超：《政治上之对抗力》（1913），《饮冰室合集·文集》之三十，第二十九页，中华书局 2015 年版，第 3045 页。

④ 梁启超：《政治上之对抗力》（1913），《饮冰室合集·文集》之三十，第二十九页，中华书局 2015 年版，第 3045 页。

之真理，而不肯服从强者之指命，威不可得而劫也，利不可得而诱也。既以此自厉，而复以号召其朋，朋聚众则力弸于中而申于外，遇有拂我所信者，则起而与之抗，则所谓政治上之对抗力，厥形具矣。"①兹不遑品核其精英思想妥适与否，单就其张皇婞直之风，亦可谓谈言微中。尔其政党政治运作，一党知对抗力之可贵，亦必尊他党之对我者，夫如此，政治之文明，国家之稳定，方可期焉。

政治上之对抗力，归根结底乃立宪国政党治国之相竞。梁启超念兹在兹恒于斯耳。"政党之治，凡国必有两党以上，其一在朝，其他在野。在野党欲倾在朝党而代之也，于是自布其政策，以掊击在朝党之政策，曰：使吾党得政，则吾所施设者如是如是，某事为民除公害，某事为民增公益。民悦之也，而得占多数于议院，而果与前此之在朝党易位，则不得不实行其所布之政策，以副民望而保大权，而群治进一级焉矣。前此之在朝党，既幡而在野，欲恢复其已失之权力也，又不得不勤察民隐，悉心布画，求更新更美之政策而布之曰：彼党之所谓除公害、增公益者，犹未尽也，使吾党而再为之，则将如是如是，然后国家之前途愈益向上。民悦之也，而复占多数于议院，复与代兴之在朝党易位，而亦不得不实行其所布之政策，以副民望而保大权，而群治又进一级焉矣。如是相竞相轧，相增相长，以至无穷，其竞愈烈者，则其进愈速。"②梁启超不惮词费，亹亹如斯，抑亦见其洞彻政党政治兴仆代嬗合于天地彝律之炯眼。

后之政治实践。

奚其为政治论述，奚其为政治实践，本非能划然而分者也，然梁启超享名近代启蒙思想家，其人格魅力，殊在其不辞劳瘁，驱役政事，"梁启超"即晚清乃至民初历史事件之重要组成部分。斯所谓"历史事件"，夫如戊戌维新守旧之角争，乙巳革命立宪之严辨，梁启超咸与焉。

维新，时为守旧之对待也。

"唤起吾国四千年之大梦，实自甲午一役始也。"③甲午败绩，列强侵陵，经济窘蹙，国权浸丧，当此危亡存续之秋，"洞明时事之流，已佥知非变法不

---

① 梁启超：《政治上之对抗力》（1913），《饮冰室合集·文集》之三十，第三十一页，中华书局 2015 年版，第 3047 页。

② 梁启超：《新民说·论进步》，原刊于《新民丛报》1902 年 6 月 20 日至 7 月 5 日第 10 号至第 11 号，载夏晓虹编《梁启超文选》（上集），中国广播电视出版社 1992 年版，第 141 页。

③ 梁启超：《戊戌政变记》（1898），广西师范大学出版社 2010 年版，第 179 页。

足以图存，非将教育政治一切经国家治人民之大经大法，改弦易辙，不足以言变法"①。自兹以降，改良思想、维新实践，冲决故垒无已时，"一方面借助君权'提携'自上而下，以乾纲之力速取成效；另一方面通过组织学会、创办报刊、开设学堂以推广风气、启迪民智"②，从而厚积政治力量。

夫立会以讲中国自强之学，谓若"普鲁士有强国之会，遂报法仇。日本有尊攘之徒，用成维新。盖学业以讲求而成，人才以摩厉而出，合众人之才力，则图书易庀，合众人之心思，则闻见易通"③。乃成京师强学会、上海强学会云云。梁启超蹑师之武，隶会籍，被委以会中书记员。京师强学会于讲学之外，抑且谋政治改革，"盖强学会之性质，实兼学校与政党而一之焉。……然在当时风气未开之际，有闻强学会之名者，莫不惊骇而疑有非常之举。此幼稚之强学会，遂能战胜数千年旧习惯，而一新当时耳目，具革新中国社会之功，实亦不可轻视之也"④。强学会为新生事物，既遭守旧者侧目，少选即为御史所劾，遽封禁。上海强学会亦随其后，不免于祸。"强学"之开与禁，乃发动力与反动力相搏之明证也，反动力固其恶焰郁攸，然发动力宜如爝火不息，可燎原耳，适如梁启超所言："强学会虽封禁，然自此以往，风气渐开，已有不可抑压之势。"⑤ 胶变之后，经济学会、粤学会、闽学会、蜀学会、陕学会，继起迭兴，保国会、保滇会、保浙会倡率于前，天下从风。此所谓动反相寻，势使然也。

夫办报以唤起国民议论，振刷国民精神，为识者所共认。宋恕并视报馆若学校、议院为"转否成泰之公大纲领"⑥；康有为言报馆"小之可观物价，琐之可见土风"，"宜纵民开设，并加奖劝，庶裨政教"⑦。厥于乙未至戊戌，国人奋兴，报馆事业，蔚成大观。"这些报刊或重启蒙，或崇变法，都是为革

---

① 汪诒年：《汪康年年谱》，载中国史学会主编《戊戌变法》4，神州国光社1953年版，第204页。

② 吴雁南、冯祖贻、苏中立等主编：《中国近代社会思潮（1840—1949）》第一卷，湖南教育出版社1998年版，第227—228页。

③ 康有为：《就师强学会序》，载汤志钧编《康有为政论集》（上集），中华书局1981年版，第166页。

④ 梁启超：《莅北京大学校欢迎会演说辞》（1912），载丁文江、赵丰田编《梁启超年谱长编》，世纪出版集团上海人民出版社2009年版，第29页。

⑤ 梁启超：《强学会封禁后之学会学堂报馆》（1898），载中国史学会主编《戊戌变法》4，神州国光社1953年版，第395页。

⑥ 宋恕：《六字课斋卑议·变通篇》，《宋恕集》（上集），中华书局1993年版，第137页。

⑦ 康有为：《上清帝第二书》，载汤志钧编《康有为政论集》（上集），中华书局1981年版，第132页。

新政治、改良人心风俗、启迪民智服务。"① 梁启超初试啼声于"万国"，再奏黄钟于"时务"，遂籍籍有声名。然梁启超称引师说，诋斥嚚顽，俾守旧者如芒加其背，如鲠横其喉。张之洞尝以《时务报》所载《知耻学会序》太悖谬，恐招大祸，电饬湖南巡抚陈宝箴，"速告湘省送报之人，此册千万勿送"②。两湖书院山长梁鼎芬峻诫《时务报》经理汪康年："望坚守初心，常存君国之念，勿惑于邪说，勿误于迷途。……幸时时以斯自警，岂独吾党之幸哉？"③ 旋即有御史弹《时务报》者。及戊戌政变，"时务"云亡，而顷者所创设之十余家报馆，"亦如西山残阳，倏忽匿影，风吹落叶，余片无存"④。报馆之兴与抑，宁不为发动力与反动力相推相夺之结果！然则戊戌履霜，君子溅血，其如维新思想何，维新思想不死，随岁月之迈往，愈加灿然，且益进于新途，尔来《清议报》《新民丛报》《民报》起，倡民权、言革命，令清廷如坐燎堂，不亦正契于动反相寻之理乎！

夫兴学以培养维新人才，厥功至巨。甲午之后，四方风候渐移，废八股用策论、改书院兴新学、变武科设军校之箴谏纷纭而起。康有为云，才智多则国强，反之则国弱，"今地球既辟，轮路四通，外侮交侵，闭关未得，则万国所学，皆宜讲求"⑤。爰有万木草堂、南洋公学、上海育才书塾、上海三等公学诸新式学堂之创兴。梁启超主讲湖南时务学堂，以传播新思想为职志，"所言皆当时一派之民乐论，又多言清代故实，胪举失政，盛倡革命"⑥，守旧派大哄。梁鼎芬谓康有为、梁启超、黄遵宪、徐仁铸为群奸，若辈"聚于一方，同恶相济，名为讲学，实与会匪无异"⑦。岳麓书院斋长宾凤阳极尽諔

---

① 吴雁南、冯祖贻、苏中立等主编：《中国近代社会思潮（1840—1949）》第一卷，湖南教育出版社1998年版，第231页。

② 张之洞：《致长沙陈抚台黄署枲台电》，转引自汤志钧《戊戌变法史》（修订版），上海社会科学院出版社2015年版，第141页。

③ 梁鼎芬：《致汪康年书》，载上海图书馆编《汪康年师友书札》（2），上海书店出版社2017年版，第1728页。

④ 梁启超：《清议报一百册祝辞并论报馆之责任及本馆之经历》（1901），《饮冰室合集·文集》之六，第五十三页，中华书局2015年版，第513页。

⑤ 康有为：《上清帝第二书》，载中国史学会主编《戊戌变法》2，神州国光社1953年版，第148页。

⑥ 梁启超：《清代学术概论》（1920），上海古籍出版社1998年版，第85页。

⑦ 梁鼎芬：《梁节庵太史与王祭酒书》，载苏舆辑《翼教丛编》，上海书店出版社2002年版，第155页。

詢："梁启超以平等、民权之说，乖悖伦常，背戾圣教，觍然人面，坐拥皋比，专以异说邪教陷溺士类，且其党与蕃众，盘踞各省，吾湘若仍听其主讲时务学堂，是不啻聚百十俊秀之子，焚而坑之。吾恐中国之患，不在强邻之窥逼而在邪说之诬民也。"① 湖湘耆旧，群起而掎之，抑竟波动于京师，御史或刺录时务学堂学生札记、批语触讳者，进呈严劾，乃成戊戌构祸最有力之弹章，学堂亦随之被解散。学堂之成与废，洵发动力与反动力攘攘之明验者也。然则己亥年（1899）九月，梁启超以逋者之身，创东京高等大同学校，教自由平等天赋人权诸学说与英法革命史事，其视湖南时务学堂时期而过之，从学者林圭、范源濂、蔡锷、冯自由、郑贯一，济济多士，悉以卢梭、伏尔泰、丹顿、罗伯斯庇尔、华盛顿相期许，维新思想赫然递嬗，立宪乃至革命思想渐滋昌明。是毋亦正合动反相寻之轨辙乎？任公尝谓："国民能力之发动，恒藉反拨力为导线；无反拨力，则本能或永远潜伏，且致萎缩。"②阅二十年，任公顾省中华国民事业之成败及今后革进之机运，辄以此义而推之。

尔其乙巳年与革命党人论战，不啻一场政治博弈。梁启超尝书其师谓，"革命党鸱张蔓延，殆遍全国。我今日必须竭全力与之争，大举以谋进取，不然将无吾党立足之地"③。乃凿凿然言，立宪党与政府死战，犹为第二义，而与革命党死战，乃第一义也。虽然，梁启超抑亦怵然忧，"所谓立宪革命两主义之交哄，吾壹不知其恶感情之何自而生也"④。两党固不相下，而究极者，则俱以摧陷专制为鹄，其相携并进宜然也，"吾见夫天地甚大，前途甚宽，实有容此两主义并行不悖之余地。各发表其所研究，各预备其所实行，不相菲薄不相师，而岂必为冷嘲热骂以快意，为阴谋倾轧以求胜也"⑤。两党抵掎，胡不为发动力与反动力之相交争？而预备立宪诏下，立宪党人之步武愈疾，革命党人之斗争亦愈烈，终致有清屋社，此动反相续，理所

① 宾凤阳：《宾凤阳与叶吏部书》，载苏舆编《翼教丛编》，上海书店出版社 2002 年版，第 157 页。

② 梁启超：《历史上中华国民事业之成败及今后革进之机运》（1921），载汤志钧、汤仁泽编《梁启超全集》第十一集，中国人民大学出版社 2018 年版，第 219 页。

③ 梁启超：《与夫子大人书》（1906），载丁文江、赵丰田编《梁启超年谱长编》，世纪出版集团上海人民出版社 2009 年版，第 244 页。

④ 梁启超：《论政治能力》（1904），《饮冰室合集·专集》之四，第一五九页，中华书局 2015 年版，第 5141 页。

⑤ 梁启超：《论政治能力》（1904），《饮冰室合集·专集》之四，第一六一页，中华书局 2015 年版，第 5143 页。

固然耳。

动反相寻论，申言之，乃梁启超政党理论与政治传播思想二元范式之现实化与实践化，动者与反者既相互对立，抑又相互促进，而事物于以蝉蜕更始，臻于新境。斯论充牣辩证精神，无"动"即无"反"，无"反"即无"反反"，而有力之动，即有反动，有反动，即有反反动，天地万物，莫不循此彝理。清季启蒙思想之发展与传播，有所由哉！

若夫报纸于政治、社会新陈代嬗之规律，一如梁之所言，"虽不能为其主动者，而欲窃附于助动者，未敢多让"①。梁启超深味个中消息，竭蹶于斯事，尝未中辍焉。

第七节　"拿来"主义

夫跨文化传播，宜其中外交通，相与汲引，褒他山之石又从而宝己者也。准此以谈，考诸远史，即有译学译才，若《周书》之有舌人、《周礼》则象胥诵训、扬雄载记别国方言、朱酺译鞮西南夷乐歌、于谨通数国语言云云。苟能尔者，且缉熙于光明，则赤县神州阶于强盛，何可言哉！特以中土扃镭，妄自尊大，曾不知瀛海之外复有何物，所谓跨文化传播之迹几绝焉。

洎鸦片师熸，国人识时者始睁眼看世界，邵阳魏源，于道光之季，辑译各国书报成《海国图志》，南海冯焌光，于同治之季，创方言馆，译西书，启牖来学无艺。吴县冯桂芬，承林则徐余绪疾呼："驭夷为天下第一要政。"② 夫驭夷之道何由？或应之谓，译书是也。疆寄重臣若张之洞者云："夫不通西语，不识西文，不译西书，人胜我而不信，人谋我而不闻，人规我而不纳，人吞我而不知，人残我而不见，非聋瞽而何哉？"③ 以布衣身份上书者康有为云："泰西自培根变法，政艺之学日新而奥，阅今五百年，乃成治。东方各国

---

① 梁启超：《清议报一百册祝辞并论报馆之责任及本馆之经历》（1901），《饮冰室合集·文集》之六，第五十六页，中华书局2015年版，第516页。
② 冯桂芬：《校邠庐抗议·采西学议》，载中国史学会主编《戊戌变法》1，神州国光社1953年版，第28页。
③ （清）张之洞：《劝学篇》，冯天瑜、肖川评注，湖北人民出版社2002年版，第154页。

若舍而自读，亦非阅五百年不能成，今但取资各国，十年可变"①，疾呼广译泰西诸学之书。能吏哲士明达时务者，感愤国危，莫不以为"要救中国，只有维新，要维新，只有学外国"②。

梁启超所涉译事之言论夥颐哉！

调之于古，跨文化传播诉诸四种形式，即商旅、征伐、聘享、游说。豪商巨贾或以舟车驴驼贸迁，或与士夫樽俎酬酢，或与国君分庭抗礼，于以异风殊俗相摩焉；而尚武之时，"其军队所及，自濡染其国政教风俗之一二，归而调和于其本邦。征伐愈多，则调和愈多，而一种新思想，自不得不生"③；必曰邦交，则各国何莫而非妙选人才，通使往来，相与汲取精英，赍之归为己用；尔其纵横之士，以奔走游说为业，奚啻文化播种者。之四者，果得跨文化传播之效，然未始不为无心插柳。

迄至近代，则情况迥乎有变，民族国家之生存、强盛，固拜济济贤士颖异独得之赐，"亦有不必自出新说，而以其诚恳之气，清高之思，美妙之文，能运他国文明新思想，移植于本国，以造福于其同胞"④。谓如伏尔泰愁然忧法国前途，乃以诗歌院本小说云者，引用英国政治，讥刺本国固蔽，卒成法国革新前驱。如福泽谕吉，创校办报，肆力输入泰西文明思想，卒于明治维新成茂功者也。斯所谓传播，类能主动为之，验其效，彰彰然著明，虽市道，翕然称之，胥无异辞。

觉悟于跨文化传播者，辄以知己知彼趋避危殆而自勉，故夫"观美国之富庶，而知民权之当复；观日本之勃兴，而知黄种之可用；观法国之重振，而知败衄之不足惧；观突厥之濒蹷，而知旧国之不足恃；观暹罗之谋新，而知我可耻；观德之锐意商务，而知其大欲于中国；观俄之阴谋，而知东方将有大变；观俄日之拓张海运，而知海上商权，将移至太平洋；观德美日之争兴工艺，而知英之商务，将有蹷衄；观各国兵力之日厚，而知

---

① 康有为：《日本变政考》卷二下，转引自汤志钧《戊戌变法史》（修订版），上海社会科学院出版社 2015 年版，第 43 页。

② 汤志钧：《戊戌变法史》（修订版），上海社会科学院出版社 2015 年版，第 42 页。

③ 梁启超：《论中国学术思想变迁之大势》（1902），《饮冰室合集·文集》之七，第十三页，中华书局 2015 年版，第 589 页。

④ 梁启超：《论学术之势力左右世界》（1902），《饮冰室合集·文集》之六，第一百一十五页，中华书局 2015 年版，第 575 页。

地球必有大血战；观土希之事，列国相持不发，而知其祸机必蓄泄于震旦。有天下之责者，将监往以知来，察彼以知己，不亦深切而著明也乎"①。故梁启超素张须将世界学说为无限制尽量输入②，于以得世界范围之陈诗观风耳。

周虽旧邦，其命维新，而维新之举，必有所借手。惜哉，天下哓哓，俱言变法，然士无法政之书而读，农无农技之书而读，工无工艺之书而读，商无商务之书而读，兵无兵谋之书而读，究其极，一如"瞽者虽不忘视，跛者虽不忘履，其去视履固已远矣，虽欲变之，孰从而变之"③。梁启超尝于变法前大声疾呼："今日中国欲为自强，第一策，当以译书为第一义矣。"④ 任公以为，中国之弱实由民愚，而民之愚由于不读万国书不知万国事，苟欲救弊，则必习西文、译西书，然习西文诚为远水，不若译西书切于世急，"译书实为改革第一急务也"⑤。乃创大同译书局，复号呼云："译书真今日之急图。"⑥时京师同文馆、天津水师学堂、江南制造局、福州船政局及外国教会、医院，垂三十年所译之书不过三数百种，类为格致、武备、船械、制造，而"西人所以立国之本末，其何以不戾于公理，而合于吾圣人之义者，则瞠乎未始有见"⑦。且彼三数百种图书，既夤为西人所吐弃，又仅局踖于燕吴粤一隅，腹地及乡僻绩学之士，无所寓目。之情也，其于启山林、开新局之事业，相去甚远，以故梁氏倡率译书，冀少洗空言之讥诮，增变法维新之实用。

戊戌年，梁启超以六品衔办理译书局事务，曾上《拟译书局章程并沥陈开办情形折》，直欲借衙署之威若力，推动译事。惜宏愿未及萌蘖，适遭政

---

①　梁启超：《续译列国岁计政要叙》（1897），《饮冰室合集·文集》之二，第六十一页，中华书局 2015 年版，第 193 页。

②　梁启超：《清代学术概论》（1920），上海古籍出版社 1998 年版，第 89 页。

③　梁启超：《大同译书局叙例》（1897），《饮冰室合集·文集》之二，第五十七页，中华书局 2015 年版，第 189 页。

④　梁启超：《读日本书目志书后》（1897），《饮冰室合集·文集》之二，第五十二页，中华书局 2015 年版，第 184 页。

⑤　梁启超：《戊戌政变记》（1898），载清华大学国学研究院、中华书局编辑部编《梁任公先生年谱长编稿本》第二册，中华书局 2015 年版，第 842 页。

⑥　梁启超：《大同译书局叙例》（1897），《饮冰室合集·文集》之二，第五十七页，中华书局 2015 年版，第 189 页。

⑦　梁启超：《西政丛书叙》（1897），《饮冰室合集·文集》之二，第六十三页，中华书局 2015 年版，第 195 页。

变，乃无果而终。

"国家欲自强，以多译西书为本，学子欲自立，以多读西书为功"①，此固为识时者所共见，第言易行难，究竟"以此土之人，谭彼岸之书，异域绝俗，殊文别语，正朔服色器物名号度律量衡靡有同者，其孰从而通之"②。梁启超辄谓，欲通西学，必识泰西文字，或大兴译书，遍泽士人，然则费时日，少舌人，虎狼环伺如我者安得此从容岁月，其结果，法终不能变，国终不能强。唯天不绝人，传播西学毋亦另有途径，梁氏忻然曰，日本文字犹吾文字，学之较易，而"泰西诸学之书，其精者日人已略译之矣，吾因其成功而用之，是吾以泰西为牛，日本为农夫，而吾坐而食之，费不千万金，而要书毕集矣。使明敏士人，习其文字，数月而通矣。于是尽译其书，译其精者而刻之，布之海内，以数年之期，数万之金，而泰西数百年数万万人士新得之学举在是，吾数百万之吏士识字之人，皆可以讲求之，然后致之学校以教之，或崇之科举以励之，天下向风，文学辐凑，而才不可胜用矣"③。苟布衣而能存国，此其要著也。

传译之见视为跨文化传播，必其国风民俗两厢熟稔，方可得其神髓，抵其真谛。梁启超言："自古未有不通他国之学，而能通本国之学者。亦未有不通本国之学，而能通他国之学者。"④ 申论之，传译之良者，必先精研异域他族之文物典籍，知新旧秀莠之别择。姑以近世论，"西人致强之道，条理万端，迭相牵引，互为本原，历时千百年以讲求之，聚众千百辈以讨论之，著书千百种以发挥之，苟不读其书，而欲据其外见之粗迹，以臆度其短长，虽大贤不能也"⑤。然又必非熟察人国而可葳事，"必其人固尝邃于经术，熟于史，明于律，习于天下郡国利病，于吾中国所以治天下之道，靡不挈枢振领而深知其意"⑥。易言之，中学西学不能偏废，知中而通外，方为真知。夫若译事而能求真知，则其风流沾被，庶几可新一国之民，可变一国之法。

① 梁启超：《西学书目表·自序》（1896），载夏晓虹编《梁启超文选》（下集），中国广播电视出版社 1992 年版，第 370 页。

② 梁启超：《日本国志后序》（1897），《饮冰室合集·文集》之二，第五十页，中华书局 2015 年版，第 182 页。

③ 梁启超：《读日本书目志书后》（1897），《饮冰室合集·文集》之二，第五十四页，中华书局 2015 年版，第 186 页。

④ 梁启超：《变法通议》，何光宇评注，华夏出版社 2002 年版，第 131 页。

⑤ 梁启超：《变法通议》，何光宇评注，华夏出版社 2002 年版，第 139 页。

⑥ 梁启超：《变法通议》，何光宇评注，华夏出版社 2002 年版，第 139 页。

然译事终以自强为根本，深拒锢闭，是为陆沉，汩没于西风，实不待人亡而自亡矣。自强之要端在于守本而能通，本之不存，则木蓊蓊兮焉求。斯为跨文化传播所殊当注意者也。自海隅互市以降，言西学者渐夥，梁启超却生殷忧："今日非西学不兴之为患，而中学将亡之为患。"① 何以故？则曰："吾尝见乎今之所谓西学者，彝其语，彝其服，彝其举动，彝其议论，动曰中国之弱，由于教之不善，经之无用也。推其意，直欲举中国文字，悉付之一炬。而问其于西学格致之精微，有所得乎？无有也。问其于西政富强之本末，有所得乎？无有也。之人也，上之可以为洋行之买办，下之可以为通事之西奴，如此而已。"② 尤以西学为稻粱谋者，于中国实学，一无所知，于声光化电，不明就里，徒携洋自重，束"三传"于高阁，视《论语》为薪柴，枵然自大，盛气凌人。是去跨文化传播旨意远乎哉！

梁启超虽不以舍弃中国固有文化而尽揖西洋文化为然，然则对坚持中西界限者又不惮加以辨正。梁启超序《西政丛书》，言之铿然："政无所谓中西也。列国并立，不能无约束，于是乎有公法。土地人民需人而治，于是乎有官制。民无恒产则国不可理，于是乎有农政矿政工政商政。逸居无教，近于禽兽，于是乎有学校。官民相处，秀莠匪一，于是乎有律例。各相猜忌，各自保护，于是有兵政。此古今中外之所同，有国者之通义也。"③ 唯吾秦汉以后迄于有清，江山取于马上，天下擅为己有，民政遂亡，所谓"通义""公理"云者，宜其视为异物。而今承西风之渐，适为复三代之义，则何所嫌？

象寄译鞮既为急图，吐弃中学又徒滋惕厉，抑跨文化传播之正道乌在？梁启超谓："一曰择当译之本；二曰定公译之例；三曰养能译之才。"④ 当译者概为章程之书、学堂之书、政史之书、名理之书、年鉴之书云云，率皆维新所汲汲以求者。所谓定译例，殆任公有感于"译书之难读，莫甚于名号之不一"⑤，同一人、同一物、同一地、同一时，其为名也，此书与彼书异，同

① 梁启超：《〈西学书目表〉后序》（1896），载夏晓虹编《梁启超文选》（下集），中国广播电视出版社 1992 年版，第 371 页。

② 梁启超：《〈西学书目表〉后序》（1896），载夏晓虹编《梁启超文选》（下集），中国广播电视出版社 1992 年版，第 371 页。

③ 梁启超：《西政丛书叙》（1897），《饮冰室合集・文集》之二，第六十二页，中华书局 2015 年版，第 194 页。

④ 梁启超：《变法通议》，何光宇评注，华夏出版社 2002 年版，第 144 页。

⑤ 梁启超：《变法通议》，何光宇评注，华夏出版社 2002 年版，第 150 页。

一书前后异，读者如坠雾中，其译书传播之效，杀矣哉！以故整齐人名、地名、官制、纪年、名物、律度量衡，势所必行。若夫养译才，则必于华文西文及所涉专门之学俱通，至少居其二，而三者之中又以通学为上，通文其次，是可见任公于传译求真知之挚意也。

任公谆谆言之，亦矻矻行之。光绪二十二年至二十三年，以大同译书局为之地，鸠合人才，移译西书，得三卷二十二种，掩有数、理、化诸自然科学，及西方官制、学制、史志、法律、农政、矿政、工政、商政、兵政、船政云云。又刊印《大彼得变政考》《经世文新编》《西学书目序列》《日本书目志》诸文典、存目。光绪二十七年，复创广智书局，仍译西书无艺。《新民丛报》创刊以降，其所绍介之西方学者、政治家，计有百余，抑"马克思"之名初现于此间，梁启超赞之为社会主义泰斗，且预言社会主义必磅礴于世界云耳。欧游归来，梁启超囊书万余册，分隶英、法、德、俄之名著，曰教育、经济、文化、哲学、文学、科学、史学诸科。①

察梁启超传译之论言若实践，可略檃栝如斯：梁启超终其一生，以译书为救国之道，亦引为己任，仓皇于此途，竭蹶以从事，惓惓之心，可鉴日月。抑任公所论所行，又可见出，近代中国所谓跨文化传播，实乃西风东渐，强势文化向弱势文化转移，梁启超适逢其会，劬悴于斯役，为时人所重，为后人所称。而梁躬与译事，秉辩证观点，既烛察西学之优长，又不妄自菲薄，视中学为敝屣，殆亦可以鲁迅所谓拿来主义称之也。虽谓拿来，实为强己，正所谓"他山攻错，群言折衷；取彼楚梼，振我宋聋"②。梁启超"五四"以后转趋中国传统文化研究，其有自焉。

第八节　扬厉"进步"

光绪三十年（1904）四月二十九日，《时报》出版，梁启超撰《时报缘起》，一揭传播之与国家社会进步之关系："命之曰'时'，于祖国国粹固所

---

① 董方奎：《新论梁启超》，华中师范大学出版社 2007 年版，第 297—298 页。

② 梁启超：《国风报叙例》（1910），载汤志钧、汤仁泽编《梁启超全集》第七集，中国人民大学出版社 2018 年版，第 6 页。

尊重也，而不适于当世之务者，束阁之；于泰西文明固所崇拜也，而不应于中国之程度者，缓置之。而于本国及世界所起之大问题，凡关于政治学术者，必竭同人谫识之所及，以公平之论，研究其是非利害，与夫所以匡救之应付之之方策，以献替于我有司，而商榷于我国民。若夫新闻事实之报道，世界舆论之趋向，内地国情之调查，政艺学理之发明，言论思想之介绍，茶余酒后之资料，凡全球文明国报馆所应尽之义务，不敢不勉，此则同人以言报国之微志也。虽然西哲亦有言，完备之事物必产于完备之时代。今以我国文明发达如彼其幼稚也，而本报乃欲窃比于各国大报馆之林，知其无当矣。跬步积以致千里，百川汇以放四海，务先后追随于国家之进步，而与相应焉，则本报所日孜孜也。吾国家能在地球诸国中占最高之位置，而因使本报在地球诸报馆中，不得不求占最高之位置，则国民之恩我无量也夫！"① 任公斯言，究其旨趣，可有以蔽之耳，谓媒介秉史家情怀，放炯眼于优劣之畛域，运锐思于新旧之樊篱，振翰藻于好害之分野，于以传布进步内容，播越进步观念，唱诵进步之道。不宁唯是，媒介知所别择，传播无先无后无主无次无上无下，乃正自激励国家社会进步为之尚，抑且传播事业当随国家社会进步而同频共振。时之谓梁氏"进步"传播观可也。

梁启超叙说"进步"其来有自焉。萧公权谓："梁任公受康学春秋三世及西学物竞天演之影响，其思想中始终包含一进步之观念。"② 诚哉斯言。梁从康师演据乱升平太平之世，既循孟学，抑亦抉破孟子治乱循环陈说，倡世道递嬗以进之理，其言曰："吾闻之《春秋》三世之义，据乱世以力胜，升平世智、力互相胜，太平世以智胜……世界之运，由乱而进于平；胜败之原，由力而趋于智。"③ 任公持论，既为拘墟者所侧目，迨侯官严氏译介达尔文、赫胥黎，犁然当于其心，思想滋进。而后乃今，梁启超所谓进步者，庶与进化同。

20 世纪初叶，梁启超已然视进化论为思想界之神明，尝奋呼云："自达尔文种源说出世以来，全球思想界，忽开一新天地，不徒有形科学为之一变而已，乃至史学、政治学、生计学、人群学、宗教学、伦理学、道德学，一切无不受其影响。斯宾塞起，更合万有于一炉而冶之，取至赜至颐之现象，

---

① 丁文江、赵丰田编：《梁启超年谱长编》，世纪出版集团上海人民出版社 2009 年版，第 221 页。

② 萧公权：《中国政治思想史》（下册），商务印书馆 2011 年版，第 757 页。

③ 梁启超：《变法通议》，何光宇评注，华夏出版社 2002 年版，第 32 页。

用一贯之理，而组织为一有系统之大学科。伟哉近四十年来之天下，一进化论之天下也。"① 梁启超慑服于进化论摧弃旧学激发新知之威，施然从之，且引为世界观与方法论。方李鸿章卒未几，梁启超即属"中国四十年来大事记"，评骘史实若人物，谓，甲午一役，时人率以为一杀李鸿章，万事皆了，然则李鸿章战时失机者固多，其咎固不可恕，第以不失机而计之，殆亦必无幸胜之理，"盖19世纪下半纪以来，各国之战争，其胜负皆可于未战前决之，何也？世运愈进于文明，则优胜劣败之公例愈确定。实力之所在，即胜利之所在，有丝毫不能假借者焉。无论政治学术商务，莫不皆然"②。是为任公以天演进化思想论列往史现势之先声，尔后，绳墨之，钁栝之，其言"进化"者，所在多有，其于《论学术之势力左右世界》奋呼："前人以为黄金世界在于昔时，而末世日以堕落，自达尔文出，然后知地球人类，乃至一切事物，皆循进化之公理，日赴于文明。前人以为天赋人权，人生而皆有自然应得之权利，及达尔文出，然后知物竞天择，优胜劣败，非图自强，则决不足以自立。"③ 其于《中国专制政治进化史论》叙云："进化者，向一目的而上进之谓也。日迈月征，进进不已，必达于其极点。凡天地古今之事物，未有能逃进化之公例者也。"④ 其于《史学之界说》直言："历史者，叙述进化之现象也。"⑤ "进化"，梁启超缮之若刀，期必于疗治病国焉耳。

抑"进化"常生于竞争。"夫竞争者文明之母也，竞争一日停，则文明之进步立止。"⑥ 以此稽诸禹域当如何？唯惭悚而已。"吾中国人无进取冒险之性质，自昔已然，而今每况愈下也。曰知足不辱，知止不殆；曰知白守黑，知雄守雌；曰不为物先，不为物后；曰未尝先人，而常随人：此老氏之谰言，不待论矣。而所称诵法孔子者，又往往遗其大体，摭其偏言，取其'狷'主

① 梁启超：《进化论革命者颉德之学说》（1902），《饮冰室合集·文集》之十二，第七十九页，中华书局2015年版，第1111页。

② 梁启超：《李鸿章传》（1901），海南出版社2001年版，第104页。

③ 梁启超：《论学术之势力左右世界》（1902），《饮冰室合集·文集》之六，第一百一十四页，中华书局2015年版，第574页。

④ 梁启超：《中国专制政治进化史论》（1902），《饮冰室合集·文集》之九，第五十九页，中华书局2015年版，第809页。

⑤ 梁启超：《史学之界说》（1902），载夏晓虹编《梁启超文选》（上集），中国广播电视出版社1992年版，第522页。

⑥ 梁启超：《新民说·论国家思想》（1902），《饮冰室合集·专集》之四，第十八页，中华书局2015年版，第5000页。

义，而弃其'狂'主义，取其'勿'主义，而弃其'为'主义，取其'坤'主义，而弃其'乾'主义，取其'命'主义，而弃其'力'主义。其所称道者，曰乐则行之忧则违之也；曰无多言，多言多患，无多事，多事多败也；曰危邦不入乱邦不居也，曰孝子不登高不临深也。"① 梁启超感慨，以一国之大，只见女德不见男德，只有病者而无健者，暮气沉沉朝气依稀，鬼道周行人道微茫，长此以往，国之宁能立乎！乃孜孜汲汲介绍天演学说，"欲吾国民知近世思想变迁之根由，又知此种学术，不能但视为博物家一科之学，而所谓天然淘汰优胜劣败之理，实普行于一切邦国种族宗教学术人事之中，无大无小，而一皆为此天演大例之所范围。不优则劣，不存则亡，其机间不容发。凡含生负气之伦，皆不可不战兢惕厉，而求所以适存于今日之道云尔"②。梁启超冀借此新力一击，国民守旧猥惰之积习，泮然冰泮，则国之存容可期焉。

"进化""进步"乃梁启超启蒙思想之窍奥，亦其全部传播活动之神髓。一如其《清议报》宗旨所云，对于吾国民"一以天演学物竞天择优胜劣败之公例，疾呼而棒喝之，以冀同胞之一悟"③，请申述之。

传播进步内容，斯固然也。人类之智识欲，曾无满足之时，进一步并非以此自甘，乃又欲更进④，厥其传播欲止而羌无止焉。"进步内容"若何？谓新知也，谓益智也。知之愈多则愈智，智之愈赡则愈强。反之，知之愈少则愈愚，愚不可及则劣败已耳。"今以西人声、光、化、电、农、矿、工、商诸学，与吾中国考据、词章、帖括家言相较，其所知之简与繁，相去几何矣。"⑤倘若吾人狃于积习，不能振蹈，国其危乎哉！用是，梁氏编次西政丛书，表列西学书目，考诸俄日变政，汲汲然不遑暇食，求阶中国于进步之途乎。

抑梁所尽瘁者，更在于传播进步观念。

---

① 梁启超：《新民说·论进取冒险》（1902），载夏晓虹编《梁启超文选》（上集），中国广播电视出版社 1992 年版，第 122 页。

② 梁启超：《天演学初祖达尔文之学说及其略传》（1902），《饮冰室合集·文集》之十三，第十八页，中华书局 2015 年版，第 1136 页。

③ 梁启超：《清议报一百册祝辞并论报馆之责任及本馆之经历》（1901），《饮冰室合集·文集》之六，第五十四页，中华书局 2015 年版，第 514 页。

④ 梁启超：《〈自鉴〉序》（1923），载汤志钧、汤仁泽编《梁启超全集》第十二集，中国人民大学出版社 2018 年版，第 115 页。

⑤ 梁启超：《西学书目表·自序》（1896），载夏晓虹编《梁启超文选》（下集），中国广播电视出版社 1992 年版，第 370 页。

且谓合群一说。吾人常怀私，虽亿兆京垓人，不啻亿兆京垓国，以亿兆京垓之散而敌人之合，其巍然能立者恶可期哉，此梁启超于甲午国难后所殊忧者："横尽虚空竖尽劫，劫大至莫载，小至莫破，苟属有体积有觉运之物，其所以生而不灭存而不毁者，则咸恃合群为第一义。"① 故丁酉年（1897），梁启超即为时务学堂制定学约，引荀子、曾子、杜工部言，申乐群之义。抑中国果未有群者乎？是亦不然。不见有族群、有社群、有行会乎？然其互相轻、互相妒、互相残，旋起旋灭，为外人笑，则何者？以无合群之德故也。"合群之德者，以一身对于一群，常肯绌身而就群；以小群对于大群，常肯绌小群而就大群。夫然后能合内部固有之群，以敌外部来侵之群。"② 合群关乎生存，进而辨优劣，"自然淘汰之结果，劣者不得不败，而让优者以独胜云尔。优劣之道不一端，而能群与不能群，实为其总原"③。梁启超曰，养群德实为当务之急也。

且谓理想一说。理想者，为将来计也。梁启超著新史学，掊斥旧史学徒知有事实而不知有理想。"史之精神维何？曰理想是已。大群之中有小群，大时代之中有小时代，而群与群之相际，时代与时代之相续，其间有消息焉，有原理焉，作史者苟能勘破之，知其以若彼之因，故生若此之果，鉴既往之大例，示将来之风潮。"④ 史之精神正自与进化思想若合符契。梁启超宗崇英人颉德学说，端在于其理想性。颉德曰："19 世纪者，平民主义之时代也，现在主义之时代也。虽然，生物进化论既日发达，则思想界不得不一变，此等幼稚之理想，其谬误固已不可掩，质而论之，则现在者，实未来之牺牲也。若仅曰现在而已，则无有一毫之意味，无有一毫之价值，唯以之供未来之用，然后现在始有意味，有价值。凡一切社会思想国家思想道德思想，皆不可不归结于是。"⑤ 颉德以

---

① 梁启超：《说群一　群理一》（1896），《饮冰室合集·文集》之二，第五页，中华书局 2015 年版，第 137 页。

② 梁启超：《十种德性相反相成义·独立与合群》（1901），载夏晓虹编《梁启超文选》（上集），中国广播电视出版社 1992 年版，第 93 页。

③ 梁启超：《新民说·论合群》（1902），《饮冰室合集·专集》之四，第七十六页，中华书局 2015 年版，第 5058 页。

④ 梁启超：《新史学·中国之旧史学》（1902），载夏晓虹编《梁启超文选》（上集），中国广播电视出版社 1992 年版，第 519 页。

⑤ 引自梁启超《进化论革命者颉德之学说》（1902），《饮冰室合集·文集》之十二，第八十六页，中华书局 2015 年版，第 1118 页。

"合群""理想"释人类进化，驾乎达尔文、斯宾塞、赫胥黎之上，梁启超甚且称之为进化论革命者。诇诸史乘，鉴诸西论，任公尝嗟叹："我中国四万万人，有理想者有几何人?"① 又复嗟叹，无高尚之目的，"此实吾中国人根本之缺点也"②。任公大望于国人者，必于衣食住行、安富尊荣外，有更大之目的，夫如是，庶可日有进步，重熙而累洽。

且谓民权一说。人者，肉体与精神之合体也，肉体乃形而下，精神乃形而上。梁启超云："人之所以贵于万物者，则以其不徒有'形而下'之生存，而更有'形而上'之生存。形而上之生存，其条件不一端，而权利其最要也。故禽兽以保生命为对我独一无二之责任，而号称人类者，则以保生命保权利两者相倚，然后此责任乃完。苟不尔者，则忽丧其所以为人之资格，而与禽兽立于同等之地位。"③ 癸卯年（1903）之前，梁启超仰止卢梭、孟德斯鸠、培根、笛卡尔诸西哲，醉心民权革命论，尝与时务学堂生徒相聚讲、相鼓吹，甚且抗辩乃师"不当兴民权"之论："夫不兴民权则民智乌可得开哉。"④ 任公谓，吾民数千年来受人鱼肉而视之若天经地义，"权利"二字曾未现于脑质久之。兹情也，我国民自放自弃之罪固不可逭，而社会亦与有责焉，故尔，"为政治家者，以勿摧压权利思想为第一义；为教育家者，以养成权利思想为第一义；为一私人者无论士焉农焉工焉商焉男焉女焉，各以自坚持权利思想为第一义"⑤。厥创《清议报》，大倡民权，且"始终抱定此义，为独一无二之宗旨，虽说种种方法，开种种门径，百变而不离其宗"⑥。苟不尔者，权利失坠，宁忍视吾民永掷于不人之地耶！

合群、理想、民权，时乃仅少抵进步观念之樊而已，以云窥其堂奥，则

① 梁启超：《理想与气力》，内蒙古人民出版社 1999 年版，第 113 页。
② 梁启超：《新大陆游记》（1904），商务印书馆 2014 年版，第 146 页。
③ 梁启超：《新民说·论权利思想》（1902），《饮冰室合集·专集》之四，第三十一页，中华书局 2015 年版，第 5013 页。
④ 梁启超：《致南海夫子大人书》（光绪二十六年四月一日），载丁文江、赵丰田编《梁启超年谱长编》，世纪出版集团上海人民出版社 2009 年版，第 154 页。
⑤ 梁启超：《新民说·论权利思想》（1902），《饮冰室合集·专集》之四，第三十九至四十页，中华书局 2015 年版，第 5021—5022 页。
⑥ 梁启超：《清议报一百册祝辞并论报馆之责任及本馆之经历》（1901），《饮冰室合集·文集》之六，第五十四页，中华书局 2015 年版，第 514 页。

宗庙之美，百官之富，可付诸想见耳。然则闻曰：临渊羡鱼，不如退而织网，此渔之道也。抑进步观念虽云富美，而进步之道乌在？曰破坏。

戊戌政变后，梁启超口说身行最多者，破坏也。“在这一时期，梁启超力主砸碎旧世界，建设一个新世界”①，其政治坐标，由维新保皇渐移向革命党人，几与乃师分道扬镳。其言云：“甚矣破坏主义之不可以已也！譬之筑室于瓦砾之地，将欲命匠，必先荷锸；譬之进药于瘩疳之夫，将欲施补，必先重泻。非经大刀阔斧，则输、倕无所效其能；非经大黄芒硝，则参苓适足速其死。历观近世各国之兴，未有不先以破坏时代者。”② 庚子祸变不久，梁启超即撰《十种德性相反相成义》，云：“破坏主义者，实冲破文明进步之阻力，扫荡魑魅魍魉之巢穴，而救国救种之下手第一著也。处今日而犹惮言破坏者，是毕竟保守之心盛。欲布新而不欲除旧，未见其能济者也。”③ 迨《新民丛报》出，其言益犀锐：“求进步之道将奈何？必取数千年横暴混浊之政体，破碎而齑粉之，使数千万如虎、如狼、如蝗、如蝻、如蜮、如蛆之官吏，失其社鼠城狐之凭借，然后能涤荡肠胃以上于进步之途也；必取数千年腐败柔媚之学说，廓清而辞辟之，使数百万如蠹鱼、如鹦鹉、如水母、如畜犬之学子，毋得摇笔弄舌舞文嚼字为民贼之后援，然后能一新耳目以行进步之实也。”④ “破坏”之不足逞意，又引日本“革命”一词释之：“Revolution之事业，为今日救中国独一无二之法门。不由此道而欲以图存欲以图强，是磨砖作镜、炊沙为饭之类也。”⑤ 唯破坏、革命，实出于无奈云尔，梁启超尝敬告，时势不可逆，苟其逆之，破坏、革命之力量则愈激而愈横决耳。冯自由《记任公事实》多之曰，任公“《论破坏》（疑为《论进步》，著者志）一文，于青年思想极有影响”⑥。

传播进步内容、进步观念、进步之道，斯足以促国家社会进步乎？是亦

---

① 董方奎：《梁启超与立宪政治》，华中师范大学出版社1991年版，第101页。

② 梁启超：《饮冰室自由书·破坏主义》，原刊于《清议报》1899年10月15日第30册，载夏晓虹编《梁启超文选》（上集），中国广播电视出版社1992年版，第215页。

③ 张枬、王忍之编：《辛亥革命前十年间时论选集》第一卷上册，生活·读书·新知三联书店1960年版，第15页。

④ 梁启超：《新民说·论进步》（1902），载夏晓虹编《梁启超文选》（上集），中国广播电视出版社1992年版，第148页。

⑤ 梁启超：《释革》（1902），载张枬、王忍之编《辛亥革命前十年间时论选集》第一卷上册，生活·读书·新知三联书店1960年版，第244页。

⑥ 清华大学国学研究院、中华书局编辑部编：《梁任公先生年谱长编稿本》第五册，中华书局2015年版，第2304页。

不然。乃者，梁启超趋跄于袁政府，政务烦黩，其能寓目报纸者仅矣，即此而慨叹，“报纸上之政谈，决无由入于当局者之耳，而使政治现象生毫厘之反响也”①。政治现象仅为国家社会全貌之一斑，齐州之内，深闭固拒，识者如任公亦尝傫然而已。进步，戛戛其难乎哉。

近代中国之落后为国人所共睹，尔其落后之因，殆难尽数，若偻列其荦荦大者，抑亦次第可云。梁启超《论进步》谓吾中国近世浇沫，乃由数端原因造成，所谓大一统而竞争绝、环“蛮族”而交通难、言文分而人智局、专制久而民性漓、学说隘而思想窒。游北美，发现吾民殊于人者，正自有族民资格而无市民资格、有村落思想而无国家思想、狃于专制而危于自由。国情如彼，国人如是，其欲有所进步，则必非概而言之。梁启超谓：“自由云、立宪云、共和云，如冬之葛，如夏之裘，美非不美，其如于我不适何！”② 传播者苟其言行欲有益于人国，必其持论能适应乎时势，“其建一议发一策，能使本国为重于世界”③。唯“今我国果有正当与适应之舆论与否，吾殊未敢言”④。一言蔽之，传播活动如能推动国家社会进步，必亦时中，因时制宜、因地制宜、因事制宜。准此而行，任公虽刍狗万物之言而曾不于避，倡专制，掎共和，此固为历史所摒，然亦见其赤子之心。

日人松本君平谓，新闻之与社会，相为因缘。“夫新闻记者，既负有引导生民鞭策社会之大势力，若不据近世文明之精神，而乘大势所趋以俱进，则岂非负其责任耶！”⑤ 易言之，传播活动必以国家社会进步为至高之鹄的，而其自身亦必日滋日长，俾踵国家社会进步之后。“报章所关，与国消息”⑥，梁启超举英国而例说传播与国家社会之关系，其国家保护报馆，如鸟鷇子，其国民嗜读报章，如蚁附膻，其报人殚心报事，如蜂酿蜜。诚哉如斯！诸先进国，

---

① 梁启超：《政治之基础与言论家之指针》（1915），《饮冰室合集·文集》之三十三，第三十三页，中华书局 2015 年版，第 3297 页。

② 梁启超：《新大陆游记》（1904），商务印书馆 2014 年版，第 146 页。

③ 梁启超：《京报增刊国文祝辞》（1915），《饮冰室合集·文集》之三十三，第七十八页，中华书局 2015 年版，第 3342 页。

④ 梁启超：《政治之基础与言论家之指针》（1915），《饮冰室合集·文集》之三十三，第三十四页，中华书局 2015 年版，第 3298 页。

⑤ ［日］松本君平：《新闻学》，载［日］松本君平等《新闻文存》，余家宏、宁树藩、徐培汀、谭启泰编注，中国新闻出版社 1987 年版，第 8 页。

⑥ 梁启超：《知新报叙例》（1897），《饮冰室合集·文集》之三，第一页，中华书局 2015 年版，第 205 页。

何莫而非如是。比类而推之，盖知国之强弱，民之智愚，察其报章之多寡良否可立判矣。"以此之故，其从事于报馆事业者，亦益复奋勉刻厉，日求进步。"① 梁氏躬役报事，辄以此自励，方其更《解放与改造》为《改造》之际，属发刊辞云："同人深自策厉，欲改良本刊，使常能与社会之进步相应"②；而《时事新报》发五千号，即为纪念辞云："永矢固有精神于勿替，而对于所谓理想的计画所以改良本报内容使与时代之需求相应者，更一日不敢怠。"③ 回溯既往，其传播思想屡变而不一变者，乃恒以国家社会进步为极轨云尔。

蔡元培《五十年来中国之哲学》有言谓，自严复译述"天演"后，"物竞""争存""优胜劣败"等词，为市道所竞颂。梁启超以一介微茎，向慕古人，常怀亭林天下匹夫之责，于国危民艰之秋，迫为大声疾呼之举，匪唯不敢后人，抑其以一鸡之唱，领百鸡之鸣，蔚成近代中国求进步之洪波曲。而参伍钩距其"进步"传播观，殆有两大特征。一为揭橥进步基于事物普遍联系。中国旧史书法，辄不出记述博物细故、王侯将相之范畴，然鸡零狗碎，漫漶割裂，实无由察其历史演进之轨辙，梁启超辞而辟之，以新史学自任，扬厉"群"说，觇伺世运，于普遍联系中求社会进化之公理公例，一改千年固陋之腐语。二为标举"进步为人生与社会正常之趋势"④。夫若进步，梁启超辄持乐观主义态度，一遵孔子所谓逝者如斯不舍昼夜之精神。《五十年中国进化概论》一文，论执殊明：虽华夏陆沉板荡，虽民人辗转沟壑，而任公放炯眼于来路，独能推明阐抉，谓如中华民族之扩大、科举制度之扑灭、思想潮流之剧变、政治意识之觉醒，何一非吾赤县神州进步之光！而"吾辈食今日文明之福，是为对于古人已得之权利；而继续此文明，增长此文明，孳殖此文明，又对于后人而不可不尽之义务也"⑤。此义正辛丑年所著《志未酬》之余绪，所谓世界进步靡有止期，男儿志兮天下事，但有进兮不有止。梁启超"进步"传播观，抉破吾人独好之茧房，激励吾人顺历史发展之律、应世界变化之势，其意明矣哉。

---

① 梁启超：《清议报一百册祝辞并论报馆之责任及本馆之经历》(1901)，《饮冰室合集·文集》之六，第五十页，中华书局 2015 年版，第 510 页。

② 清华大学国学研究院主编：《梁启超文存》，江苏人民出版社 2012 年版，第 28 页。

③ 张之华主编：《中国新闻事业史文选（公元 724 年—1995 年）》，中国人民大学出版社 1999 年版，第 171 页。

④ 萧公权：《中国政治思想史》（下册），商务印书馆 2011 年版，第 764 页。

⑤ 梁启超：《史学之界说》(1902)，载夏晓虹编《梁启超文选》（上集），中国广播电视出版社 1992 年版，第 527 页。

第九节　报业人才观

人才，万事利之以成。忧时君子属风雨飘摇之秋，其以嘤鸣之诚，冀怀才抱德者之来，伊谁无言？

初，梁启超客京师，广结同志，其书夏曾佑云："此行本不为会试，第颇思假此名号作汗漫游，以略求天下之人才。"① 复于另书云："贵省通材谨悉，但仍欲觅后起之秀者，虽学未成而志趣过人，亦足贵也。"② 又书汪康年云："我辈在今日有何事可为？求人才须是第一义。"③ 其时，梁启超自知人微言轻，虽有狂澜之心，却不能起尺水，唯以人才相期，借获丽泽之益。泊丙申年（1896），著《变法通议》，虽靡胫翼，却已走海陬，"论者谓其持论豁达，雄辩惊人"④，然其一言蔽之曰："变法之本，在育人才。"⑤ 戊戌遘命，梁启超伏居瀛海以远，却运思穹古以上，"衰周之际，兼并最烈，时君之求人才，载饥载渴。又不徒奖励本国之才而已，且专吸收他国者而利用之。盖得之则可以为雄，失之且恐其走胡走越，以为吾患也。故秦迎孟尝，而齐王速复其位；商鞅去国，而魏遂弱于秦。游士之声价，重于时矣"⑥。衰周之人，载纵载横，近世危乱，结党与争，时虽迥隔，揆诸得人之理则一也。方预备立宪诏下，改革官制名实不相乎，革党势力飙起，自东京蔓延于内地，任公视为腹心之患，厥书乃师谓，"我党"与政府战，与革党战，非多蓄战将广收人才，势不可以制胜，然则"我旧会除会长二人外，无一人能披挂上马者。谨限于草堂旧有之人才，则虽能保守，而万不能扩张，必败而已。

---

① 梁启超：《与穗卿兄长书》（1894），载丁文江、赵丰田编《梁启超年谱长编》，世纪出版团上海人民出版社 2009 年版，第 23 页。

② 梁启超：《与夏穗卿先生书》（1894），载丁文江、赵丰田编《梁启超年谱长编》，世纪出版集团上海人民出版社 2009 年版，第 23 页。

③ 梁启超：《与穰公同年书》（1894），载丁文江、赵丰田编《梁启超年谱长编》，世纪出版集团上海人民出版社 2009 年版，第 24 页。

④ 刘盼遂：《梁任公先生传》，载夏晓虹编《追忆梁启超》，中国广播电视出版社 1997 年版，第 7 页。

⑤ 梁启超：《变法通议》，何光宇评注，华夏出版社 2002 年版，第 24 页。

⑥ 梁启超：《论中国学术思想变迁之大势》（1902），《饮冰室合集·文集》之七，第十四页，中华书局 2015 年版，第 590 页。

故今后必以广收人才为第一义"[1]。而若何然后能广收，不可不熟审。任公以为，"凡愈有才者，则驾御之愈难，然以难驾御之故而弃之，则党势何自而张？不宁唯是，我弃之，人必收之，则将为我敌矣。前此我党之不振，职此之由也"[2]。入中年之后，任公感慨愈多，尝自述云："今日欲成一大事，万不可存一同门不同门之界，办天下之大事，非尽收天下之豪杰不可。""我同门之一弊，必其人之才力受我节制，然后纳而受之，此必不得豪杰也。其人为易受节制者，才必不如我，得之何益。盖必出尽方法以收罗难驾驭难节制之人然后可也。然欲收罗之，非特小小术数，亦曰阔达大度开诚布公而已。"[3]人才之为重于国运民命，皦皦其明乎哉。而时至于今则尤峻急，殆"今日之竞争，不在腕力而在脑力"[4]，虽锄耰棘矜，宁有异辞乎。

"梁涉历各界，而以报界为最著"[5]，其向之人才思想映射于报业者，虽略考之，亦辄可见。谓如其论报馆有益于国事，则云："怀才抱德之士，有昨为主笔，而今作执政者；亦有朝罢枢府而夕进报馆者。"[6] 其考欧美报馆启沃民众，则云："往往有今日为大宰相大统领，而明日为主笔者，亦往往有今日为主笔，而明日为大宰相大统领者。"[7] 才士如斯，则何愁不能藏事，谓之不信，试少一思之："美国禁黑奴之盛业何自成乎？林肯主笔之报馆为之也；英国爱尔兰自治案何以通过乎？格兰斯顿主笔之报馆为之也。"[8] 人才之于报馆，所关洵非小焉。

戈公振云："报馆譬之人体，人材则灵魂也。故报纸之良不良，可自其人

---

① 梁启超：《与夫子大人书》（1906），载丁文江、赵丰田编《梁启超年谱长编》，世纪出版集团上海人民出版社 2009 年版，第 245 页。

② 梁启超：《与夫子大人书》（1906），载丁文江、赵丰田编《梁启超年谱长编》，世纪出版集团上海人民出版社 2009 年版，第 245 页。

③ 张其昀：《梁任公别录》，载夏晓虹编《追忆梁启超》，中国广播电视出版社 1997 年版，第131—132 页。

④ 梁启超：《论民族竞争之大势》（1902），《饮冰室合集·文集》之十，第二十六页，中华书局 2015 年版，第 884 页。

⑤ 彬彬：《梁启超》，载夏晓虹编《追忆梁启超》，中国广播电视出版社 1997 年版，第 12 页。

⑥ 梁启超：《论报馆有益于国事》（1896），载张之华主编《中国新闻事业史文选（公元 724 年—1995 年）》，中国人民大学出版社 1999 年版，第 19 页。

⑦ 梁启超：《本馆第一百册祝辞并论报馆之责任及本馆之经历》（1901），载汤志钧、汤仁泽编《梁启超全集》第二集，中国人民大学出版社 2018 年版，第 352 页。

⑧ 梁启超：《本馆第一百册祝辞并论报馆之责任及本馆之经历》（1901），载张之华主编《中国新闻事业史文选（公元 724 年—1995 年）》，中国人民大学出版社 1999 年版，第 38 页。

材多寡而知之。"① 此固为传播界所共认，然校诸中国报业山林之启，实肇端于西方传教士之新闻纸，伊谁能诘？而报业人才观受其影响，自不俟论。

报业人才多端，总主笔则褒然而出者，辄为役斯业者所钦重，亦至所难及者也。"报馆主笔'事至巨，权至尊，虽万户侯不易焉'。则自非率尔操觚者所能为，本身必具备优异之条件。"② 察《万国公报》西人所论，报章总主笔，必秉三才。一为良史之质。其人盱衡世事，立论公，议事当，不为威武所屈，亦不为富贵所诱，唯义唯理之所之。斯人也，非具良史之才与骨者，伊谁能任！二为通达世务，识见超迈。于古于今，不陆沉，不轻薄，每发一论，辄俾人茅塞顿开。三为曲折委婉，善于表达。虽不免出于愤激，却亦吐属和平，殊见客观理性，允孚于人。③ 王韬尝有赞评："西国之为日报主笔者，必精其选，非绝伦超群者，不得预其列。"④ 若夫记者，抑宜才求潘陆之富，文争笔削之尊。

西方报业人才观所影响于士人者甚巨。陈衍谓："今若开设洋文报馆，延访中国通人，贯通中外时务者数人，为中文主笔，举所谓务材、训农、通商、兴工、敬教、劝学、使贤、任能各要务，备筹所以整顿之法，皆实在可言可行者，广为论说。"⑤ 陈炽谓："主笔者公明谅直，三年无过，地方官吏据实保荐，予以出身，其或颠倒是非，不知自爱，亦宜檄令易人。"⑥ 自兹以往，无论维新舆论之建构，抑或革命思想之传播，济济多士投身于报刊活动，蔚成近代文人论政之大观。

时，梁启超主撰《时务报》，籍籍有声名，泊戊戌政变避走东瀛，亲炙日人报业之精进发达，研摩报学理论之中于肯綮者，人才思想益进。梁所钦慕之日本学者松本君平云："新闻者，不可不求其利益，与普通之商业相同。而

---

① 戈公振：《中国报学史》，岳麓书社 2011 年版，第 204 页。

② 赖光临：《西方教士输入之报业观念》，载中华学术院印行《新闻学论集》，（台北）华冈出版有限公司 1976 年版，第 514 页。

③ "三才"参见赖光临《西方教士输入之报业观念》，载中华学术院印行《新闻学论集》，（台北）华冈出版有限公司 1976 年版，第 514 页。

④ 王韬：《论日报渐行于中土》，《近代文献丛刊·弢园文录外编》卷七，上海书店出版社 2002 年版，第 171 页。

⑤ 陈衍：《论中国宜设洋文报馆》，载张之华主编《中国新闻事业史文选（公元 724 年—1995 年）》，中国人民大学出版社 1999 年版，第 12 页。

⑥ 陈炽：《庸言·报馆》，载赵树贵、曾雅丽编《陈炽集》，中华书局 1997 年版，第 106 页。

主持之者，又须有广大之知识，扩张能力，操纵社会。其才其学，其胆其力量，为大银行之总管也可，为大社会之董事长也可，为大政府行政之统领也可。非世界高等之人物而能之乎?"① 斯论于报业人才崇之尚之隆之，高哉高也! 有清之季，梁启超侈然谓"非国务大臣不做"，得毋其所思所行正自出入于松本之言乎! 抑专按其办报，梁氏恃才之傲，须才之殷，择才之刻，曾一斑之可窥。时次壬寅年（1902），创《新民丛报》，每日属文以五千言为率，"词艳而气雄，语长而意重，论锋所至，杂以谈嘲，间用日本俗语入文"②，求之者若渴。梁启超嚣然抑亦不无忧惕谓其师曰，"新民"销场之旺，不可思议，唯"弟子一人任之，若有事他往，则立溃耳"③。而黄遵宪亦殊予勖勉："公言《新民报》独力任之，尚有余裕，闻之快慰。欲求副手，戛戛其难，此亦无怪其然。崔颢题诗，谪仙阁笔，此乃今日普天下才人学人万口一声，认为公理者，况于亲炙者乎。虽然，东学界中故多秀异，即如《宴花》一出，不特无婢学夫人之诮，且几几乎有师不必贤于弟子之叹矣。公稍待之，必有继起者。"④ 阅二年，《时报》出，梁启超手订《〈时报〉发刊例》曰："本馆广聘通人留局坐办外，尚有特约寄稿主笔数十人，俱属海内外一时名士。议论文章，务足发扬祖国之光荣。"⑤《时报》未几即崛起于沪上，非有能人而可乎!

唯梁启超一生主持之报刊不可谓不多，然无一能持久者，考其原因谓何? 学者赖光临尝以《新民丛报》为例而究其所由致者："梁启超经营报刊，辄单枪匹马独挑大梁。迄未有一二得力同事或副手，分任艰巨。"⑥ 人才之难如斯，其攸关报纸枯菀也如彼。

顾梁启超报业人才观，正自于旋起旋落之报业实践，于日、西新闻理论

① ［日］松本君平：《新闻学》，载［日］松本君平等《新闻文存》，余家宏、宁树藩、徐培汀、谭启泰编注，中国新闻出版社 1987 年版，第 13 页。

② 李肖聃：《星庐笔记·梁启超》，载夏晓虹编《追忆梁启超》，中国广播电视出版社 1997 年版，第 42 页。

③ 梁启超：《与夫子大人书》（1902），载丁文江、赵丰田编《梁启超年谱长编》，世纪出版集团上海人民出版社 2009 年版，第 180 页。

④ 黄遵宪：《致饮冰主人书》（1902），载丁文江、赵丰田编《梁启超年谱长编》，世纪出版集团上海人民出版社 2009 年版，第 181 页。

⑤ 梁启超：《〈时报〉发刊例》（1904），载夏晓虹辑《饮冰室合集·集外文》（上册），北京大学出版社 2005 年版，第 156 页。

⑥ 赖光临：《梁启超与近代报业》，台湾商务印书馆 1968 年版，第 130—131 页。

之濡润中，渐滋形成。略如以下所述。

役报业者，须有史家精神。

维新派报人，梁启超乃最早标举史家精神者。光绪二十八年（1902）既谓："西哲有言：'报馆者，现代之史记也。'故治此业者不可不有史家之精神。史家之精神何？鉴既往，示将来，导国民以进化之途径者也。故史家必有主观客观二界，作报者亦然。政府人民所演之近事，本国外国所发之现象，报之客观也；比近事、察现象而思所以抽绎之，发明之，以利国民，报之主观也。有客观而无主观，不可谓之报。主观之所怀抱，万有不齐，而要之以向导国民为目的者，则在史家谓之良史，在报界谓之良报。"① 言夫主观客观，梁启超复有言曰："史学之客体，则过去、现在之事实是也；其主体，则作史、读史者心识中所怀之哲理是也。有客观而无主观，则其史有魄无魂，谓之非史焉可也。是故善为史者，必研究人群进化之现象，而求其公理公例之所在，于是有所谓历史哲学者出焉。"② 良报之职任者，岂其不然哉！

梁启超所谓史家精神，时或称之为"史德"，彼尝以一言而蔽章学诚所谓史德者，乃对于过去毫不偏私，善恶褒贬务求公正者是也。尔其己见，则谓："我以为史家第一件道德，莫过于忠实。如何才算忠实？即'对于所叙述的史迹纯采客观的态度，不丝毫参以自己意见'便是。……忠实一语说起来似易，做起来实难。因为凡人都不免有他的主观，这种主观蟠居意识中甚深，不知不觉便发动起来。虽打主意力求忠实，但是心之所趋，笔之所动，很容易把信仰丧失了。完美的史德真不容易养成。"③ 斯论廑尚客观，忽如与史家精神相悖，而究其意，实矫治史者夸大、附会、武断之陋谬而已。其主观所怀抱者，果可决然弃之？任公固有所自辩："古之良史，唯记事耳，而议论不加，自能使读者跃然有会于言外。所谓据事直书，其义自见，史之正轨，恒必由兹。吾病未能，而哓哓焉间以论列，若不暇给，文体之不纯而笔力之不任，盖自知也。然太史公之传伯夷、屈原，论与叙相错，宁得曰非史？斯又非自

---

① 梁启超：《敬告我同业诸君》（1902），载张之华主编《中国新闻事业史文选（公元724年—1995年）》，中国人民大学出版社1999年版，第48页。

② 梁启超：《史学之界说》（1902），载夏晓虹编《梁启超文选》（上集），中国广播电视出版社1992年版，第525—526页。

③ 梁启超：《中国历史研究法补编》（1926），载汤志钧导读《中国历史研究法》，上海古籍出版社1998年版，第157页。

我作古也已。"①

无论称之为史家精神，抑或名之曰史德，言而总之，则必谓忠于事实，怀抱理想。以"今之新闻纸殆古之《春秋》"② 而检视新闻事业何如？则梁氏亦有言："凡记事皆为秩序的系统的，以作史之精神行之。"③ 梁启超于役斯业者，有品、德之望焉。

役报业者，须有易天下之心。

《清议报》出版一百册梁启超撰祝辞，回溯数十年来中国报界发展迟缓无力之情状，怃然心忧，乃阐抉其因，凡为四，一曰经济拮据，二曰高才不就，三曰风气不开，四曰"由于从事斯业之人，思想浅陋，学识迂愚，才力薄弱，无思易天下之心，无自张其军之力"④。而第四项尤为病根之根。

任公自谓禀赋受之于天，辄欲餔糟啜醨，而蠢然不能安心，故常矢一身为万矢的，有轩轩霞举之貌。然则国事蜩螗、民瘼日深，其孰能划地自洁？唯以大声疾呼，"譬犹见火宅而撞钟"⑤，故其言亦亢急："凡百君子，吾侪小民，忍大辱，安大苦，发大愿，合大群，革大弊，兴大利，雪大耻，报大仇，定大难，造大业，成大同。仁人志士，其宁能无动于其心者乎，其听其冥冥以沦胥也。"⑥ 报馆为舆论鼓动最有力者，故其责任愈益重，而役斯业者安能息其肩，或玩视之！抑吾人报纸何如？或有较短度长者以为"多作反抗政府之论，则易见忌而惹荆棘，多作无责任之排外论，则易买一般人之欢心，故曲学阿世之徒，每舍此而就彼"⑦。或有诳时惑众之徒，夷考其报，"大抵

① 梁启超：《欧洲战役史论·自序》(1914)，载汤志钧、汤仁泽编《梁启超全集》第九集，中国人民大学出版社 2018 年版，第 42—43 页。

② ［日］松本君平：《新闻学》，载［日］松本君平等《新闻文存》，余家宏、宁树藩、徐培汀、谭启泰编注，中国新闻出版社 1987 年版，第 3 页。

③ 梁启超：《国风报叙例》(1910)，《饮冰室合集·文集》之二十五（上），第二十五页，中华书局 2015 年版，第 2421 页。

④ 梁启超：《本馆第一百册祝辞并论报馆之责任及本馆之经历》(1901)，载汤志钧、汤仁泽编《梁启超全集》第二集，中国人民大学出版社 2018 年版，第 355 页。

⑤ 梁启超：《蒙学报演义报合叙》(1897)，《饮冰室合集·文集》之二，第五十七页，中华书局 2015 年版，第 189 页。

⑥ 梁启超：《论中国之将强》(1897)，载汤志钧、汤仁泽编《梁启超全集》第一集，中国人民大学出版社 2018 年版，第 207 页。

⑦ 梁启超：《与上海某某等报馆主笔书》(1911)，《饮冰室合集·文集》之二十七，第五十三页，中华书局 2015 年版，第 2787 页。

‘沪滨冠盖’、‘瀛眷南来’、‘祝融肆虐’、‘图窃不成’、‘惊散鸳鸯’、‘甘为情死’等字样阗塞纸面，千篇一律……以故报馆之兴数十年，而于全国社会无纤毫之影响”①。所以致此，报人之愆尤，不得委焉。

虽然，梁启超固以乐观主义行世，虽风雨如晦，鸡鸣不已，对时彦之呼唤滋甚：“吾国其非绝望乎，则吾人之日月方长，吾人之心愿正大。旭日方东，曙光熊熊，吾其叱咤羲轮，放大光明以赫耀寰中乎。河出伏流，狂涛怒吼，吾其乘风扬帆，破万里浪以横绝五洲乎。穆王八骏，今方发轫，吾其扬鞭绝尘，骎骎与骅骝竞进乎。四百余洲，河山重重；四亿万人，泱泱大风。任我飞跃，海阔天空；美哉前途，郁郁葱葱。谁为人豪？谁为国雄？”② 抑吾华夏神裔宁无匈加利爱国者噶苏士式人物？③ 任公谨布热诚，以俟君子之来乎哉！。

役报业者，须有专门培养之才。

民国十四年，梁启超序戈公振《新闻学撮要》云：“夫新闻事业，高尚之职业也。唯其感化人民思想及道德之力至大无匹，故训练较善之新闻记者，以编辑较善之报纸，俾服务于公众亦较善，实今日当务之急也。”④ 任公谓，吾国报纸于物质、精神两方面俱有进步，而未来亦将如欧美新闻家所预言，必有可警之发展。何者？吾人殊绝于他邦者，地大物博人口众多，所需亦殷，可展布之空间亦大，良可见斯言非谬也。“然欲使此希望成为事实，非期诸专门人材不可。所谓专门人材者：即主笔，经理，编辑人，图解者，通信员，发行人，与广告员之关于采集预备发行报纸于公众之诸方面各有研究者是也。”⑤ 以任公报业实践之深久，其洞察人才于新闻事业之剥复，所论得无虚饰。

梁启超夙倡女性解放，先有不缠足会之设，后有高等教育之期，对于女性社会地位之关注，鲜有过之者。民国十一年，梁启超发表《我对于女子高

---

① 梁启超：《清议报一百册祝辞并论报馆之责任及本馆之经历》（1901），《饮冰室合集·文集》之六，第五十二页，中华书局 2015 年版，第 512 页。

② 梁启超：《说希望》，原刊于《新民丛报》1903 年 5 月 10 日第 31 号，载夏晓虹编《梁启超文选》（上集），中国广播电视出版社 1992 年版，第 274 页。

③ 梁启超：《匈加利爱国者噶苏士传之第四节：议员之噶苏士及其手写报纸》（1902），《饮冰室合集·专集》之十，第六页至第八页，中华书局 2015 年版，第 5218—5220 页。

④ 戈公振编：《新闻学撮要》，商务印书馆 1929 年第 2 版，书前插页。

⑤ 戈公振编：《新闻学撮要》，商务印书馆 1929 年第 2 版，书前插页。

等教育希望特别注重的几种学科》，其中提及女性相较于男性，其优长得亦更适合于新闻学，言曰："报馆事业，在现时的中国，可谓极幼稚，但将来的发达，是不可限量的。然而组织和编辑两方面都要经一番革命，专就编辑方面论……女界里头若能养成多数新闻编辑家，将来和男子竞争这门职业，一定立于优胜的地位，而且于社会极有益。"① 女性承泽新闻教育且以身试之，既为女性解放之一大明证，抑亦为新闻事业之孟晋注入新力。

梁氏经年耽于传播，深味人才相须之急，故尝吁嗟之："吾安所得如施耐庵其人者，日夕促膝对坐，相与指天画地，雌黄今古，吐纳欧亚，出其胸中所怀魁礧磅礴错综繁杂者，而一一镕铸之，以质于天下健者哉！"② 且为人才者，宜互相提携，捐小异，取大同，"苟其人而稍有一节之长，固当隐恶扬善，以期相与有成，安可更姜斐以相戕者"③。其情真意切之貌，如謦咳疾言于目前。

乱曰：有清之季，梁启超悲中夏之沉沦，叹邦国之俶扰，尝有余哀也，然其人迄未馁志辍行，且有大望焉，故其辄所困心衡虑者，恒在禹域之振衰起敝，尔来，以深味报纸坎坎舒舒唤醒国民之功，不独躬自攘臂疾呼，更期怀璧抱德者当"戮力王室"！乃民国肇造，气象万新，新闻专才之需孔亟，又为识者所共认也。一言蔽之，国于颠危之际，报人以秉德为先；国于雍穆之时，报人以长才为能，如斯也哉！如斯也哉！

---

① 转引自胡太春《中国近代新闻思想史》（增订本）（下卷），东方出版社 2015 年版，第 564 页。

② 梁启超：《传播文明三利器》（1899），《饮冰室合集·专集》之二，第四十二页，中华书局 2015 年版，第 4808 页。

③ 梁启超：《与上海某某等报馆主笔书》（1911），《饮冰室合集·文集》之二十七，第五十七页，中华书局 2015 年版，第 2791 页。

第三章
梁启超传播策略探骊

小　引

传播策略，顾名思义，即传播主体以其德义之高、术智之明而求传播之至效者也。梁启超阅数十年躬与传播事业，得亦有术哉！

盖自创设《时务报》，梁启超歆慕西人分业分众分报传播，俾任事者无阂隔蒙昧之忧，言学者得观善濯磨之益，其谋传播明效之思想，既尔萌蘖。方其时，梁迭为《农会报》《萃报》《蒙学报》《演义报》《知新报》作叙，不唯不同业相嫉，抑且不厌烦渎为其鼓扇，殆求分业传播之功庸也。洎至日本，乃羡犬养木堂传播文明三利器之说，以为学校、报纸、演说，扇邕维新，亡可与比数，讲究传播策略，益臻新阶。迨梁为匈加利爱国者噶苏士立传，矗矗其文，自印板至点石至钞胥，颂复颂噶氏为新闻纸之辩，迄能逞其然温犀铸禹鼎之笔舌，虽不屈威压之勇可嘉，而权其传播之方以卒业，则更足激赏。民国三年初，人才内阁折衄，梁启超俶尔悔既往之好攘臂扼腕作政治谈，决然改度，劬力社会事业，期以言论之力，能有所贡献万一于国家，其自责之严，自知之明，孰与比哉，而其传播路向之别择，抑益明矣。

盛焉哉，传播策略之纷纭激变，若云之出岫，若水之漱石。任公传播有术，虽有清廷之围狁，他党之挤轧，同人之疑难，然其以黑血革命代替红血革命而致功者，必曰粲然而厚，大有而博。兹就其传播方策，仅撮三数词以稍窥其崖略。

曰共同体意识。梁启超役役于传播，非必争翩翩一骑独先，却每嘤嘤相望，固知天下事，虽有乌获之力庆忌之捷贲育之勇管隰之智，非有黾勉同心，则欲成大功者，曷有！是以感慨濠镜海隅"知新"之起："盖闻伐木之义，每感怀于友声，横流之柱，或危凛于独木。洛钟见应，闻喜欲狂。"① 是为《时务报》有掎角之援而歌云。梁启超殊不耻于自省，忆经年与腐败社会抗斗，曾不能动其分毫，且举国之内鬼气飙飙，虽哓音瘏口，卒未能撼其固垒，收喁喁向风之效，以故吁"为国民者，唯当并力一致攻击恶政府，以谋建设良政府，凡有向此目的进行者，宜互相提携，捐小异而取大同，无为排挤以相消其力"②。是为党人之掎龁而感云。

曰身体在场。梁启超传播启蒙思想，不特以笔为兵，亦以身为言，乃公车上书启其端，合十八省举人于松筠庵，慷慨其词；继有戊戌变法，受不次之位，承峻重之命，康梁并名于世；何意亢龙有悔，不旋踵而身被多罪，蛰居东瀛忽忽十数年，然其乘桴浮檀岛，为庚子勤王效铅刀之一割，越洋考新大陆，曾激进破坏之思想翕然一变，其为人瑞，觇为风候。民国肇造，两度入阁铦羽，此不足与论，要在其维护国体崇重政体究极民主宪政之宏愿，可昭日月，爰发"异哉"诘问，揭破帝制野心，不惜九死于海山，卒成再造共和之功；乃斥贪黩无厌之武夫大言不惭之书生，马厂誓师，粉碎复辟，挽狂澜于既倒。自余所有，何克一一，而终以一身献国事，初未改其度者也。梁启超以其謇謇匪躬之故，在人，则直可称之为国桢，在己则犹能以身为言，感孚人心，身体之所之，传播之所至者也。

曰非理性。梁启超蹙蹙求传播之效，必非以常法可喻者也。梁尝于报严复书，言及"时务"文章潦草不稽，"以为此不过报章信口之谈，并非著述，虽复有失，靡关本原"③。言之不类，辄乃激宕失中或丰缛寡实，则每一却顾往论，靡不欲改者既十数百事矣。而变法之难，端在于其盘根错节，牵一发而动全身，此事之明，市道皆知，奚俟尚智者乎！唯梁指事责效，常发极端之论，虽亦偶或自笑其欺人，"然总持其前者椎轮、土阶之言，因不复自束，

<hr />

① 梁启超：《知新报叙例》（1897），《饮冰室合集·文集》之三，第一页，中华书局 2015 年版，第 205 页。

② 梁启超：《与上海某某等报馆主笔书》（1911），载汤志钧、汤仁泽编《梁启超全集》第十九集，中国人民大学出版社 2018 年版，第 692 页。

③ 梁启超：《与严幼陵先生书》（1897），载夏晓虹编《梁启超文选》（上集），中国广播电视出版社 1992 年版，第 44 页。

徒纵其笔端之所至，以求振动已冻之脑官，故习焉于自欺而不觉也"①。梁启超非理性传播之言说，既托于羽翰，抑又于《敬告我同业诸君》《论小说与群治之关系》《告小说家》诸文多所论列，时学晚进或偶然而指失攻瑕，何若一吟《风雨》，既见君子若梁者，云胡不喜？

以梁启超传播策略之宏富，厪以共同体意识、身体在场、非理性而欲抵其樊摩其垒，未始不失蠡测之讥，顾言非一端理有一偏，若或能明其一义，不亦足慰论者之心哉。敢更申论之。

第一节　文学改良与政治传播

美国传教士林乐知执鞯寄于《文学兴国策》并序云："世无亘古不能变之法，人无愚昧不能明之心，国即无积弱不能强之势，欲变文学之旧法，以明愚昧之人心，而成富强之国势，此《文学兴国策》之所为译也。"② 此所谓"文学"者，固不专美于诗歌、小说、曲本云，而其包容含弘，殊无排拒，当亦章章明也。林氏激赏日本明治年兴文学之效，期勉中国贤士大夫得是书而读，或有所取法。时次光绪二十二年，中国维新思潮勃兴，洞明时事者，激扬文字，品核中外，一切文章之体内容之例，凡有助于扇鼓变法思想者，俱奉为上宾，一场文学改良运动不期而至，抑亦隐然与林氏所冀望者相桴应。

时政治变革，鞞鼓声声，惊破文学之沉沉春梦，忧时君子诘而复诘：文学曷用于世事？大哉斯问，此文学改良之先声也。

光绪二十三年（1897），天津《国闻报》刊出严复、夏曾佑万余言《本馆附印说部缘起》，云："夫说部之兴，其入人之深，行世之远，几几乎出于经史之上，而天下之人心风俗，遂不免为说部之所持。"③ 说部即小说，此文殆小说谈之嚆矢者也。尔后，论列小说者日多。狄葆贤谓："小说者，实文学

---

① 梁启超：《与严幼陵先生书》（1897），载夏晓虹编《梁启超文选》（上集），中国广播电视出版社 1992 年版，第 45 页。

② ［美］林乐知：《文学兴国策序》，原刊于《万国公报》第 86 卷，载中国史学会主编《戊戌变法》3，神州国光社 1953 年版，第 260 页。

③ 吴雁南、冯祖贻、苏中立等主编：《中国近代社会思潮（1840—1949）》第一卷，湖南教育出版社 1998 年版，第 272 页。

之最上乘也。世界而无文学则已耳，国民而无文学思想则已耳，苟其有之，则小说家之位置，顾可等闲视哉！”① 陶曾佑谓：“自小说之名词出现，而膨胀东西剧烈之风潮，握揽古今利害之界线者，唯此小说。”② 梁启超亦深喜之，且关注文学之庸，殊加意焉。谓如《译印政治小说序》，究人情所喜好，较庄严与谐谑，则有言曰：“善为教者，则因人之情而利导之，故或出之以滑稽，或托之于寓言。孟子有好货好色之喻，屈平有美人芳草之辞，寓谲谏于诙谐，发忠爱于馨艳，其移人之深，视庄严危论，往往有过，殆未可以劝百讽一而轻薄之也。”③ 又进而复嗟兮泊来之政治体小说：“彼美、英、德、法、奥、意、日本各国政界之日进，则政治小说为功最高焉。英名士某君曰：‘小说为国民之魂。’岂不然哉！岂不然哉！”④ 谓如《丽韩十家文钞序》，揭櫫国民性传承之所由者，则有言曰：“国民性以何道而嗣续？以何道而传播？以何道而发扬？则文学实传其薪火而管其枢机。明乎此义，然后知古人所谓文章为经国大业不朽盛事者，殊非夸也。”⑤ 若夫《小说丛话》评章中国文学自宋以后之长足进化，《告小说家》譬小说为烟之霏袭熏笼，虽欲祓痕而不能，自余他文，靡靡其言者，不一而足。

梁启超推重文学，匣剑帷灯，其意之所属，端在于以文学为载体而进行政治传播。第以旧文学形式固陋、内容陈腐，必非施以改造，则无以副千年未有之变局，乃倡诗界革命、文界革命、小说界革命。

甲午年，梁启超羁游京师，交夏曾佑、谭嗣同诸贤，赓续唱和，有新诗之议。己亥年冬（1899），梁启超买帆夏威夷，于东西之交世纪之会，大声疾呼，吾人“非有诗界革命则诗运殆将绝”⑥。任公所谓诗界革命，曰“能镕铸

① 狄葆贤：《论文学上小说之位置》，载郭绍虞主编《中国历代文论选》第四册，上海古籍出版社 1980 年版，第 235 页。

② 陶曾佑：《论小说之势力及其影响》，载郭绍虞主编《中国历代文论选》第四册，上海古籍出版社 1980 年版，第 221 页。

③ 梁启超：《译印政治小说序》（1898），载汤志钧、汤仁泽编《梁启超全集》第一集，中国人民大学出版社 2018 年版，第 680 页。

④ 梁启超：《译印政治小说序》（1898），载汤志钧、汤仁泽编《梁启超全集》第一集，中国人民大学出版社 2018 年版，第 681 页。

⑤ 梁启超：《丽韩十家文钞序》（1914），《饮冰室合集·文集》之三十二，第三十五页，中华书局 2015 年版，第 3183 页。

⑥ 梁启超：《夏威夷游记》（1900），《饮冰室合集·专集》之二十二，第一百九十一页，中华书局 2015 年版，第 5669 页。

新理想以入旧风格者"①。准此以揆之，则诗界风光，蔚然有大观者："康有为、梁启超披挂上阵，黄遵宪、蒋智由等成绩斐然，维新派在诗坛上可谓健将云集，佳句迭出。"② 诗界革命固为嗣后自由体诗歌兴起资以沃壤，然其新名词、新意境、新语句、旧风格所能浸淫于普罗大众者仅矣，兹姑存而不论。

尔其文界革命，实乃近代文人论政一脉相承之必然结果。王韬、何启、胡礼垣、郑观应开其滥觞，严复、汪康年尽其深致，而梁启超则承其波扬其澜，如鹏之水击三千里而图南，然文界革命复非文学所能卢牟者，易言之，文界革命既远轶文学边疆，故亦暂存而不论。

唯小说界革命，梁氏论述既丰，实践亦勤，影响甚巨。兹请稍详之。

光绪二十八年（1902），梁启超创办《新小说》杂志，其宗旨"专在借小说家言，以发起国民政治思想，激励其爱国精神"③。同时发表《论小说与群治之关系》，吹响小说界革命之号角。该文开篇即昂扬其调曰："欲新一国之民，不可不先新一国之小说。故欲新道德，必新小说；欲新宗教，必新小说；欲新政治，必新小说；欲新风俗，必新小说；欲新学艺，必新小说；乃至欲新人心，欲新人格，必新小说。何以故？小说有不可思议之力支配人道故。"④《新小说》共行两卷，其"发表之小说，大都与当时时局及社会之发展有关"⑤。

梁启超必新小说之志，究其因有二，一曰中国群治腐败总根源正自于小说之诱导，二曰中国未来政治改革端赖于小说之启蒙。

小说夙未为重于国，"然自元明以降，小说势力入人之深，渐为识者所共认。盖全国大多数人之思想业识，强半出自小说。言英雄则三国水浒说唐征西，言哲理则封神西游，言情绪则红楼西厢，自余无量数之长章短帙，樊然杂陈，而各皆分占势力之一部分。此种势力，蟠结于人人之脑识中，而因发为言论行事，虽具有过人之智慧过人之才力者，欲其思想尽脱离小说之束缚，

---

① 梁启超：《饮冰室诗话》（1902—1907），人民文学出版社 1959 年版，第 2 页。
② 吴雁南、冯祖贻、苏中立等主编：《中国近代社会思潮（1840—1949）》第一卷，湖南教育出版社 1998 年版，第 273 页。
③ 梁启超：《中国唯一之文学报：新小说》（1902），载夏晓虹辑《饮冰室合集·集外文》（上册），北京大学出版社 2005 年版，第 121 页。
④ 夏晓虹编：《梁启超文选》（下集），中国广播电视出版社 1992 年版，第 3 页。
⑤ 阿英：《晚清文艺报刊述略》，中华书局 1959 年版，第 14 页。

殆为绝对不可能之事"①。小说有如此魔力，抑吾国民性所由成者，宁不相蒙？乃梁启超为论言曰："吾中国人状元宰相之思想何自来乎？小说也。吾中国人佳人才子之思想何自来乎？小说也。吾中国人江湖盗贼之思想何自来乎？小说也。吾中国人妖巫狐鬼之思想何自来乎？小说也。若是者，岂尝有人焉提其耳而诲之，传诸钵而授之也！而下自屠爨贩卒妪娃童稚，上至大人先生高才硕学，凡此诸思想必居一于是，莫或使之，若或使之，盖百数十种小说之力，直接间接以毒人，如此其甚也。"② 要而言，畴昔小说所传者，盖不出王侯将相海淫海盗之属。唯闭关锁国时代，民习若是者尚可自存，一旦篱破，狡者思启，黎献求蕴盐而生则何有！"故今日欲改良群治，必自小说界革命始。"③ 乃有任公必新小说之第二因出焉。

梁启超所谓小说界革命，究其指要，乃在于借小说之力作政治传播。"善夫南海先生之言也，曰，仅识字之人，有不读经，无有不读小说者。故六经不能教，当以小说教之，正史不能入，当以小说入之，语录不能谕，当以小说谕之，律例不能治，当以小说治之。"④ 梁启超多师论焉，方其诇察日本变政所以成者，则津津以云乎："日本之变法，赖俚歌与小说之力，盖以悦童子，以导愚氓，未有善于是者也。"⑤ 尔后更有详述，曰："于日本维新之运有大功者，小说亦其一端也。明治十五六年间，民权自由之声，遍满国中。于是西洋小说中言法国罗马革命之事者，陆续译出。有题为自由者，有题为自由之灯者，次第登于新报中。自是译泰西小说者日新月盛，其最著者则织田纯一郎氏之花柳春话，关直彦氏之春莺啭，藤田鸣鹤氏之系思谈、春窗绮话、梅蕾余薰、经世伟观等。其原书多英国近代历史小说家之作也。翻译既盛，而政治小说之著述亦渐起，如柴东海之佳人奇遇，末广铁肠之花间莺、

---

① 梁启超：《告小说家》(1915)，《饮冰室合集·文集》之三十二，第六十七页，中华书局2015年版，第3215页。

② 梁启超：《论小说与群治之关系》(1902)，转引自赖光临《梁启超与近代报业》，台湾商务印书馆1968年版，第47页。

③ 梁启超：《论小说与群治之关系》(1902)，载夏晓虹编《梁启超文选》(下集)，中国广播电视出版社1992年版，第8页。

④ 梁启超：《译印政治小说序》(1898)，《饮冰室合集·文集》之三，第三十四页，中华书局2015年版，第238页。

⑤ 梁启超：《蒙学报演义报合叙》(1897)，《饮冰室合集·文集》之二，第五十六页，中华书局2015年版，第188页。

雪中梅,藤田鸣鹤之文明东渐史,矢野龙溪之经国美谈等。著书之人,皆一时之大政论家,寄托书中之人物,以写自己之政见,固不得专以小说目之。"① 方其愕眙俄罗斯革命所以兴者,梁氏则又亹亹其论:"各国政局之变迁,罔不由二三文豪引其焰而衍其澜,俄国亦然。其革命运动之第一期即文学鼓吹期也。初外国思想之输入俄罗斯者,最早为浪漫主义,有格里坡德夫者,著一小说,名曰《智慧与忧患》,实为俄国近世文学之先河。其后比圭黎派之唯心哲学输入,思潮又为之一变。一八三零年间,此种哲理,殆弥漫全国。一八四五年,文豪高卢,著一小说,名曰《死人》,写隶奴之苦况。一八四七年,文豪缁格尼弗,著一小说,名曰《猎人日记》,写中央俄罗斯农民之境遇。一八四八年,文豪耶尔贞,著一小说,名曰《谁之罪》,发挥社会主义。一八五六年,俄京发刊一丛报,名曰《现代人》。其明年发刊一日报,名曰《俄语》。文豪渣尼斜威忌,著一小说,名曰《如之何》,以厌世之悲观,耸动全国。一八六一年,各军人之持立宪主义者,发刊一丛报,名曰《大俄罗斯》。其明年,耶尔贞发刊一日报,名曰《钟》。盖十余年所以孕育全俄之新理想者,唯文学最有力焉。俄国有耶尔贞渣尼斜威忌诸贤,犹法国之有孟德斯鸠卢梭福禄特尔也。"② 小说不可思议之力施之于政治传播,其效用亦如彼,而措之于禹域,苏吾民、励维新,毋亦为识者之所必择也。

时,梁启超愤晚清小说创作现状之腐俗,羡西人执小说作干戈而卫社稷之著功,益坚其志。诇彼欧西魁儒硕学仁人志士者,辄于国家社会变革之始,靡不以其所经历所怀抱,醖酿政治议论,一寄于小说,而绩学者但于遑暇,手之口之不辍,抑且何止于绩学者,苍头庶民何莫而非手之口之,厥其每一书出,全国议论为之一变,政治之进步,彰彰然较矣。梁启超羡之至乃喟之深:"吾安所得如施耐庵其人者,日夕促膝对坐,相与指天画地,雌黄今古,吐纳欧亚,出其胸中所怀魂礧磅礴错综繁杂者,而一一镕铸之,以质于天下健者哉!"③ 阿英治晚清小说,即谓当时知识阶级,受西洋文化影响,奖崇小说,而"清室

---

① 梁启超:《传播文明三利器》(1900),《饮冰室合集·专集》之二,第四十一至四十二页,中华书局 2015 年版,第 4807—4808 页。

② 梁启超:《俄罗斯革命之影响》(1905),《饮冰室合集·文集》之十九,第九十四至九十五页,中华书局 2015 年版,第 1800—1801 页。

③ 梁启超:《传播文明三利器》(1900),《饮冰室合集·专集》之二,第四十二页,中华书局 2015 年版,第 4808 页。

屡挫于外敌，政治又极窳败，大家知道不足与有为，遂写作小说，以事抨击，并提倡维新与革命"①。诚哉斯言。梁启超喟之之不足，乃起而作，办《清议报》，辟"政治小说"专栏，"以稗官之异才，写政界之大势"②。洎《新小说》出，更躬亲楮墨，著《新中国未来记》《劫灰梦传奇》等。

梁启超初非小说之能手，职为倡率风气已耳，其绪《新中国未来记》，即有谦辞云，此编似说部非说部，似稗史非稗史，似论著非论著，必曰稍一检视，亦良自失笑，又安敢铮铮然名其文体，"虽然，既欲发表政见，商榷国计，则其体自不能不与寻常说部稍殊。编中往往多载法律、章程、演说、论文等，连篇累牍，毫无趣味，知无以餍读者之望矣。愿以报中他种之有滋味者偿之，其有不喜政谈者乎？则以兹覆瓿焉可也"③。一言以蔽，为发表政见，宁失于文学之彝轨。试挹一瓢饮，以窥其兴味："黄君道：（驳论第十）我和现在朝廷，是没有甚么因缘，难道我的眼光只会看见朝廷，不会看见国民吗？但据我想，若可以不干碍到朝廷，便能达到国民所望的目的，岂不更是国民之福么……至说到专制政治，这是中国数千年来的积痼，却不能把这些怨毒尽归在一姓一人，我想我中国今日若是能够一步升到民主的地位便罢，若还不能，这个君位是总要一个人坐的。但使能彀有国会有政党有民权，和那英国、日本一个样儿，那时这把交椅谁人坐他不是一样呢？若说嫌他不是同一民族，你想我四万万民族里头，却又那一个有这种资格呢。"④ 该著以黄毅伯、李去病二名士围绕君主立宪、民主共和相驳论而摛挦笔墨，名之为立宪运动小说可也。而《劫灰梦传奇》"楔子"一出，梁启超更借人物之口以自明心迹："我想歌也无益，哭也无益，笑也无益，骂也无益。你看从前法国路易第十四的时候，那人心风俗，不是和中国今日一样吗？幸亏有一个文人，叫做福禄特尔，做了许多小说戏本，竟把一国的人，从睡梦中唤起来了。想俺一介书生，无权无勇，又无学问可以著书传世，不如把俺眼中所看着那几桩事情，俺心中想着

① 阿英：《晚清小说史》，人民文学出版社1980年版，第1页。

② 梁启超：《清议报一百册祝辞并论报馆之责任及本馆之经历》（1901），《饮冰室合集·文集》之六，第五十五页，中华书局2015年版，第515页。

③ 梁启超：《新中国未来记》（1902—1903），载汤志钧、汤仁泽编《梁启超全集》第十七集，中国人民大学出版社2018年版，第7页。

④ 梁启超：《新中国未来记》（1902—1903），《饮冰室合集·专集》之八十九，第二十三页，中华书局2015年版，第9693页。

那几片道理，编成一部小小传奇，等那大人先生、儿童走卒，茶前酒后，作一消遣，总比读那《西厢记》《牡丹亭》强得些些。这就算我尽我自己面分的国民责任罢了。"① 以小说之力唤醒一国睡梦，梁启超矢志于此也。

《新中国未来记》《劫灰梦传奇》等未免鲁迅所谓命意在匡时却辞气浮露笔无藏锋之讥，虽然，斯之为作也，开新体小说之滥觞。自兹以降，小说杂志、小说作品浡然兴焉，谓如《绣像小说》《月月小说》《小说林》《新新小说》《小说月报》《小说时报》《小说世界》《小说图画报》《新世界小说社报》等纷纷出版，可谓盛极一时。所出作品，以《官场现形记》《二十年目睹之怪现状》《老残游记》《孽海花》领衔，一大批谴责小说先后问世，其创作宗旨，莫不为输进欧风振励东俗改良社会。所以然者，殆拜社会变革之激荡、任公创述之诱掖耳。

胡适谓《儒林外史》写作方法最好，其言晚清小说，具比附之，谓"这是一种创体，可以作批评社会的一种绝好工具"②。鲁迅《中国小说史略》亦有专论："光绪庚子后，谴责小说之出特盛。盖嘉庆以来，虽屡平内乱，亦屡挫于外敌，细民暗昧，尚啜茗听平逆武功，有识者则已翻然思改革，凭敌忾之心，呼维新与爱国，而于富强尤致意焉。戊戌变政既不成，越二年即庚子岁，而有义和团之变，群乃知政府不足与图治，顿有掊击之意矣。其在小说，则揭发伏藏，显其弊恶，而于时政，严加纠弹。或更扩充，并及风俗。"③ 阿英《晚清小说史》亦有微评："有许多人，利用小说形式，从事新思想新学识贯输，作启蒙运动。把高深学理，深入浅出，用少许结构，以对话叙述方式出之。"④ 胡、鲁、阿所言，适洞小说界革命之奥区，极文学改良之骨髓者也。

诗界革命也好，小说界革命也罢，要在其政治传播功能之发挥，立宪党人用之作立宪思想之宣传，革命党人用之作革命思想之扇扬。以云效果，则国会请愿运动，流血京国，最终有皇族内阁沐猴而冠；而党人十数次起义，前者仆，后者继，鬼伏神钦，卒致清王朝屋社，虽断不能据此而尽归美于文学改良，然壤流之助，为泰山江海者，岂能相忘乎！后之人饮水思源，不坠

① 梁启超：《饮冰室合集·专集》之九十二，第三页，中华书局 2015 年版，第 9751 页。
② 阿英：《晚清小说史》，人民文学出版社 1980 年版，第 5 页。
③ 鲁迅：《中国小说史略》，人民文学出版社 2006 年版，第 289 页。
④ 阿英：《晚清小说史》，人民文学出版社 1980 年版，第 5 页。

宗祧。钱玄同《寄陈独秀》云："梁任公先生实为近来创造新文学之一人……鄙意论现代文学之革新，必数及梁先生。"[1] 时人多斯人，辄以文体，然"五四"新文学之密迩新生活新政治，乃饕乎鼓之，轩乎舞之，宁不有前贤之懿音乎！民国以降，任公更将文学之政治传播功能推及著述，谓现代政治重在得民，政治人物欲求民众之了解社会之同情，必赖著述与演讲。[2] 此又政治传播思想之一新进者。

第二节　沉睡魔咒式预言传播

德国古典童话《玫瑰公主》（亦名《睡美人》），以其沉睡魔咒与百年征验间之张力，不唯数世纪以来树文学故事结构之典范，亦隐然作龙马神龟，负近世启蒙思想传播框架之河图洛书而出。噫，是说何谓乎？则释之曰：世之耳濡目接格林童话者，胡不矍矍然震悚于妖巫咒语之酷。妖巫咒语既出矣，国王销纺锤，王子死蒺藜，犬马尸寝百年，故事腾播，如洪泛决于口，汹涌波靡，抵于辙鲋而后息，如镞矢发于弓，怒飞弗遏，触于鲁缟而后止。《玫瑰公主》谓其摄人魂魄有方可也，其提出预言，则虎骇鸮眙，神鬼歌哭，其实行预言，则掎挈伺诈，连犿佹诡，其征验预言，则铜山崩西，洛钟应东，而故事之铺陈衍变则一脉连动，如臂之使指，后世读者悉忘情于王子公主执手成说，然绩学者孜孜以究彼传播框架之美备，其为乐只，孰与哉！

闻之，河出图，洛出书，圣人则之。夷考中国近史，以沉睡魔咒式预言传播为职事者，伊谁当之？曰梁启超氏。

梁启超尝有两大预言，一谓"少年中国"之预言，二谓国体变化之预言。

曩者，春帆楼定约，胶州湾事变，"强敌交侵，割地削权，危亡岌岌，人不自保，皇上临轩发叹，天下扼腕殷忧"[3]，炎黄之神裔遭愍若斯，实千年所未尝遇，且祸之行，伊于胡底？梁启超儆世曰："国无日不可以亡，数年以后，

---

① 夏晓虹：《以觉世始，以传世终——梁启超与二十世纪中国》，《梁启超研究》2008 年第 19 期。

② 梁启超：《政治家之修养》（1925），载汤志钧、汤仁泽编《梁启超全集》第十六集，中国人民大学出版社 2018 年版，第 225 页。

③ 梁启超：《公车上书请变通科举折》（1898），载汤志钧、汤仁泽编《梁启超全集》第一集，中国人民大学出版社 2018 年版，第 441 页。

乡井不知谁氏之藩，眷属不知谁氏之奴，血肉不知谁氏之俎，魂魄不知谁氏之鬼。"① 方其时，齐州以内，魆魆作鬼气，俱谓天心厌望，国祚必移，人各坐待剖割。任公虽亦愤悱，然绝无颓丧："夫天下事，可为不可为，亦岂有定哉！人人知其不可而不为，斯真不可为矣。人人知其不可而为之，斯可为矣。使吾四万万人者，咸知吾国处必亡之势，而必欲厝之于不亡之域，各尽其聪明才力之所能及者，以行其所得行之事，人人如是，而国之亡犹不能救者，吾未之闻也。"② 且梁启超对中国未来充满信心，一则吾中国人禀赋优厚，有自存能力，"20 世纪，我中国人必为世界上最有势力之人种，有可豫断言者"③。二则考之历史，吾中国人种族、地势、宗教皆为一统，未尝有分裂于内，授人阿柄，自陷棘淖。再则中国士夫夙抱忠君卫社稷之志，敌忾心强，易奋共工之怒，"其灼然有见于危亡之故，振兴之道，攘臂苦口，思雪国耻者所在皆有"④。吾赤县神州韫此未可轻蔑之潜势力，则可断言，"20 世纪之中国，必雄飞于宇内，无可疑也"⑤。自甲午以降，国脉民命虽游如细丝，危于风烛，然梁启超笃信中国无沦亡之理，抑且有必强之道。据是而每出一言，每行一事，恒以振刷国民精神为准的。

庚子年（1900），梁启超发表《少年中国说》，必称 20 世纪最大预言，其孰可谓其诬哉！

中国向被称为老大帝国。老大云何？则"舍幽郁之外无心事，舍悲惨之外无天地，舍颓唐之外无日月，舍叹息之外无音声，舍待死之外无事业"⑥。而中国果为老大矣乎？是亦不然。诃之畴昔，中国何尝有国家存焉，唯朝廷已耳。朝也者，为一姓私产，国也者，为人民公产，地球上有完全意义之国

---

① 梁启超：《南学会叙》（1898），载汤志钧、汤仁泽编《梁启超全集》第一集，中国人民大学出版社 2018 年版，第 419 页。

② 梁启超：《保国会演说辞》（1898），《饮冰室合集·文集》之三，第二十八页，中华书局 2015 年版，第 232 页。

③ 梁启超：《论中国人种之将来》（1899），《饮冰室合集·文集》之三，第四十八页，中华书局 2015 年版，第 252 页。

④ 梁启超：《论中国之将强》（1897），《饮冰室合集·文集》之二，第十三页，中华书局 2015 年版，第 145 页。

⑤ 梁启超：《南海康先生传》（1901），《饮冰室合集·文集》之六，第五十九页，中华书局 2015 年版，第 519 页。

⑥ 梁启超：《少年中国说》（1900），载夏晓虹编《梁启超文选》（上集），中国广播电视出版社 1992 年版，第 250 页。

家，亦仅阅百余年，中国乌从而为老大国者？所有者，为家族之国，为酋长之国，为封建之国，为一王专制之国，其于民享民有民治之国何与耶！譬以人喻，梁启超谓，中国之为国也，"唐虞以前为胚胎时代，殷周之际为乳哺时代，由孔子而来至于今为童子时代，逐渐发达，而今乃始将入成童以上少年之界焉。其长成所以若是之迟者，则历代之民贼有窒其生机者也"①。易而言，地球上有完全成立国，有不完全成立而渐进于完全成立国，后者乃为少年国也。

中国为少年国，其前途辽矣，其天地阔矣。梁启超际此振翰摛藻为颂曰："红日初生，其道大光；河出伏流，一泻汪洋；潜龙腾渊，鳞爪飞扬；乳虎啸谷，百兽震惶；鹰隼试翼，风尘吸张；奇花初胎，矞矞皇皇；干将发硎，有作其芒；天戴其苍，地履其黄；纵有千古，横有八荒；前途似海，来日方长。美哉我少年中国，与天不老！壮哉我中国少年，与国无疆！"② 噫吁兮，文字一何其美妙，预言一何其大胆，激情一何其澎湃，察之夫穷古，奚与其媲，企伫乎未来，孰越其武。

预言之魅力，在于实行若结果，实行过程，亦即传播过程，实行结果，亦即传播结果。而少年中国之实行，有赖中国少年之勃然奋励，梁启超有大望焉："若我少年者前程浩浩，后顾茫茫。中国而为牛为马、为奴为隶，则烹脔鞭箠之惨酷，唯我少年当之；中国如称霸宇内、主盟地球，则指挥顾盼之尊荣，唯我少年享之……使举国之少年而果为少年也，则吾中国为未来之国，其进步未可量也；使举国之少年而亦为老大也，则吾中国为过去之国，其渐亡可翘足而待也。故今日之责任，不在他人，而全在我少年。少年智则国智，少年富则国富，少年强则国强，少年独立则国独立，少年自由则国自由，少年进步则国进步，少年胜于欧洲，则国胜于欧洲，少年雄于地球，则国雄于地球。"③ 梁启超深切寄望中国少年，抑且自兹以降，弃"哀时客"笔名，而自命"少年中国之少年"，以身垂范。

---

① 梁启超：《少年中国说》（1900），载夏晓虹编《梁启超文选》（上集），中国广播电视出版社1992年版，第251页。

② 梁启超：《少年中国说》（1900），载夏晓虹编《梁启超文选》（上集），中国广播电视出版社1992年版，第254—255页。

③ 梁启超：《少年中国说》（1900），载夏晓虹编《梁启超文选》（上集），中国广播电视出版社1992年版，第254页。

梁启超发表《少年中国说》，正自于遁日未久，哀愤未平之时，然以"少年中国之少年"自励而励人，殊见其襟情。此"说"之后，多少"中国少年"，曾不以太行孟门为险，尝未视溅血市口少惧，考欧美政体，辩中国道路，亟请愿国会，屡兴师边关，反袁护国体，誓师讨复辟，铸爱国精神于五四运动，止阋墙之祸以北伐军兴，十四年抗战浴血，求民主重庆谈判，终致新中国屹立于世界东方。郁乎美哉，吾少年中国之少年，前者仆后者继，非有已时，而少年中国日滋强盛，此非梁氏预言之征验者，则又何谓！

梁启超另一预言，则更切近国家运命。

壬寅年（1902），梁启超为《新小说》作《新中国未来记》，以黄毅伯、李去病二主人公辩革命与非革命问题。此构"是一部理想的立宪运动小说"①，不啻为国体演变之大胆预言，亦可谓之寓言小说。民国元年，梁启超辽鹤归来，忆十年前所作，语稍矜耀："犹记曾作一小说，名曰新中国未来记，连登于该报十余回。其理想的国号，曰：大中华民主国，其理想的开国纪元，即在今年，其理想的第一任大总统，名曰罗在田，第二任大总统，名曰黄克强。当时固非别有所见，不过办报在壬寅年，逆计十年后大业始就，故托言大中华民主国祝开国五十年纪念，当西历一千九百六十二年。由今思之，其理想之开国纪元，乃恰在今年也。罗在田者，藏清德宗之名（爱新觉罗载湉），言其逊位也；黄克强者，取黄帝子孙能自强立之意。……今事实竟多相应，乃至与革命伟人姓字（黄兴）暗合，若符谶然，岂不异哉。"②人或异其预言之玄妙，然自小说首发，至民国肇建，阅十稔矣，人事纷繁杂遝，时局奇谲傀诡，而何一非预言之实行者也。

《新中国未来记》就君主立宪与民主共和，黄、李二人反复驳诘，适为乙巳迄于丁未立宪党、革命党全面论战之预叙。

戊戌政变后，梁启超思想一变，改其维新旧辙而适于立宪新途。其言曰，今日之世界，乃专制立宪两政体新陈嬗代之时代也，"中国究竟必与地球文明国同归于立宪"③，早一日立宪，则国民早一日蒙福。或问：然则中国今日遂

①　阿英：《晚清小说史》，人民文学出版社1980年版，第76页。

②　梁启超：《鄙人对于言论界之过去及将来》（1912），载夏晓虹编《梁启超文选》（上集），中国广播电视出版社1992年版，第179页。

③　梁启超：《立宪法议》（1901），载汤志钧、汤仁泽编《梁启超全集》第二集，中国人民大学出版社2018年版，第282页。

可行立宪政体乎？任公断然回之，曰不能，乃以立宪政体必以民智稍开而后能行，则中国最速亦须十年或十五年始可语于此。斯之为期，又绝非仰屋而待其成，任公孜孜汲汲论立宪，端在于启民智耳。而庚子事变，革命思想迅起，任公作杜鹃夜啼，辩立宪亦日急。慨夫，党人论战，既使立宪思想充分张皇，抑亦使革命思想得以扇扬。此间，立宪派虽稍逊风骚，然清廷激于情势，于丙午年（1906）七月下诏宣示预备立宪，反使立宪党人备受鼓舞，乃倾其力于组党及研究宪政事宜。越戊申年（1908），迫于各省人民速定国会年限之请，清廷颁《钦定宪法大纲》，期以九年立宪。革命党人初未信其立宪诚意，或谓："既预备立宪，自当导文明国法律，准施政典型。乃绍兴之狱，徐（锡麟）则剜心刺目。刑戮之惨，绝非人类。因之而荼戮株连，杀军人、杀学生，惨罹非刑，引颈受祸者，波泪不知几许青年志士也……嗟夫！预备立宪者，尚不如直其名曰预备杀人流血之直接了当也。"[1] 时，梁启超固有望于清帝："今之君主，谓其必坐视人民之涂炭以为快，虽重有憾者，固不能以此相诬也。夫正以欲保持皇位之故，而得良政府，即为保持皇位之不二法门。吾是以益信其急欲得良政府之心，不让于吾辈也。"[2] 革命共和与立宪保皇之矛盾日趋尖锐，冲突日益激烈。

梁启超绝非昧于历史，历代王朝以天下为私，刍狗民命，曷可偻举，然清廷渐渍世界之潮流，屡被战败之儌侮，日接革命之激荡，亦浸假改其步武，借此梁启超于清廷多有回护之语。乃革命党人愈视梁为雠仇，极尽嘲讽之能事："朝开一会，则曰监督政府，夕画一策，则曰上请愿书，而其实皆欲达其升官发财之目的。此其败乱之结果，诚有令吾人目不忍睹耳不忍闻之概，稍具真诚者当亦闻此而恫心焉，又不独吾辈当以蟊贼视之也。"[3] 抑有论者曰，清廷外视宽洪，内怀狠毒，家奴不与，宁赠友邦，"故居今日谈立宪，谓足以救亡者，非愚则妄也"[4]。梁启超更被丑诋为"文妖""妇妾"云云，不一而足。

---

① 不白：《警告同胞勿受要求立宪者之毒论》，《河南》1908 年第 5 期，转引自章开沅、严昌洪主编《辛亥革命与中国政治发展》，华中师范大学出版社 2005 年版，第 83 页。

② 梁启超：《政闻社宣言书》（1907），《饮冰室合集·文集》之二十，第二十一页，中华书局 2015 年版，第 1833 页。

③ 鸿飞（张钟瑞）：《对于要求开设国会者之感喟》，原载《河南》1908 年第 4 期，载张枬、王忍之编《辛亥革命前十年间时论选集》，生活·读书·新知三联书店 1960 年版，第 274 页。

④ 《对于政府之民心》，原载《民心》1910 年第 5 期，载张枬、王忍之编《辛亥革命前十年间时论选集》，生活·读书·新知三联书店 1960 年版，第 828 页。

风雨如晦之际，党人掎龁，辞尽诟谇，任公徒叹奈何，唯其乃者尝论立宪与革命之关系，庶几有天纵之明："夫使所立之宪而能副国民之愿望也，则吾复何求，吾之革命主义，直抛弃焉可耳；使其不能，则经此一度之立宪，而民间之表同情于革命者，将益如传染病，弥漫而不可制，可断言也。"① 梁启超以人处暗室为喻，一旦辟户牖，导出游，万千风光日萦于脑，岂可复能囚梏之。立宪、革命岂不然哉！尔后，梁启超每每就立宪、国会发论，辄有预言之深味焉。

戊申年（1908）《钦定宪法大纲》颁布之同时，清廷警告："如有不靖之徒附会名义，借端构煽，或躁妄生事，紊乱秩序，朝廷唯有执法惩儆，断不能任其妨害治安。"② 立宪派略无所顾，继而再，再而三赴京请愿，要求朝廷一年之内召集国会。宣统二年十月初三日，清廷谕令宣统五年召集国会。时，革命党发难，其势郁攸，梁启超谓唯速召集国会，方可弭革命之"祸"，乃愤而曰："诚不知宣统五年可以召集国会者，宣统三年不能召集之故果安在？诚不知国会未开以前，所谓责任内阁者果何所附丽？且督抚电奏，人民请愿，皆言责任内阁，而上谕中特删去'责任'二字，诚不知无责任之内阁，则与前明以来以迄今日之内阁何以异？与军机大臣何以异？与现在分立之各部院何以异？与会议政务处何以异？若是则吾国之有之也既已久矣，何俟宣统三年，而始成立？何俟再以诏书为之规定？于是而当道一二大老之心迹，昭昭然揭于天下矣。"③ 大老之心迹谓何？殆调和、拖延、虚与委蛇者也。至夫皇族内阁出，天下指目，向之主张立宪者，绝望之余，也纷纷附和革命，即立宪健将张謇亦喟叹："潮流所趋，莫可如何。"④

所异者，时局之发展，端的日接近于梁氏所预言。宣统二年，方当二次请愿国会失败，梁启超发表《论政府阻挠国会之非》，云："国民所以哀号迫切再三吁诉者，徒以现今之政治组织，循而不改，不及三年，国必大乱以至

---

① 梁启超：《新民说之论政治能力》（1904—1905），《饮冰室合集·专集》之四，第一百六十页，中华书局 2015 年版，第 5142 页。

② 《九年预备立宪逐年推行筹备事宜》，载故宫博物院明清档案部编《清末筹备立宪档案史料》（上集），中华书局 1979 年版，第 68 页。

③ 梁启超：《读十月初三日上谕感言》（1910），《饮冰室合集·文集》之二十五（上），第一百四十三页，中华书局 2015 年版，第 2539 页。

④ 《张謇辛亥九月十六日致袁世凯电》，转引自章开沅、林增平主编《辛亥革命史》（下册），人民出版社 1980 年版，第 245 页。

于亡，而宣统八年召集国会，为将来历史上所必无之事也。吾之此论，非唯政府群公，闻而掩耳，即邦人诸友，亦将疑为泰甚。虽然，吾亦岂忍为此不祥之言，因果相嬗，自有定律，固非讳言之而遂能逃避也。"① 唯恐人所不能警醒于斯，乃复云："中国而欲有国会者，唯开设于宣统四五年以前为能有之，过此以往，吾中国永无开设国会之时矣。"② 然则清廷敷衍民意，正自为渊驱鱼为丛驱雀，蹙立宪党人与革命党人归于一途，乃武昌首义，宣统之号仅享祚三年，不幸为梁启超所言中。

自《新中国未来记》至大清屋社，梁启超屡以预言示世人、儆清廷，而立宪运动、革命思想如悬瀑之冲激，如地热之进涌，不达目的，未有已时，预言之于实行，之于结果，如有链然。时乃晚清社会政治变革之华章者，固不诬也，而为近代预言传播最生动之实践，又岂其有间焉！

沉睡魔咒式预言传播，业已成为梁启超传播思想之一重要现象，其行之于清季，赫赫然有征，其续之于民国，凿凿然有迹。

辛亥革命之后，梁启超屡言其今后所以报国者，乃倾力社会、文化、教育事业。民国四年，任公发表《告小说家》，不啻再次以沉睡魔咒式预言警人。时，举国不悦学者，偶或执卷，则舍小说之外无他，厥其影响于世道人心者章章明也，然观时文若小说文学者何如？"其什九则诲盗与诲淫而已，或则尖酸轻薄毫无取义之游戏文也，于以煽诱举国青年子弟，使其桀黠者濡染于险诐钩距作奸犯科，而摹拟某种侦探小说中之一节目；其柔靡者浸淫于目成魂与逾墙钻穴，而自比于某种艳情小说之主人翁，于是其思想习于污贱龌龊，其行谊习于邪曲放荡，其言论习于诡随尖刻。"③ 梁启超殷忧者，乃近十年来，社会风气每况愈下，何莫而非小说之为厉阶，夫若任兹横流波靡，更阅数年，吾中国其不陆沉，殆不止。乃出咒语曰："世之自命小说家者乎，吾无以语公等，唯公等须知因果报应，为万古不磨之真理。吾侪操笔弄舌者，造福殊艰，造孽乃至易，公等若犹是好作为妖言以迎合社会，直接坑陷全国青年子弟使堕无间地狱，而

---

① 梁启超：《论政府阻挠国会之非》（1910），《饮冰室合集·文集》之二十五（上），第一百零七页，中华书局 2015 年版，第 2503 页。

② 梁启超：《论政府阻挠国会之非》（1910），《饮冰室合集·文集》之二十五（上），第一百零九页，中华书局 2015 年版，第 2505 页。

③ 梁启超：《告小说家》（1915），《饮冰室合集·文集》之三十二，第六十八页，中华书局 2015 年版，第 3216 页。

间接戕贼吾国性使万劫不复，则天地无私，其必将有以报公等。不报诸其身，必报诸其子孙，不报诸今世，必报诸来世。"① 梁启超之所诘责诅詈，绝非其以言为笺笺者而图口耳之快，乃其魔咒式传播策略有犁然当于时事者也。

梁启超沉睡魔咒式预言传播，辄行于政治变乱、社会板荡、文化不伦之际，事之所激、情之所动，往往言中时弊，导引未来，为当时以后所歆美。然梁启超传播策略如彼者，亦绝非一时振发，快意恩仇，凡出于熟考历史、洞析趋势者也，藉曰从思想史加以考察，其貌有"怪力乱神"之嫌，其实有方法论之意义，入乎情，出乎理，止于所当止，不有殊美哉！

第三节　"修正主义"思想传播

"文章合为时而著，歌诗合为事而作"，殆文人学士戒拘虚笃时而感奋发抒以自申饬者也。时有进，事有易，时君子唯见机兴作、与时俱进而已。然则，当时铿铿然以为是，此后邑邑然以为非，一如丘云，无适无莫，直取义所栖止者，而吾人深味其间，诇其原理，似有变易推夺之机括存焉，名之曰修正主义可也。

且不谓人类历史、文明、文化，悉以集体无意识之"修正"而旅进，个人亦然，以人为镜明得失而自我淬砺之，以史为镜辨枉直而返于义理，以己为镜察道履而行于所当行，尔乃修正主义灿然演成人生一脉，与"守死善道""薪火相传"者虽百虑而一致，殊途而同归。细查之，详审之，则梁启超有之以征。

民国九年（1920），梁启超作《清代学术概论》，以"今我"批判三十年来史料上之"昔我"云："启超务广而荒，每一学稍涉其樊，便加论列，故其所述著，多模糊影响笼统之谈，甚者纯然错误，及其自发现而自谋矫正，则已前后矛盾矣！"② 然则梁启超常以思想界之陈涉自居，要在能烈山泽而辟新局，曾不惜用所谓卤莽疏阔之手段。忘年师友黄遵宪尝净之曰："公之所唱，未为不善，然往往逞口舌之锋，造极端之论，使一时风靡而不可收拾，此则

---

① 梁启超：《告小说家》（1915），《饮冰室合集·文集》之三十二，第六十八页，中华书局2015年版，第3216页。

② 梁启超：《清代学术概论》（1920），上海古籍出版社1998年版，第89页。

公聪明太高，才名太盛之误也。"① 而梁启超亦自知其短，所谓所执往往前后相矛盾，辄不惜以今日之我难昔日之我，此虽于人格品性或有间然，唯"修正"而果可得真理、求进步，则其人格品性又何尝不皎皎然可鉴日月。斯之为道，抑亦正自为任公传播启蒙思想一大特色也。

综核梁启超一生所从事者，幻梦立宪政治、重估中国文化，可谓其思想传播中两大修正案。

时，梁启超醉心革命、破坏，迨乃师康有为去日赴美后，与孙中山及革命党人往还日密，爰作《上南海先生书》，洋洋数千言，谓："国事败坏至此，非庶政公开，改造共和政体，不能挽救危局。今上贤明，举国共悉，将来革命成功之日，倘民心爱戴，亦可举为总统。吾师春秋已高，大可息影林泉，自娱晚景。启超等自当继往开来，以报师恩。"② 书钞署名者同门十三人，另有韩文举、欧榘甲、罗孝高、罗伯雅、张智若、李敬通、陈侣笙、梁子刚、谭柏笙、黄为之、唐才常、林述唐等，俨然一革命团体。各地康徒闻之大哗，皆以康门逆徒指目之。

尽管康师不之许，并即命梁启超赴檀香山办理保皇事宜，期以奏釜底抽薪之效，奈何蓄志既久，欲抑而愈出。尤于帝后回銮后，清廷故态复萌，保皇会员愤极，纷纷主张革命、自立，梁启超为提倡最力之人，谓清廷之无可望久矣，当今日民族主义最发达之时代，要"唤起民族精神者，势不得不攻满洲"③，且书徐君勉直言，中国实舍革命外无别法。乃创《新民丛报》，释新民之义，属革命之文，谓如《天演学初祖达尔文之学说及其略传》《革命！俄罗斯革命！》《意大利建国三杰传》《进化论革命者颉德之学说》《释革》云云，梁亦自承，彼时报中论调主张破坏，感情日趋激烈，即康师觇风，抑蹙蹙然有微风动摇之虑，谓自梁言革命后，保皇党人心大散，几不可合。章炳麟云，中国大计且不谓握于孙、梁二人手中，而一线生机，唯此二子可望。

---

① 黄遵宪：《与饮冰主人书》（1904），载丁文江、赵丰田编《梁启超年谱长编》，世纪出版集团上海人民出版社 2009 年版，第 222 页。

② 冯自由：《革命逸史》上，新星出版社 2009 年版，第 213 页。

③ 梁启超：《与夫子大人书》（1902），载丁文江、赵丰田编《梁启超年谱长编》，世纪出版集团上海人民出版社 2009 年版，第 189 页。

革命共和，有现实驱迫，有理论阐绎，而时人谓美国乃案例佐证者，斯亦为任公心所向往之者。癸卯年正月，梁启超应美洲保皇会之邀，游历美洲，一睹美国共和制度，欲有所汲引。

初，梁启超见海外人热情殊高，益觉革命事业非轰轰烈烈再做一场，一洗庚子愤耻，则此身无颜立于天地。然目之所接愈多、履之所至愈广、事之所入愈深，其所感与初志相去已霄壤。

就美国共和政体而言，其成于各自治省，恰如法儒卢梭所云，民主之制其所行也，必赖诸小邦之联结。抑吾中土则曷有焉。此为不能学者。而美国两党争竞，不数年，或居或迁，官亦随之，厥其坐不席暖，瓜代而去，人人抱持五日京兆心态，事多凝滞。此为不可学者。以云吾国民所存养者，则直呼其无资格学者，毋亦不为过。梁启超考察华人社区以视祖国人民，进而与美国白种相较，谓吾中国人之缺点，有民族资格而无市民资格，有村落思想而无国家思想，只能受专制而不能享自由，其尤者，中国人向无高尚之目的，以故激辞曰："吾祝吾祷，吾讴吾思，吾唯祝祷讴思我国得如管子、商君、来喀瓦士、克林威尔其人者生于今日，雷厉风行，以铁以火，陶冶锻炼吾国民二十年、三十年乃至五十年，夫然后与之读卢梭之书，夫然后与之谈华盛顿之事。"[1] 北美之行，梁启超思想既根本摇动矣。彼震其声者，固期诸梁之革命志意益坚，乃不谓，"人们在他对民主制度的评论中看到了一种明显的遗憾的语调，它预示了梁自美归来后对民主制度的严厉抨击"[2]。

康有为谂知梁徒所谓"流质多变"，乃殷殷诏之，谓，前事皆可作浮云过空，唯当自此以后，仅止于开民智求民权而已，此外不可再生支离。黄遵宪捧读梁书，厥知其忏悔心切，一时怅惘而不知所措。洵哉，梁启超自美洲归来，言论大变，其译《政治学大家伯伦知理之学说》而感曰："吾党之醉共和、梦共和、歌舞共和、尸祝共和，岂有他哉，为幸福耳，为自由耳，而孰意稽之历史，乃将不得幸福而得乱亡。征诸理论，乃将不得自由而得专制，然则吾于共和何求哉？"[3] "共和"美哉美矣，然其于淮南橘者曷异？乃慨然：

---

① 梁启超：《新大陆游记》（1904），商务印书馆 2014 年版，第 146 页。

② ［美］张灏：《梁启超与中国思想的过渡（1890—1907）》，崔志海、葛夫平译，新星出版社 2006 年版，第 164 页。

③ 梁启超：《政治学大家伯伦知理之学说》（1903），载汤志钧、汤仁泽编《梁启超全集》第四集，中国人民大学出版社 2018 年版，第 222 页。

"吾与汝长别矣!"① 其后,梁启超考辨中国历史上之革命,比类以推世事,忽如冷水浇背。何为者?"吾见夫所欲用之以起革命之多数下等社会,其血管内皆含黄巾闯献之遗传性也;吾见夫以第一等革命家自命之少数豪杰,皆以道德信义为虱为毒,而其内部日日有杨、韦相搏之势也;吾见夫高标民族主义以为旗帜者,且自附于白种景教,而借其力欲以摧残异己之党派,且屡见不一见也。"② 为风俗人心念,为中国前途念,任公矢志,自兹以后,专言政治革命,不复言种族革命。忧惕之心极矣。

后世学者评章历史,商略人物,之于梁启超政治思想转捩,亦多有论言,或谓曰:"他是一个渐进主义者,他认为社会发展从野蛮到文明,从专制到民主,从落后到进步,必须是分阶段地一步步地上升前进,一段一段地过渡,如过河摆渡,必须假舟船而行,登高爬楼必须拾级而上,不可飞跃。"③ 梁启超辛丑年(1901)尝撰《过渡时代论》,其渐进思想,殆可视为其观察社会、立身行己之逻辑起点,准此以谈,则癸卯修正极端破坏主张而抗希君主立宪,宜其然也。

时谓梁启超启蒙思想传播第一大修正案。

若夫第二大修正案,则文化之检讨修正也。

近代以降,国运衰微,列强眈眈逐逐,狡焉思启,士之断颈绝脰以呼变法维新者,不绝如缕。梁启超自公车上书后,汲汲于途,唯在浚瀹民智民权,传播启蒙思想,其所由之道,端自译介西政西学,厥于批判中学及传统文化亦往往而有之。

当其时也,梁启超歆慕西方无以加焉,谓彼一切典章制度,备哉粲然,其为致治之本富强之道,奚疑哉!乃不禁感叹:"今以西人声、光、化、电、农、矿、工、商诸学,与吾中国考据、词章、帖括家言相较,其所知之简与繁,相去几何矣。"④ 是知智愚之分强弱之原,其有故也,抑且明若星河。光

① 梁启超:《政治学大家伯伦知理之学说》(1903),载汤志钧、汤仁泽编《梁启超全集》第四集,中国人民大学出版社 2018 年版,第 223 页。

② 梁启超:《中国历史上革命之研究》(1904),载汤志钧、汤仁泽编《梁启超全集》第四集,中国人民大学出版社 2018 年版,第 280 页。

③ 董方奎:《新论梁启超》,华中师范大学出版社 2007 年版,第 119 页。

④ 梁启超:《西学书目表·自序》(1896),载夏晓虹编《梁启超文选》(下集),中国广播电视出版社 1992 年版,第 370 页。

绪二十三年（1897），《西政丛书》出，梁启超为叙，大赞西政之明效，言欧洲各国，视其土地、民人、物产，匪有迈于中国，然其百年来庶政俾能更新，百废得以整顿，实在于其"立国之本末，每合于公理，而不戾于吾三代圣人平天下之义"①。易言之，西国有道洸洸乎，大国得之，即或纵横汪洋于大地而莫之制，小国用之，抑亦自立自强，不见噬于他族。洎大同译书局成，梁启超明订该局"译学堂各种功课书，以便诵读；译宪法书，以明立国之本；译章程书，以资办事之用；译商务书，以兴中国商学，挽回利权"②。侯官严几道称马丁·路德、培根、笛卡尔为近世圣人，梁颔之，更崇培根、笛卡尔乃近世文明初祖，其有功于世界者，不知何极。辛丑壬寅间，梁采择西说，以为渴饮之辘轳，救火之突梯，宵旰尽瘁，志意历时而弥坚。

梁启超洋洋乎言多西政，而少中学腐儒之论随之，固宜也。渠言所谓儒者，概分三类：一则仅习八股试帖律赋楷法者，虽五洲八星之不知，亦不为病；一则与虫鱼同晨昏者，咏风月矫情愁，好名若膻，虽谬种流传，亦所不辞；一则束身自好者，拘虚论，剿迁说，禹行舜趋而享学界之尸祝自若也。此三者"历千余年，每下愈况，习焉不察，以为圣人之道，如此而已。是则中国之学，其沦陷澌灭，一缕绝续者，不自今日；虽无西学以乘之，而名存实亡，盖已久矣"③。中国数千年来学术之衰，何以致之？无他，奴性所致之也。秦皇御国，人不敢偶语，及汉武罢黜，儒术得以独尊，而宋元以降，所谓正学异端，防限益严，学风衰甚；若夫有清，考据家斤斤于字句异同，钩心于年月差忒，初无足道矣。士夫役之而疑之，思所以易之，然未始洞悉中国学风之致坏，不直形式已哉，更在于精神。"所谓精神者何也？即常有一种自由独立、不傍门户、不拾唾余之气概而已。"④ 西学之盛，中学之衰，胡不以此哉。

取两千年"无用之学"而驳诘之，奉西人二百年政学而绵蕝之，此盖梁启超民兴以前所主持者。梁尝豪言，非国务大臣不做，迨民国肇建，两度入

---

① 梁启超：《〈西政丛书〉叙》（1897），载汤志钧、汤仁泽编《梁启超全集》第一集，中国人民大学出版社 2018 年版，第 194 页。

② 梁启超：《大同译书局叙例》（1897），载汤志钧、汤仁泽编《梁启超全集》第一集，中国人民大学出版社 2018 年版，第 271 页。

③ 梁启超：《〈西学书目表〉后序》（1896），载夏晓虹编《梁启超文选》（下集），中国广播电视出版社 1992 年版，第 372 页。

④ 梁启超：《近世文明初祖二大家之学说》（1902），载汤志钧、汤仁泽编《梁启超全集》第二集，中国人民大学出版社 2018 年版，第 479 页。

阁，为袁世凯司法总长，为段祺瑞财政总长，然皆不足期年而止，图南奋翮之志屡沮，尔乃思所以报中国者何所是。"吾以二十年几度之阅历，吾深觉政治之基础恒在社会，欲应用健全之政论，则于论政以前更当有事焉。"① 所谓"有事"，乃立志耕耘社会、文化事业，以国民性改造，奠良政治之基。是谓梁启超思想转变之过渡论可也，易言之，梁之新修正主义思想，既稍揭序幕矣。谓若不信，试以将来。

欧战既终，巴黎和会召开在即，梁启超欲假之以躬赴考察，首途前与友好作竟夕谈，"着实将从前迷梦的政治活动忏悔一番，相约以后决然舍弃，要从思想界尽些微力"②。以故此次游欧，考察战地，探求学问，乃主要目的之一。

甫抵伦敦，"黄雾四塞，日色如血，一种阴郁闭塞之气，殊觉不适。所居虽一等旅馆，每日恒不饱，糖为稀世之珍，吾侪日进苦荈耳，煤极缺，室中苦寒，战后尚尔，战时可想，乃知吾侪在东方，盖日日暴殄天物也"③。此虽为游欧初观，然阅一年，辄所寓目者无外乎此。梁启超深受刺激，自云其灵府起一绝大之革命：科学、民主、自由究其开太平抑或致毁灭？庸何方能拯救欧陆大地满目疮痍之灵魂？

梁启超游欧所晤最多者，乃政治家及哲学家、文学家。柏格森之师蒲陀罗（Boutreu）尝与语曰："你们中国，着实可爱可敬，我们祖宗裹块鹿皮拿把石刀在野林里打猎的时候，你们不知已出了几多哲人了。我近来读些译本的中国哲学书，总觉得它精深博大。"④ 梁闻言，登时有千斤重担加于肩之感。方其与诸名士与谈"四海之内皆兄弟""不患寡而患不均""兼爱""寝兵"等思想时，众人俱震诧，不谓中国学术堂奥之富若斯，歆哉羡焉，进而欲采择输入，以调和旧物。

当时此地，梁启超数数与人接，固欲求解西方文明之真谛，却反得镜鉴，照见中华文明之瑰伟奇丽，正自为人所宝重，乃心戚戚焉，从而自省："先秦

---

① 梁启超：《吾今后所以报国者》（1915），载夏晓虹编《梁启超文选》（上集），中国广播电视出版社 1992 年版，第 186 页。

② 梁启超：《欧游心影录》（1919），载丁文江、赵丰田编《梁启超年谱长编》，世纪出版集团上海人民出版社 2009 年版，第 562 页。

③ 梁启超：《与周夫人片》（1919），载丁文江、赵丰田编《梁启超年谱长编》，世纪出版集团上海人民出版社 2009 年版，第 565 页。

④ 梁启超：《欧游心影录》（1919），商务印书馆 2014 年版，第 49 页。

诸哲，隋唐诸师，岂不都是我们仁慈圣善的祖宗积得好几大宗遗产给我们吗？我们不肖，不会享用，如今倒要闹学问饥荒了。就是文学美术各方面，我们又何尝让人？国中那些老辈，故步自封，说什么西学都是中国所固有，诚然可笑；那沉醉西风的，把中国什么东西，都说得一钱不值，好像我们几千年来，就像土蛮部落，一无所有，岂不更可笑吗？"① 方其归国，于中国公学演讲云："鄙人自作此游，对于中国甚为乐观，兴会亦浓，且觉由消极变积极之动机，现已发端。诸君当知中国前途绝对无悲观，中国固有之基础亦最合世界新潮，但求各人高尚其人格，励进前往可也。"②

少溯梁启超道履，自变法度至变政体再至缉熙祖国文明，救国之道有异，自强之心如一。唯前二者仰希西法，欲假之为他山之石，而后者则反躬求诸己，发皇中国传统文化，自度而度人。

欧游归来，梁启超埋头中学研究，著述甚丰，其中《先秦政治思想史》，评章人物，品核思想，颇具代表性。其主旨则谓，中国学术以研究人生哲学及政治哲学所蕴诸问题，与他民族文化大殊其趣，独步而为人所不逮。是则"我先民所诒我之思想，虽或未成熟，或久中断，搜剔而磨洗之，又安见不龟手之药终无益于人国也"③。该著结尾乱云："今之少年，喜谤前辈，或撷拾欧美学说之一鳞一爪以为抨击之资，动则诬其祖曰：昔之人无闻知。嘻！何其伤于日月乎，多见其不知量也！"④ 著者沥胆焦心，唯望吾人今后所当有事者，在如何应用先哲之优美人生观而行之于今日中国。庸是，任公谆谆以告青年曰，要人人心存爱护本国文化之诚意；要用新方法探赜索隐；要化合中外文化，裨益吾人而庇荫全人类。

及此，梁启超文化修正主义思想粲然而成，是其冀望以穷古前贤之微言，有所靖献于斯世，乃视新文化运动之劲风，竟有孤灯摇曳孤雄屹立之概。

梁启超毕其一生役役于传播，不定于一尊，不拘于一言，因时而变，依

---

①　梁启超：《欧游心影录》（1919），商务印书馆2014年版，第51页。

②　《梁任公在中国公学演说》，原刊于《申报》1920年3月15日，载丁文江、赵丰田编《梁启超年谱长编》，世纪出版集团上海人民出版社2009年版，第580页。

③　梁启超：《先秦政治思想史》（1922），载汤志钧、汤仁泽编《梁启超全集》第十一集，中国人民大学出版社2018年版，第421页。

④　梁启超：《先秦政治思想史》（1922），《饮冰室合集·专集》之五十，第一百八十二页，中华书局2015年版，第7836页。

义而行，其口舌之锋，激荡人心，催人奋进，世所罕匹者，然其思想言论，辄轻于一掷，顷所铁口锵锵者，未及久之，乃翻然一变。若此者，梁亦曾不为讳："以吾数年来之思想，已不知变化流转几许次，每每数月前之文，阅数月后读之，已自觉期期以为不可。"① 尝题《艺蘅馆日记》云："吾学病爱博，是用浅且芜。尤病在无恒，有获旋失诸。"② 私淑弟子有李肖聃者谓："梁自命随时转移，羌无定见，则是自道其实。"③

知已往之不谏，觉今是而昨非，言屡易端，其效力固亦往往相消，梁启超诏其女勿效此尤，然则羌无改志，"因为我的举动，表面上看来好像常常矛盾，这种性质，我虽然自认为我的短处，却不自认为我的坏处，这是情感生活的人应有的结果，我若把我的矛盾去掉，同时怕并把我做事的活力也去掉了"④。乃知其启蒙思想传播与修正主义方式合魂体而万难分矣。国体思想修正，文化思想修正，谓其修正主义用世逻辑之必然结果，宁有异词哉。

唯任公修正主义传播方式，其来也有自，其行也有据。

清季至民初，中国社会经历千年未有之大变局，披靡西风与守死善道相抵牾，维新自强与恪遵祖制相镠轕，好学慕古与抑退传统相扞格，士君子寄身斯世，其困心衡虑者，亦何莫而非如是。梁启超号呼革命破坏，未始不惧启列强狡焉之心，揄扬君主立宪，何尝不怒其虚应故事之伪。尔其取汤汤汉学而折之，又以中学将亡之为患，乃若称引古义，又譬西方文明为美人，激进与保守，奋迅与彷徨，常冶于一心，梁启超修正主义式传播，行诸数十年，端在有此思想土壤者也。抑梁之修正，亦决非起于一时一念，辄经理想施之行动，从冥思付诸实践，自书本走进社会，凡所主张，悉经实地核验，征之以是则是之，察之以非则非之，要则其"修正主义"传播，往往基于田野考察而逞其效功，谓如躬赴北美考察共和理想国，亲炙欧人战后灵府之沦胥，其思想庶几倒乾为坤，未始不以斯哉，适所谓修正之法，一务于实践而已乎。

---

① 梁启超：乙巳本《饮冰室文集自序》（1902），载丁文江、赵丰田编《梁启超年谱长编》，世纪出版集团上海人民出版社 2009 年版，第 193 页。

② 汪松涛编注：《梁启超诗词全注》，广东高等教育出版社 1998 年版，第 283 页。

③ 李肖聃：《星庐笔记·梁启超》，载夏晓虹编《追忆梁启超》，中国广播电视出版社 1997 年版，第 44 页。

④ 梁启超：《外交欤，内政欤》（1921），《饮冰室合集·文集》之三十七，第五十九页，中华书局 2015 年版，第 3569 页。

第四节　政治地理与传播效果

20 世纪初以降，梁启超耽迷地理环境决定论，辄逡巡于东西诸大家学说之间，常有所兴发，因以作《地理与文明之关系》《亚洲地理大势论》《中国地理大势论》《欧洲地理大势论》《地理及年代》云云，著者以俊鹘盘云，临眄天下之概，论列高山、平原、海滨如转丸，评章寒、温、热带气候如抟风，一言蔽之，地理环境决定于当时此地文明者，其有大力乃不可思议。

辛亥革命十年后，梁启超著《清代学术概论》，言及将来学界，尝有分地发展之冀望。阅三年，作《近代学风之地理的分布》，划分畛域，探赜推究，醰醰然有味，试一观焉："自然界之形与气之区以别者且无量也。气候山川之特征，影响于住民之性质，性质累代之蓄积发挥，衍为遗传。此特征又影响于对外交通及其他一切物质上生活。物质上生活，还直接间接影响于习惯及思想，故同在一国、同在一时而文化之度相去悬绝，或其度不甚相远，其质及其类不相蒙，则环境之分限使然也。"① 譬若何故一代学术几为江浙皖三省所独占，譬若何故考证学盛于江南，而理学盛于河北，譬若何故湖南广东清初学者极少，而中叶以后乃大盛，又譬若何故湖北为交通最便之区而学者无闻云云。② 大哉斯问，虽为学术地理张目，毋亦可举一隅反其三隅耶？

其言地理之影响、决定政治者，则以中国为例，究一统国体之所由来，曰："凡一国之政治现象，与其地理甚有关系，不可不察也。夫在疆宇寥廓之大一统之国，则恒非专制不足以为治，势使然矣……以中国之地势，欲求不一统得乎……中国则山河两戒，平原万里，天开一统之局，虽欲宰割之而亦不能也。夫以天然一统之国，而境土如此其庞大，当畴昔交通机关百不一备

---

① 梁启超：《近代学风之地理的分布》（1924），载清华大学国学研究院主编《梁启超文存》，江苏人民出版社 2012 年版，第 474—475 页。

② 梁启超：《近代学风之地理的分布》（1924），载汤志钧、汤仁泽编《梁启超全集》第十二集，中国人民大学出版社 2018 年版，第 257—258 页。

之世,非专制政体何以治之?由此言之,我国二千年不能脱专制政体之羁轭,实地势与时势使然。"① 其言地理之影响、决定文化者,则掠亚非欧美而鸷视鹰瞬,穷文明之所由生,曰:"若夫精神的文明与地理关系者亦不少。凡天然之景物过于伟大者,使人生恐怖之念,想象力过敏,而理性因以减弱,其妨碍人心之发达,阻文明之进步者实多。苟天然景物得其中和,则人类不被天然所压服,而自信力乃生,非直不怖之,反爱其美,而为种种之试验,思制天然力以为人利。"② 其言地理之影响、决定性行者,则观乎山水气候之间,按民人性格心理精神面貌之所由成,厥有寒温俾民悍文之说,又或发水山使人通塞之论,要之,"或在平原,或在海滨,或在山谷,三者之民各有其特性"③。大凡能开拓千古者,考其所出,盖莫不有殊瑰之形胜。其言地理与史迹之关系则曰:"人类征服自然之力,本自有限界,且当文化愈低度时,则其力愈薄弱,故愈古代则地理规定历史之程度愈强。且其所规定者,不徒在物的方面而兼及心的方面,往往因地理影响形成民族特别性格,而此种性格,递代遗传,旋为历史上主要之原动力。"④ 近代以来,虽科学昌明,顾其能改变地理而减杀其威者,究属微末。

彼时,梁启超以为,地理学乃一切学科之基础。准此以论传播,则奚能外者,盖"以地理学者之眼观之,亦有可以见其一斑者"⑤。任公按之中国报馆沿革史,谓其不昌之一原因,即"由于风气不开,阅报人少,道路未通,传布为难"⑥。此说亦初见传播与地理与政治之关系焉,名之为传播与政治地理宜也。以政治地理按验传播效果,吾其有言也。

季清,政治地理约略如是:京津地区,中枢之地,出睿命,唤大号,普天之下,率土之滨,莫不是瞻。沪宁地区,门户洞张,贸迁如流,枭雄桀黠

① 梁启超:《中国前途之希望与国民责任》(1911),《饮冰室合集·文集》之二十六,第二十二页至第二十四页,中华书局 2015 年版,第 2682—2684 页。

② 梁启超:《地理与文明之关系》(1902),载汤志钧、汤仁泽编《梁启超全集》第二集,中国人民大学出版社 2018 年版,第 486 页。

③ 梁启超:《清代学术概论》(1920),上海古籍出版社 1998 年版,第 108 页。

④ 梁启超:《地理及年代》(1922),载汤志钧、汤仁泽编《梁启超全集》第十五集,中国人民大学出版社 2018 年版,第 502 页。

⑤ 梁启超:《地理与文明之关系》(1902),载汤志钧、汤仁泽编《梁启超全集》第二集,中国人民大学出版社 2018 年版,第 480 页。

⑥ 梁启超:《本馆第一百册祝辞并论报馆之责任及本馆之经历》(1901),载张之华主编《中国新闻事业史文选(公元 724 年—1995 年)》,中国人民大学出版社 1999 年版,第 42 页。

贤髦俊乂辐辏于此，动见观瞻。粤港地区，最早睁眼看世界，舶来思想浸淫久之，民岩可畏。而湖广一熟，天下富足，向为赍志图南者所窥伺。若夫他者，虽员舆广大，然则或崎岖山谷，或薄海瓯脱，岛夷犷民，天听邈远，可纪者仅矣。或谓国内舆论，略可二分，北则京津众著之地，"万国""国闻"领其吭，南则沪上耆贤走集，"强学""时务"延其胆，南北呼应，歆动魏阙。① 梁启超盱衡宇内，分地以程传播之事功，宜其将有事于西畴。

政治地理势固决定传播效果，梁启超应之以三策。

穷途僻壤且拨弃之。

丁酉年（1897）初，康有为诣桂林创圣学会，尝连函梁启超，商议设学、译书、办报、筑路等事，梁报康书，唯于学堂一事为然，他三事者皆有异议。譬若译书，中国通日文者寥寥，且皆有馆地领厚薪，安能远赴桂中就聘。譬若筑路，桂地枯瘠，既少人才更乏资金，无所恃成。质言之，桂中山高水远，宸眷难及，凡稍涉联络、交际、聚合，皆难比蜀道。即此，则办报将何若？

以言办报，梁启超亦条列理由而折之，曰风气未开，阅报者寥落星稀，无足支撑报馆；曰商务不兴，"商家皆蹈常习故之招牌，陈陈相因之货物，无藉于登告白。此涂一塞，日报无能开之理"②；曰道路厄塞，报纸之行，必赖道路畅通，邮政便捷，视桂地穹谷巍峦，可得乎。康梁党人创会办报，绝非为稻粱谋者，究其底，厥志端在传播维新思想，扩大政治影响，而桂中木铎之声日稀，欲开化心灵，造成风候，且阻桂以摇动天下，戛戛其难乎！梁启超折乃师议，固取于《时务报》《知新报》创办之经验，然知所取舍，实邃于传播之策略者也。

战略要地且拓张之。

湘鄂骑长江御洞庭，势扼南北，政治影响虽仅望京沪项背，然堡垒内破之忧，恒起于此间也。梁启超尝言："既知其果之所必至，又知其果之所从来，则常能造善因以补助之，使其结果日趋于至善。"③ 梁启超属望于湖湘，其意殷殷焉。

---

① 王天根：《晚清报刊与维新舆论建构》，合肥工业大学出版社 2008 年版，第 165—177 页。

② 梁启超：《致康有为书》（1907），载丁文江、赵丰田编《梁启超年谱长编》，世纪出版集团上海人民出版社 2009 年版，第 52 页。

③ 梁启超：《地理与文明之关系》（1902），载汤志钧、汤仁泽编《梁启超全集》第二集，中国人民大学出版社 2018 年版，第 480 页。

光绪二十一年（1895）底，北京、上海强学会先后被查禁，梁启超流浪于萧寺者数月，颇感慨时局，然维新之志愈坚。越明年，乃移书汪康年议设《时务报》，恐未必有成，将退而求去湖南，因"湘省居天下之中，士气最盛，陈右帅适在其地，或者天犹未绝中国乎"①。湖南者，向出中兴大臣曾国藩、胡林翼、左宗棠，素负世望，时，陈右帅宝箴抚湘，与学政江标、按察使黄遵宪诸人倡变法，唐才常、谭嗣同、熊希龄诸贤赞襄之，湖南维新运动，一时冠绝各省。

丁酉年（1897）冬十月，梁启超就湖南时务学堂，任总教习，日则讲授，夜则批答，所言皆不为当时社会所见容，试举数条。《湖南时务学堂札记》有批语云："读《春秋》当知其中所谓'王者'，皆非指当时之君也，'王'字不过'公法'二字之代数而已。以王道治天子、诸侯、大夫者，即以公法治天子、诸侯、大夫也。"②《学堂日记》有批云："衣服虽末事，然切于人身最近，故变法未有不先变衣服者，此能变无不可变矣。"③《湖南时务学堂课艺补遗》有批云："今日欲求变法，必自天子降尊始，不先变去拜跪之礼，上下仍习虚文，所以动为外国讪笑也。"④

梁启超激急之言论，致全湘哗然，咸目梁氏蛊惑人心，扰乱社会，"其后戊戌政变，其最有力之弹章，则摭当时所批札记之言以为罪状"⑤。倡民权，实千年所未有，固令人骇异，然则起草茅而摇动中枢、波荡江湖，必非任何一地所能奏功，特三湘俨然政治高地，登高一呼，声非加疾，即可收闻远之效！梁启超厕身湖南，谋深欤！

唯汉口亦然。

张之洞驻节武昌督鄂十八年，办实业、兴教育、练新军、劝农商，俾九

---

① 梁启超：《与穰卿我兄同年书》（1906），载丁文江、赵丰田编《梁启超年谱长编》，世纪出版集团上海人民出版社 2009 年版，第 36 页。

② 梁启超：《湖南时务学堂札记》（1897），载汤志钧、汤仁泽编《梁启超全集》第一集，中国人民大学出版社 2018 年版，第 405 页。

③ 梁启超：《学堂日记梁批》（1897），载汤志钧、汤仁泽编《梁启超全集》第一集，中国人民大学出版社 2018 年版，第 409 页。

④ 梁启超：《湖南时务学堂课艺补遗梁批》（1897），载汤志钧、汤仁泽编《梁启超全集》第一集，中国人民大学出版社 2018 年版，第 408 页。

⑤ 梁启超：《鄙人对于言论界之过去及将来》（1912），载夏晓虹编《梁启超文选》（上集），中国广播电视出版社 1992 年版，第 179 页。

省通衢之地骎骎焉而成近代化重镇，时人以"驾乎津门直追沪上"称扬汉口，又以"东方芝加哥"誉美汉上。

光绪三十二年（1906），清廷宣布预备立宪，康、梁党人于翌年即于东京成立政闻社，阐扬立宪思想，吁请速开国会。时，张君劢肃书梁启超云："吾社进行方法，定不可不于国会运动中寓扩张党势之实……以内地人心理而论，则运动范围之广狭，大有关于将来之党势，故此刻凡吾社所能运动者，定不可不从速图之。"① 更具言："吾党于西北方面，殊少驻扎之人（以后宜留意西北人材为要）。以报馆为机关，而更可造成一般舆论，故此事定不可不著先鞭。"② 尔乃计划筹办之事，其中即有于汉口设立《江汉公报》、江汉公学两事。梁启超该年十二月尝两度飞函，讨论报馆之设，先则移书蒋观云："吾社今欲扩势力于内地，则汉口为必争之区，同人之意，欲急设一报馆，拟由社中经济拨一万元，更集股二万元为之。"③ 再则托鱼雁致熊希龄："以武汉为天下之中，畴昔兵家在所必争，政党为平和的战争，其计划亦当与用兵无异，故欲以全力置基础于武汉。"④ 若夫办报，政闻社欲由社员侯延爽主其事，侯氏实地调查，爰为报告云："汉口者如世外桃园，向无学人在彼施设，不似上海、北京之时疑风鹤"⑤，且以其"为方兴之埠，诸事草昧，先辟而人者，即可为将来之主人翁"⑥。黄可权致书梁启超亦极表赞同："汉口之报馆必急宜设立也，将来汉口之重要，必在上海之上，固不待言，而舆论机关能早一日发生者，则早受社会一日之欢迎。……吾社既早已议及此，故望吾社之早日创办。"⑦ 汉口办报虽终因经费短绌而化为泡影，然则梁启超及政闻社上下，蒿目楚天，诇破汉

①　张君劢：《张嘉森致梁启超一》，载"国立中央"图书馆特藏组编《梁启超知交手札》，（台北）"国立中央"图书馆1995年版，第312页。

②　张君劢：《张嘉森致梁启超一》，载"国立中央"图书馆特藏组编《梁启超知交手札》，（台北）"国立中央"图书馆1995年版，第312页。

③　梁启超：《致蒋观云先生书》（1907），载丁文江、赵丰田编《梁启超年谱长编》，世纪出版集团上海人民出版社2009年版，第280页。

④　梁启超：《致熊秉三先生书》（1907），载丁文江、赵丰田编《梁启超年谱长编》，世纪出版集团上海人民出版社2009年版，第284页。

⑤　侯延爽：《侯延爽致梁启超一》（1907），载"国立中央"图书馆特藏组编《梁启超知交手札》，（台北）"国立中央"图书馆1995年版，第174页。

⑥　侯延爽：《侯延爽致梁启超一》（1907），载"国立中央"图书馆特藏组编《梁启超知交手札》，（台北）"国立中央"图书馆1995年版，第174页。

⑦　黄可权：《黄可要致梁启超二》（1907），载"国立中央"图书馆特藏组编《梁启超知交手札》，（台北）"国立中央"图书馆1995年版，第444—445页。

口地利，有洞烛机先之明，可与兵略相比数。

政治重镇则挽夺之。

京沪穗港，近代政治地理版图之重镇，政党博弈竞存之巢穴、思想启蒙传播之固垒。梁启超先自躬于《万国公报》（北京）、《时务报》（上海）编辑之役，后乃臂使《时报》（上海）、《时事新报》（上海）、《国民公报》（北京）、《晨报》（北京）、《改造》（北京）等，盖莫外于政治地理上乘利席胜，取精用宏，腾声说于周道，收传播之茂功。

公车上书后，梁启超羁留京师，从乃师创《万国公报》，欲以报事，提倡新学，开通风气。其书夏曾佑云："顷欲在都开设报馆，已略有端绪，此举有成，其于重心力量颇大也。"① 任公职纂虽初涉其樊，而卜地责效之念抑亦不让其师。康有为亦尝自谓，"变法本源非自京师始，非自王公大臣始不可"②，朝士日闻所不闻，识议方可一变。师徒于京师殊众，认知一也。

乙巳年（1905）中国同盟会成立以降，立宪党人与革命党人思想交锋日剧，扩张党势纱臂而夺之情状屡见，或择枝而栖，或分地以抗，或近身相搏，两党之间势同水火，尤以政治重镇为烈。际此，梁启超中心怒然："今日局面，革命党鸱张蔓延，殆遍全国。我今日必须竭全力与之争，大举以谋进取，不然将无吾党立足之地。"③ 争之法，谓："敌党在南方一带，已骎骎占势力。我党一面在南方与彼殊死战，一面急其所不急者先下手，以取北方。"④ 图北则以北京为先著，"梁启超曾经和熊希龄等人研究过'欲开一报于都中'"⑤，且致书乃师康有为，有以五万集款办北京报等语。此事既不成，至辛亥年（1911），伍宪子、何天柱、罗瘿公诸贤再倡北京办报事，拟请康师筹三四万金。奈何又以经费无着而告罢。

上海借其交通、商业、文化与历史之地位，盖有所举，皆倾动四方观听，

① 梁启超：《与穗卿足下书》（1895），载丁文江、赵丰田编《梁启超年谱长编》，世纪出版集团上海人民出版社 2009 年版，第 28 页。
② 《康南海自编年谱》，载梁启超《康有为传》，团结出版社 2004 年版，第 121 页。
③ 梁启超：《与夫子大人书》（1906），载丁文江、赵丰田编《梁启超年谱长编》，世纪出版集团上海人民出版社 2009 年版，第 244 页。
④ 梁启超：《与夫子大人书》（1906），载丁文江、赵丰田编《梁启超年谱长编》，世纪出版集团上海人民出版社 2009 年版，第 244 页。
⑤ 方汉奇：《中国近代报刊史》（下），山西人民出版社 1981 年版，第 578 页。

以故，其报纸亦最有声光，"凡事非经上海报纸登载者，不得作为征实"①。斯乃报人荟萃于此地而竞逐，政党掎龁于此区而争雄。方党禁开放事偾而革党气盛之际，党徒何天柱与书梁启超云："为今日计，仍以办一日报以张党势为要义。今日受人唾骂，而无一报以自申辩，虽有《国风》以发表政见，而不能普及于国人，此党势之所以不张也。即如沪上日报六家，《时报》不必论，《新闻报》则凡涉于开禁之文牍一字不登，其余《神州》《民立》《天铎》《申报》则日日造谣，日日乱骂而已。沪上商人无知无识，日持此以为谈笑之资，令人愤绝。吾若有报以主持言论，其毒不至如是之甚也。"②何氏此说，一道沪地党争情实，径戳康梁党人之痛处。然梁启超素不示人以绌，乃其争夺舆论主导权，必竭蹶以从事。彼时梁启超将有台湾行，拟筹十万金办两报馆，以七万办沪报，以三万办京报。惜卒未如愿，唯仰屋唏嘘而已。

夫创会、结社、办报，究言之，乃服务政治理想与政治斗争。梁启超一生作政治谈或躬身参政无虚日，戴政治眼镜察世照物，无不有政治色彩，无不讲政治之功，无不有政治之效，是为行事风格抑或生命方式，其庶几矣，且以此按诸梁启超传播活动与地理之关系，则思过半矣。惜夫，方梁思想狂飙突进，远近播越，政治地理之利如翼之加于虎者，而革命思想起，既远轶维新改良若君主立宪，人所钦迟，则梁启超恂恂焉谆谆焉狃习故常，虽蹈据要地，其若政治传播之效何。

第五节　超限式传播

超限，望文思义，即超越限度。超限，固自然、社会矛盾参伍错综力量消涨所常见者，于物理，方物所不能任，必鼎折覆𫗧，于心理，方人所不克承，或激而暴慢躁怒，或退而调润自适，知者洞察其理，必也善用之。

传播活动实以有效俘获受众为鹄，准此而论，则超限式传播，势所不能

---

① 姚公鹤：《上海闲话》，吴德铎标点，上海古籍出版社 1989 年版，第 128 页。

② 何天柱：《致任公夫子大人书》（1911），载丁文江、赵丰田编《梁启超年谱长编》，世纪出版集团上海人民出版社 2009 年版，第 344 页。

免。所谓超限式传播，乃其传播之规模、强度、锐度，迈受众所狃习者而往。正自如墨子之道，上说下教，虽天下不取，强聒而不舍者也。梁启超就斯道而有言焉。

堪可代表任公超限式传播思想之作，乃《敬告我同业诸君》，此著儆业报馆者当尽两大天职，即监督政府、向导国民。方其申论向导国民，辄借学校、著书以与报馆相比附而述其意，谓曰，学校者，累积知识基础，养成具体人物，著书者，往往规久远明全义，而报馆则救一时明一义，诱掖大众者也，"故某以为业报馆者，既认定一目的，则宜以极端之议论出之，虽稍偏稍激焉，而不为病。何也？吾偏激于此端，则同时必有人焉偏激于彼端以矫我者，又必有人焉执两端之中以折衷我者。互相倚，互相纠，互相折衷，而真理必出焉。若相率为从容模棱之言，则举国之脑筋皆静，而群治必以沈滞矣"①。夫人性，恒安于所习而抵斥变化，更骇于所罕闻如听惊蟄，设曰欲蹙民智寖假以孟晋，则必变其所骇者，俾能安之若素，梁启超谓之变骇为习，姑稍引其详："彼始焉骇甲也，吾则示之以倍可骇之乙，则能移其骇甲之心以骇乙，而甲反为习矣。及其骇乙也，吾又示之以数倍可骇之丙，则又移其骇乙之心以骇丙，而乙又为习矣。如是相引，以至无穷。所骇者进一级，则所习者亦进一级，驯至举天下非常异义可怪之论，无足以相骇，而人智之程度，乃达于极点。"② 斯之谓"变骇为习"，殆绝不为仰屋异想或空穴风也，史实有昭昭然者，梁启超例举二十年前，闻西学而骇者几与河沙比数，及变法思想起，人不复骇西学翻而骇变法；譬如十年之前，闻变法而色惊者吹毛难数，洎民权论起，则不复骇变法翻而骇民权；乃若一二年前，闻民权而骇者亦比比皆是，迨革命者一呼，则革命孰与民权骇？斑斑史迹，同出一揆，即"习"之为限度，"骇"之为超限，超限传播，适以变骇为习。

梁启超作《敬告我同业诸君》，岁次壬寅年（1902），属《辛丑条约》用宝未久，清廷狃于顽嚚，故态复萌，且"西后、荣禄仍柄大权，内地纷

---

① 梁启超：《敬告我同业诸君》（1902），载夏晓虹编《梁启超文选》（上集），中国广播电视出版社 1992 年版，第 168 页。

② 梁启超：《敬告我同业诸君》（1902），载夏晓虹编《梁启超文选》（上集），中国广播电视出版社 1992 年版，第 168 页。

纷加税，民不聊生，以赔荣禄通拳匪围使馆之款，广西变起，众情激愤，怒不可遏"①。时，梁启超创《新民丛报》，固欲平和发言，然政局日敚，遂使报中论调亦日趋激烈，甚乃专欲鼓吹革命、破坏，时人骇异之。平情而论，梁启超毕生言论之激昂，于斯最盛。为其所骇，革命者得燤火之助，立宪者益自醍醐灌顶，守旧者虽瞻顾徘徊，卒亦能惶惶然牛步蜗行，此任公变骇为习之实，而超限传播之效者也。

超限式传播，于学理上有其逻辑性，于实践上抑亦奏其功，于人性，亦有不得不然者。圆颅方趾生息于世间，虽或奄奄如绝，然"猛虎蹑于后，则越涧穿林如平地；大火燎于栋，则飞檐走壁如转蓬；知虎与火之能杀人，而不得不冒次险以避最险也"②。不搏不跃，不激不行，施之以大险，趋之于小险，退而求生莫安，斯之谓超限传播人性之征、心理之验，不亦可乎。

然则忧其病者，抑或有之。黄遵宪尝致书任公云："吾读公以乙为鹄指甲趋乙之函，读公不习则骇变骇成习之说，有以窥公之心矣。……而今日又进一言者，以无智不学之民，愿公教导之，诱掖之，劝勉之，以底于成，不愿公以非常可骇之义，破腐儒之胆汁，授民贼以口实也。"③ 继又不惮词费，谆谆言曰："以公今日之学说，之政论，布之于世，有所向无前之能，有唯我独尊之概，其所以震惊一世，鼓动群伦者，力可谓雄，效可谓速矣。然正以此故，其责任更重，其关系乃更巨，举一国材智之心思耳目，专注于公，举足左右，更分轻重。……公所唱自由，或故为矫枉过直之言，然使彼等唱自由者拾其唾余，如罗兰夫人所谓天下许多罪恶假汝自由以行，大不可也。公所唱民权，或故示以加倍可骇之说，然使彼等唱民权者，得所借口，如近世虚无党以无君无政府为归宿，大不可也。一言兴邦，一言丧邦，芒芒禹域，唯公是赖，求公加之意而已。"④ 超限式传播施之于政治，则狂飙突进，往往而有，时乃梁师康先生初不以为然者。康有为曾两度作书，答南北美洲诸华商

---

① 康有为：《答南北美洲诸华商论中国只可行立宪不可行革命书》，载汤志钧编《康有为政论集》（上集），中华书局1981年版，第474页。

② 梁启超：《论进取冒险》（1902），载夏晓虹编《梁启超文选》（上集），中国广播电视出版社1992年版，第120页。

③ 黄公度：《致新民师函丈书》（1902），载丁文江、赵丰田编《梁启超年谱长编》，世纪出版集团上海人民出版社2009年版，第199页。

④ 黄公度：《致新民师函丈书》（1902），载丁文江、赵丰田编《梁启超年谱长编》，世纪出版集团上海人民出版社2009年版，第201页。

及同学诸子梁启超等，以为中国只可行立宪，不可行革命。方当梁启超率康徒盛言革命时，康有为则直斥为放大火燎炸药以烧中国者。

唯梁启超执志不移。

会其师倡保教说，梁启超作《保教非所以尊孔论》，多所驳难，且数度奉书明志："弟子意欲以抉破罗网，造出新思想自任，故极思冲决此范围，明知非中正之言，然今后必有起而矫之者，矫之而适得其正，则道进矣。"[1] 而先之与乃师辩民权自由，亦铿铿然有言："中国于教学之界则守一先生之言，不敢稍有异想；于政治之界则服一王之制不敢稍有异言，此实为滋愚滋弱之最大病源。此病不去，百药无效，必以万钧之力，激励奋迅，决破罗网，热其已凉之血管，而使增热至沸度；搅其久伏之脑筋，而使大动至发狂。经此一度之沸，一度之狂，庶几可以受新益而底中和矣。"[2] 任公以为，在彼时之中国，起衰振弊，必倡新说鼓荡之，而初时则不可不有所破坏，唯勇者为之而已。

抑且梁启超又以佛法权实喻超限传播之义，以救国自任抒不计毁誉之诚："众生根器，既未成熟，苟不赖权法，则实法恐未能收其效也。故业报馆者而果有爱国民之心也，必不宜有所瞻徇顾忌。吾所欲实行者在此，则其所昌言者不可不在彼；吾昌言彼，而他日国民所实行者，不在彼而在此焉。其究也不过令后之人笑我为无识，訾我为偏激而已。笑我、訾我，我何伤焉，而我之所期之目的，则既已达矣。"[3] 究之事实，梁启超骇以革命，虽未尝以革命而终始，第以革命之火燎原，清廷遣五大臣考察宪制预备立宪岂为得已，斯之谓偿梁所愿，不亦信哉。

虽然，梁启超亦自知其失，唯回护之言，亦常有之。时务报时期，梁启超报严复书，自我剖析其恒自立异、超限之原因：

一者，"日困于宾客，每为一文，则必匆迫草率，稿尚未脱，已付钞胥，非直无悉心审定之时，并且无再三经目之事，非不自知其不可，而潦草塞责

---

[1] 梁启超：《与夫子大人书》（1902），载丁文江、赵丰田编《梁启超年谱长编》，世纪出版集团上海人民出版社 2009 年版，第 183 页。

[2] 梁启超：《致南海夫子大人书》（1900），载丁文江、赵丰田编《梁启超年谱长编》，世纪出版集团上海人民出版社 2009 年版，第 154 页。

[3] 梁启超：《敬告我同业诸君》（1902），载夏晓虹编《梁启超文选》（上集），中国广播电视出版社 1992 年版，第 169—170 页。

亦几不免。又常自恕，以为此不过报章信口之谈，并非著述，虽复有失，靡关本原"①。是为轻薄报章之言论也。

二者，"谓凡任天下事者，宜自求为陈胜、吴广，无自求为汉高，则百事可办。故创此报之意，亦不过为椎轮，为土阶，为天下驱除难，以俟继起者之发挥光大之。故以为天下古今之人之失言者多矣，吾言虽过当，亦不过居无量数失言之人之一，故每妄发而不自择也"②。是为椎轮土阶之自况也。

三者，变法之难，"所谓一思变甲即须变乙，至欲变乙又须变丙……比而观之，固已矛盾，而其实互为先后，迭相循环，百举毕兴，而后一业可就。其指事责效之论，抚以自问，亦自笑其欺人矣。然总自持其前者椎轮土阶之言，因不复自束，徒纵其笔端之所至，以求振动已冻之脑官"③。是为求言说之效也。

斯为贤者谦己之言明矣，若夫推原责实，超限式传播，之为术数，固与进取冒险思想相蒙，或曰出于进取冒险思想。进取冒险思想者何？乃敢道天下所不敢道，为天下所不敢为，有江河学海不到不止之形，破釜沈舟一瞑不视之概，"其徇其主义也，有天上地下唯我独尊之观；其向其前途也，有鞠躬尽瘁死而后已之志；其成也，涸脑精以买历史之光荣；其败也，迸鲜血以输国民之沈孽"④。为能进取冒险，必养浩然之气，其生于热诚，寄于希望，发于智慧，据于胆力，一不能缺也。惜哉吾民狃莫安久矣，而天下事无中立之局，不猛进则倒退，任公之忧正多，或抚弦慷慨，或发骇人之语，厥有超限式传播，震聋瞆也。唯岁月不居，时事流变，"畴昔共指为非常异义可怪之论者，皆布帛菽粟矣"⑤。斯之为律，世之以传播为业者，可诵知欤！

噫吁嚱，风雨如晦，梁启超以异乎寻常之方式，发一鸡之鸣，其忧国诚

---

① 梁启超：《与严幼陵先生书》（1897），《饮冰室合集·文集》之一，第一百零七页，中华书局 2015 年版，第 107 页。

② 梁启超：《与严幼陵先生书》（1897），《饮冰室合集·文集》之一，第一百零七页，中华书局 2015 年版，第 107 页。

③ 梁启超：《与严幼陵先生书》（1897），《饮冰室合集·文集》之一，第一百零七至一百零八页，中华书局 2015 年版，第 107—108 页。

④ 梁启超：《论进取冒险》（1902），载汤志钧、汤仁泽编《梁启超全集》第二集，中国人民大学出版社 2018 年版，第 550 页。

⑤ 梁启超：《主张国民动议制宪之理由》（1920），《饮冰室合集·文集》之三十五，第三十五页，中华书局 2015 年版，第 3421 页。

切，迫而出此，岂非得已，即如民国肇建之初，任公一仍其念："在今日欲作政谭，无论若何忠实稳健，而终不免略带一种激刺煽动之性质。"① 时学后进，或疑其非理性，或责其阶祸厉，然则，学途湮塞，举国聋哑时，非识者勇者攘臂奋呼，伊何传德音于冰谷，而共和之春恶能姗姗以来，更进则发荣于万国之林乎！

第六节　知行合一

梁启超夙推服阳明"知行"说者。

夫"知行"者何谓？"知行原是一个字说两个工夫。这一个工夫，须着此两个字，方说得完全无弊。""知之真切笃实处即是行，行之明觉精察处即是知。知行工夫本不可离，只为后世学者分作两截用工，失却知行本体，故有合一并进之说。真知即所以为行，不行不足为之知。""行之明觉精察处便是知，知之真切笃实处便是行。若行而不能精察明觉便是冥行，便是学而不思则罔，所以必须说个知。知而不能真切笃实，便是妄想，便是思而不学则殆，所以必须说个行。元来只是一个工夫。古人说知行皆是就一个工夫上补偏救弊说，不似今人分作两件事做。"② 梁启超披绎阳明知行说，综括为三：其一，未有知而不行者，知而不行，只是未知；其二，知是行的主意，行是知的工夫，知是行之始，行是知之成；其三，知行原是两个字说一个工夫，知之真切笃实处便是行，行之明觉精察处便是知。任公演述知行合一之要义，其斯之谓与！

阳明知行说初为泽润万物之长溪，梁启超溯流而行，得其惠而发为微言者多矣。

梁启超云，人若将养进取冒险精神，必先养其知，"凡人之有所畏缩也，必其于事理见之未明者也。孩童妇妪最畏鬼，暮夜则不敢出也，蛮野民族最

---

① 梁启超：《政治之基础与言论家之指针》（1915），载汤志钧、汤仁泽编《梁启超全集》第九集，中国人民大学出版社 2018 年版，第 175 页。

② 梁启超：《王阳明知行合一之教》（1926），《饮冰室合集·文集》之四十三，第三十二页至第三十三页，中华书局 2015 年版，第 4180—4181 页。

畏機祥，龟筮不从则不敢动作也；日食彗见则恐惧潜藏也，礼拜五日不宜出行也，十三人不敢共膳也，此皆知有所蔽，而行遂有所怯也。滩石错落，河流激湍，非习水性者不敢渡焉；大雪漫野，坑谷皆盈，非识地势者不敢凌焉。见之不审，则其气先馁，馁则进取之精神萎地矣"①。斯为一个知字，行之始也。梁启超又云，知而不行，等于不知，而由知至于行者，必也不法于古人，不求于人助，质言之，"独立者实行之谓也"②，非古人之法不敢行，其若土木偶何？我望助于人，人亦望助于我，天下事恶可行乎！斯为一个行字，知之成也。尔其以哲学思维视之，梁启超以为，阳明知行合一说，乃从其心理合一说、心物合一说演绎而出，既为心学，更为实践哲学，与《大学》之修正诚致格相谷应者，抑且与《中庸》之学问思辨行相合契。"他是一位极端的唯心论者，同时又是一位极端的实验主义者"③，任公斯评，不啻自况，唯心固非必极端也，而其实行之志抑亦恒坚。

阐阳明学说而集辞，洋洋乎多哉，行阳明学说以厥成，郁郁乎盛哉，斯人也，微梁启超而谁属！饱读之士困勉之人，得览一千四百万言而掠美之，不亦叹任公致知之宏富，道履之盛隆，设问其学之涯涘，盖以离娄之目不能尽，兹少载述，谓之牖民权之知，穷宪政之理，推共和之原，究民生之本，寻货殖之源，定法制之基，溯文化之根，绎历史之律，一言以蔽，所谓卢牟六合、贯穴古今、笼罩中外者是也。

知行固为一事，以梁启超宗尚之深，其"知"既有宗庙百官之美富，其"行"得毋亦不少逊，"知""行"相辅相成、相映成趣，是谓真知也，是谓不冥行也，时学后进仰其所知，以其知有所成者也。兹举例以详之。

且以戊戌前后办报创会为之例。

改良维新，兹事体大，康有为之上书，梁启超之办报，诸时贤之创会，无一言不为改良之行，无一事不为维新之呼，徒以人或狃于取言一端而发论，或重于知，或偏于行，今且从之。

---

①　梁启超：《论进取冒险》（1902），载夏晓虹编《梁启超文选》（上集），中国广播电视出版社1992年版，第120页。

②　梁启超：《国民十大元气论之独立论》（1899），《饮冰室合集·文集》之三，第六十三页，中华书局2015年版，第267页。

③　梁启超：《王阳明知行合一之教》（1926），载清华大学国学研究院主编《梁启超文存》，江苏人民出版社2012年版，第633页。

创会、办报，"以学会团结士子，以报刊抑扬舆论"①，事之一体两面而维新活动之实行者也。方其时，康有为鼓动改良，谓着手之法云："中国风气，向来散漫，士夫戒于明世社会之禁，不敢相聚讲求，故转移极难。思开风气，开知识，非合大群不可，且必合大群而后力厚也。合群非开会不可，在外省开会，则一地方官足以制之，非合士夫开之于京师不可，既得登高呼远之势，可令四方响应，而举之于辇毂众著之地，尤可自白嫌疑。"② 厥有北京、上海强学会之开，而全国诸省以至于港、澳及日本、新加坡等地仁人志士闻风而景从，"一年之间，设会百数"③。而会之初兴作也，辄以报事为先，一时则上海农学会办《农学报》、算学会办《算学报》、蒙学会办《农学报》、广西圣学会办《广仁报》、湖南南学会办《湘报》云云。若报馆者，不直为办报之地，抑且为人际旁午簇聚之所、种种信息汇集发散之衢，洵哉挽舆论之枢要。④

略异者，梁启超则以办报而后兴会事。初，梁启超从其师，著籍强学，办《万国公报》《中外纪闻》，未几，学会遭禁，报事云亡，虽然，梁启超业报之志于斯粗定，乃其"时务"振羽，梁氏声名薄于瓯脱，而"海内缤纷，争言新学"⑤ 之局面既成。不宁唯是，《时务报》既为改良派重要宣传机关，抑亦为其推行变法新政开展维新运动之重要基地。⑥ 诚哉斯言，改良团体馆《时务报》者，隔限多有，即任公亦躬与发起戒缠足会。汪康年记其事曰："彼时教会已设有天足会，放足之说已萌芽，国人亦有趣其议者，顾咸以旧俗沿袭既久，恐女子不缠足，异日或难于择配。任公遂与汪穰卿、麦孟华诸君创设斯会，未几海内同志入会者甚众，各处均纷纷设立分会。"⑦ 梁启超愤缠足之陋习，痛荼毒之酷烈，言之几于沥血："缠足不知所自始也，要而论之，其必起于污君独夫民贼贱丈夫，苟以恣一日之欲，而敢于冒犯千世之不韪，其行事则商受之剖孕斫涉，其居心则刘银之斗兽戏蛇。以孔教论，

---

① 汤志钧：《戊戌变法史》（修订版），上海社会科学院出版社 2015 年版，第 186 页。

② 《康南海自编年谱》，载梁启超《康有为》，团结出版社 2004 年版，第 122 页。

③ 张玉法：《清季的立宪团体》，北京大学出版社 2011 年版，第 140 页。

④ 王天根：《晚清报刊与维新舆论建构》，合肥工业大学出版社 2008 年版，第 177 页。

⑤ 康有为：《保国会三月二十七日第一集演说》，载宝轩编《皇朝蓄艾文编》卷五，上海官书局光绪二十八年印行，第 19 页。

⑥ 方汉奇：《中国近代报刊史》（上），山西人民出版社 1981 年版，第 84 页。

⑦ 汪康年：《任公事略》，载丁文江、赵丰田编《梁启超年谱长编》，世纪出版集团上海人民出版社 2009 年版，第 46 页。

所谓作俑其必无后；以佛法论，所谓地狱正为此人。嗟夫！天下事良法每惮于奉行，而谬种每易于相袭，以此残忍酷烈轻薄猥贱之事，乃至波靡四域，流毒千年，父母以此督其女，舅姑以此择其妇，夫君以此宠其妻，龀齿未易，已受极刑，骨节折落，皮肉溃脱，创疡充斥，脓血狼藉，呻吟弗顾，悲啼弗恤，哀求弗应，嗥号弗闻，数月之内，杖而不起，一年之内，舁而后行，虽狱吏之尊，无此忍心，即九世之仇，亦报不至是。顾乃以骨肉之爱，天性之亲，徇彼俗情，为此荼毒。呜呼，可不谓愚人哉，可不谓忍人哉！"① 而改变中国必自改变中国女性命运始："中国之积弱，至今日极矣，欲强国本，必储人才，欲植人才，必开幼学，欲端幼学，必禀母仪，欲正母仪，必由女教，人生六七年，入学之时也，今不务所以教之，而务所以刑戮之倡优之，是率中国四万万人之半，而纳诸罪人贱役之林，安所往而不为人弱也。"② 立戒缠足会或为救焚之突梯也，乃定章程，且开宗明义曰："此会之设，原为缠足之风，本非人情所乐，徒以习俗既久，苟不如此，即难以择婚，故特创此会，使会中同志可以互通婚姻，无所顾忌，庶几流风渐广，革此浇风。"③ 戒缠足会会务之发达，有不崇朝而遍远近之概，而后世所承泽僻远所被德者又不知其纪极，此亦维新之"知"所成者，而任公之"行"所致效者也。

必曰上述所陈犹不足言梁启超之"行"，且再举一例，谓"国民运动"是也。

梁启超欧游归来，思想幡然一变，悔曩者贤人政治之屡挫，冀尔后国民运动之奏功。

国民运动云者，"是由少数弱者的自觉，唤起多数的自觉，由少数弱者的努力，拢成多数的努力"④。抑其目的，端在俾多数人知政治何谓，俾多数人悟政治生活改进之可能性，俾多数人养协同动作之观念及技能。质言之，国

① 梁启超：《戒缠足会叙》（1897），载中国史学会主编《戊戌变法》4，神州国光社1953年版，第432页。

② 梁启超：《戒缠足会叙》（1897），载中国史学会主编《戊戌变法》4，神州国光社1953年版，第432页。

③ 《试办不缠足会简明章程》（"同人公拟梁启超原稿"，1897），载中国史学会主编《戊戌变法》4，神州国光社1953年版，第433页。

④ 梁启超：《外交欤，内政欤》（1921），《饮冰室合集·文集》之三十七，第四十六页，中华书局2015年版，第3556页。

民运动，实为国民自卫。梁启超云，鉴以往军阀之私斗，政客之纷夺，"吾民虽极愚，亦何至不知自卫，虽极弱，亦何至不思自卫。今日与吾民言自卫之必要，直辞费矣，所当讲者，自卫之实现方法如何而已"①。

此不可谓非梁氏之新知也，然则"实现方法"谓何？其挚友张东荪曰："言论非澈底不足动人，而运动初不必高深，但有实效便足以动人也。"② 梁启超推动国民运动，乃以两事张皇之，即国民制宪运动，国民废兵运动。

直皖战争罢，安福国会随之澌灭，吴佩孚秉钧，露布制宪。梁启超心有戚戚焉，以为："'时局如弈棋'，旁观叹息无益，不如趁势行动。"③ 当其时，国会之为害于政治，报馆诘责之不绝于声，军阀诟誶之铺天盖地，而"除了极少数精英之外，一般人也都不再认为议会是好东西而认同了权威，认同了行政力量，认同了军事实力"④。梁启超乃疾力国民动议制宪，直言，舍此道则无由，且"宜乘今时发起一国民制宪同志会"⑤。

夫国民动议制宪，梁启超于《国民自卫之第一义》已先自提出，继以《主张国民动议制宪之理由》更有所申明："吾知最初必有少数热心者，各出其对于宪法上之意见互相讨论。讨论略趋一致后，则以共同意见揭为宪法大纲，或竟制成宪法草案，以为动议之基。其始则不过少数人之私见而已。虽然，既欲从事于动议，则不能不求多数之赞同，于是必出其意见以与国人共见，或在报章上鼓吹，或到处公开集会讲演。于此期间内，多数人之意见必交错发抒，其在报章上，则以文字商榷，其在集会讲演场中，则以口舌讨论，经几度交换修正之后，对于此大纲或草案认为满意者，然后署名焉。署名千人，则成为千人之共同意见，署名万人十万人百万人，则成为万人十万人百万人之共同意见，谓为非一部分国民意力之发动焉不可矣。同时复有他方面少数之热心者，则亦循此程序以进行，而拟具大纲或草案，而公开讨论交换

---

① 梁启超：《军阀私斗与国民自卫》（1920），《饮冰室合集·文集》之三十五，第四十页，中华书局 2015 年版，第 3426 页。

② 张东荪：《致任公先生书》（1920），载丁文江、赵丰田编《梁启超年谱长编》，世纪出版集团上海人民出版社 2009 年版，第 588 页。

③ 张朋园：《梁启超与民国政治》，吉林出版集团有限责任公司 2007 年版，第 203 页。

④ 章开沅、严昌洪主编：《辛亥革命与中国政治发展》，华中师范大学出版社 2005 年版，第 305 页。

⑤ 梁启超：《致伯祥、亮侪、溯初、志先诸兄书》（1920），载丁文江、赵丰田编《梁启超年谱长编》，世纪出版集团上海人民出版社 2009 年版，第 587 页。

意见，而得多数人署名赞同，则又谓为非一部分国民意力之发动焉不可矣。如是范围愈扩大，则国民意力之分量愈加重，其结果可以成为名实相副之国民动议。"① 国民制宪之义理及进行程序，梁启超言之綦详矣。

梁启超推动国民制宪，固未笃定集事也，唯乘此机缘，权作一次宪法讲习会，强聒不舍，唤醒沉睡麻痹之国民，庶几政治有累黍之进者耳。

若夫国民废兵运动，则梁启超基于中国政治、历史之"阶级分析"而倡者。

20 世纪 20 年代初，中国社会深受军阀混战之苦，莘莘士夫"把矛头对准军阀及其武装"②，以为中央解纽，地方攘乱，兵之为厉阶也。梁启超云，全部西洋史即阶级斗争史，中国尝未有阶级，更无论阶级斗争，藉曰有，"只有无枪阶级对有枪阶级一个问题"③，然其肇祸之深，几无与比数，试稍思之，"几百万兵放在国里头，什么事都没有办法，拿这几百万兵变回人民，这笔养兵费省下来，什么事都有办法"④。庸是，"目前最痛切最普遍最简单的，莫如裁兵或废兵这个大问题，我们应该齐集在这面大旗底下，大大的起一次国民运动"⑤。其具体进行之方，梁启超与蒋方震书云："吾辈于文字以外，总须目前便有一种事实上之结合运动，此种运动旗帜要简单，要普遍，似莫于先设一废兵运动同志会，青年集者必众，他党派之人亦或可结合。"⑥ 重以罢市罢课示威请愿，正所谓国民废兵运动之实行者也。

制宪、废兵固卒未成，然则与壬寅年（1902）梁启超新民思想比附以论，可言之曰：梁启超国民运动思想乃新时期之一种新民思想，实为 20 世纪初年新民观之发展。⑦ 而其尤者，制宪、废兵、戒缠足云云，何莫而非知之所行

---

① 梁启超：《主张国民动议制宪之理由》（1920），《饮冰室合集·文集》之三十五，第三十三至三十四页，中华书局 2015 年版，第 3419—3420 页。

② 吴雁南、冯祖贻、苏中立等主编：《中国近代社会思潮（1840—1949）》第三卷，湖南教育出版社 1998 年版，第 257 页。

③ 梁启超：《无枪阶级对有枪阶级》（1921），《饮冰室合集·文集》之三十七，第二十二页，中华书局 2015 年版，第 3532 页。

④ 梁启超：《外交欤，内政欤》（1921），《饮冰室合集·文集》之三十七，第五十七页，中华书局 2015 年版，第 3567 页。

⑤ 梁启超：《外交欤，内政欤》（1921），《饮冰室合集·文集》之三十七，第五十七页，中华书局 2015 年版，第 3567 页。

⑥ 梁启超：《与百里书》（1920），载丁文江、赵丰田编《梁启超年谱长编》，世纪出版集团上海人民出版社 2009 年版，第 589 页。

⑦ 李喜所、元青：《梁启超传》，人民出版社 2010 年版，第 393 页。

者，或行以示知者。民国既成，梁氏属心于宪政与法制，尝谓"法也者，非将以为装饰品也，而实践之为贵"①。以此喻"知行"，其思亦过半乎！又如梁氏序戈公振《新闻学撮要》云："近来各大学已有设报学系者；坊间亦渐有新闻书籍出现，在新闻事业幼稚之我国，自为一种好现象。然重理论而略事实，犹未免遗憾也。"② 以此仰体梁氏微言，不亦能烛察"知行"之不可暌隔乎！

　　阳明有言曰："天地鬼神万物离却我的灵明，便没有天地鬼神万物了。我的灵明离却天地鬼神万物，亦没有我的灵明了。"③ 近代学者严复曰："我而外无物也，非无物也，虽有无异于无也。"④ 我也者，灵明也者，知之谓也，天地鬼神万物者，行之体也，物我之不能分，必也知行合一。由心之学，缵演而成实践哲学，梁启超崇之，抑且有孟晋焉。申言之，《大学》之修身正心诚意格物致知，乃存养慎独之周道，《中庸》之所谓博学审问慎思明辨笃行，乃困学求知之蹊径，阳明知行合一，则心学致用之法门。梁启超行周道蹑蹊径入法门，冶诸说为一炉，抑又独出传播学之意义，尝谓，"知行合一"之为口号，冠绝学术史，而"口号之成立及传播，要具备下列各种要素：（一）语句要简单，令人便于记忆，便于持守，便于宣传。（二）意义要明确。明，谓显浅，令人一望而了解；确，谓严正，不含糊模棱以生误会。（三）内容要丰富，在简单的语句里头能容得多方面的解释，而且愈追求可以愈深入。（四）刺激力要强大，令人得着这个口号便能大感动，而且积极地向前奋进。（五）法门要直捷，依着他实行，便立刻有个下手处，而且不管聪明才力之大小，各各都有个下手处，无论政治运动学术运动文艺运动……等等凡有力的口号，都要如此"⑤。是又寓"知"劝"行"者，不可不谓传播之微言，任公卒其一生恭

---

　　① 梁启超：《宪法起草问题答客问》（1915），《饮冰室合集·文集》之三十三，第十页，中华书局2015年版，第3274页。

　　② 戈公振编：《新闻学撮要》序页，上海及各省商务印书馆代售，1925年（该书未具名出版机构）。

　　③ （明）王阳明：《传习录》，转引自张锡勤《梁启超思想平议》，人民出版社2013年版，第190页。

　　④ 严复：《穆勒名学》部甲篇三按语，载王栻主编《严复集》（第四册），中华书局1986年版，第1037页。

　　⑤ 梁启超：《王阳明知行合一之教》（1926），《饮冰室合集·文集》之四十三，第二十四页，中华书局2015年版，第4172页。

奉之云耳。

　　梁启超载知载行，启蒙思想缉熙于光明，所以致此，若持秘辛，若藏善刀。彼时士夫坐而论道者不知凡几，然究传播之效，其孰与任公？不以梁有异才殊能，以其忠于知切于行者，谓之知行合一传播可矣。

第四章
梁启超传播实务梳要

小　引

　　自同治末年以迄光绪中叶，中国人办报兴味，如冰泮发蛰，百草权舆，冉冉约二秩光阴，其硕果所存而遑功者，近人多有识之，姑录片段以略窥："彼时报纸所撷拾，大率里巷琐闻，无关宏旨。国家大政事大计划，微论无人探访，即得之亦决不敢形诸笔墨。故报纸资料，大半模糊而琐细。核其门目，约分数端：一为谕旨、奏折、宫门抄、辕门抄等，备官场中人浏览，借知升迁降调等情形与送往迎来之事迹；盖宦海之珍闻也。一为各省各埠琐录，如试场文字、书院题目，与夫命盗灾异，以及谈狐说鬼等，备普通社会阅之，借为酒后茶余之谈资；盖稗官之别派也。一为诗词，彼唱此和，喋喋不休，或描写艳情，或流连景物，互矜风雅，高居词坛，无量数斗方名士，咸以姓名得缀报尾为荣，累牍连篇，阅者生厌；盖诗社之变相也。此外如商家市价，轮船行期，戏馆剧目等等，皆属于广告性质，借便一般人士之检查；是又游客之指南针，旅人之消遣品也。要而言之，其时开报馆者，唯以牟利为目标；任笔政者，唯以省事为要诀。而其总原因，由于全国上下皆无政治思想，无世界眼光，以为报纸不过洋商一种营业，与吾侪初无若何之关系。"[①] 史家戈公振以为此言可谓深切，且其材料之简陋，编辑之板滞，视尔后报章业务发展，直不可以道理计。

　　虽然，方其时，印刷技术浸改进，梯航往来益通达，西风东渐滋披靡，

---

　　① 《最近之五十年》（申报馆五十周年纪念），转引自戈公振《中国报学史》，岳麓书社 2011 年版，第 86—87 页。

改良思想日孟晋，维新派为实现其政治理想，殊重报章舆论，乃阻时势之所趋，不断总结经验，改革创新，俾报刊采写编印销诸实务，取得空前进步。兹少就其荦荦大者列举之。

一谓创新报章体例。初，维新人士以模仿外报为之计，康有为奏上改《时务报》为官报云："一依西报体例，议论明达，翻译详明。"① 阅数年，梁启超创《新民丛报》，为告白云："本报纯仿外国大丛报之例，备列各门类，务使读者得因此报而获世界种种之智识。"② 既而有英敛之主持《大公报》云："体裁不妨如《泰晤士》之规则，分内政、外政、杂事三类。"③ 第以救国之情日昂，革新报章宣传之势亦日麑，厥于重政论、广新闻、兴访事、辟副刊、刻图片，率依乎中国时局之阽危，报章版面焕然新矣。一谓推重时论写作。维新派视报纸为政治斗争工具，而时论犹之利器。王韬恐皇舆之败绩，辄熟刺外事，宣扬国威；陈炽云，报为国之利器，岂可假人；严复云，人或举足不能无方向，而著论宁能无宗旨；谭嗣同云，纪事述情，俾人知命意之所在；汪康年云，以言论救国者，凡事涉大局，必当显言发之，直言攻之，勿作婉曲语。时论之形式，或以专论，或以按语，或以夹议，不一而足。济济多士假摛藻言论而蜚声。一谓辨析新闻文体。自林则徐以"新闻纸"称呼西报后，"新闻"一词渐滋为时人所口诵，唯模糊影响，不足为训。抑维新派人士躬与报事，历之愈久，操之愈熟，愈能辨析"新闻"之为何物，简言之，曰时效，曰真实。时效者，如汪康年于《时务日报章程》云："各处如有异常紧要之事，均令访友即行电告，俾读者先睹为快。"④《大公报》亦云，报纸之为道，以消息灵通为第一天职，其他则次之。真实者，则如郑观应所言："使大开日报之风，尽删浮伪之文，一秉真纯。"⑤ 汪康年亦有言："所登新闻，均择紧要有征之事，凡郢燕市虎之词，概为严删。"⑥ 顾彼时人辄称"新

① 康有为：《改奏时务报为官报折》，载汤志钧编《康有为政论集》（上集），中华书局 1981 年版，第 323 页。
② 梁启超：《〈新民丛报〉章程》（1902），载夏晓虹辑《饮冰室合集·集外文》（上册），北京大学出版社 2005 年版，第 76 页。
③ 英敛之：《拟仿英国泰晤士日报例各省遍设官报局以开风气说》，《大公报》1902 年 12 月 22 日。
④ 转引自徐新平《维新派新闻思想研究》，湖南人民出版社 2010 年版，第 138 页。
⑤ 夏东元编：《郑观应集》（上集），上海人民出版社 1982 年版，第 350 页。
⑥ 汪康年：《时务日报章程》，载张之华主编《中国新闻事业史文选（公元 724 年—1995 年）》，中国人民大学出版社 1999 年版，第 92 页。

闻"为"纪事",无论如何,其作为新文体,既揭之于报章矣。

甲午战后,中国报业空前发展,维新派居功厥伟。此间,或有专力于报章实务者,或有兼而抽绎檃栝以为术者,莘莘士夫,繄梁启超褎然而出者。有学者谓,"任公为我国现代新闻业开山之祖"①,此言殆不诬也。

第一节　报刊定位与编辑方针

光绪二十五年（1899）九月五日,梁启超属文云:"犬养木堂语余曰:日本维新以来,文明普及之法有三,一曰学校,二曰报纸,三曰演说。"② 此文收入《清议报全编》时加标题谓"文明普及之法",既而《饮冰室合集》裒录,径改而名之"传播文明三利器"。不遑论学校与演说,指报纸为传播文明之利器,奚啻定乾坤于一语。校任公尔来所从事,率副此绳墨,咸就此檃栝,无有异者。

生人有先后,民智有上下,孟子喻天下云:"天之生此民也,使先知觉后知,使先觉觉后觉也。予,天民之先觉者也。予将以斯道觉斯民也。非予觉之,而谁也?"③ 任公述圣贤而自任,虽兴来每有独往,然辄以"胜事空自知"为羞,故有言云:"政府国民,虽涂饰敷衍者居大多数,然谓其绝无一毫向上欲善之心,亦太刻论也。顾虽曰有之,而不识何途之从,掖而进之,先觉之责也。"④ 先觉之责何谓? 曰新民,曰浚瀹民智、熏陶民德、发扬民力,举凡中外文明成果,悉汲而沃吾国人,俾能涵泳渐渍,以养成良政治、良社会、良文化,所利赖者,报章之为重,任公终身以之也。

梁启超既以报章杂志为传播文明之利器,其业报虽历有年所,虽异时而殊任,然其初未改志,以之传播文明,前后一也。任公职斯役者殆分三阶段（详见第一章总论）,即以第一阶段言,去塞求通,莫非广译五洲近事,或荟

---

① 张其昀:《梁任公别录》,载夏晓虹编《追忆梁启超》,中国广播电视出版社1997年版,第133页。

② 梁启超:《文明普及之法》（1899）,载汤志钧、汤仁泽编《梁启超全集》第2集,中国人民大学出版社2018年版,第46页。

③ 杨伯峻译注:《孟子·万章上》,中华书局1981年版,第225页。

④ 梁启超:《国风报叙例》（1910）,载汤志钧、汤仁泽编《梁启超全集》第7集,中国人民大学出版社2018年版,第1页。

萃全国人民之思想言论，而一皆绍介于国民，俾其"尽知古今天下之政治、学问、风俗、事迹，吸纳全世界之新空气于其脑中"①。任公甚乃谓："阅报愈多者其人愈智；报馆愈多者其国愈强。"② 报章传播文明，其有重于人国者如此哉，如此哉！再以第二阶段言，"确定立宪政治，使国人皆有参与国政之权"③，乃其职志者。爱纪俄国立宪问题，意大利立宪政治，日本立宪时代之人民云云，"求国民之注意，促政府之实行"④。人类政治文明之能裨益吾国者多矣，抑孰不谓报章之功至伟哉。若夫第三阶段，则以文化改造为己任，无论前期平议复古主义，抑或后期竭蹶于国故整理，创造新文化以贡献于世界，其道履昭昭然见诸报端。

梁启超称述报章者，在在皆是，譬如其借日人松本君平颂报馆之功德曰："彼若预言，则可以征国民之运命；彼若裁判，则可以断国民之疑狱；彼若为立法家，可以制定律令；彼若为哲学家，可以教育国民；彼若为大圣人，可以弹劾国民之罪恶；彼若为救世主，可以听国民无告之痛苦，而与以救济之途。"⑤ 又借西谚曰："报馆者国家之耳目也、喉舌也，人群之镜也，文坛之王也，将来之灯也，现在之粮也。"⑥ 亦尝自谓，报馆者"摧陷专制之戈矛，防卫国民之甲胄也"⑦，报馆者"专务输灌常识于多数国民"⑧ 云云。任公所称述者，虽纷纭各异，谓其冀报馆存良史可也，谓其为报人立絜矩可也，然披绎其精神，何一不归诸"文明"二字。松本君平叹欧美文明之邦，报纸势力，辄有

---

① 梁启超：《本馆第一百册祝辞并论报馆之责任及本馆之经历》（1901），载张之华主编《中国新闻事业史文选（公元724年—1995年）》，中国人民大学出版社1999年版，第38页。

② 梁启超：《论报馆有益于国事》（1896），载张之华主编《中国新闻事业史文选（公元724年—1995年）》，中国人民大学出版社1999年版，第19页。

③ 梁启超：《政闻社社约》（1907），载夏晓虹辑《饮冰室合集·集外文》（上册），北京大学出版社2005年版，第511页。

④ 梁启超：《〈政论〉章程》（1907），载汤志钧、汤仁泽编《梁启超全集》第六集，中国人民大学出版社2018年版，第268页。

⑤ ［日］松本君平：《新闻学》，载［日］松本君平等《新闻文存》，余家宏、宁树藩、徐培汀、谭启泰编注，中国新闻出版社1987年版，第9页。

⑥ 梁启超：《本馆第一百册祝辞并论报馆之责任及本馆之经历》（1901），载张之华主编《中国新闻事业史文选（公元724年—1995年）》，中国人民大学出版社1999年版，第38页。

⑦ 梁启超：《敬告我同业诸君》（1902），载夏晓虹编《梁启超文选》（上集），中国广播电视出版社1992年版，第166页。

⑧ 梁启超：《国风报叙例》（1910），《饮冰室合集·文集》之二十五（上），第二十六页，中华书局2015年版，第2422页。

出人意外者，其言曰："今日之新闻，几如日用之饮食水火，为文明国民一日不可缺之物矣。不宁唯是，凡政治家之政党，教育家之圣哲，欲养成国民之政治思想，涵育社会之道德智识，莫不以新闻为全国传智传德之具。他如使国民解达高尚之人道、文艺美术、政治法律、农工百业之趣旨，尤以新闻为最要。是新闻者，不仅为国民之日用饮食，而又为国民教育、社会教育之大学校也。故其势力所及，伟大无朋，无敌于天下。是虽以黄金之雄力，宗教之魔锋，帝王之权术，而皆莫与之京，其他更无论也。"① 任公当得其神髓，且准此以操觚。

报章乃传播文明之利器，既安其位，乃育其形，则伊何为计？易言之，欲收报章"利器"之用，其编辑方针奚若？梁启超厥有言乎！

任公谓，报章良否，决之于四者，即宗旨定而高、思想新而正、材料富而当、报事确而速。敢申言之。

一谓宗旨定而高。时，报章或无关乎世变风移，"今年之日报无异前年，前年之日报，无异前前年，鲜有进步"②，或文章颠顶模糊，"洋洋数千言，而茫然不见其命意之所在"③。任公则指其弊，究其因，审度世界报章发展风潮，揭报章宗旨之要义："凡行一事，著一书，皆不可无宗旨，唯报亦然。宗旨一定，如项庄舞剑，其意常在沛公，旦旦而聒之，月月而浸润之，大声而呼之，谲谏而逗之，以一报之力而发明一宗旨，何坚不摧，何艰不成！"④ 然则，岂曰芸芸诸报固无宗旨乎，非也，有逐利之报，有媚权之报，有悦人之报，有为办报而办报，此等报馆俯仰人间，咸"以附和为能事，尽其传播功效"⑤。任公讼直曰："为报馆者，不可不以热诚慧眼，注定一最高之宗旨而守之。"⑥ 传播文明，则任公业报高尚之宗旨耳。

二谓思想新而正。英儒穆勒著《论自由》，谓思想、言论自由，厥唯二端："旧说不必皆是，则新而异者不必皆非，一也；就令旧说果为真理，然常赖异说

① ［日］松本君平：《新闻学》，载［日］松本君平等《新闻文存》，余家宏、宁树藩、徐培汀、谭启泰编注，中国新闻出版社 1987 年版，第 7—8 页。

② 赖光临：《梁启超与近代报业》，台湾商务印书馆 1968 年版，第 70 页。

③ 严复：《说难》，载王栻主编《严复集》（第二册），中华书局 1986 年版，第 491 页。

④ 梁启超：《本馆第一百册祝辞并论报馆之责任及本馆之经历》（1901），载张之华主编《中国新闻事业史文选（公元 724 年—1995 年）》，中国人民大学出版社 1999 年版，第 38 页。

⑤ 潘公弼：《望平街之回忆》，（台北）《报学》1951 年第 1 期。

⑥ 梁启超：《本馆第一百册祝辞并论报馆之责任及本馆之经历》（1901），载张之华主编《中国新闻事业史文选（公元 724 年—1995 年）》，中国人民大学出版社 1999 年版，第 38 页。

之兴，与为反覆，而后真理益著，而有以深入于人心，二也。"① 梁启超深韪之，抑且轶于"旧说"与"新异"间有辞焉，譬若其以"中国之新民"撰《近世文明初祖二大家之学说》云，勿为中国旧学之奴隶，亦勿为西人新学之奴隶。求独立求自由也，唯独立自由，为一切文明之母。譬若其以"新民子"作《论中国群治不进之原因》云，凡宗教、学术、思想、人心、风俗，不经破坏则无以上进步之途，要在于新而已矣。譬若其著《中国历史研究法》，诘吾学界倦贡新而思竺旧。冀学术之改良也。报章亦然，报章无新思想，则孰与无此报章之为愈。然则芸芸诸报固无新思想乎？非也。今日之世界，各种新思想，涓列杂陈，唯报馆欲以新民为己任者，"当校本国之历史，察国民之原质，审今后之时势，而知以何种思想为最有利而无弊，而后以全力鼓吹之，是之谓正"②。

三谓材料富而当。报章编辑当作两事，占有材料，裁汰材料。占有材料须丰富，俾阅报者一寓目，即古今中外天地六合之知识，无一不备焉。梁启超殊重日报与丛报，而丛报为尤要。任公以彼时各国大丛报为例，谓其搜罗极博，门类极繁，凡政治、法律、哲学、教育、宗教、格致、农工、军事、文苑、图画、评骘、近事云者，具载之，其如春雨之滋田，不俟言。反之于躬，任公自畿辇播越瀛海，夙欲复西人报刊之大观，厥于兴"时务"、发"清议"、立"新民"，汲万流而沃吾民，功业可谓懿铄者也。然则芸芸诸报其所用之材料固不富乎，非也，有闻必录者，实不鲜见，要在能裁汰材料，去伪存真，取精用宏，任公所谓"使阅者省无谓之目力，阅一字则得一字之益，而又不使有所挂漏有所缺陷"③，斯之谓当也。

四谓报事确而速。以今人言之，则谓新闻真实性与时效性也，实有三字足资深味焉，"事"指新闻，以知今为要，"故各国之报馆，不徒重主笔也，也更重时事，或访问，或通信，或电报，费重资以求一新事不惜焉"④。"确"

---

① ［英］约翰·穆勒：《论自由（又名《群己权界论》）》，严复译，上海三联书店 2009 年版，第 43 页。

② 梁启超：《本馆第一百册祝辞并论报馆之责任及本馆之经历》（1901），载张之华主编《中国新闻事业史文选（公元 724 年—1995 年）》，中国人民大学出版社 1999 年版，第 39 页。

③ 梁启超：《本馆第一百册祝辞并论报馆之责任及本馆之经历》（1901），载张之华主编《中国新闻事业史文选（公元 724 年—1995 年）》，中国人民大学出版社 1999 年版，第 39 页。

④ 梁启超：《本馆第一百册祝辞并论报馆之责任及本馆之经历》（1901），载张之华主编《中国新闻事业史文选（公元 724 年—1995 年）》，中国人民大学出版社 1999 年版，第 39—40 页。

指真实，道听途说、闭门造车、捕风捉影、似是而非者，皆不足取。设其所报之事，记而不确，则焉用报为。"速"指时效，即如"俄土之争战，德奥意之联盟，五洲之人，莫不仰首企足以观泰晤士之议论，文甫脱稿，电已飞驰"①，其重时效也如此。而"军事敌情……海外已成劫烬，纸上犹登捷书，荧惑听闻，贻误大局"②，其斥报事之迟滞又如彼。或曰："中国报章落后，牟利之徒以商品视之；士大夫办报，在求言论报国，则以论政为重心，仍未达致新闻本位时代。梁启超能超脱环境制囿，敏锐观察世界报业发展趋向，提出'报事确而速'为理想报章之要件，其慧眼卓识，确高人一等。"③

是谓任公之报刊编辑方针，抑其合此四端，绘理想之报章蓝图，虽斯人向谓无藏山传远之志，甚或偶一检视往言，"辄欲作呕，否亦汗流浃背"④，然其醒世觉民，而后乃今不亦仰之弥高乎！

乱曰：报刊定位与编辑方针，有山呼谷应之关系，有若何之报刊定位，即有若何之编辑方针，报刊定位有高下之判，则编辑方针宜其有文野之分。任公有言，彼时之报刊虽多如牛毛，而良者如麟角，厥乃明订宗旨与方针，殆有大望焉。

第二节　报刊内容拓展与体例创新

光绪二十八年正月初一日，《新民丛报》第一号出刊，其告白开篇即云："中国报馆之兴久矣，虽然求一完全无缺，具报章之资格，足与东西各报相颉颃者，殆无闻焉。非剿说陈言，则翻译外论，其记事繁简失宜，其编辑混杂无序，殆幼稚时代势固有不得不然者耶。"⑤ 绎斯言，不慊曩者报章内容之腐

---

① 梁启超：《论报馆有益于国事》（1896），载张之华主编《中国新闻事业史文选（公元724年—1995年）》，中国人民大学出版社1999年版，第19页。

② 梁启超：《论报馆有益于国事》（1896），载张之华主编《中国新闻事业史文选（公元724年—1995年）》，中国人民大学出版社1999年版，第19页。

③ 赖光临：《梁启超与近代报业》，台湾商务印书馆1968年版，第73页。

④ 梁启超：乙巳本《饮冰室文集自序》（1902），载丁文江、赵丰田编《梁启超年谱长编》，世纪出版集团上海人民出版社2009年版，第193页。

⑤ 梁启超：《〈新民丛报〉章程》（1902），载丁文江、赵丰田编《梁启超年谱长编》，世纪出版集团上海人民出版社2009年版，第179页。

俗、形式之固陋，有按剑而怒之意，抑梁启超誓勠力于兹者。

梁启超夙于中国报刊内容有间然，或诘其无足取义者，曰："记载琐故，采访异闻，非齐东之野语，即秘辛之杂事，闭门而造，信口以谈，无补时艰，徒伤风化。"① 或责其无补时务者，曰："杂采谰语，荒唐悠谬，十而七八。一篇之中可取者仅二三策。"② 或讥其平庸虚矫者，曰："非'西学原出中国考'，则'中国宜亟图富强论'也，展转抄袭，读之唯恐卧。"③ 信如斯，人或视报章为蟊贼，斥谈议为妖言，宜其然也。

时，甲午丧师，胶澳沦胥，庚子速祸，神州陆沉，士夫蓋然痛国之阽危，思所以拯之，乃借报馆为之地，效掬水之一助，报章内容始焕然一新。

初，任公编辑《万国公报》，内容极单一椎陋，然其论言启发愤悱，虽初试啼声，而摇动朝议以奏功。洎《时务报》出，所谓广译五洲近事，详录各省新政，博搜交涉要案，旁载政治学艺要书云云，黎献寓目，如饮狂泉，民智俾以沃灌。迄于《清义报》，则倡民权、衍哲理、明朝局、厉国耻、振民气，天听逖远，议论风生，"皆我清议报之有以异于群报者"④。及创《新民丛报》，抉破国民公德缺乏、智慧不开之病，鼓冶中西道德，以为德育之方针，广罗政学理论，以为智育之本原。报纸既出，天下企踵。若夫《国风》《庸言》，孰不为感时而作者。事变日亟，其言亦日新，得毋谓忧时君子之宿命欤！

且以《新民丛报》为例，其所设栏目及要求，足见其内容之渊懿溥博，意匠之精心醇虑：

一、图画。每卷之首，印中外各地图或风景图及地球名人影像。

二、论说。必取政事学问之关于大本大原，切于时用者，乃著为论。

三、学说。述泰西名儒学说之最精要者。

四、时局。论天下大势以为中国之鉴。

---

① 梁启超：《论报馆有益于国事》（1896），载张之华主编《中国新闻事业史文选（公元 724 年—1995 年）》，中国人民大学出版社 1999 年版，第 19 页。

② 梁启超：《萃报叙》（1897），载汤志钧、汤仁泽编《梁启超全集》第七集，中国人民大学出版社 2018 年版，第 209 页。

③ 梁启超：《本馆第一百册祝辞并论报馆之责任及本馆之经历》（1901），载张之华主编《中国新闻事业史文选（公元 724 年—1995 年）》，中国人民大学出版社 1999 年版，第 40 页。

④ 梁启超：《本馆第一百册祝辞并论报馆之责任及本馆之经历》（1901），载张之华主编《中国新闻事业史文选（公元 724 年—1995 年）》，中国人民大学出版社 1999 年版，第 43 页。

五、政治。专以养国家思想，使吾人知文明世界立国之本原。

六、史传。或中史，或外史，或古史，或近史，或人物传，随时记载。

七、地理。或总论，或分论。

八、教育。本报以教育为主义，故于此门尤注意焉。或论原理，或述方法，总以合于中国国民教育为的。

九、宗教。宗教者，德育之本也。本报主信仰自由，思想自由。唯陈列各义，加以发明，以备读者之采择，无入主出奴之弊。

十、学术。或哲学，或艺学，或中国固有之学，撷其精华论之。

十一、农工商。三者富国之本也。述泰西斯业发达之状及其由来，以资比较。

十二、兵事。武备者，国民之精神也，特注意焉。

十三、财政。理财学今为专门科学，凡立国者所宜讲也，故条述其理法。

十四、法律。中国人所尤缺者，法律思想也，故述法家言以导之。

十五、国闻短评。择中国外国近事之切要者，略加绪论，谈言微中，闻者足戒。

十六、名家谈丛。短篇小文，一语破的，时或有绝精之论，江湖大雅，盖同好焉。

十七、舆论一斑。各报纸中之论说，择其雅驯者，撮其大意，加以评论，此东西报馆之通例也。

十八、杂俎。一名新智识之杂货店。

十九、问答。阅报诸君或有疑问，本社同人当竭所闻以对，亦望阅报者代答焉。

二十、小说。或章回体，或片假体，要以切于时势，摹写人情，使读者拍案称快。

二十一、文苑。诗古文辞妙选附录，亦可见中国文学思潮之变迁也。

二十二、绍介新著。凡各处新出之书，无论为著为编为译，皆列其目，时加评骘，以便学者别择购读。

二十三、中国近事。以简要确实为主。

二十四、海外汇报。地球大事为吾人所不可不注目者，皆备载之。

二十五、余录。无可归类者附于此。

梁启超自谓："创为此册，其果能有助于中国之进步与否，虽不敢自信，要亦中国报界中前此所未有矣。"①《新民丛报》矢志新民，厥为清季思想启蒙运动之大纛，诚非浮誉。

拓展报刊内容，俾阅者周知世界、感受风潮，梁启超厥功亦巨。唯斯人辄责己甚严。任公以笔为航，所渡者远矣，然则，方《清议报》出一百册，乃借祝辞而言曰："今日检阅其旧论，辄欲作呕，复勘其体例，未尝不汗流浃背也。夫以作者今日之学识思想经历，其固陋浅薄，不足以当东西通人之一指趾，甚明也，则数年前之庸滥愚谬，更何待论。而举国士夫，乃啧啧然目之曰：此新说也，此名著也。呜呼伤哉！吾中国人之文明程度何低下之至于此极也！"② 未久，《饮冰室文集》成，任公为序文，复有自惭之言："末学肤受如鄙人者，偶有论述，不过演师友之口说，拾西哲之余唾，寄他人之脑之舌于我笔端而已。而世之君子，或奖借之，谬以厕于作者之林，非直鄙人之惭，抑亦一国之耻也。"③ 任公撰述，多见之于报章，常一文甫出，纸贵天下，虽然，时或反思自咎，亦足见其律己之严，而经年役报，宁不有期于报章内容能振刷耳目者！

内容既富且新，或问，将如何安排？此则报章体例创新之问题也。

梁启超颇重结构与布局之美，尝谓，文章"中看不中看，完全在排列的好坏。譬如'天地玄黄'四个字，王羲之这样写，小孩子亦是这样写。但是王羲之写得好，小孩子写得坏。就是因为排列的关系。凡讲艺术，排列的关系都很大。一幅画，山水布置得宜，就很好看。一间屋，器具陈设得宜，亦很好看。先后详略，法门很多，这种地方要特别注意。不然虽有好的材料，不能惹人注目，就有人看，或者看错了，或者看得昏昏欲睡，纵会搜集，也是枉然"④。是虽非直陈报章体例，然报章体例为"安排"之艺术，又安可越此轨物者。庸是，"报纸材料少，固不足以餍读者之望；有材料而不善于编辑，直如衣锦夜行，在报馆尤为极大之损失"⑤。诚哉斯言。

---

① 梁启超：《〈新民丛报〉章程》（1902），载夏晓虹辑《饮冰室合集·集外文》（上册），北京大学出版社 2005 年版，第 75 页。

② 梁启超：《本馆第一百册祝辞并论报馆之责任及本馆之经历》（1901），载张之华主编《中国新闻事业史文选（公元 724 年—1995 年）》，中国人民大学出版社 1999 年版，第 41 页。

③ 梁启超：乙巳本《饮冰室文集自序》（1902），载丁文江、赵丰田编《梁启超年谱长编》，世纪出版集团上海人民出版社 2009 年版，第 193 页。

④ 梁启超：《中国历史研究法补编》（1926），上海古籍出版社 1998 年版，第 168 页。

⑤ 戈公振：《中国报学史》，岳麓书社 2011 年版，第 177 页。

报章"中看不中看",宜其与"排列""布置""陈设"相攸关,梁启超每创兴新报,盱衡报史,辄于体例有所臧否。且引《清议报》一百册祝辞少窥之:"自通商以后,西国之报章形式,始入中国,于是,香港有《循环日报》,上海有《申报》,于今殆三十余年矣。期间继起者虽不少,而卒无一完整良好,可以及西人百分之一者。以京都首善之区,而自联军以前,曾无一报馆,此真天下万国之所无也。十八行省,每省之幅员户口,皆可敌欧洲一国,而除广东福建外,省会之有者无一焉,此亦世界之一怪现象。近年来,陈陈相接,唯上海、香港、广州三处,号称最盛,而其体例,无一足取。"① 报史家戈公振评章彼时新闻曰:"我国报纸所载之新闻,苟以充篇而已。叙一事也,常首尾不具,前后矛盾,同一事也,而一日散见二三处,重见二三处,无系统,无组织,不得要领。其故前者由于访员不研究纪事之法,以抄录为范围,后者由于编辑不为读者着想,以省事为要诀。累累数十页之报纸,而精彩黯然,此极可惜之事也。"② 斑豹之语,亦可佐梁言也,而人情于不足处立功,梁启超所劬精者,恒于是焉。

骋目中国近代报刊史,国人自办报纸,其形式革新足引风流者,殆有二,一为《时务日报》,一为《时报》,梁启超于二报或提供意见,或手订章程,盖有厚望焉。

《时务报》纸贵,汪康年拟别办《时务日报》,"是时日报故步自封,而《申报》又以先进自负,汪氏乃锐意革新"③。其革新之举约为,充实材料、分栏编辑、句读加点、白报纸双面印刷云云。时,梁启超游澳,尝书汪康年曰:"弟前有一议,谓日报宜分张别行,大率纪时务者为一张,纪新闻者为一张,纪商务者为一张,可以分购,可以合并,如是则可以尽夺申沪各报之利权。"④ 未几,复移书云"日报分张零售之说,自谓极善可行"⑤,且澳门《知新报》亦拟采用。此亦可谓任公所能效铅刀者。《时务日报》初刊,汪康年声明:"本

---

① 梁启超:《清议报第一百册祝辞》(1901),载汤志钧、汤仁泽编《梁启超全集》第二集,中国人民大学出版社 2018 年版,第 353—354 页。

② 戈公振:《中国报学史》,岳麓书社 2011 年版,第 176—177 页。

③ 戈公振:《中国报学史》,岳麓书社 2011 年版,第 120 页。

④ 梁启超:《与穰、颂兄书》(1896),载丁文江、赵丰田编《梁启超年谱长编》,世纪出版集团上海人民出版社 2009 年版,第 42 页。

⑤ 梁启超:《致穰卿、颂谷、云台足下书》(1896),载丁文江、赵丰田编《梁启超年谱长编》,世纪出版集团上海人民出版社 2009 年版,第 43 页。

馆纠集同人，创造兹举，一切体例章程，较他报稍异。"① 《时务日报》开吾国报纸版式革新之先河，任公与有功焉。其实，任公创新报纸体例章法，先之既有所实践，光绪二十三年（1897），任公致书汪康年顺诒汪诒年便条，就《时务报》及《会报》所当从事者谓："报中有一当改之体例（指首叶目录言），凡文编中所列各文，宜并登其文之题目，如东西文各报之例。'时务报馆文编'六字顶格写（如东文报译字样），其各题目低一格写（如东西文各条之题目），乞以后即改定。《会报》亦当如是。'会报'二字为大题目，顶格写，'南皮张尚书戒缠足会章程序'为小题目低一格。（题目可如此写，勿写鄂督张也，与近事类不同故也。）以后所有一切小题目，皆照此式低一格写可也。"② 尔来，中国报界文题编排，伊谁不引以为絜矩。

若夫《时报》，梁启超则参与滋多。光绪三十年（1904）六月，狄葆贤（楚青）领康有为命创大型日报《时报》，梁启超以尚在名捕中而暗主之，从报纸定名以迄栏目设置、版面编排，无不躬与。且引其发刊例攸关体例者，以略觇其美：

> "第二十一，本报编排务求'秩序'。如论说、谕旨、电报及紧要新闻，皆有一定之位置，使读者开卷即见，不劳探索。其纪载本国新闻，以地别之；外国新闻，以国别之。
>
> "第二十二，本报编排务求'显醒'，故二号、三号、四号、五号、六号字模及各种圈点符号，俱行置备。其最紧要之事则用大字，次者用中字，寻常新闻用小字。用大字者所以醒目也，用小字者求内容之丰富也。论说批评中之主眼，新闻中之标题，皆加圈点，以为识别，凡以省读者之目力而已。
>
> "第二十三，本报遇有紧要新闻、特别电报，必常派传单，以期敏速。
>
> "第二十四，本报别类务多，取材最富。既用各小号字排入，尚虑限于篇幅，不能全录，特于每日排印洋纸两大张，不惜工贲，以求赡博，

① 汪康年：《时务日报发刊例》，转引自胡太春《中国近代新闻思想史》（增订本）（下卷），东方出版社 2015 年版，第 394 页。

② 上海图书馆编：《汪康年师友书札》（2），上海书店出版社 2017 年版，第 1691 页

而定价格外从廉。"①

　　《时报》细分新闻类别、定位版面栏目、采用直行排版、参用大小字号，凡此种种，具以启报界之山林耳。戈公振谓："自报纸外观上言之，最初报纸之形式，无论每日出版或两日以上，几一致为书本式，即以大张发行者，亦分页可以裁订。至光绪末叶，日报尚多如此，盖当时报纸之内容，新闻少而文艺多，直与书籍无异，故报纸常再版出售，而不闻有明日黄花之讥。至《时报》始废弃书本形式，而形式上发生一大变迁。"② 胡适忆曰：《时报》应日俄战争而产生，"他的内容与办法，也确然能打破上海报界的许多老习惯，能够开辟许多新法门，能够引起许多新兴趣"③。《时报》影响于后来者亦著，如"分一张为四大页，即成为今日通行之形式"④。基此殊功，《时报》创办人之一狄葆贤不无骄狷之意态而言曰："吾之办此报非为革新舆论，乃欲革新代表舆论之报界耳。"⑤ 虽然，斯报之创，任公所殚竭以开新者，胡可量哉！

　　报刊内容拓展、体例创新，互为臂指，虽有一好，则不可称之为良，必也二者兼善，才可居风流。信哉斯言："报章愈多，体例愈善，议论愈精，记载愈富，能使人专读报纸数种，而可以尽知天下古今之政治学问风俗事迹，吸纳全世界之新空气于其脑中。"⑥ 后世业报者，当三致意焉。

第三节　厘定论说、记事、小说准则

　　近代以降，报章事业渐滋兴起，报章文体亦不期然而俨然若成，士之爱

　　① 梁启超：《〈时报〉发刊例》（《新民丛报》1904 年第 44—45 号），载夏晓虹辑《饮冰室合集·集外文》（上册），北京大学出版社 2005 年版，第 156 页。

　　② 戈公振：《中国报纸进化之概观》，转引自胡太春《中国近代新闻思想史》（增订本）（下卷），东方出版社 2015 年版，第 393—394 页。

　　③ 胡适：《十七年的回顾》，转引自戈公振《中国报学史》，岳麓书社 2011 年版，第 122 页。

　　④ 戈公振：《中国报纸进化之概观》，转引自胡太春《中国近代新闻思想史》（增订本）（下卷），东方出版社 2015 年版，第 394 页。

　　⑤ 戈公振：《中国报学史》，岳麓书社 2011 年版，第 122 页。

　　⑥ 梁启超：《清议报第一百册祝辞》（1901），载汤志钧、汤仁泽编《梁启超全集》第七集，中国人民大学出版社 2018 年版，第 1 页。

重于报章者，崇论说、尚记事、倡小说，谈言微中，不一而足，而按诸梁启超之所推阐钩距，抑踸踔不俗、别成一家者也。

关于论说。

光绪朝，御史宋伯鲁尝列论说为报纸四善之首，以其“指陈时事，常足以匡政府所不逮，备朝廷之采择”①。论说有庶人市谏之功也。

抑见之于晚清报刊体例中，常有“言论”“论说”“时评”之名者，其各自内涵何若？之间关系抑又奚如？

有清之季，假报章势力而声名蔼然者，举以言论闻世，唯芸芸诸子多讽言，而少能研摩言论之为体者，则仅矣。光绪二十八年（1902），梁启超初为言论界说：“凡言论者，发表一己之意见者也。言者与听者各有其自由，断未有能强之使与己同者。”② 任公所谓“言论”，包含“论说”与“时评”。“凡论说所论，则事之应举措者也。凡时评所评，则事之已举措者也。”③ 此谓言论对象有前后之择也。又进而曰：“凡论说及时评皆不徇党见，不衍陈言，不炫学理，不作诙语，谨五本务八德也。”④ 此谓言论之絜矩有同守也。五本八德云者，乃健全舆论所由生，即本之于常识、真诚、直道、公心、节制，而操之以忠告、向导、浸润、强聒、见大、主一、旁通、下逮。

论说之为报章文体，任公言之尤审，兹以《时报发刊例》为主，粗加梳理该综。

《时报发刊例》明订论说公、要、周、适之义，其条列如：论说以“公”为主，不偏徇一党之意见，非好模棱，实以挟党见以论国事，必将有辟于所亲好，辟于所贱恶，非唯自蔽，抑其言亦不足取重于社会也；论说以“要”为主，盖凡所讨论，必一国一群之大问题，若辽豕白头之理想，邻猫产子之事实，无关乎国运民瘼，概不置论；论说以“周”为主，凡每日所出事实，其关于一国一群之大问题，为国民所当措意者，必次论之，务献刍荛，以助

---

① 宋伯鲁：《奏改时务报为官报折》，载中国史学会主编《戊戌变法》2，神州国光社 1953 年版，第 349 页。

② 梁启超：《答和事人》（1902），《饮冰室合集 · 文集》之十一，第四十六页，中华书局 2015 年版，第 1020 页。

③ 梁启超：《国风报叙例》（1910），《饮冰室合集 · 文集》之二十五（上），第二十四页，中华书局 2015 年版，第 2420 页。

④ 梁启超：《国风报叙例》（1910），《饮冰室合集 · 文集》之二十五（上），第二十五页，中华书局 2015 年版，第 2421 页。

达识；论说以"适"为主，盖虽有高尚之学理、恢奇之言论，苟其不适于今日中国社会之程度，则其言必无力，而反以滋病。

而论说又必有所"谋"，"立言者必思以其言易天下，不然，则言之奚为者"①？而论说又必为报纸之精神所寓焉，"其对象，则兼政治上与社会上。政治上者，纳诲当道也；社会上者，风厉国民也。其选题，则兼抽象的与具体的。抽象的者，泛论原理、原则也；具体的者，应用之于时事问题也"②。

关于记事。

近代报章之记事体，切近于尔后所谓"新闻"者。彼时之新闻，戈公振有记焉："报纸最初所载之新闻，以选录邸报、辕门钞、及告示为大宗，译报次之，访稿寥寥可数也。盖当时访员实由各地派报者兼任，偶有新闻，亦必附致账房信中转交主笔；账房中人如以为不可登，则竟置诸字纸篓。本埠新闻则由主笔就所见闻者记之，或出自各衙门书吏之报告；所谓社会新闻，即官吏起居、斗殴、拆梢、回录之事而已。有时候新闻缺乏，则以邸报中之奏折补充，或竟任之空白。社会亦司空见惯，不以为异也。"③ 新闻为业报者所轻忽如此，而谁或更辨析新闻体之为何物！迨甲午、戊戌以降，维新人士始致意焉。

虽然，记事体或谓新闻体之觉醒，亦有迹可查。初，林则徐为诇知夷情，"辗转购得新闻纸，密为译出"④；魏源说海国，述英国逐日刊印新闻纸以论国政之事；洪仁玕言政事，谓上下情通，则"莫善于准卖新闻篇"⑤；郑观应吁有言责者"据事直书，实事求是"⑥；严复揭橥"国闻"，详分京城、本地与各地新闻；汪康年揄扬"时务"，杜道听途说者唯恐不及。

报章所载时事，"虚虚实实，令人迷离惝恍，不可辨别"⑦，前贤时俊所

① 梁启超：《答和事人》（1902），载丁文江、赵丰田编《梁启超年谱长编》，世纪出版集团上海人民出版社 2009 年版，第 219 页。

② 梁启超：《国风报叙例》（1910），《饮冰室合集·文集》之二十五（上），第二十四页，中华书局 2015 年版，第 2420 页。

③ 戈公振：《中国报学史》，岳麓书社 2011 年版，第 172 页。

④ （清）林则徐：《答奕将军防御粤省六条》，载（清）魏源《魏源全集》，岳麓书社 2004 年版，第 1931 页。

⑤ （清）洪仁玕：《资政新编》，载中国史学会主编《太平天国（二）》，上海人民出版社 1957 年版，第 532 页。

⑥ 夏东元编：《郑观应集》（上集），上海人民出版社 1982 年版，第 350 页。

⑦ 梁启超：《对报界之演说》（1917），载夏晓虹辑《饮冰室合集·集外文》（中册），北京大学出版社 2005 年版，第 675 页。

论者多矣，梁启超缵衍厥绪，亦自有别出心裁者，兹犹以《时报发刊例》为主，略加缀拾。

记事以"博"为主，当尽访各处新闻，当购备外报而译之，当特派访员访查特别事件，务期材料丰富，使读者足不出户而知天下；记事以"速"为主，各处访事员凡遇要事，必以电达，务供阅者先睹为快；记事以"确"为主，凡风闻影响之事，概不予以用，若有访函一时失实者，必更正之；记事以"直"为主，凡事关大局者，必忠实报闻，无所隐讳；记事以"正"为主，凡攻诘他人隐私，或轻薄排挤，借端报复之言，概严屏绝。而且，"凡记事皆为秩序的系统的，以作史之精神行之"[1]。尤当"遇有重大事件发生，为国人所宜特留意者，则为特别记事。无之则阙，事过则止。凡特别记事，每追叙原因，推论结果，与时评相辅。凡特别记事，置于普通记事之前"[2]。

关于小说。

梁启超纳小说于报章文体，缘在于"他看中小说这种文体最易影响人心"[3]。

"晚清小说，在中国小说史上，是一个最繁荣的时代"[4]，杂志刊载小说，不俟言，新闻纸亦竞载之，遂有千种之多。小说既多矣，论小说之文亦时或有之，若楚卿之《论文学上小说之位置》、若松岑之《论写情小说与新社会之关系》、若夏穗卿之《小说原理》、若觉我之《余之小说观》、若天僇生之《中国历代小说史论》《论小说与改良社会之关系》。然诸论虽各当理，顾卒未有以越《论小说与群治之关系》而上之者。梁启超作此文，其意固有所属，乃倡小说界革命也。

或谓中国小说，殆出于愤政治之压制、痛社会之混浊、哀婚姻之不自由，不得不作，而作之之方，盖"婉笃诡谲以言之"[5]。然小说久而濡滞于斯者，则如国亡日蹙者何，则如觉悟吾民者何，则如报章体小说作法何，斯之谓

---

[1]　梁启超：《国风报叙例》（1910），《饮冰室合集·文集》之二十五（上），第二十五页，中华书局 2015 年版，第 2421 页。

[2]　梁启超：《国风报叙例》（1910），《饮冰室合集·文集》之二十五（上），第二十五页，中华书局 2015 年版，第 2421 页。

[3]　胡太春：《中国近代新闻思想史》（增订本）（下卷），东方出版社 2015 年版，第 382 页。

[4]　阿英：《晚清小说史》，人民文学出版社 1980 年版，第 1 页。

[5]　天僇生语，转引自阿英《晚清小说史》，人民文学出版社 1980 年版，第 3 页。

小说界革命之初因也，易而言，变革小说，要"使之为启迪民智、革新政治服务"①。任公汲汲于兹而提"熏浸刺提"四法。

所谓熏，"如入云烟中而为其所烘，如近墨朱处而为其所染"②。任公谓读者之于小说也，当于不知不觉间，眼识为之迷漾，脑筋为之摇扬，神经为之营注，今日变一二，明日变一二，霭霭不绝，久之，小说中之境界，遂入人灵台而据之，成为原种，若他日更有所受所触，旦旦而熏之，此种子愈益盛，而又以之熏他人，则此种子遂可以遍世界。是熏之功也。

所谓浸，谓"入而与之俱化者也"③。任公释之曰，人或读小说，辄终卷数日、旬日而不能释然，如读《红楼》竟者，必有余恋余悲，如读《水浒》竟者，必有余快余怒，何者？浸之力使然也。而同为佳构，卷帙愈繁事实愈多，则其浸人也愈深。如饮酒焉，作十日饮，则作百日醉。是浸之效也。

所谓刺，"能使人于一刹那顷，忽起异感而不能自制者也"④。任公解之曰，人或蔼然和也，乃读林冲雪天三限，武松飞云浦厄，何以忽然发指？人或愉然乐也，乃读晴雯出大观园，黛玉死潇湘馆，何以忽然流泪？人或肃然庄也，乃读实甫之琴心酬简，东塘之眠香访翠，何以忽然情动？若是者，皆所谓刺激也。且脑筋愈敏之人，则其受刺激之力愈速且剧，而又必以书中所含刺激力大小为比例也。任公谓，此力之为用也，文字不如语言，然语言力所被不能广不能久也，则不得不乞灵于文字，而文字者，则文言不如俗语，庄论不如谐言，故具此刺激力最大者，非小说末由。是刺之用也。

所谓提，乃"读小说者，必常若自化其身焉，入于书中，而为其书之主人翁"⑤。任公以例说法，谓，读《野叟曝言》者，必自拟文素臣；读《石头记》者，必自拟贾宝玉；读《花月痕》者，必自拟韩荷生若韦痴珠；读《梁山泊》者，必自拟黑旋风若花和尚，虽读者欲辩其无是心而可得乎。夫既化

① 夏晓虹：《阅读梁启超》，生活·读书·新知三联书店 2006 年版，第 169 页。

② 梁启超：《论小说与群治之关系》（1902），载汤志钧、汤仁泽编《梁启超全集》第四集，中国人民大学出版社 2018 年版，第 50 页。

③ 梁启超：《论小说与群治之关系》（1902），载汤志钧、汤仁泽编《梁启超全集》第四集，中国人民大学出版社 2018 年版，第 50 页。

④ 梁启超：《论小说与群治之关系》（1902），载汤志钧、汤仁泽编《梁启超全集》第四集，中国人民大学出版社 2018 年版，第 50 页。

⑤ 梁启超：《论小说与群治之关系》（1902），载汤志钧、汤仁泽编《梁启超全集》第四集，中国人民大学出版社 2018 年版，第 51 页。

身入书，则当其读此书，此身已非我身，截然去此界以入于彼界，所谓华严楼阁，帝网重重，一毛孔中万亿莲花，一弹指顷百千浩劫。文字移人，至此而极。是提之能也。

此四力各有其殊用，"文家能得其一，则为文豪；能兼其四，则为文圣。有此四力而用之于善，则可以福亿兆人"①。而职志于新民教育者，安可忽此体裁、慢此四力者！

报章内容言庞事杂，所载各种文体也多矣，唯梁启超特于论说、记事、小说论列独详，以其发人之所思、省人之所惑、动人之所感最易奏功者也，尔其论说、记事、小说当如何而作，任公间阃然者，凡以合乎报章自身传播规律、合乎启蒙思想传播之目的而已。

第四节　报章文体创革

夷考中国近代传播史，偻指而数其功，不可不及于报章文体创革。

鸦片一役，国人震骇，忧时君子，发抒救国之志意而开文章之新风，若龚自珍者，其为文挺拔劲峭，绚丽多彩，若魏源者，其申论说理透彻，逻辑缜密，若冯桂芬者，其立言气充词沛，热情洋溢，若薛福成者，其陈词叙事清楚，语言流畅。② 此数人影响于后来者，殆不浅鲜，梁启超即云："光绪间所谓新学家者，大率人人皆经过崇拜龚氏之一时期，初读《定盦文集》，若受电然。"③ 自19世纪70年代迄于辛亥前，士之激昂慷慨者，浴前贤之文曜，以报刊为之地，发维新、立宪、革命之音声，日滋月渐，卒之创报章新文体耶哉。学者或谓："在梁启超那个时期，写时务文章成为一时风尚"④，衮衮诸贤，品核人物，裁量时政，正使穷居里巷，名随文而蜚声，其佼佼者或如王韬、郑观应、康有为、梁启超、谭嗣同、唐才常、章太炎、麦孟华、徐勤、欧榘甲等。要而言，经梁任公等十六年来（约一八九六年至一九一〇年）之

---

①　梁启超：《论小说与群治之关系》（1902），载汤志钧、汤仁泽编《梁启超全集》第四集，中国人民大学出版社 2018 年版，第 51 页。

②　参见方汉奇《中国近代报刊史》（上），山西人民出版社 1981 年版，第 142 页。

③　梁启超：《清代学术概论》（1920），上海古籍出版社 1998 年版，第 75 页。

④　李良荣：《中国报纸文体发展概要》，福建人民出版社 1985 年版，第 32 页。

洗涤与扫荡，新文体（或名报章体）体制、风格，乃完全确立。①

报章文体究为何物，斯实人人心中有，而鲜有言喻者也，唯谭嗣同属《报章文体说》，粗涉其樊，谓中国传统文体殆分三类十体，报章则一炉而冶之："胪列古今中外之言与事，则纪体也；缕悉其名与器，则志体也；发挥引申其是非得失，则论说体也；事有未核，意有未曙，夹注于下，则子注体也；绘形势，明交限，若战守之界线，货物之标识，则图体也；纵之横之，方之斜之，事务之比较在焉，价值之低昂在焉，则表体也；究极一切品类，一切体性，则谱体也；盖撰述之致用，则叙例体也；经裁章程，则章程体也；勾稽繁琐，则计体也；编幅行余，又以及于诗赋、词曲、骈联、俪句、歌谣、戏剧、舆诵、农谚、里谈、儿语、告白、招贴之属，盖无不有焉。"② 传统文体分类可谓备矣，然则若其皋牢百代，卢牟六合，贯穴古今，笼罩中外，所谓宏史官之益而能昭其义法，都选家之长而能匡其缺漏，求之于今时穹古，其唯报章乎。谭文要在指斥拘墟者所谓报章体裁古所无有之论，虽竟使湘中捷给口辩之士无以难，顾卒未尝然释人惑也。若夫检求时人所论，则自郐以下无讥焉。

谭嗣同谓报章能总宇宙之文，是乃张皇报章之功能也，其于订明报章文体絜矩者，犹影响笼统，不足为说。然则，其"论说"一体，当时后来，伊谁不匍匐于道左！济济多士发皇之，揄扬之，创革之，一时也以颇具新意之政论文体竞相标举。政论文体一新报章，世之人居之也乐不思蜀，至于瓜代夙所谓"报章文体"者。

"政论文体"云者，彼时多称之为"新文体""报章体""时务体""新民体"云云，其特点盖有三：一者，就内容言，立基于革新政治，针砭现实，直陈时弊；二者，就文法言，摆脱种种束缚，高抟遐揽，不拘一格；就文字言，一改艰涩古僻，力求浅显流畅，生动活泼。以此三者考之于彼时文界，则康有为时有善言而稍谲奇自恣，谭嗣同喜雕琢，掠而失粹，严复趑趄于声音节奏间，犹未离帖括，唐才常尚亏于舒卷自如，自余诸子，仅能望尘。

梁启超乃政论文体最具代表性作者，时人所谓"时务体""新民体"，咸

---

① 吴其昌：《梁启超传》，百花文艺出版社 2004 年版，第 23 页。

② 谭嗣同：《报章文体说》，载蔡尚思、方行编《谭嗣同全集》（下册），中华书局 1981 年版，第 493—494 页。

以《时务报》《新民丛报》之名而命之，重任公也。自其撰著《万国公报》，尔来岁月如流，而同侪晚进称许之辞殆亦如流。谭嗣同谓："大致卓公似贾谊。"① 黄遵宪崇之曰："贾董无此识，韩苏无此文。"② 胡适亦有评："任公之文，卓然自成一家，活泼而生气，打破了各种约束及规律，为古文之大解放。尤以增加圈点与分段，写长篇文章应该这样的。新文体的优点为：能痛快淋漓，发挥尽致，取譬设喻，易使读者了解，而跳出窠臼，摆脱束缚，文章气势遂如伏流出河，一泻千里。"③ 郑振铎议之曰，任公为文，"平心论之，当然不是晶莹无疵的珠玉，当然不是最高贵的美文，却另自有他的价值。最大的价值，在于他能以他的'平易畅达，时杂以俚语、韵语及外国语法'的作风，打倒了所谓恹恹无生气的桐城派的古文，使一般的少年们都能肆笔自如，畅所欲言，而不再受已僵死的散文套式与格调的拘束；可以说是前几年的文体改革的先导"④。

吴其昌款款然评乃师，容也益深切著明："当年一班青年文豪，各家推行着各自的文体改革运动，如寒风凛冽中，红梅、腊梅、苍松、翠竹、山茶、水仙，虽各有各的芬芳冷艳，但在我们今日立于客观地位平心论之：谭嗣同之文，学龚定庵，壮丽顽艳，而难通俗。夏曾佑之文，更杂以庄子及佛语，更难问世。章炳麟之文，学王充《论衡》，高古淹雅，亦难通俗。严复之文，学汉魏诸子，精深邃密，而无巨大气魄。林纾之文，宗绪柳州，而恬逸条畅，但只适小品。陈三立、马其昶，桃祢桐城，而格局不宏。章士钊之文，后起活泼，忽固执桐城，作茧自缚。至于雷鸣潮吼，恣睢淋漓，叱咤风云，震骇心魂，时或哀感曼鸣，长歌代哭，湘兰汉月，血沸神销，以饱带情感之笔，写流利畅达之文，洋洋万言，雅俗共赏，读时则摄魂忘疲，读竟或怒发冲冠，或热泪湿纸，此非阿谀，唯有梁启超之文如此耳！"⑤

梁启超创革文体，师友门弟子后学者，固有攻瑕，然总以称扬之而已矣。

---

① 谭嗣同：《致汪康年书》，载上海图书馆编《汪康年师友书札》（4），上海图书馆出版社 2017 年版，第 2970 页。

② 《饮冰室师友论学牋·壬寅十一月水苍雁红馆主人来简》，转引自方汉奇《中国近代报刊史》（上），山西人民出版社 1981 年版，第 145 页。

③ 朱虚白：《梁启超的报业生涯》，载中华学术院编《新闻学论集》第十二册，（台北）华冈出版有限公司 1976 年版，第 509 页。

④ 郑振铎：《梁任公先生》，载夏晓虹编《追忆梁启超》，中国广播电视出版社 1997 年版，第 99 页。

⑤ 吴其昌：《梁启超传》，百花文艺出版社 2004 年版，第 23 页。

若夫任公作《清代学术概论》，以学者"梁启超"审视历史上之"梁启超"，抑有言曰："启超夙不喜桐城派古文，幼年为文，学晚汉魏晋，颇尚矜炼，至是自解放，务为平易畅达，时杂以俚语韵语及外国语法，纵笔所至不检束，学者竞效之，号新文体。老辈则痛恨，诋为野狐。然其条理明晰，笔锋常带情感，对于读者，别有一种魔力焉。"① 任公自画像，不发激音，不作客气，然似亦有"清心"端自秀哉，吾人深味其言，庶几能摩其机杼乎。

所谓"野狐"为老辈所诋者，除文法略不检束外，殆殊指其内容，卢牟六合，贯穴古今，笼罩中外，尝无几微禁忌。或谓："淹贯文史的梁启超，以其聪明才智和满腔热情，把古典学识与他所热衷的西方社会政治思想和制度，特别是自由、民主、宪政改革的理念结合起来，开创了一种不受束缚的文体。"② 而后生晚辈亦多有中允之论："五十年来，中国书生以文学议论主张国策，移易人心，启发天地之新机，光大中华之国命，盖未有能及梁者。"③ 是适足以印证任公自述且悬之为理想者："报馆之著述者，贵其能以语言文字开将来之世界也。"④ 任公卒后，国民政府褒扬其学行，岂非"野狐"之功哉！

所谓"务为平易畅达，时杂以俚语韵语及外国语法"者，主于语言变革，俾能浅显易懂应于世情者是也。章太炎自订年谱云："时新学初兴，为政论者辄以算术、物理与政事混为一谈……而好援其术语以附政论。"⑤ 所以然者，乃情势所驱，浚牖民智熏陶民德云尔。以读者乐受之度而揆之，或谓梁启超孰与严几道好，则有言也："日本译自西洋之科学的名词及其他学艺之术语，如'经济'、'伦理'、'哲学'之类，皆为梁氏用入己文，此类译名，即随梁之文势而普习于中国。严几道氏虽亟图自立，创译'计学'、'名学'、'爱智学'，然至今仍以不甚通透之日本译名最为通行，梁文有力焉。"⑥ 即如胡思敬作《戊

---

① 梁启超：《清代学术概论》（1920），上海古籍出版社 1998 年版，第 85—86 页。

② 林语堂：《中国新闻舆论史 一部关于民意与专制斗争的历史》，刘小磊译，冯克利校，世纪出版集团上海人民出版社 2008 年版，第 102 页。

③ 李肖聃：《星庐笔记·梁启超》，载夏晓虹编《追忆梁启超》，中国广播电视出版社 1997 年版，第 44 页。

④ 梁启超：《本馆第一百册祝辞并论报馆之责任及本馆之经历》（1901），载张之华主编《中国新闻事业史文选（公元 724 年—1995 年）》，中国人民大学出版社 1999 年版，第 39 页。

⑤ 章太炎：《太炎先生自订年谱》，转引自方汉奇《中国近代报刊史》（上），山西人民出版社 1981 年版，第 143 页。

⑥ 彬彬：《梁启超》，载夏晓虹编《追忆梁启超》，中国广播电视出版社 1997 年版，第 18 页。

戍履霜录》，亦竟称许，梁氏"文章叙事条畅，突过其师，虽不可绳以义法，削去东西洋各国名词，亦自斐然可观"①。任公尝谓，"文学之进化有一大关键，即古语之文学变为俗语之文学是也"②，其文字自创一格，常趋骛于语体与古文之间，时人忻悦之，"厥后报纸繁兴，凡杂志上作长篇论文者，大抵规抚梁氏"③，而"大吏之奏折，试官之题目，亦剿袭而用之"④，形式、议论悉大变矣。

　　所谓"笔锋常带情感"者，性情与人格使然。任公自谓："余生平爱根最盛，嗜欲最多，每一有所染，辄沈溺之，无论善事恶事皆然，此余爱性最短处。"⑤ 然则爱、欲动于中而发于外，不期然而能撼动人心，宁非为文之妙用哉。又云："吾之作政治谭也，常为自身感情作用所刺激，而还以刺激他人之感情，故持论亦屡变，而往往得相当之反响。"⑥ 同门伍庄云："先生为文，善用开阖之姿势，抑扬之音调，说至透辟处，往往入木三分，阅者无不感动，故能具有一种特殊势力。"⑦ "特殊势力"者何？胡适有以解："梁先生的文章明白晓畅之中，带着浓挚的热情，使读的人不能不跟着他走，不能不跟着他想。……跟着他走，我们固然得感谢他；他引起了我们的好奇心，指着一个未知的世界叫我们自己去探寻。"⑧ 任公登退，时人瞻顾四方，痛高丘之无女，其生前尝允胡适为自传，奈何天妒，胡适愀悲无似："他自信他的体力精力都很强，所以他不肯写他的自传。谁也不料那样一位生龙活虎一般的中年作家只活了五十五岁！虽然他的信札和诗文留下了绝多的传记材料，但谁能有他那样'笔峰常带情感'的健笔来写他那五十五年最关重要又最有趣味的生活

---

① 胡思敬：《党人列传·梁启超》，载夏晓虹编《追忆梁启超》，中国广播电视出版社 1997 年版，第 40 页。

② 梁启超：《小说丛话》（1903），转引自石云艳《梁启超与日本》，天津人民出版社 2005 年版，第 197 页。

③ 彬彬：《梁启超》，载夏晓虹编《追忆梁启超》，中国广播电视出版社 1997 年版，第 19 页。

④ 黄遵宪：《致新民师函丈书》，载丁文江、赵丰田编《梁启超年谱长编》，世纪出版集团上海人民出版社 2009 年版，第 201 页。

⑤ 梁启超：《夏威夷游记》（1899），载清华大学国学研究院、中华书局编辑部编《梁任公先生年谱长编稿本》第四册，中华书局 2015 年版，第 1537 页。

⑥ 梁启超：《吾今后所以报国者》（1915），载汤志钧、汤仁泽编《梁启超全集》第九集，中国人民大学出版社 2018 年版，第 170 页。

⑦ 伍庄：《梁任公先生行状》，载夏晓虹编《追忆梁启超》，中国广播电视出版社 1997 年版，第 6 页。

⑧ 胡适：《四十自述》，中国文史出版社 2013 年版，第 66 页。

呢！中国近世历史与中国现代文学就都因此受了一桩无法补救的绝大损失了。"① 人孰能无情，唯慷慨燕市、蠖屈海滨之殊尔，"情"字一何重哉！

梁启超开文章之新体，凡以激民气之暗潮而已，凡以合报章之属性而已，民族危亡之倾，士君子以救国血诚为仁，造次必于是，颠沛必于是，何尝求名于当世。任公惓惓然而言曰："吾辈之为文，岂其欲藏之名山，俟诸百世之后也，应于时势，发其胸中所欲言；然时势逝而不留者也，转瞬之间，悉为刍狗。况今日天下大局日接日急，如转巨石于危崖，变迁之速，匪翼可喻，今日一年之变，率视前此一世纪犹或过之。故今之为文，只能以被之报章，供一岁数月之邀铎而已，过其时，则以覆瓿焉可也。"② 斯人已逝，然其沸血又何尝凉薄于今日，任公所创革之新文体，有魂魄焉！

第五节　振刷文风

文风乃作者学养、识见、操行、理想涵泳于文字之内而漾溢于文字之外者是也。文章既成，伊谁不愿井水饮处有诵声，庸是，文风辄受制于阅者之好尚，难乎孤往独造。然则人或有文事，闻鸡而起，先即天賫与俗望相夺相搏，徒使人临楮而忧，惶惶不已。

郑观应尝刺中国传统文法之情状："泥守古法，多所忌讳。徇情面，行报复，深文曲笔，以逞其私图，与夫唯诺成风，嗫嚅不出，知而不言，隐而不发。"③ 以此而课报章，是则不啻驱越耳以听秦音，命粤庖而烹晋鼎，然则报章之为物也虽新，却蹈袭谬种，习闻鲍肆，适如林语堂所言："中国的新闻报道在写法上通常全无其所应有的生动鲜明，因为在旧文学传统的束缚下，它极易流为陈腐的'正确的'叙事方式——单调、古板、没有人情味，而且一点儿也不尖锐。单调的根源在于，作者并不精通已死的语言，却在用这种语言写作。"④

---

① 胡适：《四十自述》，中国文史出版社 2013 年版，第 1—2 页。

② 梁启超：乙巳本《饮冰室文集自序》(1902)，载丁文江、赵丰田编《梁启超年谱长编》，世纪出版集团上海人民出版社 2009 年版，第 193 页。

③ 夏东元编：《郑观应集》（上集），上海人民出版社 1982 年版，第 350 页。

④ 林语堂：《中国新闻舆论史 一部关于民意与专制斗争的历史》，刘小磊译，冯克利校，世纪出版集团上海人民出版社 2008 年版，第 143 页。

士之焦心时务者，安不怵然忧之。

文风关乎启发民智、激扬维新，时人亦多所论列。严复《说难》谓：著文当"就吾所见，敬告天下，平心以出之，正志以待之，如此而已矣"①。慎独之言也。英敛之序《大公报》谓："不敢存自是之心，刚愎自用；亦不敢取流俗之悦，颠倒是非。总期有益于国民是依，有裨于人心学术。其他乖谬偏激之言，非所取焉；猥邪琐屑之事，在所摒焉。"② 敬畏真理也。汪康年《论川省争路事》有言谓："身未亲历其境，欲求真实之情，持平之论，难矣。然而，有言论之责者，固不可不详慎也，不可不公平也。道听途说，其事苟涉可疑，则与其登载而不实，毋宁缺疑之为愈也，尤不可略涉偏袒而信笔书之，过爱新奇而率臆言之。"③ 知行之言也。一言蔽之，夫若以"修己安人"而譬之，彼之所论多为修己之言，"安人"则犹未耶。

文风而能"修己安人"者待乎谁？试少一炙任公謦咳。

梁启超"修己"者何？求真也。

先之以治今文学，考所谓伪经，正改制之名，继则独标绌荀申孟大纛，引《孟子》诛责独夫民贼善战者诸义，又及于墨子兼爱非攻诸论，日唱诵之。方此勠力圣学诸子道履隆盛之际，梁启超延颈西学，摩其垒，"盗"其火，视其蠹篚，亦云洋洋大观者也。

彼时，海禁既开，外侮日急，而抱残守缺者拘虚谬督，懵然无知世变；末学肤受者，借西学以自大，施施"骄其妻妾"，中学西学时相搏焉，所争者口食耳，与扶危邦国何有！或谓，不知中学而言西学，则西学必为无本，不知西学而言中学，则中学必为无用，此正王充所谓陆沉、盲鼓之论，近代文风所从出也。而貌若稍进者，往往驱西论以牵从中说，谓吾先哲所尝行也所尝治也，此又"好依傍""名实混淆"之痼疾，是为任公所不取焉。

守死腐学、矜饰新学，与夫附会中西之学，俱失"真"义，斯之为文风，不单不能益世，且适足以蠹国。光绪二十八年（1902），梁启超作《保教非所以尊孔论》，一驳其师祀天配孔定国教诸义：今之言保教者，"取近世新学新

①　严复：《说难》，载王栻主编《严复集》（第二册），中华书局1986年版，第492页。
②　英敛之：《大公报序》，《大公报》1902年6月7日。
③　汪康年：《论川省争路事》，转引自徐新平《维新派新闻思想研究》，湖南人民出版社2010年版，第138页。

理而缘附之，曰：某某孔子所已知也，某某孔子所曾言也。……然则非以此新学新理厘然有当于吾心而从之也，不过以其暗合于我孔子而从之耳。是所爱者，仍在孔子，非在真理也。万一遍索诸四书六经而终无可比附者，则将明知为真理而亦不敢从矣。万一吾所比附者，有人剔之，曰孔子不如是，斯亦不敢不弃之矣。若是乎真理之终不能饷遗我国民也。故吾所恶乎舞文贱儒，动以西学缘附中学者，以其名为开新，实则保守，煽思想界之奴性而滋益之也"①。任公三十初度而后，绝伪经改制之谈，结求真存理之言，号饮冰子，开新民风，皇皇喬喬，如有大成者。信哉其说："吾雅不愿采撷隔墙桃李之繁葩，缀结于吾家杉松之老干，而沾沾自鸣得意。吾若爱桃李也，吾唯当思所以移植之，而何必使与杉松淆其名实者。"② 选言谓，各敬尔仪，敦履璞沈，繁华流荡，君子弗钦。任公为文，其斯之谓欤，厥知，时人宗风，其有以也。

梁启超"安人"者何？牖民也。

任公之牖民，特以启瀹民众脱奴隶之羁轭，争精神之自由若思想之独立。然则，牖民何由？

一曰正定民之地位，即民之里吾心者何若。《新民丛报》初创，梁启超揭橥宗旨谓："为吾国前途起见，一以国民公利公益为目的。"③ 此虽一报之所尚者，然校任公皇皇著言，其叙论之间，王侯将相才子佳人扫地以尽，厘国民之义，启国人之智，诵民人之权，何莫而非如是。洎作《敬告我同业诸君》一文，则更直比国民为父母，谓职报为文者，"当如孝子之事两亲，不忘几谏，委曲焉，迁就焉，而务所以喻亲于道"④。苟能立场鲜明，在在以民为主体，奉民至上至尊，缵《尚书》民唯邦本、孔子以民为本、孟子民为贵之遗风，民何为而不忭跃者也！

二曰谨立文之仪范，即文之表率于人者何若。论语有言，善人教民七年，可以即戎矣，谓德之化民，历久而弥有功，殆浸润之力也。梁启超以为鼓吹舆论殊有力者二焉，即煽动与浸润，任公之文有煽动之效，然其所常标举者，

① 梁启超：《保教非所以尊孔论》（1902），载汤志钧、汤仁泽编《梁启超全集》第二集，中国人民大学出版社2018年版，第681页。

② 梁启超：《孔子教义实际裨益于今日国民者何在欲昌明之其道何由》（1915），《饮冰室合集·文集》之三十三，第六十四页至第六十五页，中华书局2015年版，第3328—3329页。

③ 梁启超：《〈新民丛报〉章程》（1902），载夏晓虹辑《饮冰室合集·集外文》（上册），北京大学出版社2005年版，第75页。

④ 梁启超：《敬告我同业诸君》（1902），载夏晓虹编《梁启超文选》（上集），中国广播电视出版社1992年版，第170页。

端在浸润。"浸润"一词，初见诸文者，当为清议报一百册祝辞，任公谓，报纸宗旨既定，嗣后宜其"且且而聒之，月月而浸润之"①，所以然者，"浸润所得为深造之势力"②，其锡类溥施，每为浸润之人始愿不及，且其如积壤泰华，阅世久而愈坚。任公志于彼道，依于此仁，亦必其游于艺者有方，爰为政治传播，"不为灌夫骂坐之语，以败坏中国者咎非专在一人也；不为危险激烈之言，以导中国进步当以渐也"③。且"自今以往，有以主义相辩难者，苟持之有故，言之成理，吾乐相与赏之析之；若夫轧轹嫚骂之言，吾固断不以加诸人，其有加诸我者，亦直受之而已"④。不幸而有以捏造事实毁人名节为事者，任公为全国言论界道德风纪起见，亦忠告云：天下事莫不有利害之择，论治者言各成义，亦容有辩论之余地，吾所主张，岂敢自谓无误，特就其所见及者而论之耳，辩者不以吾言为然，从而纠正之，必服吾心，吾固不惮降心相从，若犹未也，则更相与往复其论，以求最后之真理，凡有言责者，不当如是耶？⑤任公雍容适与其夙秉之政治改良思想相表里也，而究其效，时学晚进匍匐于斯人文章之道左，独唯其雅意高远哉？抑吾禹域神裔浸润于哲人之理想，逼迫于世界之大势，佥知非变革不足以救中国，成其功者，微斯人而谁欤？

三曰宜其笔所当及，道人所欲道而口未能道者。孔子云，不愤不启，不悱不发，有文行之美者，安可不视阅者困学之程度立意、选材、布局、谋篇，或可谓文章要以适切民能而作。宣统二年，徐佛苏为《国民公报》乞稿于梁启超，任公正自殚精于《国风报》，不遑旁及，唯存旧作《财政博议稿》，"但其体裁不适于登报"⑥，无以应《国民公报》之需，有奈何之叹。任公不率然酬应，乃

---

① 梁启超：《本馆第一百册祝辞并论报馆之责任及本馆之经历》（1901），载张之华主编《中国新闻事业史文选（公元724年—1995年）》，中国人民大学出版社1999年版，第38页。

② 梁启超：《国风报叙例》（1910），《饮冰室合集·文集》之二十五（上），第二十二页，中华书局2015年版，第2418页。

③ 梁启超：《〈新民丛报〉章程》（1902），载夏晓虹辑《饮冰室合集·集外文》（上册），北京大学出版社2005年版，第75—76页。

④ 梁启超：《答和事人》（1902），载丁文江、赵丰田编《梁启超年谱长编》，世纪出版集团上海人民出版社2009年版，第219页。

⑤ 梁启超：《与上海某某等报馆主笔书》（1911），《饮冰室合集·文集》之二十七，第四十七页，中华书局2015年版，第2781页。

⑥ 梁启超：《与佛苏吾兄书》（1910），载丁文江、赵丰田编《梁启超年谱长编》，世纪出版集团上海人民出版社2009年版，第332页。

知文有殊用，而阅者抑亦有殊求，不可强人耳。由此而上溯，则知，尊阅者之识度，任公夙韪之矣，其有言曰，中国文字奥衍，而教育又未普施，"即以士大夫论，其普通知识程度，亦有限界。善牖民者，其所称道之学识，不可不加时流一等，而又不可太与之相远，如相謦然，常先彼一跬步间斯可矣。吾超距而前，则彼将仆于后矣。恒谨于此，斯曰下逮。若夫侈谈学理，广列异闻，自炫其博，而不顾读者之唯恐卧，此则操术最拙者也"①。下逮云者，常"恐文义太赜，不能尽人而解"②，乃俯躬以就倾身而哺，斯仁者之行也。著述如此，译作亦如此。梁启超尝概括《新民丛报》特色云："本报议论，其取材虽大半原本于西籍，然一一皆镕铸之，以适于中国人之用。盖他邦之论著，无论若何精深透辟，而其程度能适合于吾国民之脑筋，而使之感动，使之受用者，殆希也。"③ 此亦正所谓玄参虽好，无补于体虚者，鱼羊虽鲜，徒增累于病胃。诗云，天之牖民，如埙如篪，天心圣意，与民协洽。诗之风人也溥博深远，岂唯职文事者所能外哉。

四曰变化言之雅度，尊文白之为用也。梁启超所倡诗界革命、文界革命，力主新意境，明标新语句，而新语句之创用，特取言文之裁择。言文分离乃中国语言一大特点，传统文人、仕林官宦鄙薄语用之白，诗书文赋、典章制度崇奖翰藻之雅，然彼时吾国人"不识字者十人而六，其仅识字而未解文法者，又四人而三"④，以如此程度，而欲其寓目辞章之奥雅，不啻捈之使面数仞垣墙，以窥宗庙之美百官之富，岂可得乎。任公与严复有通俗古雅之争，庶见文白演进与文风流变者。严复与梁启超书云，缀文摘藻，"理之精者，不能载以粗犷之词，而情至正者，不可达以鄙倍之气"⑤。求文章之幽眇，必其"声之渺者，不可同于众人之耳；形之美者，不可混于世俗之目；辞之衍者，不可回于庸夫之听"⑥。若夫报章文体，言庞意杂，其固若蜉蝣旦暮而化宜也。梁启超深不谓

① 梁启超：《国风报叙例》（1910），《饮冰室合集·文集》之二十五（上），第二十三页，中华书局 2015 年版，第 2419 页。

② 梁启超：《论报馆有益于国事》（1896），《饮冰室合集·文集》之一，第一百零一页，中华书局 2015 年版，第 101 页。

③ 梁启超：《〈新民丛报〉之特色》（1902），载夏晓虹辑《饮冰室合集·集外文》（上册），北京大学出版社 2005 年版，第 78 页。

④ 梁启超：《〈蒙学报〉〈演义报〉合叙》（1897），载汤志钧、汤仁泽编《梁启超全集》第一集，中国人民大学出版社 2018 年版，第 280 页。

⑤ 严复：《与梁启超书》，载王栻主编《严复集》（第三册），中华书局 1986 年版，第 516 页。

⑥ 严复：《与梁启超书》，载王栻主编《严复集》（第三册），中华书局 1986 年版，第 517 页。

然，讽其文笔太务渊雅，殆难索解。严复则诘曰，近俗之辞，取便乡僻，非文界之革命，正自为文界之陵迟也。然则新闻纸通俗化如风之起于青萍，《演义白话报》《无锡白话报》《京话日报》应时而兴，《湘报》《大公报》附和而作，至于"五四"，白话运动已蔚成大风，其飘忽溯涝激扬熛怒之状，殆非卜居鹅湖者所可逆料。对于文白移易，有报界三杰之名者徐凌霄评曰："今之文学有'文言'与'语体'之两大类。梁之文笔则介于两者之间。其笔流畅圆熟，其文曲折详尽。"① 而郑振铎则忆曰："当时大家知道培根、笛卡尔、孟德斯鸠、卢梭诸人，不是由于严复几个翻译原著作者，而是由于再三重译或重述的梁任公先生，这原因有一半是由于梁氏文章的明白易晓，叙述又简易无难解之处。"② 盖任公深邃于刘勰意古文今之论也。

　　文风之变，非自任公始，然其张皇之，扬厉之，其中人也，愈病析酲，发明耳目，人亦沐之如兰熏，此唯梁启超当之。迨民国以建，任公竭蹶于社会文化事业，文风又一新，"不欲再以兴奋之酒激动国人，而欲以滋养之饭进之"③，然其修己安人之心抑亦未尝变也。

---

① 　徐凌霄（徐彬）：《梁启超》，载夏晓虹编《追忆梁启超》，上海人民出版社 1991 年版，第 18 页。
② 　郑振铎：《梁任公先生》，载夏晓虹编《追忆梁启超》，上海人民出版社 1991 年版，第 70 页。
③ 　梁启超：《与〈大公报〉记者谈今后之社会事业》（1917），载夏晓虹辑《饮冰室合集·集外文》（中册），北京大学出版社 2005 年版，第 685 页。

第五章
树立报人风范

小　引

　　报人风范，乃报人之于国家、民族、社会意识自我觉醒，以报章为之地，日砺其言，月磨其行，躬自以刻画，浸假以积功，似有松鹤卓立、神龙戴云之像，能影响于当世，亦歆慕于后来者。

　　19世纪初，西人游中土，创报传教，中国近代报刊斯萌蘖焉。自马礼逊、米怜以始，降及林乐知、李提摩太、丁韪良以继，西方传教士汲汲于布道之路，标榜所谓开通风气输入文明，持平而言，诚有振刷思想、激扬新学、鼓煽革政之益，然推其本意，究在于播越基督教义俘获人心耳，所谓报人形象，殆等是奋木铎徇市朝者。

　　五口开通后，西方商人如蚁赴膻，贸迁之舟，纷集如萧萧落叶。基于信息流通需要，商人亦弄墨于报苑，通船期，计盈亏，报羡余，凡有利于促进贸易，率行之耳。更有精明者，视办报为营生，倚为稻粱，煦濡涵育，亦粗具规模，能激中国商业信息之流动，克易中国商人墨守之狃习，然物议殆不出陶朱猗顿谋富之属。

　　唯列强权益日张，商业竞争亦日亟，西人外交随之轾重，厥创报刊，俾作政治鹰犬，其为状也，初也如黔之虎，慭慭然，知所行止，然则荡倚冲冒之下，俄然觉，庞然大清，"技止此耳"，乃肆其簧鼓，煽其青磷，混淆黑白，颠倒是非，中西关系扞格益甚，而欧人敲剥中国亦愈烈。职此之由，士夫之洞明时事者咸倡自办洋文日报，揭橥真相，公是公非，以挽回欧人之惑心，然西报玼笔者何啻毒蛊。

传教诛心、通商食利、政治讹索，中国处群狼环伺之中，国将不国，安可嚣然侈谈报人之风范？虽然，西风东渐，科举式微，或有士夫，舍八股八韵大卷白折之类，转而厕身报业，殆亦不无倡导风气之功。

中国现代报业拓荒者，早期人士如黄胜、伍廷芳、陈霭亭等，"皆唯糊口于外人之篱下，志在求食"①，然则未始不食髓知味。洎王韬创《循环日报》，扬厉天道循环，品核公卿，裁量执政，一时亦声誉鹊起。"自王韬藉报章畅言时政，谋议变通，乃开拓士人参与国事、服务社会之新途径。由是知识分子获得新凭藉，超越仕途，担当更重要之社会角色。光绪中叶以还，梁启超、汪康年辈，藉传播媒介反映舆论，监督政府，鼓动思潮，对大众产生冲激与影响，其力量之宏大实属空前。"②

中国报人之独立形象殆自此始。

第一节 报人追求与政治自觉

《清议报》第一册有译载日本杂志《东亚时论》文章《兴清论》，其言谓："顷者清国新政之士，前后辈出，欲试经纶于一代，而事终败矣。然皆当代杰出之人也。其力量识行，足为世所推重。唯根本未立，急于图功，进锐退速，以致一败不可收拾，诚可悲矣。"③ 是实梁启超借以自省之言。"根本"云者，乃收天下之人心是谓，特以报章为利器耳。死友谭嗣同与人书曰："居今之世，吾辈力量所能为者，要无能过撰文登报之善矣。"④ 此虽时贤际遇之叹，然则未始不昭其卓轨：士君子志于济世扶危，不得，抑以报章为之地，作啼血之鸣。爰知，报章岂其庸碌阘茸者啖饭之所，乃恢张政治理想之舞台也。

自 19 世纪 70 年代以降，士之有维新思想者，措身报事，阅二十余年，浸假

---

① 姚明辉：《近代上海学术文化漫记》，载上海市文史馆、上海市人民政府参事室文史资料工作委员会编《上海地方史资料》（四），上海社会科学院出版社 1986 年版，第 60 页。

② 赖光临：《中国近代报人与报业》（上集），台湾商务印书馆 1980 年版，第 152 页。

③ 转引自石云艳《梁启超与日本》，天津人民出版社 2005 年版，第 225 页。

④ 谭嗣同：《致汪康年书》，载上海图书馆编《汪康年师友书札》（4），上海图书出版社 2017 年版，第 2967 页。

以知报章其所能裨益于政治者。光绪二十九年，商务印书馆出版日本人松本君平《新闻学》，有评论者借以称："盖新闻纸实为政治之机关，断非无学识之人所能主持，其左右世界之力为现今最有权势之作。"[1] 前此，梁启超为《清议报》祝辞，更谓，报馆者政本之本也，而谭嗣同则称，《湘报》之出，则"国有口矣"[2]。玲玲玉音，其辞虽有异，其意宁有别乎。揆诸戊戌前后，一如梁、谭诸贤，主持报馆，辄缩一时一地维新活动之枢，蔼蔼多士，一时蔚成清末报界之主体。[3]而政治活动、躬与报事固若离立，政治家办报，二而为一，乃"自始即然"[4]。

必称梁启超为清末民初史全息者，容有褒侈之嫌，谓其为彼时政治史鉴之总龟，殆不诬也。为政治使命所驱，任公办报，往往依于时变，攻砭政瘝，天地为之动容，"黄远生君尝尊之为报界大总统"[5]。美哉斯言！虽不能尽喻其丰旨，而其属意于政治家办报者，亦彰彰然明矣。

志士仁人假新闻纸以启诱天下，其政治维度之思虽九虑且不厌，而何乃至于任公为盛？曰政治身分认同有殊，曰一切报事具归于政治性裁量之度有差，曰唯力于报事推动政事是努有别。敢申论之。

任公不唯为政治理想者，更为政治实行者，譬若"丘不与易"、汲汲于道，虽不欲自认其政治身份，恐天下亦不之许。

光绪二十八年（1902），梁启超效谭嗣同作《三十自述》，起笔即峻峭不凡："余生同治癸酉正月二十六日，实太平天国亡于金陵后十年，清大学士曾国藩卒后一年，普法战争后三年，而意大利建国罗马之岁也。"[6] 人生初度，本寻常事，然勾连于前后，盱衡于中外，媲迹于异人，盖任公之自许高耶哉。尝曰，若今日之中国，"不有非常人起，横大刀阔斧，以辟榛莽而开新天地，吾恐其终古如长夜也。英雄乎！英雄乎！吾夙昔梦之，吾顶礼祝之"[7]。

---

① 顾燮光：《译书经眼录》卷六之"报章第二十二"，转引自熊月之主编《晚清新学书目提要》，上海书店出版社 2007 年版，第 337 页。

② 蔡尚思、方行编：《谭嗣同全集》，生活·读书·新知三联书店 1954 年版，第 139 页。

③ 程丽红：《清代报人研究》，社会科学文献出版社 2008 年版，第 222 页。

④ 方汉奇：《中国近代报刊史》（上），山西人民出版社 1981 年版，第 141 页。

⑤ 彬彬：《梁启超》，载夏晓虹编《追忆梁启超》，中国广播电视出版社 1997 年版，第 12 页。

⑥ 梁启超：《三十自述》（1902），《饮冰室合集·文集》之十一，第十五页，中华书局 2015 年版，第 989 页。

⑦ 梁启超：《文明与英雄之比例》（1902），载汤志钧、汤仁泽编《梁启超全集》第二集，中国人民大学出版社 2018 年版，第 142 页。

虽为祷祝，不奢自况。幸乎甚哉，晚清暗夜，磊落数星，微斯人，将何以加之明！

梁启超与闻国事者有三途，曰处士抗愤，曰挈领政团，曰执钧当轴。

乙未约成，方当春闱报罢，任公奋书生意气，从师之后，联十八省举人，公车上书，一开中国群众运动之先河。戊戌喋血，望门投止，思以须臾忍死而报死友昆仑之望，丹心可鉴日月。庚子勤王，自檀岛飞渡，横绝大洋，露布以讨西后，虽为报德宗特达之恩，实则挽维新未竟之业。游美归来而梦俄罗斯，建立宪之高牙大纛，激国会请愿之狂潮，起于君民分权之愿，收于民主共和之实。六君子筹安，怒兴"异哉"之叱问，间关海隅，九死一生，护国以奏功，其孰与比哉。复辟丑剧，乃发"非贪黩无厌之武夫，即大言不惭之书生"，虽割义所不辞，马场誓师，再造共和。若夫国民制宪、联省自治、裁兵运动云云，举见匪躬之节，尝欲营彼菟裘，以文事老焉，抑亦不可得。身在草野，心系天下，此所谓处士抗愤者也。

任公习狃党事，戊戌则号呼于维新派，播越则列名保皇党，预备立宪诏下，不遑讼争革命，乃驰骛于结社组党，虽蘼蘼靡所骋，而人心于归。有清屋社，"今日中国已确定为最神圣、最高尚之共和国体，而共和国政治之运用，全赖政党"[1]，且"今日而求完美之共和政治，非行两大党交迭之政治，殆不可致"[2]。爰措躬于民主、共和两党，进而领进步党，冀以树政党模范，导国家于正道，且能"对于国民之政治智识，政治能力，政治兴味，加以根本的促进"[3]。然骎骎焉经年，嗒然若丧，一度不与闻党事。唯晚来乃师登遐，宪政党故人奄失柱擎，有四散之危，厥发《告海外同志书》（1928年元旦），云："吾党自南海先生去世，国内外同志以党事相督责，启超自问十余年来，不能致力于党事，又值国家离乱，军阀拥兵，自利暴徒，乘便为奸，国民愚昧，无能力以监督政治，致成今日破碎分崩之局，欲图挽救，愧无良策。然念吾党三十年来爱国之诚，今危难倍急于前，何忍袖手旁观，坐令栋折榱崩，

---

[1]　梁启超：《莅民主党欢迎会演说辞》（1912），载汤志钧、汤仁泽编《梁启超全集》第十五集，中国人民大学出版社2018年版，第21页。

[2]　梁启超：《答礼茶话会演说辞》（1912），载汤志钧、汤仁泽编《梁启超全集》第十五集，中国人民大学出版社2018年版，第60页。

[3]　梁启超：《答礼茶话会演说辞》（1912），载汤志钧、汤仁泽编《梁启超全集》第十五集，中国人民大学出版社2018年版，第61页。

侨将受压？且吾党不负责任，则国中谁复有能负责任者！启超虽无似，亦不能不自奋，随各同志之后，冀挽救此危局。"① 中国旧史之痼习，视结党为大戒，时主亦辄悬为厉禁，而任公数十年，一唯党事，汲汲于途，凡在于冀忧时君子联翩萃聚，切切偲偲，引领风尚，"以造成正当之舆论，改良中国之政治"②。此所谓挈领政团者也。

乃若跻身执政当局，亦尝一而再者。非国务大臣不做，其或为梁启超最为狂傲之语。宣统三年（1911），袁世凯受命组阁，为营造盛平景象，乃虚法律副大臣职位，安车蒲轮以迎梁氏。任公坚辞，自谓庸愚瓠落难堪大命，"究其实，和议未成，南北交绥，重以衔怨积久，梁之于袁，并无信心"③。然有清已如残灯，将来整顿乾坤，必待时雄，任公固以为唯袁氏可承此艰巨，乃用"和袁"方策，弥缝罅隙，造转圜合作之机。迨袁世凯接掌南京政权之后，命组进步党内阁，果尔，梁启超长司法，斯其困心衡虑，勔力改革，所谓冀效铅刀之一割。顾袁氏居心端在专权，任公虽欲有所施展，奈何如笼鸟习习，殊难举翮。洎复辟乱靖，梁启超复任段祺瑞内阁财政总长，并电告冯国璋代总统，以示决心："顾念邦基再奠，国计维艰，此后因时阜用，端秉训谟，敢竭股肱，以期康济。"④ 然不数月，即以"赞襄无状"而铩羽。政务挫衄，正使至亲好者亦谓其民国政治表现为"一生最不幸之时期"⑤。唯恒言曰：成功何必在我。此所谓执钧当轴者也。

政治运动、政党活动、政务实行云云，铺陈缘延于梁启超人生履历表，其政治身份之认同，宜然也。郑振铎述任公行谊曰："七年（民国七年，即1918年）十二月之前，那一个时候不在做着政治的活动，不在过着政治家的生涯。"⑥ 究之实，此言其庶几矣。而任公亦尝自谓："吾二十年来之生涯，

① 伍宪子：《中国民主宪政政党史》，转引自夏晓虹《在政治与学术之间》，东方出版社2014年版，第92页。

② 梁启超：《〈政论〉章程》（1907），载汤志钧、汤仁泽编《梁启超全集》第六集，中国人民大学出版社2018年版，第268页。

③ 阎春来：《梁启超诗传》，中国社会科学出版社2018年版，第208页。

④ 梁启超：《致南京大总统效电》（1917），载丁文江、赵丰田编《梁启超年谱长编》，上海人民出版社2009年版，第534页。

⑤ 张荫麟（素痴）：《近代中国学术史上之梁任公先生》，载夏晓虹编《追忆梁启超》，中国广播电视出版社1997年版，第107页。

⑥ 郑振铎：《梁任公先生》，载夏晓虹编《追忆梁启超》，中国广播电视出版社1997年版，第90页。

皆政治生涯也。"① 即在晚岁计以学术为息壤，仍不失自省自励："我常常梦想能够在稍微清明点子的政治之下，容我专作学者生涯，但又常常感觉，我若不管政治，便是我逃避责任。我觉'我'应该做的事，是恢复我二十几岁时候的勇气，做个学者生涯的政论家。"② 自知之言也。

若办报，任公则一归于政治性裁量。虽云广设栏目以诱众目，虽云创新版面以析伦脊，虽云汲引中外以慊众心，要则其主旨端在激国事民志日益孟晋，此殆政治家办报所以然者。姑以其荦荦大者述之。

重政治谈。

梁启超办报，率以支柱独立，一人成则报成，一人去则报微。即以《新民丛报》为例，每日属文以五千言为率，几无余裕应他事者。而所属之文盖以政治为旨趣，即所谓政治谈。其经年所办报纸，述其所学所怀抱者，一以此命世。《时务报》振藻而有《变法通议》，批评秕政，奋呼维新，天下为之震悚；《清议报》摛锦而有《自由书》，阐幽国魂，启牖民权，决旧制度之樊篱；《新民丛报》飞翰而有《新民说》，恢张自由，鼓唱公德，国民幸得启蒙。任公有谦己之言，曰己之弄文，"唯好攘臂扼腕以谭政治。政治谭以外，虽非无言论，然匣剑帷灯，意固有所属，凡归于政治而已"③。而时人谓其"以平易畅达之文笔，颂言革命、排满、共和，揭于《清议》、《新民》、《国风》、《新小说》诸报及《新大陆游记》，天下人士靡然向风焉"④。或曰："五十年来，中国书生以文学议论主张国策，移易人心，启发天地之新机，光大中华之国命，盖未有能及梁者。"⑤ 诚哉斯言，年来学者所谓近世文人论政传统之形成，其所借由者，毋亦任公为一重镇也。

重政治学案之译介。

①　梁启超：《吾今后所以报国者》（1915），载汤志钧、汤仁泽编《梁启超全集》第九集，中国人民大学出版社2018年版，第170页。

②　梁启超：《外交欤，内政欤》（1921），《饮冰室合集·文集》之三十七，第五十九页，中华书局2015年版，第3569页。

③　梁启超：《吾今后所以报国者》（1915），载汤志钧、汤仁泽编《梁启超全集》第九集，中国人民大学出版社2018年版，第170页。

④　刘盼遂：《梁任公先生传》，载夏晓虹编《追忆梁启超》，中国广播电视出版社1997年版，第8页。

⑤　李肖聃：《星庐笔记·梁启超》，载夏晓虹编《追忆梁启超》，中国广播电视出版社1997年版，第44页。

近代知识分子探索中国道路，唯举目西方，寻寻以觅。梁启超谓："西国一切条教号令，备哉粲烂，实为致治之本，富强之由。"① 爰以报纸为之地，前后研究并译介西人学说，如柏拉图、亚里士多德、康德、霍布斯、洛克、边沁、伏尔泰、斯宾诺莎、卢梭、孟德斯鸠、伯伦知理、马克思等，兼收并蓄，庶几无所不包，供国人采择。夫若按诸史，盖"自光绪戊戌，锐意变法，泰东西诸家学说，渐浸渐炽，注入我国。而管其枢者，实先生也"②。以云具体者，则"鸦片战争后，议会政治及民权思想传入中国。后来，孟德斯鸠《法意》及卢梭《民约论》等逐渐传入中国，到梁启超时集其大成，全面介绍"③。不止如此，任公犹且披绎各国政体发展与国情关系，冀能择善而从。而其政治主张，自维新改良迄于君主立宪、开明专制、虚君共和、民主共和云云，未始不受此影响者。今且不以中国之伏尔泰名之，乃以盗火者命之可也。

梁启超谓："凡欲为国民有所尽力者，苟反抗于舆论，必不足以成事。"④ 而政治人物不特应遵从舆论，更当制造若引导舆论，己之所遵从之舆论，正自为己之所造成之舆论。甲午以来，梁启超作政治谈、译介政治学案，时人感发歆动，甲子年（1924）清室密谋复辟文征中有贤才折云："梁启超著书立说，文采动人，后生学子，靡然从之，实能左右舆论。"⑤ 质以言，文采其糖衣也，政治性其瘳疾之丸药也。

然则任公又岂特区区于笔砚，舞文弄墨耳。

报馆乃制造舆论之"最有力者"⑥，"它直接参与政治斗争"⑦，作为政治斗争工具，"今日吾国政治之或进化、或坠落，其功罪不可不专属诸报馆"⑧。

---

① 梁启超：《西学书目表·自序》（1896），载夏晓虹编《梁启超文选》（下集），中国广播电视出版社 1992 年版，第 370 页。

② 王森然：《梁启超先生评传》（节录），载夏晓虹编《追忆梁启超》，中国广播电视出版社 1997 年版，第 25 页。

③ 董方奎：《梁启超与立宪政治》，华中师范大学出版社 1991 年版，第 1 页。

④ 梁启超：《舆论之母与舆论之仆》（1902），载汤志钧、汤仁泽编《梁启超全集》第二集，中国人民大学出版社 2018 年版，第 140 页。

⑤ 王森然：《梁启超先生评传》（节录），载夏晓虹编《追忆梁启超》，中国广播电视出版社 1997 年版，第 24 页。

⑥ 梁启超：《国风报叙例》（1910），《饮冰室合集·文集》之二十五（上），中华书局 2015 年版，第 2417 页。

⑦ 方汉奇：《中国近代报刊史》（上），山西人民出版社 1981 年版，第 137 页。

⑧ 中国之新民（梁启超）：《敬告我同业诸君》，《新民丛报》1902 年第 17 号。

报馆之责任重矣哉。

梁启超以报事推动政事与社会进步，自初为然，凡创报纸，无不与会、社、团、党相联结，如丽泽然，若《中外纪闻》之促强学，若《时务》之倡天足，若《清议》之檄勤王，若《新民》之张立宪，若《时报》之争路权，若《政论》之筹政党云云，不一而足，姑不具述。唯任公于民国四年后政途馁却，办报主张亦随之变化，民国七年之后更绝意政治，乃矢志投身社会、文化事业。

民国四年（1915），梁启超作《吾今后所以报国者》《政治之基础与言论家之指针》，刊发于《大中华杂志》，乃揭其政治思想之嬗变："中国社会之堕落窳败，晦盲否塞，实使人不寒而栗。以智识才技之暗陋若彼，势必劣败于此物竞至剧之世，举全国而为饿殍；以人心风俗之偷窳若彼，势必尽丧吾祖若宗遗传之善性，举全国而为禽兽。在此等社会上而谋政治之建设，则虽岁更其国体，日废置其机关，法令高与山齐，庙堂日昃不食，其亦曷由致治？"① 任公反思曰："试思我侪十年以来，苟非专以政治热鼓动国人，而导之使专从社会上谋立基础，则国中现象，其或有以异于今日，亦未可知。"② 而瞻望未来，则罘然有余思焉："吾以为唯当乘今日政象小康之际，合全国聪智勇毅之士，共戮力于社会事业，或遂能树若干之基础，他日虽有意外之变乱，犹足以支。"③ 要则，任公夙持庙堂以上之政体改良，幡然一变为力主养成政治习惯所由自之社会土壤之改良。

社会事业宜若离立于政治事业？任公不以为然，曰："立国之要素多端，缺一焉则国家无以自存"④，更绝非不言政治即不足云爱国云尔。而"今日谈救国者，宜莫如养成国民能力之为急"⑤，以能力与思想不相应，则中国前途

---

① 梁启超：《吾今后所以报国者》（1915），载夏晓虹编《梁启超文选》（上集），中国广播电视出版社 1992 年版，第 187 页。

② 梁启超：《政治之基础与言论家之指针》（1915），载汤志钧、汤仁泽编《梁启超全集》第九集，中国人民大学出版社 2018 年版，第 179 页。

③ 梁启超：《政治之基础与言论家之指针》（1915），载汤志钧、汤仁泽编《梁启超全集》第九集，中国人民大学出版社 2018 年版，第 180 页。

④ 梁启超：《新民说·论政治能力》（1904），载汤志钧、汤仁泽编《梁启超全集》第二集，中国人民大学出版社 2018 年版，第 661 页。

⑤ 梁启超：《新民说·论政治能力》（1904），载汤志钧、汤仁泽编《梁启超全集》第二集，中国人民大学出版社 2018 年版，第 659 页。

最可忧危之事也。任公以为，"所谓政治的组织者，非必为关于政治上之专名也，其在欧美，无论一市、一区、一村、一公司、一学校，凡一切公私之结集，无不为政府之缩影，故欲验一国民政治能力之强弱者，皆当于此焉察之"①。易而言，梁启超所谓社会事业，究不出于政治事业范畴，而后乃今，晏晏良耜，俶载南亩，孜孜矻矻，播厥百谷，期由改变社会而改变政治，亦所谓"引政治于轨道，复民德于东鲁"② 者也。

乱曰：政治身份认同、政治性裁量、报馆工具化，乃政治家办报题中应有之义。而政治身份认同，辄使报人必其以政治维度、政治道德若政治家高度，以对国家、民族、社会之使命感、责任感而困心横虑者。梁启超有以为之范耳。

第二节　虽有千变，爱国不渝

梁启超为世所诟病者，多以流质善变为辞，而政治立场前后异趋，盖其尤者也。顾自讼或为其讼直者，亦往往而有之。谓其保皇勤王，则以光绪圣德，虽尧舜无以加诸，而"敝国之自立，舍寡君而外，他无可冀者"③。称其革命，"你责他对于他的老师不肯服从则可，至若对于救国，又何尝有分毫的异处"④。论其立宪，则以为，"只有君主立宪是'政体之最良者'，中国采之可以'永绝乱萌'"⑤。以言共和，曾不以砥节自守为高。"然则前此曾言君主立宪者果何负于国民？在今日亦何嫌何疑而不敢为国宣力？"⑥ 一叶知秋，任公毕其一生，安所而不潜发转掳之机，唯择善从之乃尔。

子夏曰：虽小道必有可观者焉，致远恐泥，君子不为也。丘迟曰：迷途知返，往哲是与，不远而复，先典攸高。任公所谓不惜以今日之我难昨日之

---

① 梁启超：《新民说·论政治能力》(1904)，载汤志钧、汤仁泽编《梁启超全集》第二集，中国人民大学出版社 2018 年版，第 655 页。

② 伍庄：《祭文》，载夏晓虹编《追忆梁启超》，中国广播电视出版社 1997 年版，第 48 页。

③ 康有为：《伊藤博文关系文书》八，《外国人书简》七八，转引自汤志钧《乘桴新获——从戊戌到辛亥》，北京师范大学出版社 2018 年版，第 524 页。

④ 林百克：《孙逸仙传记》，广西师范大学出版社 2011 年版，第 154 页。

⑤ 章开沅、严昌洪主编：《辛亥革命与中国政治发展》，华中师范大学出版社 2005 年版，第 51 页。

⑥ 梁启超：《鄙人对于言论界之过去及将来》(1912)，载夏晓虹编《梁启超文选》(上集)，中国广播电视出版社 1992 年版，第 181—182 页。

我，殆斯之谓耶欤。"不惜"云者，绝非故作矜奇，盖有不肤挠不目逃，之死靡它，一以贯之者也。何谓？挚友徐佛苏记述谓："先生四十年之中，脑中固绝未忘一'国'字。"① 萧公权评任公一生所深信不疑服膺不废者曰："梁氏之主张屡易，其爱国维新之心情则到底如一也。"② 复云："其一生奔走国事，无非出于爱国不已之热忱。"③ 诚哉斯言！"爱国"二字，其出也，如长彗烛天，其持也，如霜桧不凋。方任公五五初度，曾矢言："吾国人不能舍身救国者，非以家累即以身累，我辈从此相约，非破家不能救国，非杀身不能成仁，目的以救国为第一义。"④ 己亥夏秋间，与中山先生往还日密，屡通函问，其中有言曰："至于办事宗旨，弟数年来至今未尝稍变，唯务求国之独立而已，若其方略，则随时变通，但可以救我国民者，则倾心助之，初无成心也。"⑤ 曾几何时，梁启超结义金龟楼，赞成革命，颇欲以一柱砥中流。会俄人索旅大，任公急之，《国闻报》为赞云："顺德麦孺博、新会梁任父两孝廉，夙具爱国之忱，天下争传其学问文章，犹其末也。"⑥ 而岁月不居，任公未尝略改其度，迄五十天命，又自道心迹："我的中心思想是什么呢？就是爱国。我的一贯主张是什么呢？就是救国。我一生的政治活动，其出发点与归宿点，都是要贯彻我爱国救国的思想与主张，没有什么个人打算。"⑦ 虽云政治，自余者，则何莫而非爱国耳。老子云，圣人无恒心，以百姓心为心。任公无恒心，是故多变易，然变易者为国而变易者，任公固通彻其义，以是蚤自有言："大丈夫行事磊磊落落，行吾心之所志，必求至而后已焉，若夫其方法，随时与境而变，随吾脑识之发达而变，百变不离其宗，但有所宗，斯变而非变矣。"⑧

---

① 徐佛苏：《梁任公先生逸事》，载丁文江、赵丰田编《梁启超年谱长编》，世纪出版集团上海人民出版社 2009 年版，第 775 页。

② 萧公权：《中国政治思想史》（下册），商务印书馆 2011 年版，第 716 页。

③ 萧公权：《中国政治思想史》（下册），商务印书馆 2011 年版，第 716 页。

④ 狄楚青：《任公先生事略》，载丁文江、赵丰田编《梁启超年谱长编》，世纪出版集团上海人民出版社 2009 年版，第 70 页。

⑤ 梁启超致孙中山书（1899），转引自冯自由《中华民国开国前革命史》，广西师范大学出版社 2011 年版，第 29 页。

⑥ 《国闻报》1898 年 3 月 13 日评论，载清华大学国学研究院、中华书局编辑部编《梁任公先生年谱长编稿本》（第二册），中华书局 2015 年版，第 662 页。

⑦ 李任夫：《回忆梁启超先生》，载吴其昌《梁启超传》，百花文艺出版社 2004 年版，第 231 页。

⑧ 梁启超：《善变之豪杰》（1899），载清华大学国学研究院、中华书局编辑部编《梁任公先生年谱长编稿本》（第四册），中华书局 2015 年版，第 1581 页。

世人多讥其"变"，任公略无惭色，唯忧报国之后时也。[1]

梁启超谓，己之初与国家发生关系，即自经营报事始，尔来，矻矻经年，具烦寸管。任公《新史学》有言曰，史学者国民之明镜，爱国心之源泉，今日欲张民族主义，激励民众爱国之心，团结其合群之力，悠悠万事，唯此为大，斯倡史界革命，且"欲草一《中国通史》以助爱国思想之发达"[2]，虽卒未成，而其职志则昭昭明矣。"梁先生生平以著作报国，实有四十年之历史"[3]，四十年披沥文字，炙輠飞辩，驰骤报坛，君然有风范存焉。光绪二十七年、二十八年，任公涉足戏曲，为《劫灰梦传奇》《新罗马传奇》《侠情记》，或演述国事，或镕铸西史，语语皆有寄托，无不寓激发爱国思想之意。[4]其主笔"时务"，追媲顾亭林所谓匹夫之责，虽区区若蚊虻，亦常怀精禽之心。其兴作"清议"，陈宇内大势，唤东方顽梦。其创立"新民"，即敬告同业，当此中国存亡绝续之秋，报人功罪无可逭。乃若《政论》激发国人政治热心，《国风》倡率健全舆论，《庸言》浚发治理本源，不一而足。要之，办报以国家为念已耳。

任公著作宏富，涉猎博衍，虽然，寻绎其间，其蹇蹇断争者，常有三事，曰发皇国家意识，曰张扬民权思想，曰追求立宪政体。

西人讥中国人无爱国思想，梁启超色然以怒，转即恻然以悲，谓中国人唯知有天下君王，不知有国家，所从来远乎。不知有国家，云何爱国！乃黾勉于发皇国家意识。

"国者，积民而成，舍民之外则无有国。以一国之民治一国之事，定一国之法，谋一国之利，捍一国之患，其民不可得而侮，其国不可得而亡，是之谓国民。"[5] 然则，茫茫禹域，国不知有民，所有者，皆奴隶也，虽国中亿兆

① 梁启超：《自励》诗第一首（1901），载清华大学国学研究院、中华书局编辑部编《梁任公先生年谱长编稿本》（第五册），中华书局 2015 年版，第 2271 页。

② 梁启超：《三十自述》（1902），转引自汤志钧《梁启超其人其书》，中国人民大学出版社 2011 年版，第 318 页。

③ 徐佛苏：《梁任公先生逸事》，载丁文江、赵丰田编《梁启超年谱长编》，世纪出版集团上海人民出版社 2009 年版，第 775 页。

④ 清华大学国学研究院、中华书局编辑部编：《梁任公先生年谱长编稿本》（第五册），中华书局 2015 年版，第 2554 页。

⑤ 梁启超：《论近世国民竞争之大势及中国前途》（1899），载汤志钧、汤仁泽编《梁启超全集》第二集，中国人民大学出版社 2018 年版，第 206 页。

京垓人，无非刍狗。民不知有国，虽云国土，一姓之私产也，虽云国际，一家之私事也，虽云国难，一门之私祸也，虽云国耻，一族之私辱也，庸是，国虽摧辱而莫予与也。国与民固相须，而往往邈不相及，如同秦越。若然者，何为哉？任公谓曰，人所以有国家意识，必其明四义也，即人人焉当知，人非能以一身而备百工，更非能以一身保七尺，贵乎能群；普天之下，率土之滨，哀哀黔首，衽草枕戈，贵乎有枢庭之能统；非我族类，其心必异，虽云防捍殊严，有愆德瑶好之嫌，而知有我族与他族之辨，贵乎己之族类对于他族能独立也；大同之言、天国之论、博爱思想、世界主义，美哉美矣，而地球万国之兴衰存续躐进，贵乎能竞者也。国人于此四义者何若，任公乃发耗矣哀哉之叹："其下焉者，唯一身、一家之荣瘁是问；其上焉者，则高谈哲理以乖实用也；其不肖者且以他族为虎，而自为其伥；其贤者亦仅以尧、跖为主，而自为其狗也。"[1] 质言之，乃仅知有一己，不知有国家也。

苟曰利己乃天道人性，而后则当求如何能真利己。"如何而后能保己之利使永不失，则非养成国家思想不能为功也。"[2]夫若广土、众民、文明，征之史乘，在在可昭微国家而无足恃者。

国家思想之养成，断非哓哓然絮聒所可奏效，必也喻其国之与己，其关系何若。任公云："我等说要爱国，并非因爱国是当今一种美名，说来凑热，实觉得非将国家整理起来，身家更无安全发达之望。须知有许多事，为我等身家所托命，但除却国家之力，我等便有三头六臂，自己却是干办不来。"[3] 又重言曰："我国民当知爱国之理，与爱我同……夫我身固我也，我家亦我也，我乡亦我也，我国亦我也。我一身不能独活，有许多事非合一家之力不能办到，故既爱我身即不得不爱我家；又有许多事非合一乡之力不能办到，故既爱我身即不得不爱我乡；更有许多事非合一国之力不能办到，故既爱我身即不得不爱我国。"[4]设以哲学维度辨析之，则谓："吾心与国家为一体，所以爱国如爱未婚妻，以

① 梁启超：《论国家思想》（1902），载汤志钧、汤仁泽编《梁启超全集》第二集，中国人民大学出版社 2018 年版，第 545 页。

② 梁启超：《论国家思想》（1902），载汤志钧、汤仁泽编《梁启超全集》第二集，中国人民大学出版社 2018 年版，第 548 页。

③ 梁启超：《国民浅训》（1916），《饮冰室合集·专集》之三十二，第一页，中华书局 2015 年版，第 6575 页。

④ 梁启超：《国民浅训》（1916），《饮冰室合集·专集》之三十二，第三页，中华书局 2015 年版，第 6577 页。

国之休戚利害为己之休戚利害。"① 此所谓心物合一之论也。

国家与一己休戚与共，邦既危阽，则个人之枯菀何有焉。

18 世纪至 20 世纪，民族主义句出萌达，日益磅礴，庶几有顺昌逆亡之势。"故今日欲救中国，无他术焉，亦先建设一民族主义之国家而已。以地球上最大之民族，而能建设适于天演之国家，则天下第一帝国之徽号，谁能篡之！"② 而唯兹国家如父母然，无父何怙？无母何恃？此任公所冀望亦惙惙深忧之者也。

国之于我，其关系既如此，则爱国必出于性理之所之也。然则民果能爱其所当爱者？势又不然。梁启超曰：言爱国，必自兴民权始。

光绪二十七年（1901），梁启超由澳洲旋日，作自励诗，独抒"誓起民权"之决心。

民权者，君权之对待也，乃国民自我管理、与闻国事之权利。

民权思想重矣哉！方维新思潮蔚起，任公即与严几道书云："地球既入文明之运，则蒸蒸相逼，不得不变，不特中国民权之说即当大行，即各地土番野猺亦当丕变，其不变者即渐灭以至于尽。"③ 此亦时务学堂日记梁批所谓，能兴民权者，国断无可亡之理。复有论言，张三世说，曰："地球之运，将入太平，固非泰西之所得专，亦非震旦之所得避。吾知不及百年，将举五洲而悉唯民之从，而吾中国亦未必能独立而不变，此亦事理之无如何者也。"④ 逮于"新民"时期，其论民权思想者益多。任公举西方列强所以能入盛治者，端在于一国非一姓之私产，而众民之公器也，以众民办一国之事，非一二人独居其功，亦非一二人独任其劳，万流汇聚，八方辐辏，何往而不成！以故民强则国强，民弱则国弱，民富则国富，民贫则国贫，民有权，则国有权，民无耻，则国无耻。易而言，"国家譬犹树也，权利思想譬犹根也，其根既

① 梁启超：《王阳明知行合一之教》（1926），载清华大学国学研究院主编《梁启超文存》，江苏人民出版社 2012 年版，第 638 页。

② 梁启超：《论民族竞争之大势》（1902），载汤志钧、汤仁泽编《梁启超全集》第二集，中国人民大学出版社 2018 年版，第 711—712 页。

③ 梁启超：《与严幼陵先生书》（1897），载夏晓虹编《梁启超文选》（上集），中国广播电视出版社 1992 年版，第 47 页。

④ 梁启超：《论君政民政相嬗之理》（1897），载汤志钧、汤仁泽编《梁启超全集》第一集，中国人民大学出版社 2018 年版，第 268 页。

拨，虽复干植崔嵬，华叶蓊郁，而归于槁亡。遇疾风横雨，则摧落更速焉，而旱暵之所暴炙，其萎黄凋敝，亦须时耳"①。时，黄遵宪寓目新民说诸节，震撼之至，乃肃长书，与论民权、自由、革命、立宪诸义，并激勉曰："我公努力努力，本爱国之心，绞爱国之脑，滴爱国之泪，洒爱国之血，掉爱国之舌，举西东文明大国国权民权之说，输入于中国，以为新民倡，以为中国光。"② 其所望于任公者厚矣。

兴民权何由？

梁启超释云：权利思想，乃天赋之良知良能也，其强弱、隐伏、渐亡至不齐，率缘其国家之政治、历史、文化之浸润以为差，民权之兴，必也由政府若个人两助之。

政府或政治家勿以摧压权利思想为第一义。"历览东西古今亡国之史乘，其始非无一二抵抗暴制以求自由者，一锄之，再锄之，三四锄之，渐萎靡，渐衰颓，渐销铄，久之而猛烈沉酿之权利思想，愈制而愈驯，愈冲而愈淡，乃至回复之望绝，而受羁受轭，以为固然；积之数十年数百年，每下愈况，而常至渐亡。"③ 孟子曰，人之所以异于兽者几希，权利而已，民无权利，不啻禽兽。驱一国之禽兽而与民权国争，其能嗣续祚命者不待偻指。因之，政府欲金瓯无缺，享负尊严，欲使吾国权与他国平等，必其先使吾国民固有之权皆平等，必其先使吾国民所享之权利，与他国之民等，国民争之，政府让之，夫如是，则国病其有瘳矣。

而民权固亦由国民不放弃耳。梁启超云，一部分之权利合之则成全体权利，一私人之权利思想，积之即为一国家之权利思想。而欲养成此思想，必自人人始。苟曰民之无权、国之无权，其罪皆在国民自放弃、自放佚，于民贼之绖夺何尤，于虎狼国之狡启何尤！若一国之民，一闻民权，即瞿然惊，蹴然惧，掩耳却走，是直有奴隶性、有奴隶行者也。斯民也，唯日望仁政于其君上，属有仁政，则婴儿如也，遇恶政，则为鱼肉云尔，"古今仁君少而暴

---

①　梁启超：《论权利思想》（1902），载汤志钧、汤仁泽编《梁启超全集》第二集，中国人民大学出版社 2018 年版，第 562 页。

②　黄遵宪：《致新民师函丈书》（1902），载丁文江、赵丰田编《梁启超年谱长编》，世纪出版集团上海人民出版社 2009 年版，第 201 页。

③　梁启超：《论权利思想》（1902），载汤志钧、汤仁泽编《梁启超全集》第二集，中国人民大学出版社 2018 年版，第 562 页。

君多，故吾民自数千年来祖宗之遗传，即以受人鱼肉为天经地义，而'权利'二字之识想，断绝于吾人脑质中者固已久矣"①。以如斯之民，而望国之有与立，安可得乎！又其甚者，民或能受阉宦、差役之婪索一钱而偷安，必亦能受虎狼国割土而求安，能奴颜婢膝昏暮乞怜于权贵门者，必亦能箪食壶浆以迎他族之虎狼师也，此则奴隶等而下之，不俟论也。

民权更当由国民自伸之也。梁启超云，中国先哲教以宽柔，不报无道，甚乃犯而不校，以德报怨，此固为拔山举鼎者言之，而盛德君子偶或一行，顾末俗承流，有所假借，恒文其怠惰恇怯之劣根性，误尽天下。夫民以百忍成金、唾面自干而自勖，则如之何民权！因重言曰，必也自求之自伸之自监督之而已。举例以征之："夫欧洲各国今日之民权，岂生而已然哉，亦岂皆其君相晏然辟呀而授之哉？其始，由一二大儒著书立说而倡之，集会结社而讲之，浸假而其真理灌输于国民之脑中，其利害明揭于国民之目中。人人识其可贵，知其不可以已，则赴汤蹈火以求之，断颈绝脰以易之。西儒之言曰：文明者，购之以血者也。又曰：国政者，国民之智识力量的回光也。故未有民不求自伸其权而能成就民权之政者。"② 以故任公嗟之："苟使其民不能自有焉，而欲强而予之，未有不两受其弊者也。"③ 权利既经血雨腥风得来，则若慈母之负子，岂狐、鹯所能褫也。

民权所攸存，端赖立宪政体之保障。梁启超云："政治不良之国，百事皆无可说。"④ 观夫寰宇，无论采何种国体，"必一切同归于立宪而后已，此理势所必至也"⑤。君主国亦好，共和国亦好，唯立宪乃良政治之基，准此而论，"我国政体之趋于立宪也，时势所不得不然也"⑥。此正自梁启超旦暮矻矻以求成者也。

---

① 梁启超：《论权利思想》（1902），载汤志钧、汤仁泽编《梁启超全集》第二集，中国人民大学出版社 2018 年版，第 559 页。

② 梁启超：《爱国论》（1899），载汤志钧、汤仁泽编《梁启超全集》第一集，中国人民大学出版社 2018 年版，第 699—700 页。

③ 梁启超：《政治学学理摭言》（1902），载汤志钧、汤仁泽编《梁启超全集》第三集，中国人民大学出版社 2018 年版，第 636 页。

④ 梁启超：《国民浅训》（1916），《饮冰室合集·专集》之三十二，第二十一页，中华书局 2015 年版，第 6595 页。

⑤ 梁启超：《立宪法议》（1901），载汤志钧、汤仁泽编《梁启超全集》第二集，中国人民大学出版社 2018 年版，第 281 页。

⑥ 梁启超：《立宪政体与政治道德》（1910），载汤志钧、汤仁泽编《梁启超全集》第七集，中国人民大学出版社 2018 年版，第 88 页。

　　立宪政体凡以造成良政治而已，顾立宪政体，错综泯梦，千差万别，良以"形式标毫厘之异，即精神生千里之殊"①。虽然，参伍钩距，亦可得其概者，约为两种，即君主立宪、共和立宪。

　　方其于君主时代，梁启超辄倡君主立宪。

　　光绪二十七年（1901），梁启超署名"爱国者草议"发表《立宪法议》，"首请皇上涣降明诏，普告臣民，定中国为君主立宪之帝国"②，刻期二十年实行。兹文初揭立宪政体，发立宪之滥觞。文曰，比较君主立宪、民主立宪、君主专制，君主立宪为政体之最良者也。君主立宪，亦名有限权之政体，有限权云者，即君有君之权，其权有限，官有官之权，其权有限，民有民之权，其权有限。考之五十年乃至百年前西史，凡纾专制而入于立宪国者，皆富强；察之中国，甲午之役惭耻未尝止，胶旅之警狼烟未尝息，团匪之祸蹙拶未尝歇，中国危矣，此正所谓激之以赏当知劝，陈之以罚益当爽然悟、废然返者耶。

　　阅九年，立宪运动如火如荼，梁启超作《宪政浅说》，尤宣君主立宪三特色，即民选议会、大臣副署、司法独立者是也。特以"大臣副署"，其为役也亦殊，则详解曰："凡立宪国君主之诏敕，必须由国务大臣署名，然后效力乃发生，署名者，以定责任之所攸归也。盖立宪国之君主，神圣不可侵犯，一切政治不能负责，故违宪失政之举，皆以大臣尸其咎，善则归君，过则归己，义宜尔也。故为大臣者，遇有违宪失政之诏敕，则宜力争，争之不得，则宜辞职；苟不争不辞，而贸贸然署名，则其辅弼无状明矣，故人人得起而责之。此立宪国最重要之一条件也。"③ 若夫大臣署名徒以奉令行事，透过卸责，则无立宪之实也。

　　方其于共和时代，梁启超辄倡共和立宪。

　　季清，梁启超殚瘁君主立宪，而共和肇建，虽国体丕变，其立宪思想尝未少息，适如其归国演说云者，"立宪派人不争国体而争政体，其对于国体主维持现状，吾既屡言之，故于国体则承认现在之事实，于政体则求贯彻将来

　　① 梁启超：《宪法之三大精神》（1913），载汤志钧、汤仁泽编《梁启超全集》第八集，中国人民大学出版社2018年版，第509页。
　　② 梁启超：《立宪法议》（1901），载汤志钧、汤仁泽编《梁启超全集》第二集，中国人民大学出版社2018年版，第282页。
　　③ 梁启超：《宪政浅说》（1910），载汤志钧、汤仁泽编《梁启超全集》第七集，中国人民大学出版社2018年版，第54—55页。

之理想"①。"理想"者何？乃拥护共和国体，实行立宪政体。民国二年，任公缵袭故志，于建设共和立宪国，意殷殷焉："我国此次新政体之建设，若克底于成，则岂唯一新国命而已，且将永为世界模范，何也？大共和国大立宪国试验成功与否，实将于我国焉决之也。"② 任公谓，立宪有三大精神，即调和国权与民权，调和立法权与行政权，调和中央权与地方权，其所调和者，诚能分劳相济，各奋其功，则国之植于不敝之地，复奚疑？迄于20世纪20年代，梁启超幡然改途，弃国会立宪之迷思，张国民制宪之新猷，其属《国民自卫之第一义》云，国会之建，亦既八年，而制宪所以不能告藏，实在于议员溺职若政府牵制。八年之恙，何以瘳之？则曰："欲宪法出现，吾以为舍从事于国民制宪运动，其道无由。"③ 国民制宪云，即以国民动议、国民公投制定宪法者是也。国民制宪卒成，固善哉，未成，亦决非徒劳，"质而言之，则国民动议制宪者，无异联合多数人公开一次'宪法大讲习会'，无异公拟一部'共和国民须知'向大众宣传"④，其教育之效云胡可量，此亦任公之固志也。

办报，虽屡折而屡兴作，撰述，虽速祸而滋勇锐，要在宣力国家而已，而"综其一生，悉于国耻世变中度过，蒿目忧心，不能自已。故自少壮以迄于病死，始终以救国新民之责自任"⑤。或谓，吾固愿救国，然遂可救乎？任公驳解曰："今日即未能为救国之实事，然不可不为救国之预备。天下固未有无预备而能成实事者也。今日我辈所以欲救国而无其道者，正坐前此预备工夫之太缺乏。"⑥ 诚亦有伤心国事之时，然尝未侘傺憔悴、卷怀投笔，"恒思作壮语留余望以稍苏国民已死之气"⑦。此任公之风概，毋亦为报人之雅范。

---

① 梁启超：《鄙人对于言论界之过去及将来》（1912），载夏晓虹编《梁启超文选》（上集），中国广播电视出版社1992年版，第182页。

② 梁启超：《宪法之三大精神》（1913），载汤志钧、汤仁泽编《梁启超全集》第八集，中国人民大学出版社2018年版，第509页。

③ 梁启超：《国民自卫之第一义》（1920），载汤志钧、汤仁泽编《梁启超全集》第十集，中国人民大学出版社2018年版，第300页。

④ 梁启超：《主张国民动议制宪之理由》（1920），转引自李喜所、元青《梁启超传》，人民出版社2010年版，第392页。

⑤ 萧公权：《中国政治思想史》（下册），商务印书馆2011年版，第714页。

⑥ 梁启超：《敬告我国国民》（1903），载清华大学国学研究院、中华书局编辑部《梁任公先生年谱长编稿本》（第六册），中华书局2015年版，第2783页。

⑦ 梁启超：《伤心之言》（1915），《饮冰室合集·文集》之三十三，第五十五页，中华书局2015年版，第3319页。

语曰，君子之过也，如日月之食焉，人皆见之，及其更也，人皆仰之。任公逝后，挚友伍庄哭祭：望国门兮万里，哀无女兮高丘。林志钧轸念：斯人也，国之元气，实钟厥躬，今遂不可复见矣。若夫当代学者则谓，梁氏与时俱进之国家理念以及立宪惠民之政治诉求，虽穿越百年，直至今日，犹为现代中国之立国根基。① 嗟乎，竟以国魂视诸而为后人仰。

第三节　黑血金鼓，勇立思想潮头

梁漱溟纪念梁启超逝世十四周年属文云，任公一生成就不在学术若事功，而在其迎接新世运，开出新潮流，撼动全国人心，达成中国社会一段历史性转变。前此上溯至民元，胡适方读于康奈尔大学文学院，溘闻梁任公自日旋国，京津人士悃款以迎，乃叹公道尚在人心："十五年来，吾国人士所以稍知民族思想主义及世界大势者，皆梁氏之赐，此百喙所不能诬也。去年武汉革命，所以能一举而全国响应者，民族思想政治思想入人已深，故势如破竹耳。使无梁氏之笔，虽有百十孙中山、黄克强，岂能成功如此之速耶？近人诗'文字收功日，全球革命时'，此二语唯梁氏可以当之无愧。"② 任公见称，慕贤云乎哉？另有所重乃尔。

视夫中国思想长河，梁启超弄潮于一时，殆不诬也。自戊戌变法迄于民国肇建，十数年间，虽民报勃兴，民岩可畏，然则时人独闻任公足音跫然而喜者，其因恶在？在其盱衡当世，常能登高发震聋之呼，在其以言救国不惜牺牲名誉之勇气。"献身甘作万矢的，著论求为百世师。誓起民权移旧俗，更研哲理牖新知"，任公自励，期以激扬思潮、唤醒国民，救国于阽危而自任，亦正其所谓"欲救今日之中国，莫急于以新学说变其思想"③。

梁启超一以"新"字为求者，乃基于缵承自鸦片战争以降，维新人士瞠乎变局所形成之世界观若时代观。

① 高全喜：《作为现代中国之立国者之一的梁启超》，北京匡时国际拍卖有限公司辑《南长街五十四号藏梁氏重要档案·书信》，2012年，第53页。

② 胡适：《胡适留学日记》（上），安徽教育出版社1999年版，第102页。

③ 梁启超：《与夫子大人书》（1902），载丁文江、赵丰田编《梁启超年谱长编》，世纪出版集团上海人民出版社2009年版，第183页。

鸦片战争后，以《瀛寰志略》觉国人者徐继畲即谓，世运掞转诚古今一大变局。二次鸦片战争以降，睁眼看世界者滋多。冯桂芬导其前，谓"自五口通商，而天下之局大变"①。后乃有王韬之说："当今光气大开，远方毕至……合地球东西南朔九万里之遥，胥集我一中国之中。此古今之创事，天地之变局，所谓不世出之机也。"② 而薛福成则言："华夷隔绝之天下，一变而为中外联属之天下。"③ 群贤所论，容怀奋讯于飞之想，一如李鸿章所谓，"敌国外患未必非中国振兴之资，是在一转移间而已"④，乐只君子耳。迨甲午师燔，外侮日急，国是日非，神州沦胥之势益明，士夫蓋然涕下者相望，而梁启超奋呼郁愤："敌无日不可以来，国无日不可以亡，数年以后，乡井不知谁氏之藩，眷属不知谁氏之奴，血肉不知谁氏之俎，魂魄不知谁氏之鬼"⑤，而吾人犹不思洗常革故，震撼精神，图自保于万一，耗矣哀哉！此任公明明而悲于大变局斯求新者也。

梁启超一以"新"字为求者，又基于学术阐绎而演成之进化论哲学观。

初则以"三世"说命世。

三世说源起于《春秋公羊传》，后经刘汉迄于清中叶，学者发皇其义，殊崇拨乱起治、激励人心之功，衰代经世之宝典也。逮晚清，龚自珍重提公羊三世，谓治世、乱世、衰世交相终始，历史循环论之总龟也。戊戌时期，康、梁扬厉进步，释三世为据乱世、升平世、太平世，人类社会乃由低阶渐入于高阶，即由据乱世浸渐而递于升平，浸渐而陟彼太平，历史进化论之嚆矢也。梁启超比类推之，谓政体嬗变亦历三世，即多君为政之世、一君为政之世、众民为政之世，人类历史循三世而递演，若其未及，则不能躐进，若既及之，则不能阏其势。三世又各有二别，其一君世所别者谓君主之世若君民共主之世。考诸世界强弱蕃变，无不由顺势逆趋而致盛衰者，若夫晚清国体、政体

---

① 冯桂芬：《筹国用议》，《采西学议——冯桂芬马建忠集》，辽宁人民出版社 1994 年版，第 47 页。

② 王韬：《代上苏抚李宫保书》，《中国近代史资料丛书·洋务运动》（一），上海人民出版社 1961 年版，第 505 页。

③ 薛福成：《筹洋刍议·变法》，载丁凤麟、王欣之编《薛福成选集》，上海人民出版社 1987 年版，第 556 页。

④ 李鸿章：《复议中外洋务条陈折》，《李文忠公全书·奏稿》第 35 卷，（台北）文海出版社 1980 年影印本，第 48 页。

⑤ 梁启超：《南学会叙》（1898），载汤志钧、汤仁泽编《梁启超全集》第 1 集，中国人民大学出版社 2018 年版，第 419 页。

之穷蹙，梁启超则决其君主、君民共主之瓜代，势所必然，亦吾国起弊振衰、由弱至强之机运也。

继则以达尔文学说喻人。

达尔文学说及社会达尔文主义思想输入吾国，实拜严复译介之劳，然近代进化思潮远近播越，又实蒙梁启超振藻之功，"自然淘汰、优胜劣败、适者生存，都是严复《天演论》中所没有的成语，这些成语在中国盛传，主要是梁启超从日本传过来的"①。自19世纪末迄于20世纪初年，任公笃信并扬厉进化论思想，先后作《变法通议》（1896）、《说群》（1897）、《论近世国民竞争之大势及中国前途》（1899）、《豪杰之公脑》（1899）、《立宪法议》（1901）、《灭国新法论》（1901）、《论学术之势力左右世界》（1902）、《论民族竞争之大势》（1902）、《天演学初祖达尔文之学说及其略传》（1902）、《新史学》（1902）、《新民说》（1902）、《进化论革命者颉德之学说》（1902）、《开明专制论》（1906）云云，盖莫不阐明竞争与进化，"所谓天然淘汰优胜劣败之理，实普行于一切邦国种族宗教学术人事之中，无大无小，而一皆为此天演大例之所范围，不优则劣，不存则亡，其机间不容发，凡含生负气之伦，皆不可不战兢惕厉，而求所以适存于今日之道云尔"②。任公以此自度度人。

识变局，明进化，乃知易辞"变通"之微言，迭代之彝理也。不识变局之"变"，谓之昧，不明进化之"进"，谓之盲，盲昧公行，任公忧之，爰出新学说、新思想，如云之出岫，泉之漱石，冀所以沃人心溉智井也。

政治传播：冲决专制羁绁，激扬变政思潮。《变法通议》之《学校余论》有语云：今日之学，当以政学为主义，以艺学为附庸。峥嵘岁月，任公尽瘁于此道者，不少辍。

戊戌时期，梁启超从乃师后，疾呼变法。

晚清国危，急于燎堂之火，士夫由外侮转而愤激于内患。康有为上书沥陈壅塞之状："夫以一省千里之地，而唯督抚一二人仅通章奏；以百僚士庶之众，而唯枢轴三五人日见天颜。然且堂帘迥隔，大臣畏谨而不敢尽言；州县专城，

---

① ［日］小野川秀美：《晚清政治思想研究》，林明德、黄福庆译，（台北）时报文化出版事业有限公司1982年版，第295页。

② 梁启超：《天演学初祖达尔文之学说及其略传》（1902），《饮冰室合集·文集》之十三，第十八页，中华书局2015年版，第1136页。

小民冤抑而末由呼吁。故君与臣隔绝，官与民隔绝，大臣小臣又相隔绝，如浮屠百级，级级难通，大厦千间，重重并隔。"① 谭嗣同属《仁学》则根本否定专制制度："二千年来之政，秦政也，皆大盗也。"② 梁启超批注时务学堂，亦不假辞色，谓二十四朝史，"间有数霸者生于其间，其余皆民贼也。"③时弊痼疾既若此，虽求三年之艾不可得，抑必有蓄之之始，故任公辄循伊尹夜不秉烛冬不御裘之训，大声疾呼变法，谓制度者无一时不当改，西人唯时时改之是以强，中国唯穷古不变是以弱，"变者，天下之公理也"④。时，仁公所谓"变"者，常托诸古人，夫若《春秋》主义，则在"损益百王，斟酌圣制"⑤；夫若《孟子》，言"民为贵"，而"泰西诸国今日之政，殆庶近之"⑥。尔后经年，任公虽力辟"好依傍""名实混淆"，然无如启思想之山林，洵非易易，然则筚路蓝缕以成大行，岂细谨是顾！要则率古之名道，师古之变心而已。梁启超奋呼变法，开新者如饮狂泉，守旧者斥其为乱民诐士，而严复称自甲午、戊戌以来，"海内所奉为导师，以为趋向标准者，首屈康、梁师弟"⑦，此亦任公思想锋锷颖然所可佐证者。

新政之后，梁启超考察共和，坚执立宪。

帝后回銮，惩于近悔，推行新政，实为蹑康梁党人戊戌之踵也。然时移事易，岂容噬脐，刻舟求剑舟已前。甲午以降，士夫论变法者虽众，然尚未有昌言立宪，而"政变以后，革新之机，遏绝于上而萌发于下，有志之士，翻译欧美及日本之政治书籍，研究其宪法者渐众"⑧。戊戌维新犹且回护君主专制之体，而入于 20 世纪，士识于时者，则多张君民共治，即君主立宪者是

① 康有为：《上清帝第二书》，《戊戌变法》（二），上海人民出版社 1957 年，第 152 页。
② 谭嗣同：《仁学》，《谭嗣同全集》，中华书局 1981 年版，第 337 页。
③ 梁启超：《学堂日记梁批》（1897），载汤志钧、汤仁泽编《梁启超全集》第一集，中国人民大学出版社 2018 年版，第 409 页。
④ 梁启超：《变法通议》，何光宇评注，华夏出版社 2002 年版，第 15 页。
⑤ 梁启超：《读〈春秋〉界说》（1897），载汤志钧、汤仁泽编《梁启超全集》第一集，中国人民大学出版社 2018 年版，第 304 页。
⑥ 梁启超：《读〈孟子〉界说》（1897），载汤志钧、汤仁泽编《梁启超全集》第一集，中国人民大学出版社 2018 年版，第 301 页。
⑦ 严复：《与熊纯如书》（1916 年 4 月 4 日），载王栻主编《严复集》（第三册），中华书局 1986 年版，第 631 页。
⑧ 伧父：《立宪运动之进行》，《东方杂志》1913 年第 9 卷第 7 号，转引自吴雁南、冯祖贻、苏中立等主编《中国近代社会思潮（1840—1949）》第一卷，湖南教育出版社 1998 年版，第 375 页。

也。宪法问题之权舆，初发于梁启超，时在光绪二十五年（1899），任公比较各国宪法异同，盛赞英国君主立宪乃"完全无缺之宪政"①。阅二年，又作《立宪法议》，论证君主立宪政体代之君主专制政体，乃历史必然，吾人当"采定政体，决行立宪"②，且事机促迫，不容稍缓者也。是实20世纪初年中国开君主立宪政治思潮之纲领性文献，自兹之后，时人研究宪政问题，如春江水涨，沛然而莫能御。梁启超考察共和，归自美利坚而做俄罗斯之梦，立宪之志益坚，历数载陆续作《论俄罗斯虚无党》《俄国立宪政治之动机》《鸣呼俄国之立宪问题》《续纪俄国立宪问题》《日本预备立宪时代之人民》《宪政浅说》《立宪政体与政治道德》《中国国会制度私议》《立宪国诏旨之种类及其在国法上之地位》云云。民国三十二年（1943），梁漱溟纪念任公云："在距今三十五年前后的中国政治全为立宪运动所支配，而这一运动即以他为主。"③诚哉斯言。光绪之季至宣统，立宪思潮之涌动，立宪运动之勃兴，立宪政体之预备，斯人居功厥伟。

文化传播：振救文化危机，强固身份认同。

洋务运动师夷长技梦碎，代之以推尚西学西政，而宗崇扬波之余，国人身份焦虑抑亦渐滋，忧时君子昧昧其思，谓当世所撄者，不特社会政治问题，抑且宗教若文化问题。④而文化云者，乃所以辨夷夏别中外，国民自我认知、自处、归依所可式凭，谓之根本也。根其摇动，华叶未有不披离萎落者。以是，救国又不特振政治实体之弊，必也挽传统文化之衰。

自戊戌降及民国，天下晓晓，辄集于斯，而梁启超实隐然有支柱世道之意。姑以"保教"征之。

戊戌前后，梁启超力倡保教。所谓保教，以儒为教而保之。保之何为？殆有二因。一则促进政治社会革新。任公洞知欧洲宗教改革，经典复兴，其于国家昌盛善莫大焉，尝谓："泰西所以有今日之文明者，由于宗教革命，而

① 梁启超：《各国宪法异同论》（1899），《饮冰室合集·文集》之四，第七十二页，中华书局2015年版，第354页。

② 梁启超：《立宪法议》（1901），载汤志钧、汤仁泽编《梁启超全集》第二集，中国人民大学出版社2018年版，第282页。

③ 梁漱溟：《纪念梁任公先生》，载夏晓虹编《追忆梁启超》，中国广播电视出版社1997年版，第259页。

④ ［美］张灏：《梁启超与中国思想的过渡（1890—1907）》，崔志海、葛夫平译，新星出版社2006年版，第77页。

古学复兴也。盖宗教者，铸造国民脑质之药料也。"① 任公比类以推，乃弘扬儒学，期奏懋功。又尝与友书："夫天下无不教而治之民，故天下无无教而立之国，国受范于教。"② 苟使居今日而犹不以保教为事，必其人于危亡之故，讲之未莹，念之未熟。是可知，保教庶几于保国也。再则强固身份认同。几千年文明传承，赤县神州不直为一国家，尤为文化理想、文明信仰之象征。丙申年（1896），梁启超与乃师康有为书："我辈以教为主，国之存亡于教无与，或一切不问，专以讲学授徒为事，俟吾党俱有成就之后，乃始出而传教。"③ 复于另书重言此道："我辈宗旨乃传教也，非为政也；乃救地球及无量世界众生也，非救一国也；一国之亡于我何与焉。"④ 是又见维护信仰、传承文明，其责任使命驾乎国族存亡而上之。

保教，实保中国文化，保中国人自尊自信者是也。方列强侵陵，西风东渐，国人知耻而喁喁望治，视一切舶来品如丹药。任公怒然忧，厥有语云："今日非西学不兴之为患，而中学将亡之为患。"⑤ 是不啻中国文化长城之颠，狼烟示警。

逮夫政变逋亡，梁启超翻然改图，反对保教，所谓不远而复者。

藉曰初时保教，乃依毗于桑恭敬于梓，一旦遇异族文化之蹩捗，则往往自怜故家乔木，翘儒以相抗，固然也。抑播越流荡，还观吾人所深信者，则有俄然觉蘧蘧然周之概。梁启超曰："吾以孔教者，教育之教也，非宗教之教也；其为教也，主于实行，不主于信仰。"⑥ 既非宗教，则断不能独尊，法之富强、墨之博爱，何一而非中华文化之饷馈。中国自秦以降，百学俱绝，古人一切良法美意坠地，其故端在保教而束缚国民思想，"故正学异端有争，今

---

① 梁启超：《论支那宗教改革》（1899），《饮冰室合集·文集》之三，第五十五页，中华书局2015年版，第259页。

② 梁启超：《复友人论保教书》（1897），《饮冰室合集·文集》之三，第九页至第十页，中华书局2015年版，第213—214页。

③ 梁启超：《与康有为等书》（1896），载中国史学会主编《戊戌变法》2，神州国光社1953年版，第544页。

④ 中国史学会主编：《戊戌变法》2，神州国光社1953年版，第544—545页。

⑤ 梁启超：《〈西学书目表〉后序》（1896），载夏晓虹编《梁启超文选》（下集），中国广播电视出版社1992年版，第371页。

⑥ 梁启超：《论佛教与群治之关系》（1902），载丁文江、赵丰田编《梁启超年谱长编》，世纪出版集团上海人民出版社2009年版，第186页。

学古学有争，言考据则争师法，言性理则争道统，各自以为孔教，而排斥他人以为非孔教，于是孔教之范围，益日缩日小"[1]。任公深恶痛绝，正自为缘饰孔教、利用孔教、诬罔孔教之自贼而贼国民者。尔其儒学传习，其诬孔子者亦众，"由于误六经之精意，失孔教之本旨，贱儒务曲学以阿世，君相托教旨以愚民，遂使二千年来孔子之真面目湮而不见，此实东方之厄运也"[2]。大哉，孔子思想，有党无仇，伟哉，中华文明，包综万流，任公措身异域，逖听遐视，益见保教之弊，益彰吾人创造灿烂文明之精神，其鼓铸文化自强，以雄世界万国乃尔。章炳麟所谓中国一线生机，唯"孙、梁"二子可望，不亦意深为?[3]

又殊欲阐明者，保教保国，适与其改良专制思想相应；反对保教则与其君民共治主张相和。文化思想其进也退也，端与其政治理想之孟晋相比例也。

道德传播：攻砭国人痼疾，陶熔鼓铸新民。

19世纪末20世纪初，维新党人自政治角力场落荒而逃，未几即与新生革命力量接席，鉴于政治改良之挫折，重以亡国无日之危局，厥绻甲兵，思更奋迅，乃兴新一轮思想启蒙。国民性改造，即其重要内容之一者。[4]

梁启超谓，"中国自开辟以来，无人民参与国政之例，民之为官吏所凌逼，憔悴虐政，无可告诉"[5]，或易姓受命，视为故常，或揭竿草泽，唯强是崇，中国数千年历史，实流血之历史也。任公深为之痛，乃作《论中国人种之将来》（1899）、《论近世国民竞争之大势及中国之前途》（1899）、《国民十大元气论》（1899）、《十种德性相反相成义》（1901）、《过渡时代论》（1901）、《奴隶学》（1902）、《新民说》（1902—1906）云云，其阘阘所争者，莫非斥民顽，育新民。

梁启超云，国家相抗，赖诸国力，而国民力者，乃诸力中最强大而坚忍

①　梁启超：《保教非所以尊孔论》（1902），载丁文江、赵丰田编《梁启超年谱长编》，世纪出版集团上海人民出版社2009年版，第182页。

②　梁启超：《论支那宗教改革》（1899），《饮冰室合集·文集》之三，第五十五页，中华书局2015年版，第259页。

③　章太炎：《致吴君遂等书》，载丁文江、赵丰田编《梁启超年谱长编》，世纪出版集团上海人民出版社2009年版，第187页。

④　参见章开沅、严昌洪主编《辛亥革命与中国政治发展》，华中师范大学出版社2005年版，第36页。

⑤　梁启超：《李鸿章传》（1901），海南出版社2001年版，第39页。

者，厥知，今日世界之竞争，实国民之竞争也。一国之存亡，端赖乎其国民之自存自亡，"苟其国民无自存之性质，虽无一毫之他力以亡之，犹将亡也。苟其国民有自存之性质，虽有万钧之他力以亡之，犹将存也"①。一国之进步，"其主动者在多数之国民"②，而非轰轰独秀之英雄。重矣哉，国民，存亡系于斯，进步系于斯，任公曾不能已于言，乃述国民力所以养成者或谓新民之道。

曰树公德。

公德与私德两者关系，梁启超论述綦详，兹不赘言，唯吾中国修明道德，不可谓不早，不可谓不发达，然则偏于私德，而公德殆阙如也。公德云者，人人相善，而能盘互其团体，固结其国家者，公德愈盛，则国家凝聚力愈强，反之，人心涣散，国如薤露，不俟终朝。公德之目的既在利群利国，"则吾辈生于此群，生于此群之今日，宜纵观宇内之大势，静察吾族之所宜，而发明一种新道德，以求所以固吾群、善吾群、进吾群之道；未可以前王先哲所罕言者，遂以自画而不敢进也。知有公德，而新道德出焉矣，而新民出焉矣"③。抑采补公德，必且历道德革命磨砻淬砺，其为老师宿儒蚩蚩抱布者所诟病，或不能免，而任公矢言靡它，决欲与一世流俗挑战，所不辞也。

曰除奴性。

20世纪初年，中国社会思想运动狂飙突进，围绕庚子赔款、拒俄运动、苏报事件、日俄战争、科举废斥、考察宪政、预备立宪、地方自治、收回利权、抗捐抗税、武装起义诸大事，民口灌哗；而士夫宣传改良立宪、激扬民族民主革命、绍介社会主义无政府主义，骈辩腾说，著作云起，第其思想底色，无不与于反对奴隶主义，陶甄新国民者。奴隶性之养成，按之史乘，其悠悠焉有自，自乎奴隶之历史，自乎奴隶之风俗，自乎奴隶之教育，自乎奴隶之学术。其为奴也备，为天命之奴，为古人之奴，为圣贤之奴，为学派之奴，为纲常之奴云云。时人诵说除奴性者，彬彬济济，而任公独以为除心奴为至要者，所谓"人之奴隶我，不足畏也，而莫痛于自奴隶于人；自奴隶于

---

① 梁启超：《论中国人种之将来》（1899），载汤志钧、汤仁泽编《梁启超全集》第二集，中国人民大学出版社2018年版，第5页。

② 梁启超：《过渡时代论》（1901），载汤志钧、汤仁泽编《梁启超全集》第二集，中国人民大学出版社2018年版，第296页。

③ 梁启超：《论公德》（1902），载夏晓虹编《梁启超文选》（上集），中国广播电视出版社1992年版，第114页。

人，犹不足畏也，而莫惨于我奴隶于我"①。我奴隶于我，是为心奴。盖心奴之成立，非由他力之所得加，其解脱也，亦非由他力之所得助，任公所望于求真自由者，以自除心中之奴隶始。

曰求进取。

进步价值观，乃梁启超终极且无条件信仰者。② "欧洲民族所以优强于中国者，原因非一，而其富于进取冒险之精神，殆其尤要者也。"③ 进取冒险云何？任公名之曰浩然之气，其所养成，生于希望，生于热诚，生于智慧，生于胆力。中国市道相望者，莫不曰安分、虚静、服从、柔顺。安分则屏绝希望，虚静则熠灭热诚，服从则抑遏智慧，柔顺则泯没胆力，以如此国民性而能立于物竞剧烈之世，罕有也。然则进步之道何由？谓往古来今，蒙垢积污之时常多，非时时加以摧陷廓清，则不足以进步，"故破坏之药，遂成为今日第一要件，遂成为今日第一美德"④。所谓破坏者，乃荡涤旧道德之积垢，催生新道德之活力。使吾国民"其精神有江河学海不到不止之形，其气魄有破釜沉舟一瞑不视之概；其徇其主义也，有天上地下唯我独尊之观，其向其前途也，有鞠躬尽瘁死而后已之志；其成也，涸脑精以买历史之光荣，其败也，迸鲜血以赎国民之沈孽"⑤，国之进步，其何可量哉！

美国学者勒文森有言谓，囚者一旦掌握钥匙，其人则不复困守牢笼。改良也，立宪也，革命也，专制也，共和也，梁启超无时不矻矻于觅打开思想牢笼之锁钥，既自解于枷锁之锢，抑更且脱民于扃镝之禁，其驰骤前行之勇，端如勒文森所言，斯人既已烧掉其身后之桥梁。⑥ 任公尝谓平生向不取消极主义，洵哉此言，不见夫斯人生命最后时刻，曾不辍笔，积极指导社会，尽瘁

---

① 梁启超：《论自由》（1902），载夏晓虹编《梁启超文选》（上集），中国广播电视出版社 1992 年版，第 132 页。

② ［美］张灏：《梁启超与中国思想的过渡（1890—1907）》，崔志海、葛夫平译，新星出版社 2006 年版，第 116 页。

③ 梁启超：《新民说·论进取冒险》（1902），载夏晓虹编《梁启超文选》（上集），中国广播电视出版社 1992 年版，第 115 页。

④ 梁启超：《十种德性相反相成义》（1901），载夏晓虹编《梁启超文选》（上集），中国广播电视出版社 1992 年版，第 99 页。

⑤ 梁启超：《论进取冒险》（1902），载夏晓虹编《梁启超文选》（上集），中国广播电视出版社 1992 年版，第 117 页。

⑥ ［美］约瑟夫·阿·勒文森：《梁启超与中国近代思想》，刘伟、刘丽、姜铁军译，四川人民出版社 1986 年版，第 189 页。

国家。① 时人有巴德来者云："他确是新思想运动里领袖之一，并且无时不提倡新思潮和鼓吹改革。"即使不独出心裁，至少堪称新思潮之传播者②，而千千万万士君子，受梁之笔锋驱策，抑亦作学舌鹦鹉云。③

或谓，革命思潮起，梁氏遂落伍。④ 任公亦自承愈阅历愈不敢妄发。嗟夫！得毋世有智者之虑与忧，往往如此乎耶哉，然何损其弄潮之壮心！

第四节　我手写我心

中国传统士夫，钦崇大丈夫人格，谓大丈夫行事，磊磊落落，维心之所志，必求至而后已。准此以言夫梁启超，则所可论者，殆未有已也。

民国元年（1912），梁启超自日返国，同列维新齿录者徐世昌语人曰："此公无言不可谈，无人不可谈，以德性言之，当推海内第一人矣。"⑤ 以徐氏政治履历之丰、职务身份之贵，其知人论世，固勿须比附韩荆州，亦当不虚妄也。唯任公为大丈夫，其表于楮墨者亦殊明，可谓之：我手写我心。

时贤后进誉扬任公"写心"者颇多，兹略举几例，姑取以管窥天用锥指地之效。署名彬彬者（徐彬），以任公实几十年来与中国政治、社会、文学、思想、舆论甚有关系之人物，乃用《李鸿章》书法，为文传之，则有言曰：任公摛章，"文思缜密而笔又条达，反覆周至无不宣之隐"⑥。梁启超驰驱报界，树野党先声，抑亦成文章模范。张其昀，尝侍教于梁启超，会与役校阅《梁启超年谱长编》，得别录其行谊，歆然如闻其馨香，肃然如睹其形容，乃述时誉之饫沃人心者："若其风发云涌透澈晶莹之文章，与其鉴微探本疏通知远之思考力，则既声望所归万流仰镜无待赘言。"⑦ 所谓透澈晶莹，怠能以文见心者

① 林语堂：《中国新闻舆论史 一部关于民意与专制斗争的历史》，刘小磊译，冯克利校，世纪出版集团上海人民出版社2008年版，第104页。

② 巴德来：《新中国思想界领袖》，载清华大学国学研究院、中华书局编辑部编《梁任公先生年谱长编稿本》第十六册，中华书局2015年版，第7982页。

③ 李剑农：《中国近百年政治史》，商务印书馆2011年版，第209页。

④ 吴其昌：《梁启超传》，百花文艺出版社2004年版，第23页。

⑤ 转引自萧公权《中国政治思想史》（下册），商务印书馆2011年版，第716页。

⑥ 彬彬：《梁启超》，载夏晓虹编《追忆梁启超》，中国广播电视出版社1997年版，第12页。

⑦ 张其昀：《梁任公别录》，载夏晓虹编《追忆梁启超》，中国广播电视出版社1997年版，第129页。

是也。若夫胡适，岿然为一时之望，与任公接，虽有年齿之差、世代之隔、治学之异，时亦悬测任公意或争胜，然卒不胜其人格力量："任公为人最和蔼可爱，全无城府，一团孩子气。"① 唯赤子方能如此，继想其为文，则思过半矣。

悠悠千祀，文章大国，圣者之所创，贤者之所述，大抵谓文以载道若抒发性灵二说相辉映，唯载道说托庇于王制，恩荫于科举，拱揖于士子，百吷于氓庶，其滔滔如江河水无极矣，而性灵说，虽奋爝火之烈，卒之，不能媲日月之明，然椎轮大辂，考合其源流，亦骎骎乎盛矣哉！刘勰雕文心②，钟嵘属诗品③，性灵说滥觞矣；而唐之皎然宋之杨万里，则缵续之，有所谓"但见情性，不睹文字""风趣专写性灵"云云；迄于明，李贽、公安则绘素之，《童心说》吁"绝假纯真"，《序小修》赞"独抒性灵，不拘格套"，声不加疾，播越远乎哉；洎乎清，袁枚、赵翼则剖觚集成，毗于审美，《随园诗话》锓梓，而"作诗不可无我"诵于人口，《瓯北诗话》刊墨，而"作诗必此诗"腾于道路。济济多士掎摭利病，褒美人物，率以性灵为绳墨而绝浮响虚声，究之实，诃泥古，斥假借，倡率童心自出之言耳。

性灵说流演，近代思想启蒙者亦颇被其泽。王韬《弢园文录外编·自序》云："文章所贵，在乎纪事述情，自抒胸臆，俾人人知其命意之所在，而一如我怀之所欲吐，斯即佳文。至其工拙，亦末也。"④ 能"自抒胸臆"，尔乃《循环日报》堪震时聋。胡礼垣论议新政，谓日报之设，为利无穷，然必其尽删门面之语，而"主笔者、采访者有放言之权、得直书己见，方于军国、政事、风俗、人心有所裨益"⑤。心有兰膏，安能逍遥于物外，而崇论宏议，中山钦服不已。郑观应诘折旧章："中国泥守古法，多所忌讳。徇情面，行报复，深文曲笔，以逞其私图，与夫唯诺成风，嗫嚅不出，知而不言，隐而不发，皆为旷职。"⑥ 用是一秉纯真，删俘伪之文，开日报新风，盛世多危言。汪康年为《京报》发刊献言，凡言论写作者，固当"以昭昭白日之心，发慷

① 胡适 1929 年 1 月 20 日日记，载夏晓虹编《追忆梁启超》，中国广播电视出版社 1997 年版，第 433 页。

② 刘勰《文心雕龙》"原道"篇中有言："故两仪既生矣。唯人参之，性灵所钟，是谓三才。"

③ 钟嵘《诗品》赞扬阮籍诗可以"陶性灵，发幽思"等。

④ 转引自徐新平《维新派新闻思想研究》，湖南人民出版社 2010 年版，第 123 页。

⑤ 转引自徐新平《维新派新闻思想研究》，湖南人民出版社 2010 年版，第 160 页。

⑥ 夏东元编：《郑观应集》（上集），上海人民出版社 1982 年版，第 350 页。

慨激昂之气，言之急，无邻于诡，言之平，无近于阿，通上下之意，平彼此之情。所与者，必以言助之，虽百訾不馁；理所否者，必以言阻之，虽强御不避"①。汪氏平素持论恳恳款款，辄属望于政府能自改革，然则际是非之冲，抑亦守死善道，心有骨梗者存焉。

梁启超缉熙乎远略，绳准兮嘉言，又进而启臆论心，张皇己志，道履亦盛矣哉。其论中国防弊积弱则痛陈："自秦迄明，垂二千年，法禁则日密，政教则日夷。君权则日尊，国威则日损。上自庶官，下自亿姓，游于文网之中习焉安焉，驯焉扰焉。静而不能动，愚而不能智。历代民贼，自谓得计，变本而加厉之。"② 其惊惭于金瓯不克百二：胶州失垒，旅顺、大连湾、威海卫、广州湾有事，英、俄食髓知味，狡焉思启，群狼耽耽逐逐，染指垂涎，而国人犹蚩蚩酣睡，充耳无所闻，即目无所睹，爰怀宗周茂草之忧，直书《瓜分危言》（1899）。其呵旁观者，或浑沌，或为我，或哀时，或笑骂，或暴弃，或待时，唯不能起而行，实则天下最可厌可憎可鄙之人，乃痛诋："若是者，谓之阴险也不可，谓之狠毒也不可，此种人无以名之，名之曰无血性"③，谓人类之蟊贼，世界之仇敌。其感于长沙抢米风潮，则引用故实，剖明原因，深韪胡文忠人心思乱不止之言，笃念曾文正有司虐用其民之讽，厥有《湘乱感言》（1910），眀眀然悲夫当道者，虽前车重叠，入于坎陷，而曾不知惕厉，又栩栩然若有以自乐。其与闻对德宣战案，黎、段势同水火，军人鹰瞵鹗视，忧思既涢洞不可掇矣，乃为《政局药言》（1917），直讥之曰，所谓国会内阁之争者，绝非外交问题，实权力之攘夺问题，损公肥私，虽大厦将欲倾亦所不顾，不亦悲夫！综核任公为文，识人论世，恒出孺子之心，其清明，曷俟秦镜，其廉隅，奚待蓍龟。

原夫我手写我心，其堪可考述者叟有三，兹少详之。

一者，抒写性情。袁宏道语人曰：见从己出，不曾依傍半个古人，求自得而已，他则何敢知。④ 乃弟中道谓，取裁肸臆，受法性灵，意动而鸣，意止

① 转引自徐新平《维新派新闻思想研究》，湖南人民出版社 2010 年版，第 129 页。
② 梁启超：《论中国积弱由于防弊》（1896），载摩罗、杨帆编选《梁启超国民性研究文选》，复旦大学出版社 2011 年版，第 31 页。
③ 梁启超：《呵旁观者文》（1900），载汤志钧、汤仁泽编《梁启超全集》第二集，中国人民大学出版社 2018 年版，第 226 页。
④ （明）袁宏道：《与张幼于》，载郭绍虞主编《中国历代文论选》第三册，上海古籍出版社 1980 年版，第 211 页。

而寂。尔来，抒写性情，其道大光，弄翰者缵其绪，刺世者纂其绩，万流竞进，至于任公。林志钧，与梁启超交厚，其序《饮冰室合集》云，任公胸臆间天地广阔，初无覆盖，"与人言，倾囷竭廪，恳恳焉，唯虑其不尽。世每称其文字之闳豁通彻，感人特深，实其性情使然"①。同门扪虱谈虎客（韩文举）评章其文曰，"作者为文无他长，但胸中有一材料，无不提之以入笔下"②，此是为知言也。梁启超亦多有省己自解者，谓，染翰操觚，辄欲淋漓尽致以发挥之，使无余蕴，即，言心中所怀抱，非有一毫自隐蔽。③ 所以然者何？任公谓，己之所言，唯尽椎轮土阶之功，"因不复自束，徒纵其笔端之所至，以求振动已冻之脑官"④。又曰："吾于读者诸君不敢有所隐，吾富于感情人也。"⑤ 矧非为藏山传后，乃行心之所安，靡所云悔而已。与圣贤接，殊爱《孟子》，谓其最能激扬志气，曰尚志曰志士不忘在沟壑曰人皆可以为尧舜，乃叹"人莫患自伍于流俗，以多自证，以同自慰，于是逐渐堕落，日沉埋于卑浊凡下处而不能自拔"⑥。是则操觚染翰，辄自认为真理者，则舍己以从，自认为谬误者，则不远而复，如恶恶臭，如好好色，即不然，亦所谓敬布热诚，以俟君子。此任公所自承优长者也。

二者，求真讼直。古之论直史者，当累汗牛。孔子称董狐，古之良史，书法不隐。《后汉书·臧洪传》为史赞：晏婴不降志于白刃，南史不曲笔以求存，俱名垂后世。《文心雕龙·史传》品核人物，所谓辞宗邱明，直归南董。而《南齐书·崔祖思传》裁量史乘，有世无董狐，书法必隐，时阙南史，直笔未闻之语。史迹斑斑，殆"犯颜""婴鳞""忠鲠"云云，奚特为直笔者所专美，抑亦流衍社会，变化精神，虽世运兴替未有止，而宗风未尝沫。然则

① 林志钧：《〈饮冰室合集〉序》，载夏晓虹编《追忆梁启超》，中国广播电视出版社1997年版，第62页。

② 载清华大学国学研究院、中华书局编辑部编《梁任公先生年谱长编稿本》（第五册），中华书局2015年版，第2554页。

③ 梁启超：《答和事人》（1903），载丁文江、赵丰田编《梁启超年谱长编》，世纪出版集团上海人民出版社2009年版，第219页。

④ 梁启超：《与严幼陵先生书》（1897），载清华大学国学研究院、中华书局编辑部编《梁任公先生年谱长编稿本》（第二册），中华书局2015年版，第496—497页。

⑤ 梁启超：《伤心之言小引》（1915），《饮冰室合集·文集》之三十三，第五十四页，中华书局2015年版，第3318页。

⑥ 梁启超：《饮冰室读书记》（1918），载汤志钧、汤仁泽编《梁启超全集》第九集，中国人民大学出版社2018年版，第790页。

周道固如砥，又岂独不容于傍蹊迂曲者。梁启超曰："宋明以来，士大夫放言高论，空疏无真，拘墟执拗，叫嚣乖张，酿成国家社会种种弊害。"① 而近世学者好依傍，动以西学缘附中学，质以言，"非以此新学新理厘然有当于吾心而从之也，不过以其暗合于我孔子而从之耳。是所爱者，仍在孔子，非在真理也。万一遍索诸四书六经而终无可比附者，则将明知为真理而亦不敢从矣。万一吾所比附者，有人剔之，曰孔子不如是，斯亦不敢不弃之矣"②。唯小道恐泥，君子不为；不直则道不见③，君子取直。庸是，梁启超辄以菩萨发心，随有所见，随即发表，且谦言：自审学识谫陋，文辞朴僿，不足以副立言天职，唯常举心中所信者，诚实恳挚以就正于国民已耳。④ 真者、直者，虽拙疏顽璞，然则，烈山泽辟新局之功，孰与媲哉！

　　三者，忧危时局。清初思想家顾亭林云，"保天下者，匹夫之贱，与有责焉"，梁启超缫演扬厉之，曰"天下兴亡，匹夫有责"，借以儆忧时君子并自励。今人凡井水饮处，必能成诵。古之直臣所以为直者，岂非得已，往往忧世事，叹人心，愤而言其所难言，谏其所难谏，冀障百川而东之，回狂澜于既倒。任公当国事蜩螗羹沸之际，虽身转飘蓬，抑常怀孤臣操心虑患之忧。尝谓，自开蒙启智始，既日与忧患为缘，世乱日积，殷忧愈深，"嗟夫，以人生所托命之国家，孰知其即于沦胥而末由以手援。譬之所亲，惨婴痼疾，医药杂进，浸淫转剧，洞垣一方，明示死期。残灯荧荧，料量后事，其为楚毒，宁复堪忍。吾固深感厌世说之无益于群治，恒思作壮语留余望以稍苏国民已死之气"⑤。厥有瀛洲归来"答礼茶话"之编，谓"敢以一时之观察，妄下批评，特心所谓危，不敢不畅言之耳"⑥，乃兴曾经沧海不胜感喟之辞，谓"吾

---

　　① 梁启超：《为什么要注重叙事文字》（1926），载汤志钧、汤仁泽编《梁启超全集》第十四集，中国人民大学出版社 2018 年版，第 303 页。

　　② 梁启超：《保教非所以尊孔论》（1902），转引自梁启超《清代学术概论》，上海古籍出版社 1998 年版，第 87 页。

　　③ 梁启超：《政局药言》（1917），载汤志钧、汤仁泽编《梁启超全集》第九集，中国人民大学出版社 2018 年版，第 546 页。

　　④ 梁启超：《鄙人对于言论界之过去及将来》（1912），载夏晓虹编《梁启超文选》（上集），中国广播电视出版社 1992 年版，第 180—181 页。

　　⑤ 梁启超：《伤心之言小引》（1915），《饮冰室合集·文集》之三十三，第五十四页至第五十五页，中华书局 2015 年版，第 3318—3319 页。

　　⑥ 梁启超：《答礼茶话会演说辞》（1912），载汤志钧、汤仁泽编《梁启超全集》第十五集，中国人民大学出版社 2018 年版，第 59 页。

侪诚不敢自谓其所见之必当。虽然，常以天真烂漫的态度，自发表其现时良心所主张，一无瞻顾，从不肯以投合社会心理之故，偶发违心之论，尤不愿作模棱两可之辞，以逃天下之责难"①。正自谓虽千万人吾往矣！

或谓此三者犹不足以著明其理，则更申之且为赞。

梁启超夙宗阳明，一切归心。一则重心力，谓其为宇宙间最伟大之物，其区别于禽兽者也至明，其创革万物之力也至巨；一则重心物合一，吾心、吾身、吾家、吾国，同命一体，吾之对于吾之身家国运，曷不用心为！而泰西自由意志说输入中国，心学更得翊赞，"我欲仁斯仁至矣""尽性参赞""为仁由己"，复如空谷跫音，闻者至喜。察任公写心，通于古哲，接于西理，如行符谶，不俟鹅湖辩难，而自得风流。

第五节　矢志必洁，称物唯芳

王荆公解性情二字云，喜怒哀乐好恶欲，未发于外而存于心者，性也；发于外而见于行者，情也。谅哉是语。自荆公而溯洄，性之论其汇集也，韦编不知几绝，自荆公而既降，情之辨其衷缀也，梨枣更仆锓版。

喜怒哀乐好恶欲，动乎中，必见乎外，性者情之始，情者性之果，而凡百事物靡不有初，以故性之为物，益重哉。谚有之，人之性如水，置之圆则圆，置之方则方，斯知，性之存养，大哉，圣贤辄与有言。孔子闲居，不忘清明在躬志气如神；屈子放逐，虽形容枯槁，而犹自譬香草美人；阮籍颠狂，咏"我心伊何，其芳若兰"，尤其志节也。而穹古迄今，士君子诚意正心，欲留令名，盖莫不率此，抑后世之人宗风仰慕，亦端在于斯。

中国近代报业之盛，实拜儒者之躬与若人格投射。人格高贵，其充拓迤转化而为报格，则郑声退而雅音兴矣。梁启超尝有论书语，谓"与其学唐碑，不如学六朝碑"，而学六朝碑，应以方正严整入手为是，"无论做人做事，都要砥砺廉隅，很规律，很稳当，竖起脊梁，显出骨鲠才好"②。此虽细事，然

① 梁启超：《〈时事新报〉五千号纪念辞》（1921），《饮冰室合集·文集》之三十六，第六十八页，中华书局 2015 年版，第 3498 页。

② 转引自武汉大学"冯氏捐藏馆开馆纪念画册"，2018 年 2 月印行，第 2 页。

游艺可观风焉。征诸"时务"之开,"清议"之创,"新民"之兴,何一非一时之文典,后来之模范,新民体布濩流衍,时人岂直赏其魄,更称其有魂耳。伟哉此魂!方伊藤博文游中国,属北京政变,康、梁遭愍,乃惋叹,梁启超者非凡之人也,实中国珍贵之灵魂。① 而日本代理公使林权助亦特赞新会梁氏乃中国罕见之高洁志士,絷热心策划清廷根本改造之大丈夫。② 噫吁兮,人格之嶔崎磊落如斯哉!

梁启超人格浸淫而成其报格者,彰彰然著明矣。方《国风》创设,其为说曰:"本报同人,学谫能薄,岂敢比于曾文正所谓腾为口说而播为声气者,顾窃自附于风人之旨,矢志必洁,而称物唯芳,托体虽卑,而择言近雅。"③ 此虽专命《国风》,充以察诸其平生志业,则矻矻所持守者,少未改耳。敢详申之。

一者,贫贱不移其志。

宣统二年,梁启超办报养家,生活困窭,以借钱事几陷缧绁,乃求助至好徐佛苏。"当时彼此生计之窘,及亡国之悲观,不堪言喻。且先生在神户迭因不能履行债务契约,日夕难眠,尤无钱购纸出报,迭嘱余在京筹凑小款济急。余虽系至贫之人,然以平日安贫仗义之血忱,当能见信于朋友。故余旋京仅数月,幸能迭次借款汇东。此可见昔年彼此订交,纯系道义的互助,且余之奋斗救国,不谋生计,纯系为先生之精诚及道学所激励者也"④。徐氏所悲者,正自为任公所痛者,及其为《时事新报》五千号作纪念辞,则忽感慨而不能已,曰,彼时中国,产业幼稚,欲恃广告收入支撑报纸,其势固不可,非别求广告之外不可告人者则无以自存。"本报十余年间,盖无一日不感受此种苦痛,力极声嘶,不能支而思舍去者,不知几何次矣。同人等殊不敢以清高自诩,但酷爱自由,习而成性,常觉得金钱何来?必自势力。无论受何方面金钱之补助,自然要受该方面势力之支配,最少亦受牵制。吾侪确认现在之中国,势力即罪恶,任受何方面势力之支配或牵制,即与罪恶为邻。吾侪不能革涤社会罪恶,既已滋愧,何忍更假言论机关,为罪恶播种。吾侪为欲

---

① 参见中国史学会主编《戊戌变法》3,神州国光社1953年版,第572页。
② 参见中国史学会主编《戊戌变法》3,神州国光社1953年版,第570—571页。
③ 梁启超:《说国风》(下)(1910),《饮冰室合集·文集》之二十五(下),第十一页,中华书局2015年版,第2609页。
④ 徐佛苏:《梁任公先生逸事》,载丁文江、赵丰田编《梁启超年谱长编》,世纪出版集团上海人民出版社2009年版,第326页。

保持发言之绝对的自由，以与各方面罪恶的势力奋斗，于是乎吾侪相与矢，无论经若何困难，终不肯与势力家发生一文钱之关系。吾侪十余年守此苦节，虽于精神上差获慰安，而事业上之茹痛乃无极。"① 任公弟子何天柱致师书，实可佐证，书云：因经费日绌，报无起色，阅报者兴味顿减，"大抵《国风》与《常识》二者必须弃一，若两报并办，恐无此日力也"②。同门麦孟华亦云，事变之急，不可思议，而"吾党"素无凭借，至无啖饭之地，稍能所计者，唯在办报，然则蒿目时艰，"迎合斥驳，均穷于词，四方云扰，《国风》必不能销，即销，费亦无著"③。厥停印部、裁工人，缩规模至极小。世俗或卒不喻任公所为，谓何以自苦？任公尝假辩诬而自剖："使鄙人而能忘中国者，则随波逐流，自枉所见，迎合社会心理，而月卖文数万言以自活，则亦何处不得区区廧盐以为送老之具者，则举国亦可以忘我，而相忌之言，亦可以永息矣。无奈禀赋之受之于天者，不能自制，欲餔糟啜醨，而盡然有所不能自安于其心，故常以一身为万矢之的而不悔也。"④

一者，威武不折其节。

记言，临财毋苟得，临难毋苟免。所谓"难"者，梁启超备尝矣，抑初无苟免耶欤，亡命十余年，聊作一瓢饮，购头十万金，亦仅博一哂，间关反洪宪，略无怜九死，禁清议，封政论，虽断胫绝胻，而不能止鸣，嗟夫！世间骨梗有风力者，斯人孰与齐肩并行哉！兹列三事，可少窥其崖略。且观其辛亥年冀开党禁事。或有谣诼，谓任公运动开党禁，辇致巨金以赂政府，甚乃谓其亲诣京城往谒某人。梁启超自讼：苟曰不欲开党禁，此自违心之言也。以私情言，不亲祖宗邱墓者十余年，游子思归，不胜枌榆松楸之涕；以公义言，自信己之为中国不可少之一人，日日思所以自效于祖国，使能啸傅乡梓，食毛践土，必于中国前途有所裨益。"虽然，屈己以求政府，而谓吾为之乎？凡有求于人者恒畏人，吾之言论，固日日与天下共见也，曾是乞怜于其人者，

① 梁启超：《时事新报五千号纪念辞》（1921），《饮冰室合集·文集》之三十六，第六十七页，中华书局2015年版，第3497页。
② 何天柱：《何天柱致梁启超十三》，载"国立中央"图书馆特藏组编《梁启超知交手札》，（台北）"国立中央"图书馆1995年版，第49页。
③ 麦孟华：《麦孟华致梁启超十二》，载"国立中央"图书馆特藏组编《梁启超知交手札》，（台北）"国立中央"图书馆1995年版，第410页。
④ 梁启超：《与上海某某等报馆主笔书》（1911），《饮冰室合集·文集》之二十七，第五十七页至第五十八页，中华书局2015年版，第2791—2792页。

而乃日日骂其人不遗余力乎？手段与目的相反若是，虽至愚不为也。”① 此不自侮也。再观其民国三四年反对帝制事。任公口诛笔伐不俟言，而《时事新报》景从且滋益之，直使人一弹三叹，慷慨有余哀：“筹安会起，各方面劝进文电，污我报界洁白之纸者累累相望，我同业盖莫不含愤，而未有以破之也。本报得洪宪政府指授机宜伪造民意之密电数十通，急发表之而为之疏证其真相，天下憬然。然发表未及半，本报已被命停止邮寄，不能有片纸出租界外。本报受此打击，两三年而元气犹不能复。”② 此发浩然正气者也。又观其反对段祺瑞穷兵黩武糜烂财政事，陈力就列，不能则止，而任公独多《时事新报》造一时之舆论：“两年前安福凶焰，炙手可热，道路以目。同业中持正论者固自不少，而本报以謇谔过甚，独为彼辈怨毒所集，今日停邮，明日控案，在沪经理，仆仆对簿，在都访事，囚系经年，凡所以摧除剿折之者，唯力是视。吾侪既致命遂志以与群小宣战，凡此横逆，固早已列入预算表中，曾无所于悔。”③ 此不畏强御者也。三事如管，亦可见其志节之一斑。诚既勇兮又以武，终刚强兮不可凌，使有行吟者，谅其复唱如斯乎。

一者，世纷不迷其道。

籍忠寅挽梁启超云：万派横流置此身，平生怀抱在新民。所谓“万派横流”，世不靖也，所谓“新民”，乃平生所志者。天地苍黄，日迈月征，任公以之，无须臾止也。譬若其忠告立身言论界之人，当知自重，不可以谗谤为生涯；当绝恶声，不可以灌夫骂座为名行销报之实；当捐异同，不可以萋斐相戕成彼贝锦。要之，凡以言论为职事者，必先正己之道，而后才可导社会于正途。道者，导也。

民国六年（1917），梁启超对报界演说，直陈彼时报纸三弊，曰报纸多寡为国家文野之幖帜，然按之实际，多哉多矣，而其混杂，实不堪闻问；曰报纸固为社会缩影，然按之实际，有若电影，皆臆想假造，与真实社会砉然两截；曰报纸关注重大问题，理之所宜也，然按之实际，言庞事杂，无关痛痒，

① 梁启超：《与上海某某等报馆主笔书》（1911），《饮冰室合集·文集》之二十七，第五十六页，中华书局2015年版，第2790页。

② 梁启超：《时事新报五千号纪念辞》（1921），《饮冰室合集·文集》之三十六，第六十八页，中华书局2015年版，第3498页。

③ 梁启超：《时事新报五千号纪念辞》（1921），《饮冰室合集·文集》之三十六，第六十八页，中华书局2015年版，第3498页。

一若天下清晏，金无可讥然。虽然，任公犹有觖望焉，谓报界诚有中坚人物，奋袂攘弊，毋亦挽回之日可期欤。而挽回之道何由，"余以为第一须用力者，万不可迎合社会，必须出全力矫正社会"①。按诸往史，野心家如疽之附骨，专制社会，则逢君之恶长君之恶，以取悦一人而达攫夺权位之目的；共和时代，则逢社会之恶长社会之恶，以取悦社会而达攫夺权位之目的，此尤阴鸷狡谲者：天下滔滔皆贪鄙，则以金钱诱之，社会流风在怯懦，则以威力慑之，而浇漓代袭，辗转利用，社会之敉坏无极矣。野心家为权利起见，固无所不用其极，然则，野心家所以存者，洵以有恶社会之为粪壤。"吾报界负指导社会之责，何为供野心家之利用而自失其天职耶？"② 即若承党义之责求，抑亦以公为主，绝不偏徇一党之私见。③ 夫以察察之迹，而浮游世之汶汶，磨而不磷，不曰坚乎，涅而不缁，不曰白乎！

一者，攒诋不枉其直。

俗非唐虞之时，世非许由之民，然君子有洁矩之道，或从化迁善，或挠曲枉直，所患遑鹽之事，所急民智之启，睾睾匪躬，无所悚恶，不然者，非所欲与闻也。梁启超谓，凡势力皆恶，不独不屈服于恶势力之尤酷烈者，抑亦一不庇纵扰从其余者："故有时对于甲部分恶势力方施攻击，移时而对于与甲正反对之乙部分恶势力而亦施攻击。攻甲时则甲疑其祖乙，攻乙时则乙又疑其祖甲，即旁观者疑其态度之不常。吾侪既抱有一定之方针，固勿之恤，然而已从各方面日日增树其敌。吾侪又确信报馆之天职，在指导社会矫正社会，而万不容玩弄社会逢迎社会。故一方面对于深根固蒂之旧思想，常冒不韪以摩其垒，一方面对于稗贩流行之新思想，亦未尝轻予盲从。吾侪诚不敢自谓其所见之必当，虽然，常以天真烂漫的态度，自发表其现时良心所主张，一无瞻顾，从不肯以投合社会心理之故，偶发违心之论，尤不愿作模棱两可之辞，以逃天下之责难。"④ 此乃任公为《时事新报》所作纪念辞，虽

---

① 梁启超：《对报界之演说》（1917），载夏晓虹辑《饮冰室合集·集外文》（中册），北京大学出版社 2005 年版，第 675—676 页。

② 梁启超：《对报界之演说》（1917），载夏晓虹辑《饮冰室合集·集外文》（中册），北京大学出版社 2005 年版，第 676 页。

③ 梁启超：《时报发刊例》（1904），载清华大学国学研究院、中华书局编辑部编《梁任公先生年谱长编稿本》（第六册），中华书局 2015 年版，第 2848 页。

④ 梁启超：《时事新报五千号纪念辞》（1921），《饮冰室合集·文集》之三十六，第六十八页，中华书局 2015 年版，第 3498 页。

辄以"吾侪"命之，又不啻夫子自道。"呜呼，吾频年来向人垂涕泣以进忠告，终不见采，而其人事后乃悔吾言之不用者，数辈矣。"① 虽葑菲见弃，然常秉丘不与易之心。俗云，礼义不愆，何恤于人言，任公鸣志既高，则何惑于众喙，唯益自鞭策，永矢固有精神于勿替。

或谓梁启超"好名"，任公则铿然应之，自信此关尚看得破。唯斯人殊信两说，厥尤谨己存养，则既符契于羯磨之说，又感孚于进化之论。佛理昭于世者，曰，一切万象悉皆无常，刹那生灭，独有一物，一能生他，他复生一，相续不断者，名之羯磨，准此以照噍类，则刻刻变易，如川逝水，唯性格、精神常驻不灭，绵延滋荣，"是故今日我辈一举一动，一言一话，一感一想，而其影象直刻入此羯磨总体之中，永不消灭，将来我身及我同类其受影响，而食其报"②。钦挹此理，人也孰不进德修业乎。而进化论者流殊重遗传，谓一切众生，其生命存立间所接之境遇，所造之习性，悉皆遗传于其子孙，"故至今日而所谓国民心理、社会心理之一科学，日以发明。国民心理者何？社会心理者何？即前此全国全社会既死之人，以不死者贻诸子孙也"③。钦挹此理，人亦孰不检正德行乎。而综核两说之要，所谓过去亿兆京垓人，无论智愚贤不肖，皆死而有不死之精神者存，盖无所容疑难也。庸是穷古以来，圣贤慎独，不避缕述。

任公逝，籍忠寅挽任公曰："区区未觉阿私好，从小文章入肾脾。……积粪偶然金可没，斯文未信火能燔，沧江千古清无改，不必巫咸下问冤。"④ 贤哉斯人，芳菲菲而难亏兮，芬至今犹未沫。

---

① 梁启超：《致吴子玉书》（1921），《饮冰室合集·文集》之三十六，第七十一页，中华书局2015年版，第3501页。

② 梁启超：《余之死生观》（1904、1905），载汤志钧、汤仁泽编《梁启超全集》第四集，中国人民大学出版社2018年版，第525页。

③ 梁启超：《余之死生观》（1904、1905），载汤志钧、汤仁泽编《梁启超全集》第四集，中国人民大学出版社2018年版，第525页。

④ 转引自王森然《梁启超先生评传》，载夏晓虹编《追忆梁启超》，中国广播电视出版社1997年版，第39页。

第六章
梁启超传播思想之地位及影响

第一节　近代报人崛起与梁氏贡献

国人初蹑足报业，在同光之交。"彼时，朝野清平，海隅无事，政界中人，咸雍容揄扬，润色鸿业，为博取富贵功名之计，对于报纸，既不尊崇，亦不甚忌嫉，而全国社会优秀分子，大都醉心科举，无人肯从事于新闻事业，唯落拓文人、疏狂学子，或借报纸以发抒其抑郁无聊之意兴。"① 诚以是，报刊、记者之社会观瞻，多所不堪。观诸报纸内容宗旨，"彼时报纸所撷拾，大率里巷琐闻，无关宏旨。国家大政事大计划，微论无从探访，即得之亦决不敢形诸笔墨。故报纸资料，大半模糊而琐细"②。易而言，"其时开报馆者，唯以牟利为目标；任笔政者，唯以省事为要诀。而其总原因，由于全国上下皆无政治思想，无世界眼光，以为报纸不过洋商一种营业，与吾侪初无若何之关系"③。诇诸记者社会地位，左宗棠一语刺破，所谓"江浙无赖文人，以报馆主笔为之末路"，其鄙薄役报者为何如！"唯当时并不以左之诋斥为非者，盖社会普通心理，认报纸为朝报之变相，发行报纸为卖朝报之一类，故每一报社之主笔、访员，均为不名誉之职业，不仅官场仇视之，即社会亦以搬弄

---

① 雷瑨：《申报馆之过去状况》，《最近之五十年》（1922 年初版），上海书店 1987 年影印版，第 117 页。

② 雷瑨：《申报馆之过去状况》，《最近之五十年》（1922 年初版），上海书店 1987 年影印版，第 117 页。

③ 雷瑨：《申报馆之过去状况》，《最近之五十年》（1922 年初版），上海书店 1987 年影印版，第 117 页。

是非轻薄之，宜文襄之因事大肆其讥评也。"① 稽诸报馆为托身之所，或有记之，云："当时报馆房屋，均甚敝旧，起居办事之室，方广不逾寻丈，光线甚暗，而寝处饮食便溺，悉在其中。冬则寒风砭骨，夏则炽热如炉。最难堪者，臭虫生殖，到处蠕蠕而动，大堪惊异。往往终夜被扰，不能睡眠。"② 夫役于斯者，其生涯之落寞孰甚哉！察之报业经营情状，直以送报人所遭际即可窥知。《上海闲话》云："每日出报，外埠则托信局分寄；而本埠则必雇有专人，于分送长年定阅各家者外，其剩余之报，则挨门分送于各商店。然各商店并不欢迎，且有厉声色以饷之者。而此分送之人，则唯唯承受唯谨。及届月终，复多方以善言乞取报资，多少即亦不论，几与沿门求乞无异。"③ 社会间不知报纸为何物，父老且有以不阅报纸为子弟劝，民无须求类此，报之能存者几希矣。

虽则报纸地位卑下，第以不负责任为得计之报人，在在多有，以报纸为猥俗鄙俚文人厕身之地而甘之如饴者，亦滔滔皆是。"例如报纸记述，倘引起何种纠纷，报人不再核核事实，据理力争，而只以'有闻必录'为辩护。法庭上如此说，更正时如此说，社会上亦辄容忍报纸为有闻必录而原谅之。刀笔吏且常以所谓'报上流言'，见之官文书，其意谓官家只见之报纸，报纸只摭拾流言。说者不以为刻，闻者不以为怪，报人亦未视之为侮辱。"④ 而彼时报人亦不脱旧式文人习气，沉湎声色，以此相高。孙玉声《报海前尘录》有记云："雾里看花客钱昕伯、高昌寒食生何桂笙皆曾任申报总编纂之职，二人皆嗜音律，各能歌昆曲，尝互赏周凤林、徐介玉两伶……桂笙亦嗜京剧，与诸名伶相往还，目近不便入座观剧，每入后台谛听之，遇佳处必击节称赏，越日为文刊诸报中，使之顿增身价。缕馨仙史蔡尔康，邑之名廪生，无如文章憎命，秋闱屡荐不售，不得已乃投身报界……善饮酒，且好摴战。中年时雅喜修饰，出必衣服丽都，遇宴会，每征花侑觞，至沉醉始已，以是北里名花，几无有不识其人者。"⑤ 报人行止若此，欲为人所钦仰，恶乎

---

① 姚公鹤：《上海闲话》，吴德铎标点，上海古籍出版社 1989 年版，第 128 页。
② 雷瑨：《申报馆之过去状况》，《最近之五十年》（1922 年初版），上海书店 1987 年影印版，第 118 页。
③ 姚公鹤：《上海闲话》，吴德铎标点，上海古籍出版社 1989 年版，第 127 页。
④ 潘公弼：《望平街之回忆》，《报学》创刊号，台北市编辑人协会印行，第 142 页。
⑤ 转引自赖光临《中国近代报人与报业》（上集），台湾商务印书馆 1980 年版，第 219 页。

可！然则，"迨梁启超等以学者出而办报，声光炳然，社会对于记者之眼光乃稍稍变矣"①。

梁启超职事报章始于乙未，属《马关条约》贻耻，国人痛愤无纪，思所以救国家而不能已于言，厥有维新风潮浸起于报端。"其时康南海、梁新会以《时务报》提倡社会，社会之风尚既转，而日报亦因之生色。"② 张之洞泐"劝学"述彼情形云："乙未以后，志士文人创开报馆，广译洋报，参以博议，始于沪上，流衍于各省，内政、外事、学术皆有焉。虽论说纯驳不一，要可以扩见闻，长志气，涤怀安之鸩毒，破扪籥之瞀论。于是一孔之士，山泽之农，始知有神州；筐箧之吏，烟雾之儒，始知有时局，不可谓非有志四方之男子学问之一助也。"③ 文襄以封疆之尊，扇倡阅报，乃知，报章于国危日急之冲，其社会功能若地位，殊非曩者所可比数，或谓新旧报业寿然二分端在此间，宜不诬也，而近代报人之崛起，遂亦以此时为分水岭，则不遑晓论。

抑近代报人之崛起，实近代士人政治意识觉醒有以致也。一次鸦片战争，国人始睁眼看世界，二次鸦片战争，开明士夫鼓吹洋务，甲午师熸，群情集于变政，庚子西狩，革命思潮蔚起。综核而言，国难频仍，宸汉飘摇，志士激扬热情，评章古今，裁量执政，势且莫可能御，而其所凭附者，报章也。毋庸讳言，士人橐笔报馆，初为稻粱谋，为社会所嗤笑，一旦立志捐起言责，国家一线之希望系于斯，报人形象则焕然一新。

学者盖谓近代中国初现办报高潮，当在乙未至戊戌间。先此，洋务运动俾社会风气渐开，而萤窗雪案亦渐萌刺世之心。爰有王韬兴《循环日报》（1874），煽扬改良，容闳作《汇报》（1874），诋斥外侮。踵其后，《新报》（1876）之创，正人视听，《述报》（1884）之设，谴责侵略，《广报》（1886）之开，揭批贪腐。然则，以所唱者声细，所听者耳聋，往往不中道而事沮废。虽然，崇高邈远，莫不始于土阶椎轮。洎甲午败绩，体用幻灭，士夫揭橥政治改良思想，先后创行《中外纪闻》《强学报》《时务报》《知新报》《国闻报》《湘学报》《湘报》《时务日报》等 70 余种报刊④，而维新活动之

---

① 戈公振：《中国报学史》，岳麓书社 2011 年版，第 87 页。
② 姚公鹤：《上海闲话》，吴德铎标点，上海古籍出版社 1989 年版，第 131 页。
③ 张之洞：《劝学篇》，冯天瑜、肖川评注，湖北人民出版社 2002 年版，第 156—157 页。
④ 张育仁：《自由的历险——中国自由主义新闻思想史》，云南人民出版社 2002 年版，第 93 页。

景从者、洋务派，甚乃迂拙腐陋者，沦胥以入报职，迄光绪二十三年、二十四年（1897、1898），即新创报刊104种。① 虽榛楛遍见，而成厦必梗楠，厥有梁启超、严复、谭嗣同、唐才常、汪康年、徐勤、麦孟华、欧榘甲、康广仁，前呼而后应，天下奔辏。

近代中国办报高潮之再兴，谓庚子至辛亥年间。辛丑之侮，清政之窳，薄海不觖望者鲜有，尔乃革命思想如秋原之遇雷火，焆然延燎。且不论维新派转益激烈，汲引西学，兴办报刊，倡言立宪，革命党人"知满清之不足与言改革"②，则乘势抗声而鸿举，自始即悬"扑满"为鹄的，张共和之大旗，先后创《中国日报》《苏报》《国民日日报》《警钟日报》《广东报》《有所谓报》《少年报》《民呼报》《民吁报》《民立报》《天铎报》《复报》《民报》《二十世纪之新支那》云云。"卓识之士，奋袂而起，凡在报界，即以匡时济世、文章报国为宏愿"③，若陈少白、胡汉民、汪精卫、宋教仁、章炳麟、刘师培、杨荫杭、戴季陶、陈去病、于右任、冯自由、吴稚晖，其反复与立宪派辩难，名重域内。

近代报业勃兴、报人崛起，"其可得而称者，一为报纸以捐款而创办，非以谋利为目的；一为报纸有鲜明之主张，能聚精会神以赴之"④。或以维新报人褒然而出，阐绎其功，借以窥近代报业，计不诬也，则足可言者，谓树立健全报业观是也，确立报业道德信守是也。⑤ 又或谓维新派与革命党汲汲于政治活动，其振迅报业，端在强化报纸之政治属性、宣传功效、启智作用云云。⑥ 论言彬蔚，要在悉为近代报人实践之综括，亦可谓近代报人贡献斯业之笃论。唯梁启超不可谓非有殊功耳，得更申之而后已。

论者曰："综梁氏一生，以纯旧之学者起，以较新学者终，中间之政、报两界则迭为循环，互相间杂。"⑦ 究其实，报刊犹篱，任公入之为政、学也，出之，犹政、学也，出将入相，其形势虽有异，其所抱守一也，易而言，梁

① 史和、姚福申、叶翠娣编：《中国近代报刊名录》，参见程丽红《清代报人研究》，社会科学文献出版社2008年版，第167页。

② 戈公振：《中国报学史》，岳麓书社2011年版，第145页。

③ 潘公弼：《望平街之回忆》，《报学》创刊号，台北市编辑人协会印行，第142页。

④ 戈公振：《中国报学史》，岳麓书社2011年版，第152页。

⑤ 赖光临：《新闻史》，（台北）允晨文化实业股份有限公司1984年版，第91—92页。

⑥ 方汉奇：《中国近代报刊史》（上），山西人民出版社1981年版，第137—141页。

⑦ 徐彬：《梁启超》，载夏晓虹编《追忆梁启超》，中国广播电视出版社1997年版，第14页。

启超卒其一生所竭蹶者，不出政学二字，所谓报刊，仅其所式凭者已耳。美国学者白瑞华谓，梁启超踵美王韬，视报刊为武器，揭改革之大旗，极报刊向导国民之能，抑亦将学术融入新闻事业，提升品位，俾其成为一股社会与文学力量，足资时彦瞩目与付出。① 夫如此，则梁启超贡献于近代报业者，盖有二，即工具化报刊、学术化报刊。

报刊为布衣陈闻之具。

鸦片战争以降，国难踵起，士夫忧患意识浸强，思所以救之者。康有为布衣上书不得达，孙中山诣津陈计不了了之，言路阻绝如斯，乃知，褐博登屏，非办报，无由发抒理想，展效抱负。甲午败绩，割地赔款，志士仁人"望中国之前途，如风前烛、水中泡"②，锥心焦虑，蠡然不知涕之流落，厥创报刊，庶几振聋发聩也。梁启超主《时务报》，首发即云，赤县神州自开埠以降，横流益急，晦盲依然，常此喉舌不通，必病及心腹，乃创报兴议，"上循不非大夫之义，下附庶人市谏之条"③，冀以歆动天听。御史宋伯鲁上书光绪皇帝，谓报纸"指陈时事，常足以匡政府所不逮，备朝廷之采择"④，盖任公懿言之应和者也。

报刊为浚牖民智之具。

维新派激扬改良思想，辄借创学堂、兴学会、办报纸三者，而尤以办报为先，盖以报纸既出，可使不得听者听，不得观者观。梁启超研究西报，谓西人有一学即有一报，报纸得某学一新义，即得一新闻，而任事者阅之无隔阂蒙昧之忧，绩学者得观善濯磨之益，抑且阅报愈多，其人愈智。又引日本学者松本君平《新闻学》云，报纸如大哲学家，堪以教育国民。⑤ 方清季政治日益致坏，任公阶"浚民智"而进之，标举"新民"，其昭揭《新民丛报》宗旨谓："中国所以不振，由于国民公德缺乏，智慧不开。故本报专对此病而

① ［美］白瑞华：《中国近代报刊史（1800—1912）》，苏世军译，中央编译出版社 2013 年版，第 107 页。

② 李书城：《学生之竞争》，《湖北学生界》1903 年第 2 期，载罗家伦主编"中华民国史料丛编"《湖北学生界》，中国国民党中央委员会党史料编纂委员会印行，1983 年再版（影印），第 175 页。

③ 梁启超：《论报馆有益于国事》（1896），载张之华主编《中国新闻事业史文选（公元 724 年—1995 年）》，中国人民大学出版社 1999 年版，第 20 页。

④ 宋伯鲁：《奏改时务报为官报折》，载中国史学会主编《戊戌变法》2，神州国光社 1953 年版，第 349 页。

⑤ 梁启超：《本馆第一百册祝辞并论报馆之责任及本馆之经历》（1901），载汤志钧、汤仁泽编《梁启超全集》第二集，中国人民大学出版社 2018 年版，第 351 页。

药治之，务采合中西道德，以为德育之方针；广罗政学理论，以为智育之本原。"① 及至民国肇造，任公念兹在兹者，仍在浚瀹民智，熏陶民德，发扬民力。

报刊为舆论动员之具。

梁启超曰："报馆者摧陷专制之戈矛，防卫国民之甲胄也。"② 报馆堪为"戈矛""甲胄"者，实拜其舆论动员能力。戊戌时期，方国人改良思想少萌，梁启超敏察几微，从师之后，奋呼维新，一时国人望"时务"如暗夜之望北辰，议变法如凤凰之鸣高冈，卒致光绪帝涣汗大号，明定国是。唯神州板荡，蜩螗羹沸，舆论动员益复有舆论争夺之色彩："自戊戌政变后，顽固者重秉朝政，而酿成拳匪之祸，八国联军入京，国事至是，益不堪问，优秀之士，相率在野，而谋补救之方。孙中山倡导革命之说，与康梁对峙，孙主民主，梁倡君宪，而报界亦起而论战，梁以《新民丛报》为根据，孙派则有张继、章炳麟主持之《民报》，遂开君宪、民主之论战。"③ 两造相驳难，虽闻之者各择枝而栖，势若交峙，然则无论君宪思想之传播，抑或革命舆论之形成，其摧陷专制，未有遑让者也。

陈闻、牖民、舆论动员，凡以报刊为工具，报刊之工具属性益彰。时人觇候风色，察其明验，乃俄然觉憬然悟，报刊工具化之论言滋盛。

而报刊学术化，亦梁启超贡献于报业者。

或谓，"自梁启超以知识分子之声光地位投身报业，至是报纸之目标与内容，乃脱胎换骨产生一急剧之变化。中国现代报业之革新进步，由是启始"④。报刊实践、学术活动二而耦合，准此以述任公行谊，庶几可也。盖粗分为四时期，即戊戌政变以前，阐绎经学；"清议"至"新民"，介绍西学；预备立宪迄于致仕，研究政学；"五四"以降，整理国故。虽然，梁启超学问欲极强，往往同时并举，故宜其类分也。一者介绍西学，亚里士多德、霍布斯、斯宾诺莎、卢梭、斯宾塞、达尔文、培根、笛卡尔、孟德斯鸠、边沁、伯伦

---

① 梁启超：《〈新民丛报〉章程》（1902），载夏晓虹辑《饮冰室合集·集外文》（上册），北京大学出版社 2005 年版，第 75 页。

② 梁启超：《敬告我同业诸君》（1902），载夏晓虹编《梁启超文选》（上集），中国广播电视出版社 1992 年版，第 166 页。

③ 黄天鹏：《中国新闻事业》，《民国丛书》第三编·41，中华新闻学院 1943 年版，第 44 页。

④ 赖光临：《梁启超与近代报业》，台湾商务印书馆 1968 年版，第 129 页。

知理、波伦哈克、康德诸人，星布于报章，自由、民权、立宪、进化、国家诸学说，亹亹不绝其音。"国人之得闻亚里士多德、倍根、笛卡儿、斯宾诺莎、康德、卢梭、霍布士、边沁诸家之学说，实自先生之著作始也。"① 一者整理旧学，有《论中国学术思想变迁之大势》《子墨子学说》《中国法理学发达史论》《国文语原解》《近代学风之地理的分布》《老子哲学》《墨经校释》《戴东原哲学》《清代学术概论》《先秦政治思想史》云云，广涉旁通，无不该洞，可呼为五总龟。一者研究政治、经济学，作《论政府与人民之权限》《外官制私议》《立宪法议》《论立法权》《责任内阁释义》《宪政浅说》《中国国会制度私议》《各国宪法异同论》《中国国债史》《中国货币问题》《外资输入问题》《币制条议》云云，从政治改良之热血呼号时代，进而至于制度建设之理性探讨时代，无不备焉。一者勷力史传，著《新史学》《中国历史研究法》《历史统计学》《中国历史上民族之研究》《中国专制政治进化史论》《李鸿章》《张博望班定远合传》《赵武灵王传》《袁崇焕传》《郑和传》《管子传》《王荆公传》《雅典小史》《朝鲜亡国史略》云云，俱以述人群进化之现象，而求其公理公例，夐非曩者帝王将相之一姓谱牒也。一者殚精文学，刊《新小说》，不单登载时人作品，如我佛山人之《痛史》《二十年目睹之怪现状》《九命奇冤》，苏曼殊诸人译作云云，亦躬自作《新中国未来记》《世界末日记》《十五小豪杰》，觊望以小说改良群治云。

综核而言，梁启超学术成果斐然，抑且率多托诸报刊播越远近，学者蠲酌之，士林激扬之，掾吏汲引之，盖自鸦片战争以降，能以学术、理论而见仰重于群伦者，宜当思及任公！近世学者陈敬之谓，任公学术产量之丰、内容之富、贡献之伟，视之于并世学人，可谓矫然独步，罕有其匹，虽康有为博取约守，王国维专攻独擅，章炳麟邃密旧学，严复深湛新知，第以任公于近代中国知识界思想若精神上之影响与作用，则远非康王章严所可比数者。② 诚哉斯言！抑其要者，报刊向为"无赖文人"之渊薮，任公以其厚德之载，翻为士者所钦慕。

---

① 张荫麟：《近代中国学术史上之梁任公先生》，载梁启勋、吴其昌《我的兄长梁启超》，黄山书社 2019 年版，第 9 页。

② 陈敬之：《荷戈擐甲作前驱——文苑风云五十年》，载吴天任《梁启超年谱》第四册，南方出版传媒广东人民出版社 2018 年版，第 1877—1878 页。

　　若夫独抒报刊传播思想，任公居功其亦巨哉！瞻念前贤，筚路蓝缕，启报刊理论之山林，綦辙斑斑可睹。梁启超缉熙光明，"而尤要者乃为梁氏东渡日本之后，数予为文阐扬报业之职责，析其义理，申其旨归，报界之新观念至是逐渐萌蘗，中国报业得以发展"①。夷考其传播思想，则絮聒于前者，猥以为备矣，今兹益复胪列其篇什，以微引大家之绪，概为专论、序跋若感言者数十：《论报馆有益于国事》（1896）、《农会报序》（1896）、《西学书目表》自序（1896）、《读西学书法结语》（一名《〈西学书目表〉后续》，1896）、《萃报序》（1897）、《蒙学报演义报合叙》（1897）、《大同译书局叙例》（1897）、《知新报叙例》（1897）、《会报叙》（1897）、《西政丛书叙》（1897）、《清议报叙例》（1898）、《请饬一切书籍报章概准免纳釐税呈》（1898）、《政治小说佳人奇遇序》（1898）、《嗜报之国民》（1899）、《传播文明三利器》（1899）、《清议报一百册祝辞并论报馆之责任及本馆之经历》（1901）、《新民丛报章程》（1902）、《新民丛报之特色》（1902）、《舆论之母与舆论之仆》（1902）、《敬告我同业诸君》（1902）、《论小说与群治之关系》（1902）、《匈加利爱国者噶苏士传之第四节：议员之噶苏士及其手写报纸》（1902）、《上海〈时报〉缘起》（1904）、《〈时报〉发刊例》（1904）、《国风报叙例》（1910）、《读十月初三日上谕感言》（1910）、《说国风上中下》（1910）、《与上海某某等报馆主笔书》（1911）、《〈法政杂志〉序》（1911）、《鄙人对于言论界之过去及将来》（1912）、《〈庸言〉叙》（1912）、《京报增刊国文祝辞》（1915）、《大中华发刊辞》（1915）、《吾今后所以报国者》（1915）、《政治之基础与言论家之指针》（1915）、《〈解放与改造〉发刊词》（1919）、《时事新报五千号纪念辞》（1921）、《新太平洋发刊词》（1921）、《晨报增刊经济界序》（1923）、《湘报序》（1923）、《图书馆学季刊发刊辞》（1926）、《〈司法储才馆季刊〉发刊词》（1927）。

　　梁启超贡献于近代报业者，虇以二三言櫽括之，其疏阔阙略势所不免，然虽欲不惮烦言而穷其功，复恐卒不如二三子之一言所蔽。林语堂谓，梁启超乃中国新闻史上最伟大人物，② 张朋园谓，任公一生以言论起家，遥居中国

---

① 赖光临：《中国近代报人与报业》（上集），台湾商务印书馆1980年版，第220页。
② 林语堂：《中国新闻舆论史 一部关于民意与专制斗争的历史》，刘小磊译，冯克利校，世纪出版集团上海人民出版社2008年版，第102页。

新闻史先辈地位。① 吁嗟乎，诸子所云，不亦宜乎！

第二节 言论界骄子

近代以降，士人以言论报国者，隅隈多有，而独以"言论界骄子"称述者，则唯梁启超当之。

夷考其名所从来者，殆有三人之论言不可不察。李剑农谓，梁启超乃中国近代最重要言论运动家，尤其于遁日办《清议报》《新民丛报》期间，梁氏可算言论界之骄子。② 林语堂称梁启超以学者身份办报，为报刊文章博得文学声誉，开一代文风，诚舆论界之骄子也。③ 吴其昌比较谭嗣同、夏曾佑、章炳麟、严复、章士钊之文，崇梁之至，谅无人能出其右者，其言谓，戊戌以前至辛亥约十六年间，"任公诚为舆论之骄子，天纵之英豪也"④。而后乃今，以此相尚绳准嘉言者，则不绝如缕。若张朋园考察报章发行数字以征梁启超言论骄子之地位；若王天根寻报刊与政治动员之关系视角，称梁启超乃舆论骄子，功在开报刊之新风。张锡勤平议梁启超思想，委曲靡遗，厥振玉音，谓任公实热心传播新思想之言论界骄子。

梁启超膺此殊名，诚由其言论之宏富、影响之深远致之也。前者既屡有论列，兹不赘述，后者堪可仰希之事迹洵多，今亦暂取蠡勺之一舀。

梁启超逝后，美国史学界发布简讯称，斯人十八岁初至上海，从坊间购得《瀛环志略》，始知有五大洲各国，然则正唯此人，以非凡之精神活力若文风，赢得全中国知识界领袖头衔，并保留它一直到去世。⑤ 埃德加·斯诺《西行漫记》称，梁启超乃1911年中国辛亥革命"精神之父"。约瑟夫·勒文森《梁启超与中国近代思想》称，自戊戌维新到五四运动，梁启超乃中国理论界真正之领导者。国内，时人后学亦不吝誉词。张君劢序毛以亨《梁任公传》谓：

---

① 张朋园：《梁启超与清季革命》，吉林出版集团有限责任公司2007年版，第217页。

② 李剑农：《中国近百年政治史》，商务印书馆2016年版，第208页。

③ 林语堂：《中国新闻舆论史 一部关于民意与专制斗争的历史》，刘小磊译，冯克利校，世纪出版集团上海人民出版社2008年版，第94页。

④ 吴其昌：《梁启超传》，百花文艺出版社2004年版，第23页。

⑤ 丁文江、赵丰田编：《梁启超年谱长编》，世纪出版集团上海人民出版社2009年版，第780页。

"先生之文章条达，异于太炎之古奥，先生说理委曲详尽，异于南海之沉郁，先生富于情感，笔锋所至，青年随之转移。自戊戌前后迄于先生之殁，四万万人之心思方向，非先生独使之或新或旧，或东或西之左右其间乎？"① 王文濡挽任公成八联，其自序云："任公逝矣，综论一生以龙卧虎跳之才，建震天动地之业，不凝于己见物见，而权衡在心，屈信因时，随大势为转移，变化焉，发挥焉，以尽其务而底于成。故其始也，变法蒙难，任维新之先觉，其继也倒袁讨张，成革命之元勋。指挥若定，大功不居，退隐析津，杜门著述，雅怀高致，操、莽之军阀曾不得而污之焉。文学虽其余事，而整理国故，扶大雅之轮，扬抑古人，秉阳秋之笔，饮冰一集，万本万遍，传诵国人，雅俗同赏，得其余沥，以弋鸿名而张骚坛者，比比皆是也。痛斯人之难再，嗟举世之皆瘖。"② 陈敬之撰《荷戈擐甲作前驱——文苑风云五十年》谓，以言任公任何著作，其字里行间，无不表现出先知先觉、己溺己饥之精神，于举世醉梦中，独为汝南晨鸡，非至借其引吭高鸣而尽收发聋振聩之实效，则虽至声嘶力竭而不欲止，故每发一论，辄笔力万钧，倾动朝野，有古人所谓"江河万古，此流不废"之气概。

信乎哉，文学之盛衰，系乎国运之隆盛，而文学之或盛或衰，则系乎一二人之心，一二人之言，斯人如灯，驱除暗昧，斯人如旗，指引迷津，斯人如号角，能奋千万人之袂。微斯人，吾将何之？

具体而言，梁启超言论于躁动变革时代个体生命之重塑，影响深至，尝自谓，"二十年来学子之思想，均蒙其影响"③。蒋梦麟著《西潮》云，《新民丛报》乃当时青年人渴求新知者之智慧源泉，其自身抑亦为千千万万学生之一，深受任公影响。沈亦云回忆录记述，彼时，任公著作在嘉兴已甚风行，饮冰室自由书辄为课本论题，读《中国积弱溯源论》《戊戌六君子传》，直使人唏嘘慷慨，"读过任公文章后，我很觉得心境不同，眼界亦不同。我后来与应白同认，我和他，还有不少朋友，都受任公书影响而趋向革命"④。谋炸清廷五大臣之吴樾，其《〈暗杀时代〉自序》云，"逾时，某君又假予以《清议报》，阅未终篇，而作者之主义，即化为我之主义矣。日日言立宪，日日望立

---

① 吴天任：《梁启超年谱》第四册，南方出版传媒广东人民出版社 2018 年版，第 1881 页。
② 王文濡：《挽梁任公八联》，载清华大学国学研究院、中华书局编辑部编《梁任公先生年谱长编稿本》第十六册，中华书局 2015 年版，第 8002 页。
③ 梁启超：《清代学术概论》（1920），上海古籍出版社 1998 年版，第 85 页。
④ 转引自赖光临《梁启超与近代报业》（上集），台湾商务印书馆 1968 年版，第 123 页。

宪，向人则曰西后之误国，今皇之圣明。人有非康梁者，则排斥之，即自问亦信梁氏之说之登我于彼岸也"①。徐志摩日记述云，读梁启超新民说及德育鉴，合十稽首，喜惧愧怒，一时交集；读意大利三杰传，则血气之勇始见。胡适自云躬受任公无穷恩惠，忆彼曩昔，有两点最分明，一为"新民说"，一为"中国学术思想变迁之大势"。②

集个人之影响而造成群体之变化，集小群之影响而造成社会之思潮，集一时之影响而造成时代之旋律，任公言论克奏肤功，正唯于是。

满清屋社，孙中山尝总结谓："此次中国推倒满清，固赖军人之力，而人心一致，则由于各报鼓吹之功。"③诚哉斯言，"自报章之文体行，遇事畅言，意无不尽。因印刷之进化，而传布愈易。因批判之风开，而真理乃愈见。所谓自由博爱平等之学说，乃一一输入我国，而国人始知有所谓自由、博爱、平等。故能于十余年间，颠覆清社，宏我汉京"④。而任公以言论觉天下，其与清末士气之奋发，思想之解放，关系至重，"后此民族民权之说，风靡全国，亦以梁氏温和之理论，与夫暴露满廷之失败及革命之绝望，为间接之助力"⑤。严复则讥评康、梁，曰："今夫亡有清二百六十年社稷者，非他，康、梁也。"⑥何谓？曰，康氏自许太过，祸人家国而不自知非，"至于任公，则自窜身海外以来，常以摧剥征伐政府为唯一之能事。《清议》、《新民》、《国风》，进而弥厉，至于其极，诋之为穷凶极恶，意若不共戴天，以一己之新学，略有所知，遂若旧制，一无可恕"⑦。颠覆清祚，任公固不能专美，然其言论执时代之牛耳，则堪谓著明。严复讥评，翻可佐证者也。

任公逝后十余年，国民政府褒扬令始姗姗而至，然主于弘扬文化诱掖青年之功，而其启蒙革命，维护共和，则靳一字之旌，时人或以告朔饩羊疑之。

① 吴樾：《〈暗杀时代〉自序》，（中国国民党）中央党史会编《党史史料丛刊》1944年第2期。

② 胡适：《四十自述》，海南出版社1997年版，第458页。

③ 孙中山：《对粤报记者的演说》，载广东省社会科学院历史研究所等合编《孙中山全集》第二卷，中华书局1982年版，第348页。

④ 戈公振：《中国报学史》，岳麓书社2011年版，第152页。

⑤ 缪凤林：《悼梁卓如先生》，转引自赖光临《中国近代报人与报业》（上册），台湾商务印书馆1980年版，第267页。

⑥ 严复：《与熊纯如书》（三十），载王栻主编《严复集》（第三册），中华书局1986年版，第632页。

⑦ 严复：《与熊纯如书》（三十），载王栻主编《严复集》（第三册），中华书局1986年版，第632页。

乃公道自在人心，济济多士品核梁启超与民国肇造之关系，论诘亹亹，不克胜举。胡适忆述就读上海梅溪学堂，常常接触梁启超一派"新书"，乃自命"新人物"，谓梁先生文章实为彼时最有势力者，虽不曾明白提倡种族革命，而一班少年脑海里既已播下革命种子。方任公寝门有哀，胡适挽云，"文字成功，神州革命"①，可为盖棺之论。徐佛苏特以编任公年谱事明言："辛亥革命之发动实系由于政闻社及各省谘议局之先后要求政府立宪所致故，鄙意不能割爱隐善。"② 林语堂所以称梁启超为中国新闻史上最伟大人物，开宗明义即谓辛亥革命能够发生，梁氏那枝如有魔力之健笔，功不可没。③ 张荫麟作《近代中国学术史上之梁任公先生》谓："国民革命运动，实行先于言论。党人最著名之机关报曰《苏报》曰《民报》。然《苏报》始于癸卯，旋被封禁。上距《时务报》之创办已七年矣。《民报》始于乙巳，上距《清议报》之创办已六年矣，视《新民丛报》之发刊亦后四年矣。《苏报》、《民报》以前党人盖未尝明目张胆以言论学说昭示国人，国人之于革命党不过视为洪杨之继起者而已。自乙未至乙巳十年间肩我国思想解放之任者实唯康梁。虽其解放之程度不如党人，然革命学说之所以能不旋踵而风靡全国者，实因维新派先解去第一重束缚，故解第二重束缚自易易也。且梁任公自逃亡日本后在《清议报》及《新民丛报》中捃诋满洲执政者不留丝毫余地，清室之失去国人信用，梁任公之笔墨实与有力焉。清室既失去国人信用，而朝廷上又无改革希望，故革命势力日增也。此又梁任公无意中间助成革命之一端也。"④ 张朋园评述梁启超言论谓，戊戌政变，任公亡命日本，益觉欲救中国，必先除怯懦腐败之满清政府，乃创《清议》《新民》《新小说》，民族民权意识，以三报提倡而深入人心，革命热情以三报激扬而日益高涨。其后，《政论》《国风》虽倡立宪，翻速清廷覆亡。之数报，虽立论激烈温和不一，而均不利于清廷，有意无意间，替革命宣传云。⑤ 吴天任就国民政府褒扬梁启超一事为按语云，

① 转引自吴其昌《梁启超传》，百花文艺出版社 2004 年版，第 23 页。

② 徐佛苏：《致梁仲策书》，载清华大学国学研究院、中华书局编辑部编《梁任公先生年谱长编稿本》第十六册，中华书局 2015 年版，第 8031 页。

③ 林语堂：《中国新闻舆论史 一部关于民意与专制斗争的历史》，刘小磊译，冯克利校，世纪出版集团上海人民出版社 2008 年版，第 102 页。

④ 张荫麟：《近代中国学术史上之梁任公先生》，载梁启勋、吴其昌《我的兄长梁启超》，黄山书社 2019 年版，第 7—8 页。

⑤ 张朋园：《梁启超与清季革命》，吉林出版集团有限责任公司 2007 年版，第 168 页。

夫清季革命与立宪两派之对立，各有主张，皆出于匡时救国，本无所谓是非，"即追溯前事，戊戌维新之举，实亦为后来辛亥革命之先驱，使无先生大力鼓吹在先，武昌举义，岂有仅经二三月而清廷即告瓦解之理？"① 任公平生政治理想在于立宪，然则"民国之成，持共和论者固有大勋，其持立宪论独无劳绩可言乎"②？大哉问！张君劢难曰："任公先生之目的为革新为进步为现代化，试问新民丛报初期之排满论与新小说之中国未来记，非中华民国称号之第一人乎？新民丛报中之独立自尊自治之议论等，非19世纪以来自由主义在吾国之倡导乎？先生中国学术思想演进，新史学与阐发墨子之新观点，非胡适之之中国哲学史与新学运动之所自来乎？"③ 当代学者董方奎论中国近代史梁启超之地位云，"时务""清议""新民"问世之时，正唯中国封建主义思想业已腐朽，近代民主自由意识破土欲出，而中国文化及意识领域犹为千百年陈腐传统所禁锢，方此时，梁启超应时而出，猛烈批判封建专制制度，极力鼓吹革命破坏，促使20世纪初年革命共和思潮形成与发展；又竭力倡导文界革命、诗界革命、戏剧革命、史学革命、道德革命，反对蒙昧奴性，奋呼思想解放、妇女解放，乃使社会伦理及文化思想领域激扬革命风潮。④

夫以上所列举者，虽仅一管之微，抑亦见任公言论至功所不能已于众论者。任公尝自许以言论易天下、以语言文字开将来之世界云云，果尔死水兴澜、风云变色，任公固宜有足慰者也。

必曰，辛亥之后，新权利主体功成而德衰，打扫战场，引绳批根，凡百皆归于革命叙事话语。国民政府衔旧怨，宿诋任公保皇，固不欲崇奖其所贡献于革命共和者，抑梁启超则何尝矜己庸功，其人也，辄自视欿然，行无适也，思无莫也，唯义之与比。顾时贤后来感孚任公思想者，伊谁不欲憖遗一贤，乃断断然争之，纳任公言论于革命叙事话语体系，所谓"保皇终保国，青天白日应鉴此心"⑤。信夫，所谓"言论界骄子"，实胜者所赐之"革命"桂冠也。

① 吴天任：《梁启超年谱》第四册，南方出版传媒广东人民出版社2018年版，第1866页。

② 张君劢：《梁任公传序》，载吴天任《梁启超年谱》第四册，南方出版传媒广东人民出版社2018年版，第1882页。

③ 张君劢：《梁任公传序》，载吴天任《梁启超年谱》第四册，南方出版传媒广东人民出版社2018年版，第1881页。

④ 董方奎：《新论梁启超》，华中师范大学出版社2007年版，第296页。

⑤ 王文濡：《挽梁任公八联》，载清华大学国学研究院、中华书局编辑部编《梁任公先生年谱长编稿本》第十六册，中华书局2015年版，第8004页。

第三节　传播思想与实践之影响

洸洸乎任公传播思想之丰，洋洋乎任公传播实践之富，堪称当时之蓍龟，足资后来所矜式。或谓，"梁氏之从事报业，有如巨石投江，激起层涨继涌波澜，产生宏大而深远之影响，其个人之事功成就，堪称是中国报界第一人"①。洵哉斯言。

梁启超传播活动之影响，虽前此数数论及，然夫子之墙数仞，仰之弥高，庸敢不惮烦言。方《新民丛报》兴，梁启超挥斥方遒，黄遵宪肃书云："茫茫后路，耿耿寸衷，忍泪吞声，郁郁谁语，而何意公之新民说遂陈于吾前也。罄吾心之所欲言，吾口之所不能言，公尽取而发挥之，公试代仆设身处地，其惊喜为何如也。……以公今日之学说，之政论，布之于世，有所向无前之能，有唯我独尊之概，其所以震惊一世，鼓动群伦者，力可谓雄，效可谓速矣。"②未几《新小说报》出，益嘉之："果然大佳，其感人处，竟越《新民报》而上之矣。仆所最贵者，为公之关系群治论及世界末日记，读至'爱之花尚开'一语，如闻海上琴声，叹先生之移我情也。"③ 世界末日记、新民说、群治论云云，其所从出者，政治传播观、进步传播观也，"新民"者、"新小说"者，言虽如丝，一唱于世，则如纶如綍，薄海竞诵。冯自由，初立梁门，既而转帆革命，其有言曰："梁启超于初期《新民丛报》及《新小说月报》，鼓吹破坏论及民族主义，异常激烈……该报初年之努力鼓吹，影响青年思想至巨，功不可没。"④ 乃虽政见迥异，公心犹存耳。胡适自传云，任公掞藻，抱满腔血诚，怀无限信心，以常带感情之健笔，指挥无数历史例证，使人鼓舞，使人掉泪，使人感激奋发，稽之侪类，无有能逾者。梁漱溟纪念任公逝世

---

① 赖光临：《梁启超与近代报业》，台湾商务印书馆 1968 年版，第 129 页。
② 黄遵宪：《致新民师函书》（1902），载丁文江、赵丰田编《梁启超年谱长编》，世纪出版集团上海人民出版社 2009 年版，第 201 页。
③ 黄遵宪：《致新民师函书》（1902），载丁文江、赵丰田编《梁启超年谱长编》，世纪出版集团上海人民出版社 2009 年版，第 197 页。
④ 冯自由：《开国前海内外革命书报一览》，《革命逸史》第三集，中华书局 1981 年版，第 155—156 页。

十四周年为文云，方任公全盛时代，广大社会俱感受其启发，接受其领导，其势力之普遍，为前后同时任何人物，如康有为、严几道、章太炎、章行严、陈独秀、胡适之诸人所赶不及。[①]郭沫若忆彼少年：方其时，梁启超负载时代使命，标榜自由思想，与封建残垒作战，在其新兴气锐之言论面前，旧思想、旧风习，庶几如败叶之遇狂风，莘莘少年，虽鄙薄保皇，顾喜其著论，无论赞成或反对，未始不受其思想或文字洗礼。陈敬之忆述文苑风云谓，民国肇造前后，中国知识分子，若不是固守孤陋或故作隐讳，殆未受任公思想精神影响者，仅矣哉，不单亲炙者如是，私淑者粗知学术若世界大势，更则所在多有。郑振铎核论任公，别之以类，程之以时，衡之以阈，允信允文，殊资参稽。其言曰，任公于文艺者，鼓荡一支生力军，击恹恹无生气之桐城文坛于粉碎；于政治者，造成风气，有云集响应赢粮而从之概；于学问者，亦郁郁乎有劳迹，非由其研究深湛，第以其通俗化普遍化学问乃尔；于新闻界，开创诸多模式，堪称中国近代最伟大记者。抑济济多士，影响久暂，实有差焉。既往矣，诸时俊，瞻来今，谅任公允乎于人心者犹在。尔其影响之广狭，人或限于一部分、一地方、一方面，而任公之势力溥洽周至，无远弗届，无地不入，无人不及。[②]郑氏之评骘，不亦宜哉！

中国近代传播思想体系化、实践化，梁启超实嚆矢之，其为中国新闻传播事业发展之沃壤，功奚可量。学者谓，梁启超报学思想乃维新派媒介思想之大纛，夫若谭嗣同者，其论"民史""民口"与报刊舆论关系，直接受梁启超启迪，而严复辄借"清议""新民"以反思云。[③]由梁启超、谭嗣同、严复诸人躬自参与、推动，中国新闻传播史最初之办报高潮蔚然形成。又或谓，梁启超不直为19世纪末中国第一次办报高潮核心人物，辛亥革命前后中国第二次办报高潮，亦实则梁启超办报思想之赓续，即五四运动前吾人之新闻思想主干，亦无非踵行前辙。[④]即此，论者揄扬曰："启超孕育

①　梁漱溟：《纪念梁任公先生》，载夏晓虹编《追忆梁启超》，中国广播电视出版社1997年版，第259页。

②　郑振铎：《梁任公先生》，载夏晓虹编《追忆梁启超》，中国广播电视出版社1997年版，第63—64页。

③　王天根：《晚清报刊与维新舆论建构》，合肥工业大学出版社2008年版，第205—206页。

④　袁新洁：《近代报刊"文人论政"传统研究》，江西人民出版社2009年版，第120页。

之报业思想，颇顺应世界进步潮流；对报章之建言，尤具真知灼见，足可供今后中国报业发展之指导，其对报业之贡献，有足多者焉。"① 征之中国新闻传播思想史，盖任公所揭橥阐扬者，掩乎其里，映乎其外，历久而弥新。

然则，任公传播思想若实践活动，其影响未来而历久弥新者，究为何物？梁启超尝反思戊戌政变云："戊戌维新之可贵，在精神耳。若其形式，则殊多缺点。殆犹大辂之仅有椎轮，木植之始见萌坼也。当时举国人士，能知欧美政治大原者，既无几人。且掣肘百端，求此失彼。而其主动者，亦未能游西域，读西书，故其措置不能尽得其当，殆势使然，不足为讳也。若其精神，则纯以国民公利公益为主，务在养一国之才，更一国之政，采一国之意，办一国之事，盖立国之大原，于是乎在。精神既立，则形式随之而进，虽有不备，不忧其后之不改良也，此戊戌之真相也。"② 任公贵戊戌之精神，后之人贵任公者何在？1957 年，毛以亨为亚洲少年丛书"名人传记"撰《梁启超》，曰："任公之精神，已非少数人之所得而私，盖如飞花片片之散入各个人灵魂中，变为新生命而为新文化之再造以努力了。"③ 毛氏复云，任公精神，变化气质，敌友俱歠，盖彼辈无人不受其影响也。噫吁嚱，"任公精神"，岂不为肯綮之语！

自清季以降，世之诽誉梁启超者固多，而特以"任公精神"为研精者仅矣，今兹独欲发皇其内涵，扬厉其精神，非以其名之殊也，实以其泽被久远也。

任公精神谓何？姑以爱国主义、民权思想、批判精神、辩证方法四者名之。

一者爱国主义。

国人爱国意识觉醒，源于近代列强之侵凌。鸦片战争，蚩氓始知有海国，乃兴洋务以自强；甲午一役，士夫灼然有见于危亡之故，厥倡变法；庚子事变，忧时君子骇然争论救国道路，冀补破篱。一言以蔽，国人爱国意识随国权之沦丧，日激而日厉。

光绪二十五年（1899），任公撰《爱国论》长文，开以"爱国"为主题

---

① 赖光临：《梁启超与近代报业》，台湾商务印书馆 1968 年版，第 4 页。
② 梁启超：《南海康先生传》（1901），载汤志钧、汤仁泽编《梁启超全集》第二集，中国人民大学出版社 2018 年版，第 364 页。
③ 毛以亨：《梁启超》，（香港）亚洲出版社 1957 年版，第 143 页。

之舆论先河。《爱国论》都为三篇，迤逦而论"不知有国""何以不知""爱之所由"。泰西人辄谓，中国人无爱国之性质，直掠其地奴其民可也。任公诘之，谓吾国数千年，称禹域也，称天下也，尝未称之为国，既无国，何爱之可云，故谓吾民爱国性质隐而未发则可，谓其无爱国性质则不可。然则，"敢问国？曰有君焉者，有官焉者，有士焉者，有农焉者，有工焉者，有商焉者，有兵焉者。万其目，一其视，万其耳，一其听，万其手，万其足，一其心，一其力，万其力，一其事；其位望之差别也万，其执业之差别也万，而其知此事也一，而其志此事也一，而其治此事也一。心相构，力相摩，点相切，线相交，是之谓万其途，一其归，是之谓国"①。孟子曰，人必自侮，然后人侮之。禹域也，天下也，卒乃自侮而令西人见猎心喜。宁不见我中国自秦汉以降，君主奴隶其民，民亦以奴隶之地位自居，有国者只一家之人，其余则皆奴隶，国运之隆杀，有国者之事，于奴隶何与焉。任公痛忆曰："吾少而居乡里，长而游京师及各省大都会，颇尽识朝野间之人物。问其子弟，有知国家为何物者乎？无有也。其相语则曰如何而可以入学，如何而可以中举也。问其商民，有知国家之危者乎？无有也。其相语则曰，如何而可以谋利，如何而可以骄人也。问其士夫，有以国家为念者乎？无有也。其相语则曰，如何而可以得官，可以得差，可以得馆地也。问其官吏，有以国事为事者乎？无有也。其相语则曰某缺肥，某缺瘠，如何而可以逢迎长官，如何而可以盘踞要津也。问其大臣，有知国耻、忧国难、思为国除弊而兴利者乎？无有也。但入则坐堂皇，出则鸣八驺，颐指气使，穷侈极欲也。父诏其子，兄勉其弟，妻劝其夫，友劝其朋，官语其属，师训其徒，终日所营营而逐逐者，不过曰身也，家也，利与名也。于广座之中，若有谈国事者，则指而目之，曰：是狂人也，是痴人也。其人习而久之，则亦且哑然自笑，爽然自失，自觉其可耻，钳口结舌而已。不耻言利，不耻奔竞，不耻嫚渎，不耻愚陋，而唯言国事之为耻。习为成风，恬不为怪，遂使四万万人之国，与无一人等。"② 以如是之习俗、言论，不谓之奴隶性、奴隶行，可得乎？以如是之国，人人不自

① 梁启超：《南学会叙》（1898），《饮冰室合集·文集》之二，第六十四页，中华书局 2015 年版，第 196 页。

② 梁启超：《爱国论二》（1899），载汤志钧、汤仁泽编《梁启超全集》第一集，中国人民大学出版社 2018 年版，第 696—697 页。

有之，不自爱之，一万人一万心，安往而不败哉！

爱国心乌乎起？必自去奴隶性奴隶行乃尔，启民智、张民权、倡新民、研政体、护共和，卒其一生，任公践行其中心思想若主张，以言论觉天下，明爱国之义，以救国为己任，尽己躬之力，视"爱国重群为个人不可少之公德"①，终可谓求仁得仁，为国人范。

二者民权思想。

梁启超曰：民权兴则国权立，民权灭则国权亡。又曰："国之强弱悉推原于民主。"② 民主、民权固异，然民主之本质端在张扬民权。吾人其重念此言哉！

其时中国民权状况若何？任公谓："人人天赋人权虽说未尝尽失，而常不完全，被民贼暗中侵夺而不自知，故怨毒不深，而其争自存也不力。又被治之人，俄然而可以为治人之人，故桀骜愤激之徒，往往降心变节，工容媚，就绳墨，以求富贵，故民气不聚而民心不奋。……我中国民权之难兴即坐是故。"③ 民既不有其国，虽曰练兵，虽曰理财，其于民何有哉，国之富强，国之丧亡，其于民何与哉，以一姓之国，以奴隶之民，而立于生存竞争优胜劣败之世界，宁有幸乎？然唯其如此，任公以兴民权为己任，终身以之。

梁启超初为民权论，乃时务学堂时期。时，梁启超并谭嗣同、唐才常诸人，教陆王修养论，抑且假《公羊》《孟子》学说，发皇民权思想，"学科视今日殊简陋，除上堂讲授外，最主要者为令诸生作札记，师长则批答而指导之，发还札记时，师生相与坐论。时吾侪方醉心民权革命论，日夕以此相鼓吹，札记及批语中盖屡宣其微言"④。湘中老宿视民权思想若洪水猛兽，群起掎之，新旧交哄，骇动京师。民权思想固为守旧者所疾视，即维新派亦未始能歆然颔首，而任公为民权辩，驳诘不避乃师："夫子谓今日'但当言开民智，不当言兴民权'，弟子见此二语，不禁讶其与张之洞之言，甚相类也。夫不兴民权则民智乌可得开哉。其脑质之思想，受数千年古学所束缚，曾不敢

---

① 萧公权：《中国政治思想史》（下册），商务印书馆2011年版，第764页。

② 梁启超：《与严幼陵先生书》（1897），载夏晓虹编《梁启超文选》（上集），中国广播电视出版社1992年版，第48页。

③ 梁启超：《论中国与欧洲国体异同》（1899），载汤志钧、汤仁泽编《梁启超全集》第二集，中国人民大学出版社2018年版，第200页。

④ 梁启超：《时务学堂札记残卷序》（1922），载丁文江、赵丰田编《梁启超年谱长编》，世纪出版集团上海人民出版社2009年版，第55页。

有一线之走开，虽尽授以外国学问，一切普通学皆充入其记性之中，终不过如机器切成之人形，毫无发生气象。"① 重乎哉民权！

民权奚兴乎？兴乎立宪。"宪政政治，质言之，则法治的政治而已，人民的政治而已。"② 任公稽考往古希腊罗马英国之史册，谓人民与政府争权，其究也，一者限定宰治之权，二者人民得各出己意，表之于言论，著之于律令，以保障全体之利益。③ 试征之任公所躬行者，自不必言创报，若"清议"，抱定宗旨，首倡民权，自兹以下，哓音瘏口，莫非如此，乃如政治活动，公车上书，实中国学生运动之嚆矢，亦国民参政意识之初觉醒也。推动维新，以其感乎于三世说而信君政民政相嬗之理："盖地球之运，将入太平，固非泰西之所得专，亦非震旦之所得避。吾知不及百年，将举五洲而悉唯民之从，而吾中国亦未必能独立而不变，此亦事理之无如何者也。"④ 骋辩立宪，与禁廷密结，与革党舌战，初为定君权使有限，伸民权使同治。维护共和，间关粤桂，誓师马厂，九死其一生，庸保民权之勿坠。

民权思想已然为现代中国立国之根基，先贤若任公者，坐论起行，思精前古，言高当世，行范后来，吾人暮鼓晨钟，宁不祷之念之！

三者批判精神。

《春秋》之用，褒则一字荣于华衮，贬则一字严于斧钺，尼丘发愤，帝王将相为之胆寒，而忧时君子亦不敢自荒言责。梁启超曰："欲以身救国者，不可不牺牲其性命；欲以言救国者，不可不牺牲其名誉。甘以一身为万矢的，曾不于悔，然后所志所事，乃庶有济。"⑤ 国亡无日，风雨如晦，任公独不畏艰巨险峻作汝南鸡鸣，其批判精神，亦足矜式士类，裨益世风。

自不俟言任公皇皇著论，辟朝政、讥世卿、呵民德、厉风俗，第以其创

① 梁启超：《致南海夫子大人书》（1900），载丁文江、赵丰田编《梁启超年谱长编》，世纪出版集团上海人民出版社2009年版，第154页。

② 梁启超：《〈法政杂志〉序》（1911），载汤志钧、汤仁泽编《梁启超全集》第八集，中国人民大学出版社2018年版，第242页。

③ 梁启超：《论政府与人民之权限》（1902），《饮冰室合集·文集》之十，第四页，中华书局2015年版，第862页。

④ 梁启超：《论君政民政相嬗之理》（1897），载汤志钧、汤仁泽编《梁启超全集》第一集，中国人民大学出版社2018年版，第268页。

⑤ 梁启超：《敬告我同业诸君》（1902），载夏晓虹编《梁启超文选》（上集），中国广播电视出版社1992年版，第169—170页。

报所宣示者，厥见其批判精神之一斑。《时务报》兴，任公"自著《变法通议》，批评秕政"①，亦时时发民权论，唯微引其绪乃尔。时任公所望于在上者厚，固宗不非大夫之义，遵庶人市谏之条，乃其批判之姿态，恂恂焉、兢兢焉，批判之志意，虽曰权舆，未克萌达。戊戌八月，梁启超通日，"十月复在横滨开一《清议报》，明目张胆，以攻击政府，彼时最烈矣。而政府相疾亦至，严禁入口，驯至内地断绝发行机关，不得已停办"②。时任公衔戊戌喋血余愤，家国情仇，寸管握断，辞锋所向，几不能以"批判"命之。辛丑冬，别办《新民丛报》，虽不欲作灌夫骂座语，然"当时承团匪之后，政府创痍既复，故态旋萌，耳目所接，皆增愤慨，故报中论调，日趋激烈。壬寅秋间，同时复办一《新小说》报，专欲鼓吹革命，鄙人感情之昂，以彼时为最"③，而学子受其思想熏炙，于斯为盛。阅二年，发行《时报》于沪，"特置'批评'一门，凡每日出现之事实，以简短隽利之笔评论之，使读者虽无暇遍阅新闻，已可略知梗概"④。批评因"时"而出，阅者甘之。迄于预备立宪，乃刻《政论》，梁启超为拟章程云，《政论》"对于政府之行动加公正之批评使国民周知政界情状，其外国政略有影响于我国者亦附评焉"⑤。虽不旋踵而澌亡，亦足见当道疾之，一何深焉。宣统二年，《国风》兴，任公以"杜牧罪言，贾生痛哭"⑥自任，冀能造成一国健全之舆论。方《京报》增刊国文，任公为祝辞云，报之有益于人国者，"谓其能指陈利害，先乎多数人所未及察者而警告之也；谓其能矫正偏波之俗论，而纳诸轨物也……谓其对于政治上能为公平透亮之批评，使当局者有所严惮"⑦。是或谓"报馆有益于国事"之续编

① 梁启超：《清代学术概论》（1920），上海古籍出版社 1998 年版，第 84 页。
② 梁启超：《莅报界欢迎会演说辞》（1912），载丁文江、赵丰田编《梁启超年谱长编》，世纪出版集团上海人民出版社 2009 年版，第 110 页。
③ 梁启超：《鄙人对于言论界之过去及将来》（1912），载夏晓虹编《梁启超文选》（上册），中国广播电视出版社 1992 年版，第 179 页。
④ 梁启超：《〈时报〉发刊例》（1904），载夏晓虹辑《饮冰室合集·集外文》（上集），北京大学出版社 2005 年版，第 155 页。
⑤ 梁启超：《〈政论〉章程》（1907），载汤志钧、汤仁泽编《梁启超全集》第六集，中国人民大学出版社 2018 年版，第 268 页。
⑥ 梁启超：《〈国风报〉叙例》（1910），载汤志钧、汤仁泽编《梁启超全集》第七集，中国人民大学出版社 2018 年版，第 6 页。
⑦ 梁启超：《京报增刊国文祝辞》（1915），《饮冰室合集·文集》之三十三，第七十八页，中华书局 2015 年版，第 3342 页。

也。迨《改造》之刊行，任公宗诸思想革命，云："同人确信中国民族之不振由于思想不进与制度不良，而不良制度尤为不良之思想所维持，故以为非先思想革命不能颠覆制度。"① 君子辄忧恐远致泥，任公敢别择新途，思救国者也。

任公之批判精神所风厉于世者何？

民国十二年（1923），梁启超当科玄论战之初，尝有言曰："我不是加在哪一造去'参战'，也不是想斡旋两造做'调人'，尤其不配充当'国际法庭的公断人'，我不过是一个观战的新闻记者，把所视察得来的战况随手批评一下便了。读者还须知道，我是对于科学、玄学都没有深造研究的人，我所批评的一点不敢自以为是。我两位老友以及其他参战人、观战人把我的批评给我一个心折的反驳，我是最欢迎的。"② 独立、谦己、开放，子所谓绝四者，勿意，勿必，勿固，勿我，是之谓也欤。

四者辩证方法。

以言"辩证"，其说质量渐变、对立统一、否定之否定云，稽之泰西，则哲人迭出而颈相望，赫拉克利特、苏格拉底、亚里士多德、J. 邓斯·司各特、P. 阿贝拉尔、费希特、谢林、黑格尔、马克思、恩格斯，俱若北辰。征之中土，虽吾人未始有完整之辩证法论述，然其道履可稽者，亦比比焉。任公浸淫古贤，涵泳西论，得其中三昧焉。试少撷其言论，姑窥豹斑。

梁启超辄谓其保守性与进取性常交战于胸中，是实俯察品类、评章人物狃习辩证之分析方法所由致也。

夫若辨服从、自由义。任公谓吾国人于"服从"二字如何？於戏！君主奖劝，圣哲谆谆，父师训勉，外俗摩荡，莫不以服从为旨，爰积几千年刢劙，举国化俗，悉以服从为人生天职，抑毁腐我民族刈狁我国家者，莫如是毒。庸是任公日倡自由，"以为于天地之公理与中国之时势，皆非发明此义不为功也"③。然则任公非止于此，其又有言谓：夫真爱自由者，未有不真能服从。何以故？

---

① 梁启超：《〈改造〉发刊词》（1920），载汤志钧、汤仁泽编《梁启超全集》第十集，中国人民大学出版社 2018 年版，第 196 页。

② 梁启超：《人生观与科学》（1923），载汤志钧、汤仁泽编《梁启超全集》第十二集，中国人民大学出版社 2018 年版，第 95 页。

③ 梁启超：《致南海夫子大人书》（1900），载丁文江、赵丰田编《梁启超年谱长编》，世纪出版集团上海人民出版社 2009 年版，第 153 页。

曰："人者固非可孤立生存于世界也，必有群然后人格始能立，亦必有法然后群治始能完。而法者非得群内人之服从，则其法终虚悬而无实效。唯必人人尊奉其法，人人尊重其群，各割其私人一部分之自由，贡献于团体之中，以为全体自由之保障，然后团体之自由始张，然后个人自由始固。"① 服从、自由貌若对峙，实相和合。服从自由如此，人间万事莫不归于同揆。谓予不信，校任公曩昔之论，殆亦可征之，曰："知有合群之独立，则独立而不轧轹；知有制裁之自由，则自由而不乱暴；知有虚心之自信，则自信而不骄盈；知有爱他之利己，则利己而不偏私；知有成立之破坏，则破坏而不危险。所以治身之道在是，救国之道亦在是。"② 灼灼其言，理义自见。斯可谓辩证之"对立统一"者也。

夫若辩君宪、共和制。戊戌政变以降，士夫思救国之道，殆分两途，或谓革命，或谓立宪，"君宪与共和之争，即民主起步速度之争"③。辛丑年，梁启超著《过渡时代论》，开宗即谓"今日之中国，过渡时代之中国也"④。过渡时代之中国，究宜何种政体为？初，梁启超大张破坏主义而醉心共和，然自美国归来，斯知吾民共和资格未一具也，抑且传统习性适与彼成反比例，乃慨叹："共和共和，吾不忍再污玷汝之美名，使后之论政体者，复添一左证焉以诅咒汝，吾与汝长别矣。"⑤ 唯嗣后，任公谓，以今日国人之政治素养，不特万不能行共和立宪，并君主立宪亦不能行，如欲行之，必待开明专制之过渡而后可。任公自视欿然，曰："吾之思想退步，不可思议，吾亦不自知其何以锐退如此其疾也。"⑥ 虽然，后人寻绎其理，未尝不为其渐进性史观而折腰，未尝不承其以退为进之辩证智慧，时复审视中国，斯可谓辩证之"质量渐变"者也。

---

① 梁启超：《服从释义》（1903），载汤志钧、汤仁泽编《梁启超全集》第四集，中国人民大学出版社 2018 年版，第 200 页。

② 梁启超：《十种德性相反相成义》（1901），载清华大学国学研究院、中华书局编辑部编《梁任公先生年谱长编稿本》（第五册），中华书局 2015 年版，第 2194—2195 页。

③ 董方奎：《新论梁启超》，华中师范大学出版社 2007 年版，第 139 页。

④ 梁启超：《过渡时代论》（1901），载汤志钧、汤仁泽编《梁启超全集》第二集，中国人民大学出版社 2018 年版，第 292 页。

⑤ 梁启超：《政治学大家伯伦知理之学说（二）》（1903），载汤志钧、汤仁泽编《梁启超全集》第四集，中国人民大学出版社 2018 年版，第 223 页。

⑥ 梁启超：《政治学大家伯伦知理之学说（二）》（1903），载汤志钧、汤仁泽编《梁启超全集》第四集，中国人民大学出版社 2018 年版，第 223 页。

　　夫若揆理中学、西学。光绪二十二年（1896），梁启超答门人问西书，乃出西学书目表，并媵以叙云："大凡含生之伦，愈愚犷者，其脑气筋愈粗，其所知之事愈简；愈文明者，其脑气筋愈细，其所知之事愈繁。……今以西人声、光、化、电、农、矿、工、商诸学，与我中国考据、词章、帖括家言相较，其所知之简与繁，相去几何矣。"① 乃倡读西书。然不旋踵于后序则愀然忧："今日非西学不兴之为患，而中学将亡之为患。"② 缘何？谓今之所谓西学者，敝屣梼杌，夷其一切，直欲悉付中国文字于一炬。抑吾中国文典皇皇乔乔，辄出西人讲求所未逮，岂果以戈戈者而兀自轻薄乎？梁启超曰："舍西学而言中学者，其中学必为无用，舍中学而言西学者，其西学必为无本，皆不足以治天下。"③ 当时中国非近代意义之民族国家，而可谓文明立国者，中学、西学实关乎国之存亡，大哉斯义，任公辩言饶多，其译述培根、笛卡尔学说而敬告国人曰，勿为中国旧学之奴隶，亦勿为西人新学之奴隶。④ 其释新民义曰："吾所谓新民者，必非如心醉西风者流，蔑弃吾数千年之道德、学术、风俗，以求伍于他人；亦非如墨守故纸者流，谓仅抱此数千年之道德、学术、风俗，遂足以立于大地也。"⑤ 以西学之新者否中学之腐旧，复以中学之优者，否西学之愆瑕，斯可谓辩证之否定律者也。

　　此外扬厉破坏、进步，阐绎公德、私德，评析舆论之母仆关系，论诘变若非变之精义，答客国家主义、世界主义之时宜，虽不能一一，而无不规抚辩证方法者。

　　爱国主义、民权思想，是谓求善；批判精神，是谓求真；辩证方法，是谓求美，先贤求善求真求美之嘉言懿行，粲然缘延于吾中国传播思想史长河，

① 梁启超：《西学书目表自序》（1896），载夏晓虹编《梁启超文选》（下集），中国广播电视出版社 1992 年版，第 370 页。

② 梁启超：《西学书目表后序》（1896），载夏晓虹编《梁启超文选》（下集），中国广播电视出版社 1992 年版，第 371 页。

③ 梁启超：《西学书目表后序》（1896），载夏晓虹编《梁启超文选》（下集），中国广播电视出版社 1992 年版，第 374 页。

④ 梁启超：《近世文明初祖二大家之学说》（1902），《饮冰室合集·文集》之十三，第十二页，中华书局 2015 年版，第 1130 页。

⑤ 梁启超：《释新民之义》（1902），载汤志钧、汤仁泽编《梁启超全集》第二集，中国人民大学出版社 2018 年版，第 534 页。

其滋益于中国特色传播思想体系之懋成，惠无穷焉。学者曾济群谓："在我国近代史上，梁任公先生无疑是一位十分重要之关键人物，其璀璨之生命所焕发之光与热，至今依然炙人。"① 斯所谓"光与热"，岂不谓"任公精神"所表征于世者乎！

① 曾济群：《梁启超知交手札序》，载"国立中央"图书馆特藏组编《梁启超知交手札》，（台北）"国立中央"图书馆1995年版，第2页。

结　语

　　梁启超怀绝人之姿，丁忧患之际，一旦投身报业，如星辰之磊落于曙天，创兴报刊，定订例规，阐究报学，奖掖人才，其贡献于中国报业者，殆偻指不克殚计，中国报业之革新进步，梁氏与有大力焉。吾人或以时代隔膜，或以学识谫陋，虽覃思敏求，曾不能尽其美，然恒欲涵泳其间，求一得之乐，故敢复叨，再沾荣泽，以竟此编。

　　乃有五者以櫽栝之。

　　一谓理论与实践之统一。甲午以降，文人办报络绎于途，或一蹶而不振，或穷窭而中辍，或威武而志屈，唯任公屡挫屡起，虽经年而志意不少衰，虽强御而风骨不少折，其报业实践成果，罕有其媲，所主持、协办之报刊，俨如盏盏灯火，闪耀于中国近代新闻传播史。梁启超以报为营，以笔为兵，亦所谓执干戈以卫社稷者，然则固其营垒，砺其刀兵者何？必曰理论也。任公固以言论觉天下，洋洋乎千万言，则何所不"觉"，故以言论觉报界，将奚疑哉。论报馆之功能，原舆论之健全，申报章之党性，扬进步之观念，考传播之地理，定报务之絜矩，皇皇著论，不一而足，实近代报人鲜能相埒者。报业实践之富既如彼，报章理论之丰又如此，吾人仰高钻坚所不及，而犹有可进而论者，乃其理论与实践之统一：《时务报》疾呼变法，正所谓"报馆有益于国事"之写照；《清议报》誓起民权堪以"校报章之良否"；《新民丛报》维新吾民，躬行"对于国民而为其向导者是也"；《政论》研究宪政，"常确然示一党所信以质诸天下"，所以然者，乃党性原则使之。质而言，任公报业实践与报业理论二而为一，报业实践，能明觉精察，自彰其理论之知；报业理论，示人以真切笃实，自成其实践之行，阳明知行合一说，斯之谓也欤。

　　一谓开放性与主体性之统一。中国近代报业之权舆，拜传教士若西商办报经验之启蒙，若任公者，"其办报颇能采撷西报之优点，审度情势，针对弊端，注意报刊之革新改进"①。戊戌去国，任公广阅日本书刊，思想为之一变，"其后远游澳美两洲，亲身体察，闻见广博，于西方思想、言论、出版自由，辄心向往之。故启超孕育之报业思想，颇顺应世界进步潮流，对报章之建言，尤具真知灼见"②。然则，任公之酌采西论，亦仅师夷长技而已，要者，自甲午一役，清帝国见辱于扶桑三岛，士夫闻之，如雷旋顶，厥知吾人外胁于列强侵凌，内病于上下壅塞，亡国无日，乃汲汲谋除旧布新之策，而其所由者，即创兴报刊，发抒言论，唤醒民众。梁启超为巨擘也。文人传统固有家国情怀，重以大厦将崩于眉睫之危殆，乃攘臂奋袂，虽断脰绝肮而呼不欲止。当此之际，诇察任公办报之言说，民族意识、国家观念、爱国主义，充溢其间，忽焉于前倏尔在后，如抽刀断流而更流之。易而言，民族意识、国家观念、爱国主义，业已成为梁启超传播思想之原色，凡在搦管，必彰其中国特色、中国气派、中国风格。是谓主体性立，余皆为其用也已哉。

一谓开新与集成之统一。梁启超属意于报章，大抵在甲午之后，国亡煎迫，愁愤益急，颇欲物色人才开通风气，下手之方即在办报。自乙未始，任公"主持报刊之多、时间之长、撰文之广，在近代史上可说是绝无仅有"③，而其传播思想盘旋横溢，如蓝田玉烟，蔼蔼然抑亦成大观者也。梁启超职事报业，会西方新闻事业日形发达，借镜吸收西方报业理论自不俟言，而中国文命，若观诗陈风，若文以载道，若微言大义，若三世之说者云云，振前古辖轩木铎之声，任公备极宗仰；洎乎近人林则徐、魏源、冯桂芬、王韬、郑观应、康有为，应于时变，直道危言，揭近代之传播思想，任公缵承其绪。概观之，梁启超冶中外传播思想于一炉，珪璋辐辏，蔚为文府。不止于此，梁启超述而有作，乃席传统文化之赐，惩国家忧危之激，发抒新传播观念，探究新传播策略，革新报业实务，时人向风，而后之人亦复瞻望咨嗟耳。

一谓个性化与普遍性之统一。现代学者谓，"康派中两奇人，一谭复生，

---

① 赖光临：《中国近代报人与报业》（上集），台湾商务印书馆1980年版，第266页。
② 赖光临：《中国近代报人与报业》（上集），台湾商务印书馆1980年版，第157页。
③ 汤志钧：《人物结集和近代报刊》，载汤志钧《梁启超其人其书》，中国人民大学出版社2011年版，第2页。

一梁任公，其智慧情感皆特异，谭激越，梁烂漫，谭秋梁春，其色香味皆夺人心魂"[1]。仅以后者言之。

梁启超，率性易感，常置恩怨于度外，凡为文，一如其自命，但胸中有一材料，无不提之人笔下。又必饱蘸浓墨，宣豁性情，鬼神闻之且欲夜哭，生人闻之亦将愀然以变色。任公平生信奉两句话：万事祸为福所依，百年力与命相持，其乐观、执著、不屈者，融入于文字，变化为气质，霱然而别成一格。然则任公绝非权奇自喜，士之以言以身报国之心使然，故也人喜其文。譬若戊戌维新，"在政治上为彻底失败之运动，而在'社会思想'上实为一扫霾拨雾之扬风，其影响之显而见者，在此时前后，国民日用语中，不知增加几许新名词新口号。若变法也，改制也，民权也，平等也，自由也，议会也，立宪也，废科举也，兴学校也，重女权也，戒缠足也，不可殚列，举国观听为之一新"[2]。及至民国肇造前后，学者不受其影响殆寡。[3] 小我之传播，卒化为社会思潮，推进社会运动，必其有大我之在也，此任公传播之个性化与普遍性相统一之枢要也。

一谓从时命与体系化之统一。"从时命"者盖谓不时之命而从之也。不时之命乃世运变动不居其必挑战于人者。方当季清，甲午败，胶州失，列强交逼，事势儳儳，处此千年未遇之大变局，时代命题错连纷出，忧时君子，以笔为枪，恒枕戈以待旦，何有于战场之选择，若任公者，专论自不必说，时评论说、学术著作、弁言序跋、师友书札、庆典祝辞、诗话丛谈云云，甚切围炉夜话、函丈授业，辄激于时势而忽焉出其论，或循不非大夫之义，或张监督政府之功，或主言论市场之说，或宗舆论主导之旨，凡以报纸影响彼时社会之为彀乃尔。梁启超传播思想阅时既久，星散亦广，学者虽俯拾即是，若饮井水，顾慷慨陈说，计一时亦绝难以统系论之。然则，星辰磊落，银汉流之，溪水喧腾，江河汇之，梁启超传播思想亦如是耳，譬之传播观念之良史自箴，传播策略之效用征验，传播实务之规例定订，何一非启于金声而收

---

[1]　陈伯庄：《谈梁任公先生》，载夏晓虹编《追忆梁启超》，中国广播电视出版社1997年版，第140页。

[2]　张荫麟：《近代中国学术史上之梁任公先生》，载梁启勋、吴其昌《我的兄长梁启超》，黄山书社2019年版，第6页。

[3]　张其昀：《梁任公别录》，载夏晓虹编《追忆梁启超》，中国广播电视出版社1997年版，第133页。

于玉振者，而各脉络气韵相通，丽泽滋益，蔚成统一体系之大观。

综言之，方于季清民族存亡绝续之冲，梁启超肩起中国传统士夫己饥己溺天下兴亡之责，直面时代课题，推动报业蜕变，以中国话语体系，以爱国主义精神，阐扬极具中国特色之传播思想，非止书写出一部中国传播思想个人专史，更铸为中国传播思想史漫漫长路之灯塔。